国家社会科学基金项目成果

农村宅基地"三权分置"改革的政策评估与优化研究

杜 伟 骆 希 何鹏飞 郑 涛 阙海宝 等著

科学出版社

北 京

内容简介

本书首先分析了农村宅基地"三权分置"改革的现实背景和重要意义，以及中国传统"两权分离"制度的历史贡献和现实弊端。其次对农村宅基地"三权分置"改革政策开展风险评估、激励效应评估、绩效评估。运用层次分析法建立农村宅基地"三权分置"改革政策风险评估体系，提出风险防控建议，分析宅基地"三权分置"改革政策的规制效应以及宅基地"三权分置"改革政策的激励效应。最后基于"产业兴旺、生态宜居、乡风文明、治理有效、生活富裕"这五个指标对农村宅基地"三权分置"改革政策实施绩效进行评价，提出农村宅基地"三权分置"改革政策的优化路径。

本书适合相关理论研究者、高校师生以及从事相关工作的政府部门人员阅读，也可供具有一定政治经济学常识且对这一研究领域有兴趣的社会各界人士参考。

图书在版编目(CIP)数据

农村宅基地"三权分置"改革的政策评估与优化研究／杜伟等著. —北京：科学出版社，2023.1
ISBN 978-7-03-071166-3

Ⅰ.①农… Ⅱ.①杜… Ⅲ.①农村-住宅建设-土地制度-研究-中国 Ⅳ.①F321.1

中国版本图书馆 CIP 数据核字 (2021) 第 268790 号

责任编辑：韩卫军／责任校对：彭　映
责任印制：罗　科／封面设计：墨创文化

科学出版社 出版
北京东黄城根北街16号
邮政编码：100717
http://www.sciencep.com

四川煤田地质制图印务有限责任公司 印刷
科学出版社发行　各地新华书店经销
*

2023年1月第 一 版　　开本：(720×1000) B5
2023年1月第一次印刷　印张：23 1/4
字数：460 000
定价：325.00元
(如有印装质量问题，我社负责调换)

本书撰稿者

杜 伟　　骆 希　　何鹏飞　　郑 涛

阙海宝　　敬鸿彬　　康自平　　张 昊

黄 敏　　卿明梁　　但玉玲　　钟祖俊

前　言

深化农村宅基地制度改革是深入实施乡村振兴战略的内在要求。宅基地制度涉及农村安定和国家稳定，牵涉面广、影响面大，一直是治国理政的难点和重点。2018 年中央一号文件首次提出宅基地"三权分置"改革，旨在加快补足农村土地制度改革中宅基地这块短板，增强新时期农村发展新动能。宅基地"三权分置"改革是实现农村产业振兴的要素保障，是盘活农村闲置用地的重要抓手，是提升农村集体经济组织收益的重要途径，是增加农民可持续财产性收入的重要政策突破口。由于改革试点范围窄、时间短，各有关区市县还没有对宅基地"三权分置"改革政策的实施红线与绿线、潜在风险与管控、规制效应与试点绩效、实施机制与实现路径、演化方向与优化完善等问题进行系统论证，导致政策落地与实施绩效存在偏差。

本书是国家社会科学基金项目"农村宅基地'三权分置'改革的政策评估与优化研究"的研究成果，获全国哲学社会科学工作办公室"免于鉴定"结题。本项目课题组的依托团队是首批四川省社会科学高水平研究团队"四川省农村土地资源开发与管理研究"。课题组成员具有管理学、经济学等多学科背景，既有多所高校和科研院所的科研人员，也有具备丰富实践经验的政府工作人员，分别担任了四川融入双循环新发展格局研究中心等部省级科研平台的负责人或学科骨干。因此本课题组是一支多学科交叉融合、高校－科研院所－政府部门"三位一体"联动协同、理论工作部门与实际工作部门深度合作的研究团队。

本书共 13 章，前两章着重阐释农村宅基地"三权分置"改革的理论基础，其中第 1 章介绍本书的整体框架，包括研究背景与价值，研究思路和方法，以及创新和主要内容；第 2 章在梳理农村宅基地"三权分置"改革相关理论的基础上，着重从宅基地产权制度、权利内涵与权能结构、宅基地"三权分置"改革制度内涵、三权分置改革的试点实践、改革风险与防范、改革配套与协同，以及"三权分置"实现路径多个维度系统梳理宅基地"三权分置"的研究文献。第 3 章至第 7 章结合制度变迁历程、各试点地区实践探索，对农村宅基地"三权分置"改革制度体系进行系统的分析与评价，其中第 3 章重点回顾了中国传统农村宅基地制度历史变迁；第 4 章从农村宅基地集体所有权、农户资格权、使用权三方面深入分析宅基地"三权分置"制度改革的理论基础；第 5 章从政策风险的识别原理、风险识别内容、影响因素等方面对宅基地"三权分置"改革政策进行客观系统的风险评估；第 6 章对农村宅基地"三权分置"改革政策的规制和激励效应进行评估；第 7 章结合各个试点地区的实践探索，对农村宅基地"三权分置"改革政策实施进行绩效评估。第 8 章至第 10 章主要基于前文理论与实践分析，从风险防控体系、政策优化、配套保障三个维度对进一步推进农村宅基地"三权分置"改革提出相应建议，其中第 8 章结合国外农村土地流转的制度经验，重点从风险防控的角度提出宅基地"三权分置"改革政策优化的具体建议，包括风险防控的基本原则、体系构建和具体举措；第 9 章从所有权、资格权、使用权及协同改革四方面提出农村宅基地"三权分置"改革政策优化可供探讨的具体路径和举措；第 10 章着重从配套保障的角度对宅基地"三权分置"改革提出相应对策建议。第 11 章至第 13 章为三个实证研究，分别对四川省泸县、彭山区、郫都区的宅基地"三权分置"改革案例进行专题研究。附录汇集了近年来笔者获《成果要报》《教育部简报（高校智库专刊）》《重要成果专报》等录用刊发的建议报告。

杜伟负责本书的内容设计、调研组织、理论研讨，以及第 2 章文献研究综述的撰写；四川师范大学中国乡村振兴研究院骆希、成都市大邑县干部何鹏飞、四川师范大学人文社科处郑涛、吉利学院阙海宝、四川城市职业学院敬鸿彬、四川城市职业学院康自平、成都文理学院张昊、四川师范大学经济与管理学院黄敏具体开展课题调研，并承担了相关章节撰写工作；四川省社会科学院农村发展研究所卿明梁、但玉玲、钟祖俊等参与部分章节撰写及修改。全书由杜伟、骆希统稿。

本书的顺利出版要感谢课题组全体成员，书稿付梓得益于他们的辛勤付出。同时要感谢成都师范学院、吉利学院、四川城市职业学院对课题调研、专家论证、成果出版等方面给予了大力支持，提供了充分保障；要感谢四川省泸县、彭山区、郫都区等地的农业农村局为本课题研究提供了大量案例、数据及政策文件等材料，使全书更加生动而鲜活。还要感谢科学出版社张展编辑、韩卫军编辑的辛苦工作，保证了本书的质量。限于笔者的研究视角和研究水平，书中难免有不足之处，敬请读者批评指正。

目　　录

第1章　绪论 ··· 1
1.1　研究背景、目标与价值 ··· 1
1.1.1　研究背景 ··· 1
1.1.2　指导思想 ··· 3
1.1.3　研究目标 ··· 5
1.1.4　研究价值 ··· 5
1.2　研究思路与方法 ··· 7
1.2.1　研究思路 ··· 7
1.2.2　研究方法 ··· 8
1.3　创新之处与主要内容 ··· 8
1.3.1　创新之处 ··· 8
1.3.2　主要内容 ··· 9
1.3.3　主要观点 ··· 13
第2章　农村宅基地"三权分置"改革相关理论基础与学术研究综述 ······· 16
2.1　相关理论基础 ·· 16
2.1.1　指导性理论基础 ·· 16
2.1.2　产权经济学理论基础 ·· 19
2.1.3　制度经济学理论基础 ·· 22
2.1.4　风险与绩效理论基础 ·· 24
2.2　关于农村宅基地产权制度历史变迁的研究 ······························· 26
2.2.1　农村宅基地产权制度的变迁过程 ·································· 26
2.2.2　农村宅基地产权制度的变迁动因 ·································· 27
2.2.3　农村宅基地产权制度的变迁特征 ·································· 28
2.2.4　关于农村宅基地产权制度历史变迁研究的综述 ··············· 29
2.3　关于农村宅基地产权制度缺陷的研究 ····································· 30
2.3.1　基于产权制度视角的研究 ··· 30
2.3.2　基于功能价值视角的研究 ··· 31
2.3.3　基于管理制度视角的研究 ··· 31
2.3.4　关于农村宅基地产权制度缺陷研究的综述 ····················· 32
2.4　关于农村宅基地权利内涵与权能结构的研究 ···························· 33

- 2.4.1 关于农村宅基地权利内涵的研究 ·· 33
- 2.4.2 关于农村宅基地权能困境的研究 ·· 34
- 2.4.3 关于农村宅基地权能结构的研究 ·· 35
- 2.4.4 关于农村宅基地权利内涵与权能结构研究的综述 ······················· 36

2.5 关于农村宅基地"三权分置"改革制度内涵的研究 ································ 37
- 2.5.1 农村宅基地"三权分置"政策内涵的"产权说" ······························· 37
- 2.5.2 农村宅基地"三权分置"制度内涵的"价值说" ······························· 38
- 2.5.3 关于农村宅基地"三权分置"改革制度内涵研究的综述 ············· 39

2.6 关于农村宅基地"三权分置"改革试点实践的研究 ································ 39
- 2.6.1 农村宅基地"三权分置"改革试点的重要意义 ······························· 39
- 2.6.2 农村宅基地"三权分置"改革试点的实践举措 ······························· 40
- 2.6.3 农村宅基地"三权分置"改革存在的主要问题 ······························· 41
- 2.6.4 关于农村宅基地"三权分置"改革试点实践研究的综述 ············· 42

2.7 关于落实农村宅基地集体所有权的研究 ··· 42
- 2.7.1 明确农村宅基地所有权主体 ··· 42
- 2.7.2 赋予宅基地集体所有权完整权能 ··· 43
- 2.7.3 完善宅基地集体所有权配套制度 ··· 43
- 2.7.4 关于落实农村宅基地集体所有权研究的综述 ······························· 44

2.8 关于保障宅基地农户资格权的研究 ··· 44
- 2.8.1 宅基地农户资格权的立法实现 ··· 44
- 2.8.2 宅基地农户资格权的制度构建 ··· 45
- 2.8.3 关于保障宅基地农户资格权研究的综述 ······································· 46

2.9 关于适度放活农村宅基地使用权的研究 ··· 47
- 2.9.1 宅基地使用权的权能拓展 ··· 47
- 2.9.2 宅基地使用权的适度流转 ··· 47
- 2.9.3 适度放活宅基地使用权的制度构建 ··· 48
- 2.9.4 关于适度放活农村宅基地使用权研究的综述 ······························· 49

2.10 关于农村宅基地"三权分置"改革统筹推进的研究 ······························ 49
- 2.10.1 宅基地"三权分置"改革的立法完善 ··· 49
- 2.10.2 宅基地"三权分置"改革的权能设计 ··· 50
- 2.10.3 宅基地"三权分置"改革统筹推进的制度建设 ······························ 50
- 2.10.4 关于农村宅基地"三权分置"改革统筹推进研究的综述 ············· 52

2.11 关于农村宅基地"三权分置"改革风险与防范的研究 ·························· 53
- 2.11.1 宅基地"三权分置"改革的风险类型 ··· 53
- 2.11.2 宅基地"三权分置"改革的风险防范 ··· 54
- 2.11.3 关于农村宅基地"三权分置"改革风险与防范研究的综述 ········· 55

2.12 关于农村宅基地"三权分置"配套改革与协同联动的研究················ 56
 2.12.1 农村宅基地"三权分置"的配套改革······························ 56
 2.12.2 农村宅基地"三权分置"的协同联动······························ 56
 2.12.3 关于农村宅基地"三权分置"配套改革与协同联动研究的综述····· 57

第3章 中国传统农村宅基地制度的历史回顾与评价············ 58
3.1 中国传统农村宅基地制度的嬗变过程·································· 58
 3.1.1 新中国成立前的宅基地制度······································ 58
 3.1.2 新中国成立初期的宅基地制度···································· 61
 3.1.3 人民公社时期的宅基地制度······································ 62
 3.1.4 改革开放以来的宅基地制度······································ 66
3.2 中国传统"两权分离"宅基地制度的历史贡献·························· 94
 3.2.1 "两权分离"宅基地制度在人民公社时期的贡献···················· 94
 3.2.2 "两权分离"宅基地制度在工业化进程中的贡献···················· 95
 3.2.3 "两权分离"宅基地制度在城镇化进程中的贡献···················· 95
3.3 中国传统"两权分离"宅基地制度的现实弊端························· 97
 3.3.1 "两权分离"宅基地制度导致的耕地保护压力····················· 97
 3.3.2 "两权分离"宅基地制度导致的乡村布局问题····················· 99
 3.3.3 "两权分离"宅基地制度导致的权属争议························· 100

第4章 农村宅基地"三权分置"改革政策的理论分析··········· 102
4.1 农村宅基地"三权分置"改革政策的背景和内涵······················· 102
 4.1.1 宅基地"三权分置"改革政策的背景····························· 102
 4.1.2 宅基地"三权分置"改革政策的内涵····························· 106
4.2 农村宅基地集体所有权的理论分析···································· 108
 4.2.1 宅基地集体所有权的优越性分析·································· 108
 4.2.2 宅基地集体所有权的产权约束弊端································ 109
 4.2.3 宅基地集体所有权的负外部性弊端································ 111
 4.2.4 宅基地集体所有权实现的实践探索································ 113
4.3 农村宅基地农民资格权的理论分析···································· 120
 4.3.1 宅基地农户资格权的法律内涵···································· 120
 4.3.2 宅基地农户资格权的认定困局···································· 121
 4.3.3 宅基地农民资格权保障的实践探索································ 122
4.4 农村宅基地使用权能的理论分析······································ 129
 4.4.1 宅基地使用权的"受限"流转难以显化财产权····················· 129
 4.4.2 宅基地使用权的权能亟待盘活···································· 130
 4.4.3 宅基地使用权的委托代理关系···································· 132
 4.4.4 宅基地使用权的主体利益分享博弈································ 134

  4.4.5　宅基地放活使用权的实践探索 136

第5章　农村宅基地"三权分置"改革政策的风险评估 140
5.1　农村宅基地"三权分置"改革政策风险的识别原理 140
  5.1.1　风险识别的意义 140
  5.1.2　风险识别的内容 141
  5.1.3　风险识别的原则 141
  5.1.4　风险识别的流程 142
  5.1.5　风险识别的方法 142
5.2　农村宅基地"三权分置"改革政策风险的识别分析 143
  5.2.1　改革政策供给不足的风险 143
  5.2.2　耕地保护红线突破的风险 144
  5.2.3　乡村建设规划滞后的风险 145
  5.2.4　农民利益未能保障的风险 146
  5.2.5　影响农村社会稳定的风险 147
5.3　农村宅基地"三权分置"改革政策风险的影响因素 148
  5.3.1　农村宅基地"三权分置"改革政策的决策风险因素 148
  5.3.2　农村宅基地"三权分置"改革政策的主体风险因素 149
  5.3.3　农村宅基地"三权分置"改革政策的过程风险因素 149
  5.3.4　农村宅基地"三权分置"改革政策的社会风险因素 150
5.4　农村宅基地"三权分置"改革政策风险的评估与结论 151
  5.4.1　运用层次分析法建立农村宅基地"三权分置"改革政策风险评估体系 151
  5.4.2　基于模糊综合评价法评估农村宅基地"三权分置"改革政策风险 154
  5.4.3　农村宅基地"三权分置"改革政策风险评估的结论 156

第6章　农村宅基地"三权分置"改革政策的规制与激励效应评估 158
6.1　宅基地"三权分置"改革政策规制总体情况 158
  6.1.1　宅基地"三权分置"改革政策规制的主要方向 158
  6.1.2　宅基地"三权分置"改革政策规制的具体方式 159
6.2　宅基地"三权分置"改革政策对农户资格权的规制效应 161
  6.2.1　部分试点地区保障宅基地农户资格权的主要做法 161
  6.2.2　部分试点地区保障宅基地农户资格权的规制效应 165
6.3　宅基地"三权分置"改革政策对放活宅基地使用权的激励效应 166
  6.3.1　部分试点地区放活宅基地使用权的主要做法 166
  6.3.2　部分试点地区放活宅基地使用权的激励效应 169

第7章　农村宅基地"三权分置"改革政策实施的绩效评估 171
7.1　农村宅基地"三权分置"改革政策实施的实践情况 171

  7.1.1 一般试点地区宅基地"三权分置"改革的具体实践 ··············· 171
  7.1.2 一般试点地区宅基地"三权分置"改革的实践总结 ··············· 179
  7.1.3 典型试点地区宅基地"三权分置"改革的具体实践 ··············· 182
  7.1.4 典型试点地区宅基地"三权分置"改革的实践总结 ··············· 185
 7.2 农村宅基地"三权分置"改革政策实施的现实问题 ··················· 186
  7.2.1 宅基地集体所有权权能难以显化 ····························· 186
  7.2.2 宅基地资格权的认定及保护比较模糊 ························· 186
  7.2.3 宅基地使用权流转和盘活市场机制规范化不足 ················· 187
 7.3 农村宅基地"三权分置"改革政策实施的绩效评价 ··················· 188
  7.3.1 乡村产业发展稳中乏新 ····································· 188
  7.3.2 乡村居住环境美中待补 ····································· 189
  7.3.3 乡村文化繁荣低中有高 ····································· 190
  7.3.4 乡村治理水平拔高受限 ····································· 191
  7.3.5 农民财产收益持续有增 ····································· 191

第8章 构建农村宅基地"三权分置"改革政策的风险防控研究 ············ 193
 8.1 国外农村土地流转风险防控的制度分析与经验启示 ··················· 193
  8.1.1 国外农村土地流转制度的研究成果比较 ······················· 193
  8.1.2 国外农村土地流转风险防控的制度分析 ······················· 194
  8.1.3 国外农村土地流转风险防控的经验启示 ······················· 196
 8.2 农村宅基地"三权分置"改革政策风险防控的基本原则 ··············· 197
  8.2.1 以防控成本最优为目标 ····································· 197
  8.2.2 以乡村振兴战略为导向 ····································· 197
  8.2.3 以社会公平效率为根本 ····································· 198
  8.2.4 以利益均衡共享为重点 ····································· 198
 8.3 农村宅基地"三权分置"改革政策风险防控的体系构建 ··············· 199
  8.3.1 建立风险管理组织体系 ····································· 199
  8.3.2 建立风险管理评价体系 ····································· 201
  8.3.3 建立风险管理预警体系 ····································· 202
 8.4 农村宅基地"三权分置"改革政策风险防控的具体措施 ··············· 203
  8.4.1 以强化风险管理为出发点细化风险防控举措 ··················· 203
  8.4.2 以保障农民权益为切入点合理分配宅基地利益 ················· 204
  8.4.3 以严守耕地红线为结合点加强宅基地资源管理 ················· 205
  8.4.4 以优化空间布局为着力点推动美丽乡村建设 ··················· 206
  8.4.5 以稳定农村社会为根本点建立风险保障机制 ··················· 207

第9章 构建农村宅基地"三权分置"改革政策的实现路径优化研究 ········ 209
 9.1 "产权化"落实宅基地集体所有权 ································· 209

- 9.1.1 明确宅基地集体所有权的关键作用 209
- 9.1.2 创新宅基地集体所有权的管理方式 210
- 9.1.3 提高宅基地集体所有权的产权效率 214

9.2 "法制化"保障宅基地农户资格权 216
- 9.2.1 明晰宅基地农户资格权的认定弊端 216
- 9.2.2 探索宅基地农户资格权的运行机制 220
- 9.2.3 优化宅基地农户资格权的实现路径 222

9.3 "多元化"放活宅基地和房屋使用权 223
- 9.3.1 激活宅基地和房屋使用权市场 223
- 9.3.2 落实宅基地金融服务改革 226
- 9.3.3 建立宅基地和房屋价格评估机制 227
- 9.3.4 完善宅基地有偿使用与退出资金的融资体系 230

9.4 "科学化"推进农村土地改革协同发展 232
- 9.4.1 推进农村土地确权登记夯实集体所有权 232
- 9.4.2 完善农村集体产权制度保障农户资格权 235
- 9.4.3 优化用地空间布局放活宅基地和房屋使用权 236

第10章 构建农村宅基地"三权分置"改革政策的配套保障 238

10.1 "活力式"健全宅基地有偿使用制度和自愿有偿退出制度 238
- 10.1.1 建立健全宅基地有偿使用制度,优化宅基地利用 238
- 10.1.2 完善宅基地自愿有偿退出制度,降低宅基地闲置率 240

10.2 "动力式"构建宅基地农户资格权登记制度和使用权流转制度 241
- 10.2.1 建立宅基地农户资格权登记制度,保障农民居住权利 241
- 10.2.2 推进宅基地使用权流转制度,提高农民的财产收入 243

10.3 "引力式"推动户籍制度改革和社会保障制度改革 244
- 10.3.1 促进户籍制度改革,提高宅基地利用效率 244
- 10.3.2 加快社会保障制度改革,强化农民各项权益 245

第11章 四川省泸县宅基地"三权分置"改革案例研究 247

11.1 泸县基本情况 247
- 11.1.1 经济社会情况 247
- 11.1.2 宅基地改革情况 248

11.2 泸县宅基地"三权分置"改革内在要求 249
- 11.2.1 农村经济结构发生显著转变 249
- 11.2.2 农村宅基地价值逐步显化 252
- 11.2.3 城镇化进程加快 253

11.3 泸县宅基地"三权分置"改革主要举措 253
- 11.3.1 改革宅基地权益保障与取得方式 254

  11.3.2　建立宅基地有偿使用与退出制度 255
  11.3.3　建立宅基地市场化指标交易机制 255
  11.3.4　建立宅基地与房屋多元利用模式 256
  11.3.5　创新宅基地管理模式 258
 11.4　泸县宅基地"三权分置"改革制度创新 259
  11.4.1　以人定面积为基础的宅基地无偿取得制度 259
  11.4.2　以集约利用为导向的有偿使用制度 259
  11.4.3　以入市交易为核心的宅基地价值显化制度 260
  11.4.4　以提升效率为导向的宅基地多元利用制度 260
  11.4.5　以规范管理为目的的宅基地基层治理制度 261
 11.5　泸县宅基地"三权分置"改革现实约束 261
  11.5.1　宅基地所有权显化困难 261
  11.5.2　农户资格权实现面临约束 263
  11.5.3　宅基地使用权放活存在制约 263
 11.6　泸县宅基地"三权分置"改革推进路径 264
  11.6.1　加快推进宅基地摸底清查工作 264
  11.6.2　强化村集体所有权主体地位 265
  11.6.3　探索宅基地资格权实现方式 266
  11.6.4　活化宅基地使用权利用方式 267

第12章　眉山市彭山区宅基地"三权分置"改革案例研究 268
 12.1　彭山区基本情况 268
  12.1.1　区域自然经济概况 268
  12.1.2　农业发展概况 269
  12.1.3　宅基地制度改革基本情况 269
 12.2　彭山区宅基地"三权分置"改革重要基础 270
  12.2.1　地理区位优势显著 270
  12.2.2　多项政策红利带动 270
  12.2.3　农村改革集成发展 271
  12.2.4　改革需求亟待满足 271
 12.3　彭山区宅基地"三权分置"改革主要举措 272
  12.3.1　试点工作组织 272
  12.3.2　试点任务开展举措 274
 12.4　彭山区宅基地"三权分置"改革典型模式 279
  12.4.1　新村聚居与产业引进模式，初步建立发展型宅基地制度改革路径·279
  12.4.2　宅基地民主管理模式，有效处理历史遗留问题 281
  12.4.3　"企业+集体+农户"共建共享共赢模式，积极促进城乡融合发展·284

12.5 彭山区宅基地"三权分置"改革重要经验 ························ 285
12.5.1 以厘清家底为前提夯实改革坚实基础 ·························· 285
12.5.2 以因地制宜为原则分类探索多元模式 ·························· 285
12.5.3 以制度集成为核心系统推进改革举措 ·························· 286
12.5.4 以集体经济为关键全面促进村级活力 ·························· 286
12.5.5 以信息技术为重点提升宅基地管理效能 ························ 286

12.6 彭山区宅基地"三权分置"改革对策建议 ························ 287
12.6.1 深化统筹协调机制 ······································· 287
12.6.2 坚持长期持续发展 ······································· 288
12.6.3 深入开发盘活路径 ······································· 288
12.6.4 坚持长效风险防控 ······································· 288

第13章 成都市郫都区宅基地"三权分置"改革案例研究 ··············· 290

13.1 郫都区基本情况介绍 ·· 290
13.1.1 经济水平稳步提升 ······································· 291
13.1.2 城镇化率不断提高 ······································· 291
13.1.3 宅基地改革基础牢固 ····································· 292

13.2 郫都区宅基地"三权分置"改革的举措 ························ 293
13.2.1 建立宅基地改革组织保障 ································· 293
13.2.2 完善宅基地"三权分置"权益 ····························· 294
13.2.3 利用数据赋能摸清家底 ··································· 296
13.2.4 合理引导农户适度集中 ··································· 296
13.2.5 探索宅基地有偿退出制度 ································· 296
13.2.6 建立宅基地利益共享机制 ································· 297
13.2.7 建立宅基地监管机制 ····································· 297

13.3 宅基地"三权分置"改革的典型案例 ·························· 298
13.3.1 战旗村农村宅基地"三权分置"发展历程 ·················· 299
13.3.2 战旗村农村宅基地"三权分置"主要做法 ·················· 299
13.3.3 战旗村农村宅基地"三权分置"重要经验 ·················· 300

13.4 郫都区宅基地"三权分置"改革的创新 ························ 301
13.4.1 注重以利益均衡构建可持续发展机制 ······················ 301
13.4.2 注重以试点引领加快推广宅基地制度改革 ·················· 302
13.4.3 注重以统筹协调提高宅基地改革系统性 ···················· 302
13.4.4 注重以平台搭建推动宅基地数据集成管理 ·················· 303
13.4.5 注重以价值转化推动自然资源活化 ························ 304

13.5 郫都区宅基地"三权分置"改革的问题制约 ···················· 304
13.5.1 部分基层组织管理能力薄弱 ······························ 304

  13.5.2 宅基地有偿使用机制尚未建立 ……………………………………………… 305
  13.5.3 宅基地使用权流转的范围较小 ……………………………………………… 305
  13.5.4 部分农户宅基地资格权认定有障碍 ………………………………………… 305
  13.5.5 部分宅基地历史遗留问题尚未解决 ………………………………………… 306
 13.6 郫都区宅基地"三权分置"改革的建议 …………………………………………… 306
  13.6.1 增强基础组织管理能力 ……………………………………………………… 306
  13.6.2 制定宅基地有偿使用制度和收益管理办法 ………………………………… 307
  13.6.3 适度扩大宅基地使用权流转范围与对象 …………………………………… 308
  13.6.4 出台农户宅基地资格权界定办法 …………………………………………… 308
  13.6.5 审慎探索解决宅基地历史遗留问题 ………………………………………… 308

参考文献 …………………………………………………………………………………… 310
附录　课题组获采用刊发的部分建议报告 …………………………………………… 324
 建议报告一：双循环新发展格局背景下深化农村宅基地"三权分置"改革
     的建议 ………………………………………………………………… 324
 建议报告二：优化农村闲置宅基地自愿有偿退出机制的建议 ……………………… 327
 建议报告三：全面建立农村土地资源高效利用制度的建议 ………………………… 330
 建议报告四：农村宅基地"三权分置"改革急需破解的三大困难与建议 ………… 333
 建议报告五：农村宅基地"三权分置"改革的泸县经验与建议 …………………… 336
 建议报告六：深化农村宅基地"三权分置"改革需加强风险防范 ………………… 338
 建议报告七：推进新型城镇化建设中土地优化利用的建议 ………………………… 341
 建议报告八：进一步推进四川省农地流转的对策建议 ……………………………… 345
 建议报告九：完善农民经济权益保障的组织途径 …………………………………… 347
 建议报告十：优化农民经济权益保障的实现途径与建议 …………………………… 350

第 1 章 绪 论

1.1 研究背景、目标与价值

1.1.1 研究背景

全面建设社会主义现代化国家，实现中华民族伟大复兴，最艰巨最繁重的任务依然在农村，最广泛最深厚的基础依然在农村。农村宅基地制度涉及社会安定和政权稳定，一直是治国理政的难点和重点。我国是有着悠久农耕历史的农业大国，土地是农民赖以生存的重要生产资料，农村土地制度决定了农业生产关系，是我国社会经济的基础性制度。我国农业农村改革的核心主线是处理好农民与土地的关系。农村宅基地作为农民安身立命之所，保障着农民的基本住房权益，对维护农村稳定具有重要作用。农村宅基地作为农民一切生活的空间载体，是关系农村社会经济发展的根本性问题，因此必须不断巩固完善农村宅基地制度，深入推进各项改革措施贯彻落实，用改革的办法解决发展中的新问题[①]。

农村宅基地闲置和浪费并存的情况对宅基地制度改革提出迫切需求。我国农村宅基地制度是新中国成立后逐步发展演变而成，随着城乡社会结构变化、城乡空间结构演化和经济体制改革深化，传统宅基地制度的弊端不断显现。随着城乡加速融合发展与大量农村劳动力进城落户，农村宅基地和房屋出现闲置浪费、低效利用的情况，在宅基地使用上也存在一户多宅、侵占耕地、未批先建、建新留旧等问题。与此同时，我国土地资源的稀缺性在城市建设规模持续扩张、耕地保护日趋严格的背景下，其制约性愈加突显。宅基地作为农村建设用地的主要组成部分，通过宅基地制度改革破解其利用困境，进一步理顺产权关系、提高利用效率，为城镇建设提供关键性的要素支撑，成为当前土地制度改革的重要内容。

为了有效解决宅基地使用的诸多问题，从 20 世纪 90 年代开始，我国部分地区就已开始宅基地有偿退出改革的探索，如重庆"地票"模式、成都温江"双放弃"模式、浙江嘉兴"两分两换"模式和天津"宅基地换房"模式等。国家多次召开会议讨论农村土地制度改革，并出台了相关改革政策文件。2015 年 1 月，中共中央办公厅和国务院办公厅联合印发《中共中央办公厅 国务院关于农村土地征收、集体经营性建设用地入市、宅基地制度改革试点工作的意见》，天津蓟

---
① 杜伟，黄敏. 关于乡村振兴战略背景下农村土地制度改革的思考[J]. 四川师范大学学报，2018(01)：12-15.

县(2016年改为蓟州区)、江苏武进、浙江义乌、四川泸县等15个区市县开始进行宅基地制度改革试点。2017年初，国家层面决定实施"三块地"联动改革，在北京市大兴区、天津市蓟州区、四川省泸县、贵州省湄潭县等33个试点地区开展宅基地制度改革。2018年1月，中央一号文件做出探索农村宅基地"三权分置"的改革部署，强调"完善农民闲置宅基地和闲置农房政策，探索宅基地所有权、资格权、使用权'三权分置'，落实宅基地集体所有权，保障宅基地农户资格权和农民房屋财产权，适度放活宅基地和农民房屋使用权"。2019年2月，中央一号文件强调"稳慎推进农村宅基地制度改革，拓展改革试点，丰富试点内容，完善制度设计"。2019年8月，第十三届全国人民代表大会常务委员会第十二次会议通过修改《中华人民共和国土地管理法》的决定，以立法形式确认了宅基地改革试点成果，鼓励盘活宅基地。2020年2月，中央一号文件指出，"以探索宅基地所有权、资格权、使用权'三权分置'为重点，进一步深化农村宅基地制度改革试点"。2020年6月，中央全面深化改革委员会审议通过了《深化农村宅基地制度改革试点方案》，强调"要积极探索落实宅基地集体所有权、保障宅基地农户资格权和农民房屋财产权、适度放活宅基地和农民房屋使用权的具体路径和办法，坚决守住土地公有制性质不改变、耕地红线不突破、农民利益不受损这三条底线，实现好、维护好、发展好农民权益"，把农村宅基地"三权分置"改革作为深化农业农村改革的重要支撑，进一步将试点区域拓展到北京市昌平区、辽宁省大连市旅顺口区、福建省沙县、四川省西昌市等全国104个县(市、区)，并设立了浙江省绍兴市、安徽省滁州市、四川省资阳市三个地级市为整市推进的试点区域，全面开启新一轮宅基地制度改革试点。2020年11月，党的十九届五中全会通过的《中共中央关于制定国民经济和社会发展第十四个五年规划和二〇三五年远景目标的建议》提出"探索宅基地所有权、资格权、使用权分置实现形式"，对深化农村宅基地制度改革提出了明确要求。2021年2月，中央一号文件指出，"加强宅基地管理，稳慎推进农村宅基地制度改革试点，探索宅基地所有权、资格权、使用权分置有效实现形式"。

农村宅基地"三权分置"改革是实施乡村振兴战略的必然要求。面对时刻变化的国内外社会经济形势，国内各项制度急需改革深化，在乡村振兴战略实施的过程中，农村土地改革的重点也在发生变化。作为农村土地制度改革工作最难啃的"硬骨头"，深化农村宅基地制度改革必须紧扣改革需求导向的变化，在理论、政策层面跟上形势，摸清宅基地制度改革试点过程中的重点、难点问题，不断认识制度改革的基本规律，集中力量攻克宅基地制度改革壁垒。2018年国家提出实施农村宅基地"三权分置"改革，通过"三权分置"改革促进土地要素流动，为农村产业兴旺提供用地支持；通过"三权分置"改革优化农民建房布局，为农民生态宜居奠定基础；通过"三权分置"改革引导社会资本下乡，供给更多的就业岗位，为农民生活富裕添砖加瓦。农村宅基地能够为"城乡融合发展""农业农村优先发展""国内国际双循环发展"提供关键的土地要素支持。宅基地"三权分置"改革是实施乡村振兴战略的重要抓手,其改革目标与乡村振兴战略的实施紧密相关,是实施乡村振兴战略的必然要求。

农村宅基地"三权分置"改革是助推城乡融合发展的必经之路。面对现有农用地利用效率低下、优质农用地面积不断减少的严峻形势,中央多次出台文件要求各地区增加耕地面积,提升耕地的利用效率,统筹现代农业和城乡发展,积极开展土地整治工作。城乡融合发展可以减小城市和农村经济发展的差距,缩小贫富差距,促进社会资本与土地要素融合,带动农村产业发展,引导更多农民就业。政府应加大对农村发展资金投入,利用政府投入资金,优化农村基础公共设施建设,强化农村乡土文化传播,合理布局农民居住房屋。因地制宜开展农村宅基地"三权分置"改革,有利于盘活宅基地资源,有效利用宅基地资源,带动农村相关产业发展,一方面为推动城镇化建设提供用地需求保障,另一方面又为农业现代化配置土地资源。

农村宅基地"三权分置"改革是优化国土开发格局的必然选择。优化国土开发格局不仅需要实现土地可持续性利用,还需要保证耕地保有量不变。为了最大化整合城乡土地资源,提升土地资源的利用率,带动土地资源要素流动,国家制定了关于土地使用管理的相关政策文件。农村宅基地使用管理作为国家土地管理的一个重要环节,在农村土地制度改革中占据着重要的位置。现阶段实施的农村宅基地"三权分置"改革旨在激活闲置宅基地资源,提升宅基地的利用率;通过宅基地退出机制和有偿使用机制,规范宅基地使用管理,积极引导农民集约用地、优化生产生活空间,是优化农村土地开发格局的主要内容。未来一段时期,农村宅基地"三权分置"改革将成为集约利用宅基地资源的主要抓手,也将成为优化国土开发格局的必然选择。

1.1.2 指导思想

习近平总书记高度重视农村土地问题,对深化农村土地制度改革做出了一系列重要论述,回答了为什么要改革、怎么样改革等重大问题,这些论述既是新时代农村土地制度改革的总体要求,也是探索宅基地"三权分置"实现形式、稳步推进农村宅基地制度改革的最重要指引和最根本原则。本书加强对新发展阶段农村宅基地制度改革问题的系统研究,对农村宅基地"三权分置"改革政策进行评估与优化研究,正是深入学习贯彻习近平总书记关于农村土地制度改革的重要论述、强化农村土地制度改革研究与实践、助力农业农村现代化的重要体现,有利于农村宅基地制度改革把准方向、优化路径、坚守底线,坚持走中国特色社会主义乡村振兴道路,服务新型工农城乡关系构建,助力全面建设社会主义现代化国家新征程。

1. 关于改革的主线

习近平总书记指出，我国农村改革是从调整农民和土地的关系开启的，新形势下深化农村改革，主线仍然是处理好农民与土地的关系。总书记的深刻论述，既阐明了农村土地制度改革的根本出发点，也明确了新时代农村宅基地制度改革必须坚持这一工作主线。本书着力研究农村宅基地"三权分置"改革政策实施绩效与优化问题，其主线正是为了正确处理好农民与宅基地的关系，确保农民的宅基地权益得到有效保障。

2. 关于改革的目标

习近平总书记指出，要完善农村产权制度，健全农村要素市场化配置机制；要不断探索农村土地集体所有制的有效实现形式；探索宅基地所有权、资格权、使用权"三权"分置，落实宅基地集体所有权，保障宅基地农户资格权和农民房屋财产权，适度放活宅基地和农民房屋使用权。总书记的深刻论述，既阐明了现代农村土地产权制度的基本框架，也明确了新时代农村宅基地制度改革的主要目标。本书着力研究农村宅基地"三权分置"改革政策实施绩效与优化问题，正是对宅基地制度改革目标的有效落实落地落细，有效兼顾宅基地的多元功能和改革的多元目标。

3. 关于改革的重点

习近平总书记指出，必须坚持和完善农村基本经营制度，决不能动摇；要以农村土地集体所有、家庭经营基础性地位、现有土地承包关系的不变，来适应土地经营权流转、农业经营方式的多样化，推动提高农业生产经营集约化、专业化、组织化、社会化，使农村基本经营制度更加充满持久的制度活力。总书记的深刻论述，从科学把握变与不变的角度指出了农村土地制度改革重点，这实际上也明确了新时代农村宅基地制度改革必须正确处理变与不变的关系。本书着力研究农村宅基地"三权分置"改革政策实施绩效与优化问题，正是为了正确处理宅基地制度的变与不变，既适度放活宅基地和农民房屋使用权，更坚持集体所有权不能变、农民利益不能损的改革底线。

4. 关于改革的路径

习近平总书记指出，现阶段深化农村土地制度改革，要更多考虑推进中国农业现代化问题，既要解决好农业问题，也要解决好农民问题，走出一条中国特色农业现代化道路；要把握好土地流转、集中、规模经营的度，与城镇化进程和农村劳动力转移规模相适应，与农业社会化服务水平提高相适应。总书记的深刻论述，立足实际、尊重规律，阐明了新时代农村土地制度改革的实现路径，也进一步明确了宅基地"三权分置"改革的方向与路径。本书着力研究农村宅基地"三权分置"改革政策实施绩效与优化问题，正是为了从完善农村宅基地制度的角度，助力中国特色农业农村现代化进程，其本身也是坚持走中国特色农业农村现代化道路的重要内容。

5. 关于改革的底线

习近平总书记指出，农村土地制度改革是个大事，涉及的主体、包含的利益关系十分复杂，必须审慎稳妥推进；农村改革不论怎么改，都不能把农村土地集体所有制改垮了，不能把耕地改少了，不能把粮食生产能力改弱了，不能把农民利益损害了，决不能犯颠覆性错误。总书记的深刻论述，既确立了新时代推进农村土地制度改革稳中求进、健康有序的基调，也明确了农村宅基地制度改革必须稳慎推进、坚持集体所有权不能变和农民权益不受损的原则底线。本书着力研究农村宅基地"三权分置"改革政策实施绩效与优化问题，正是为了有效落实宅基地集体所有权、保障宅基地农户资格权和农民房屋财产权、适度放活宅基地和农民房屋使用权，是对农村土地制度改革主线的体现和底线的坚守。

1.1.3 研究目标

农村宅基地"三权分置"改革是我国农村土地制度改革的最重要内容和最重大举措，具有现实的实践基础和迫切的改革诉求，但如何选择科学的实现方式推进"三权分置"改革有效落实，需要坚实的理论支撑、法律保障和实践检验。本书着眼于农业农村现代化和新型城镇化进程中加强农村土地资源优化利用的重大需求，始终坚持土地公有制、保护耕地红线、保障农民利益三项原则，通过实地调研和数据获取，对农村宅基地"三权分置"改革的重大理论问题与实践问题开展系统研究，对农村宅基地"三权分置"改革政策进行风险评估、规制效应评估和绩效评估，深入分析"三权分置"改革政策的实施机制和实现路径，提出科学设计和系统优化的具体建议，实现以下目标：一是在理论层面，补充和拓展农村宅基地"三权分置"改革的基础理论认知，为学术界相关研究提供可以借鉴参考的共识性概念和可拓展完善的理论模型。二是在实践层面，提供一套颇具操作价值的系统实施方案，做到所提政策建议在高度上具有战略性，在视野上具有系统性，在操作上具有可行性。

1.1.4 研究价值

农村宅基地"三权分置"改革试点范围窄、时间短，制度设计、权能实现、政策实施评价、风险防范、协调创新等问题尚未在理论上进行全面系统的深入论证；同时，农村宅基地制度改革是政策性、理论性、实践性非常强的新课题，由于各方面的认识不统一、举措不配套，农村宅基地"三权分置"改革政策落地与实施绩效存在偏差，许多基本理论和实践问题仍需深入研究。现有研究成果还存在研究内容不系统、研究覆盖面较为狭窄、研究应用性不足等问题。①研究内容缺乏系统性：一是对农村宅基地管理制度演变过程及诱导因素的研究较多，对宅基地"三权分置"制度变迁的理论逻辑的研究较少；二是对宅基地"三权"的权能内涵和权能构成的研究较多，对宅基地"三权分置"运行机制的研究较少；三是对宅基地"三权分置"改革价值和试点实践的研究较多，对宅基地"三权分置"政策内涵和潜在风险的研究较少；四是对宅基地使用权实现形式的研究较多，对宅基地所有权和资格权实现的研究较少；五是对宅基地"三权分置"改革建议的研究较多，对宅基地"三权分置"制度优化与协同联动的研究较少，尤其对农民、集体、政府和使用方的多方利益分配、宅基地"三权"实现的配套推进等重要问题的研究不够深入；六是对宅基地"三权分置"实现路径潜在风险的基本描述和实践表现研究较多，对宅基地"三权分置"实现路径的风险分析和创新协同研究较少。②研究视角相对狭窄：一是基于福利视角、风险认知视角、乡村振兴视角等研究农村宅基地"三权分置"实现形式较多，而基于产权视角和制度变迁视角等的研究较少；二是从法学层面研究宅基地"三权分置"权能实现较多，从经济学层面的研究较少，从人口学、地理学、社会学等多学科融合视角出发的研究更少；三是从理论视角对农村宅基地"三权分置"制度设计的研究较多，结合实证视角的研究分析较少。③研究应用性不足：现有研究成果的不少建议基于先验理性，缺乏现实基础，或只是对既定政策的阐述，现实针对性不足、科学性不够、系统性不强，能具体化为操作路径、运作方式、实施方案等层面的建议不多，无法有效应用于改革实践。

本书探索农村宅基地"三权分置"实现形式，是以正确处理农民与宅基地的关系为着力点，系统研究宅基地"三权"的制度内涵与权能实现，探索宅基地"三权分置"实现方式与路径优化，从理论上明晰集体经济组织、农民、使用者等主体之间的土地产权关系，协调兼顾各方面利益主体的宅基地权益；既要从理论上系统研究宅基地资源优化利用机制，加快盘活农村土地资源，增加农民财产性收入和其他经营收入，助力推进乡村振兴战略和城乡融合发展，实现更高质量、更有效率、更加公平、更可持续、更为安全的农业农村发展；又要从理论上系统研究集体所有权不能变和农民权益不受损的原则底线的落实机制，防控化解重大矛盾风险、公共安全风险，夯实安全发展的农村基础，扎实推动共同富裕，让农民的获得感成色更足、幸福感更可持续、安全感更有保障。

本书针对现有研究存在的不足和理论研究的现实要求，紧紧围绕深入实施乡村振兴战略和全面建设社会主义现代化国家的重大决策部署，紧扣构建国内国际双循环发展新格局、全面推进乡村振兴总体要求，坚持问题导向和系统观念，对农村宅基地"三权分置"改革的重大理论问题与实践问题开展系统研究，厘清宅基地各项权能内涵和"三权分置"运行机理，对"三权分置"改革政策进行风险评估、规制效应评估和绩效评估，深入分析"三权分置"改革政策的实施机制和实现路径，弥补现有研究的不足，为研究者拓展相关研究提供可以交流借鉴的共识性概念、可以扩展完善的理论模型、可以多角度解读的素材资料，为政府科学决策、农村一线改革提供理论支撑和理论借鉴。

同时，本书精准把握农村土地制度供给侧结构性改革与乡村振兴战略对宅基地制度改革的现实要求，遵循"理论分析－实践评价－机制完善－路径优化－风险防范－配套保障"的演进规律和"理论－实践－更高水平的理论拓展－更高水平的实践应用"的内在逻辑，坚持"研究内容与一线需求精准对接，规范研究与实证分析深度融合，课题研究与实践应用一体衔接"的工作方式，综合选用多种科学方法，对全国新一轮农村土地制度改革中 104 个试点区市县的农村宅基地"三权分置"改革政策实施情况进行全面系统调研，基于政策风险分析与实施绩效评估，提出具有战略性、前瞻性、可行性的农村宅基地"三权分置"改革政策实施方案与优化建议，增强宅基地制度改革的系统性和协同性。

1.2 研究思路与方法

1.2.1 研究思路

本书运用软科学研究框架，以盘活闲置宅基地、增加农民财产性收入、增强农村发展新动能为方向，以农村宅基地"三权分置"改革政策的风险评估、规制效应评估和绩效评估为切入点，采用风险评估模型和政策评估等方法开展系统的规范分析和深入的实证研究，结合对全国 104 个试点区市县的实地调研和样本数据分析，提出农村宅基地"三权分置"改革的政策优化与实现路径，将理论成果和方法技术进行应用和决策支持。本书按照图 1-1 所示的思路开展具体研究。

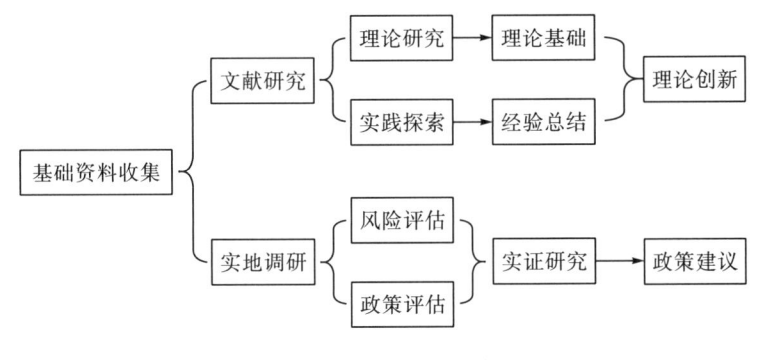

图 1-1 研究思路

1.2.2 研究方法

本书从相关文献和实地调研获取基础资料，并依据理论研究所需，采用了系列研究方法。一是多学科融合法：融合使用福利经济学、公共经济学、制度经济学、地理学、人口学、社会学、法学等相关理论与分析方法；二是参与式农村评估法：深入全国 104 个试点区市县，利用参与式农村评估法的工具(空间结构、时间变化、相互关系、分类与排序等)，进行农村宅基地"三权分置"改革政策实施情况调研；三是统计分析方法：主要运用层次分析、主成分分析等方法对调研数据进行科学整理与实证分析；四是风险评估模型：通过征询宅基地所有权人、资格权人、使用权人、自然资源管理部门和高校专家学者等意见，引入风险矩阵对农村宅基地"三权分置"改革政策的潜在风险进行评估，为制度优化与实施提供技术支撑。

1.3 创新之处与主要内容

1.3.1 创新之处

1. 研究层次的创新

强调从全方位多层次系统研究的视角来研究，对农村宅基地"三权分置"改革政策进行风险评估、规制效应评估和绩效评估，从不同层次深入分析农村宅基地"三权分置"改革政策的实施机制和实现路径：①从空间差异层次，全面分析了东部地区、西部地区、中部地区以及山地、平原、丘陵等不同空间的农村宅基地"三权分置"改革情况和实现路径；②从权利主体层次，重点调查分析各利益主体(地方政府、所有权人、资格权人、使用权人)对农村宅基地"三权分置"改革政策风险，并研究农村宅基地"三权分置"改革的实现路径优化。

2. 学术观点的创新

本书在学术观点上具有以下创新：①农村宅基地"三权分置"改革面临改革政策供给不足的风险、耕地保护红线突破的风险、乡村建设规划滞后的风险、农民利益未保障的风险和影响农村社会稳定的风险，必须进行系统评估和有效防控；②农村宅基地"三权分置"改革既面临东部、中部、西部的区域差异，也面临山地、平原、丘陵的空间差异，不同区域和不同空间的政策实施和优化提升需要构建差异化分析模型，建立差别化政策实现路径；③构建农村宅基地"三权分置"改革政策的风险防控机制，深化农村宅基地"三权分置"改革政策的实现路径，构建农村宅基地"三权分置"改革政策的制度保障。

3.研究方法的创新

本书将规范分析与实证分析有机结合,深入开展实地调研和数据获取,确保研究的系统性、科学性和所提建议的可操作性:①基于不同利益主体视角,引入风险评估模型(风险矩阵)对农村宅基地"三权分置"改革政策实施风险进行评估;②运用数据调查分析方法,增进农村宅基地"三权分置"改革政策实施情况调研和绩效评估的精准性。

1.3.2 主要内容

本书以农村宅基地"三权分置"政策评估以及基于风险预判和绩效分析的宅基地"三权分置"改革政策的实施机制和实现路径为研究对象,重点选择全国新一轮农村土地制度改革中 15 个宅基地制度改革试点区市县和"联动试点"的其他 18 个区市县,以及第二轮改革拓展的共计 104 个区市县作为研究载体。为获取农村宅基地"三权分置"改革的一手资料,确保研究的科学性和准确性,笔者赴浙江省义乌市、江西省余江区、重庆市大足区、四川省泸县等地开展实地调研,摸清农村宅基地"三权分置"改革政策实施具体情况,有针对性地进行改革政策风险评估、规制效应评估和绩效评估,评估既突出宏观区域布局(东部地区、中部地区、西部地区),又体现微观特征(平原、丘陵、山地),实现政策评估的点面结合、从典型到普遍的实践应用价值;在此基础上,深入分析农村宅基地"三权分置"改革政策的实施机制和实现路径,提出科学设计和系统优化的具体建议,为提高宅基地利用率夯实基础条件,为深化农村宅基地制度改革提供理论支撑。

本书第 1 章至第 9 章是在系统梳理相关理论基础和学术研究综述,以及我国农村宅基地制度变迁的基础上,有针对性地对各地农村宅基地"三权分置"改革进行政策风险评估、规制效应评估和绩效评估,以此为基础深入分析农村宅基地"三权分置"改革政策的实施机制和实现路径,提出科学设计和系统优化的具体建议,为提高宅基地利用率夯实基础条件,为深化农村宅基地制度改革提供理论支撑。

1.农村宅基地"三权分置"改革的现实背景和理论综述

本部分着眼于农业农村现代化和新型城镇化进程中加强农村土地资源优化利用的重大需求,认为农村宅基地"三权分置"改革是宅基地制度改革的新方向,力图通过激发宅基地内生动力,促进土地要素流动,增加农民收入,助推农村经济社会发展。由于农村宅基地"三权分置"改革试点范围从全国来看仍相对较窄、时间较短,各有关区市县对宅基地"三权分置"改革政策的实施情况、潜在风险、试点绩效、实现路径、演化方向与优化完善等问题的系统论证仍需深入,导致政策落地与实施绩效存在偏差。因此，许多基本理论和实践问题急需深入研究。同时，本书基于马克思主义理论、产权经济学理论、制度经济学理论、风险与绩效理论等，通过分析文献资料，认为农村宅基地"三权分置"的研究成果主要集中在宅基地流转与退出、宅基地制度改革试点、宅基地"三权分置"改革试点等方面，对于农村宅基地"三权分置"改革风险、绩效评估等方面的内容研究较少。现有研究成果存在的不足之处有：研究内容缺乏系统性，研究个别试点地区较多，系统研究试点地区较少；研究视角相对狭窄，基于乡村振兴视角较多，多维度多主体研究视角较少；研究方法过于传统，以问卷调查研究较多，多学科融合研究较少；研究应用性不足，提出的建议针对性不足、科学性不够。

2. 中国传统农村宅基地制度的历史回顾与评价

本部分深入剖析中国宅基地制度的嬗变过程。一是新中国成立之前的宅基地制度，我国长期实行以家庭为单位的小农经济生产经营方式，半封建半殖民地时期的贫苦农民在与地主的租种博弈中处于劣势，难以获得土地所有权。这一阶段的土地制度改革旨在将土地所有权赋予农民，逐步建立起"耕者有其田"的土地制度。二是新中国成立以后的宅基地制度，农民获得土地所有权，使人民政权更加巩固，建立的农村土地农民所有制赋予了农民享有宅基地完整产权的权利。三是人民公社时期的宅基地制度，实现了宅基地制度"两权分离"，使农民丧失完整的宅基地产权，要求农村集体组织负担起原先农村宅基地对农民居住所提供的保障职责。四是改革开放以后的宅基地制度，国家开始重视宅基地制度优化，并颁布了许多改革政策，但是没有专门的宅基地立法。此阶段如果农民需要批地建房，必须按照国家政策规定行使有限的使用权。同时，农村宅基地使用权具有可继承性，但农村宅基地属于集体所有的产权特征使农村宅基地不具备城镇国有土地的财产性质。"两权分离"宅基地制度助推了工业化和城镇化的发展，但也导致耕地保护压力加大、乡村布局不合理、宅基地权属争议等诸多现实弊端。

3. 农村宅基地"三权分置"改革政策的理论分析

本部分基于农村宅基地"三权分置"改革政策的背景和内涵，对宅基地"三权"进行理论剖析，厘清"三权"的权能属性。首先，宅基地集体所有权属于村集体所有，具有处分权、占有权和管理权，能有效维护农民土地权益，保障农民利益不受损。宅基地集体所有权的产权约束主要在产权制度的稳定性和开放性，其负外部性弊端主要是"排他性"的缺失而导致。其次，宅基地农户资格权确保农民居住稳定性，不仅学术界对农户资格权存在内涵争议，而且在实践过程中农户资格权也存在认定困局。农户资格权认定应按照"先易后难"的思路、"尊重历史，面对现实"的方式以及借助"村庄议事会"等来认定。再次，放活宅基地使用权是为了利用资本激活宅基地资源，提升宅基地利用率，多渠道多方式带动产业发展，扩大农民的就业率，增加农民的收益。放活宅基地使用权的政策与金融关系，促进宅基地资源和资本融合，扩大融资规模，提高宅基地利用率；放活宅基地使用权的政策与委托代理关系，积极落实集体经济组织的监督权；放活宅基地使用权的政策与主体利益分享博弈，鼓励社会企业组织开展宅基地使用工作对宅基地的集约利用政策产生推动作用，对基层组织来讲在侧面上具有一定的工作积极效应。

4. 农村宅基地"三权分置"改革政策的风险评估

本部分基于风险管理的方法，分析了农村宅基地"三权分置"改革政策风险。首先，阐释宅基地"三权分置"改革政策风险识别的原理，明晰风险识别的意义、内容、原则、过程和方法。其次，识别宅基地"三权分置"改革政策的风险，识别出的五大风险分别是改革政策供给不足、耕地保护红线突破、乡村建设规划滞后、农民利益未能保障和影响农村社会稳定。再次，探究农村宅基地"三权分置"改革政策风险的影响因素，主要有决策风险因素、主体风险因素、过程风险因素和社会风险因素。最后，通过对农村宅基地所有权人、资格权人、使用权人、自然资源管理部门和专家学者进行访谈和问卷，运用层次分析法建立农村宅基地"三权分置"改革政策风险评估体系，通过模糊综合评价模型得出农民利益未保障的风险的严重程度为 0.3024，改革政策供给不足的风险的严重程度为 0.2789，耕地保护红线突破的风险的严重程度为 0.1985，乡村建设规划的风险的严重程度为 0.1521，影响农村社会稳定的风险的严重程度为 0.0680；而农村宅基地"三权分置"改革政策风险总评估值为 0.3565。因此，本书认为现阶段的农村宅基地"三权分置"改革政策风险较低，可能发生的风险都处于可控状态。

5. 农村宅基地"三权分置"改革政策的规制与激励效应评估

本部分分析农村宅基地"三权分置"改革政策规制的总体情况，借助部分试点地区保障宅基地资格权和放活宅基地使用权的主要做法来说明宅基地资格权的规制效应和宅基地使用权的激励效应。首先，农村宅基地"三权分置"改革政策规制的主要方向是有效保障所有权，努力限制资格权，适当放活使用权。其次，试点地区通过"依法取得，保权退出"、"自动退出，有偿重获"、"依法依规，灵活设定"等方式保障宅基地农户资格权，明显降低了宅基地农户资格权的改革成本，试点地区的政策制度都具有较强的操作性，也体现了政策规制的良好效应。再次，试点地区通过"共享共建"等模式探索建立宅基地及农房抵押融资机制、多元化拓宽宅基地利用渠道、宅基地节余指标跨区域调配，平衡了各改革主体的利益，有效激励农民愿意并支持农村宅基地"三权分置"改革，从而提高了农民参与改革的积极性。

6. 农村宅基地"三权分置"改革政策实施的绩效评估

本部分从两方面选取试点地区分析总结农村宅基地"三权分置"改革实践情况。一方面是按照行政区域选取 4 个东部试点地区(福建省晋江市、浙江省德清县、广东省南海区、天津市蓟州区)、3 个中部试点地区(湖北省宜城市、湖南省浏阳市、内蒙古自治区和林格尔县)和 5 个西部试点地区(重庆市大足区、贵州省湄潭县、云南省大理市、四川省彭山区、西安市高陵区),探索这 12 个试点地区的农村宅基地"三权分置"改革情况,对比分析行政区域(东部地区、中部地区、西部地区)农村宅基地"三权分置"改革情况的差异。另一方面按照地域结构选取山地(四川省泸县)、丘陵(江西省余江区)、平原(浙江省义乌市),具体分析这 3 个典型地区的改革实践,总结其主要的改革模式,为其他地区实施农村宅基地"三权分置"改革提供实践参考。本书认为东部试点地区改革效果较为明显,中部试点地区放活宅基地使用权较为突出,西部试点地区改革举措较为全面。同时,处于山区的四川泸县主导"节余指标省内流转"+"农房共建共享"模式,处于丘陵的浙江义乌市创新宅基地"三权分置"顶层设计,处于平原的江西余江区建立宅基地农户资格权的重获机制。本书基于"产业兴旺、生态宜居、乡风文明、治理有效、生活富裕"这五个指标对农村宅基地"三权分置"改革政策实施绩效进行评价,认为目前乡村产业发展"稳中乏新",乡村居住环境"美中待补",乡村文化繁荣"低中有高",乡村治理水平"拔高受限",农民财产收益"持续有增"。

7. 构建农村宅基地"三权分置"改革政策的风险防控研究

本部分比较国外农村土地流转制度的研究成果,在国外农村土地流转风险防控的制度分析基础上,认为建立健全法律法规是农村宅基地"三权分置"改革政策风险防控的前提,维护农民各项利益是农村宅基地"三权分置"改革政策风险防控的保障,规范市场流转机制是农村宅基地"三权分置"改革政策风险防控的关键。农村宅基地"三权分置"改革政策风险防控的基本原则应以防控成本最优为目标,以乡村振兴战略为导向,以社会公平效率为根本,以利益均衡共享为重点,兼顾"公平、效率、安全",建立宅基地"三权分置"改革政策风险管理组织体系,构建宅基地"三权分置"改革政策风险管理评价体系,架构宅基地"三权分置"改革政策风险管理预警体系等。科学提出农村宅基地"三权分置"改革政策风险防控的具体措施,以强化风险管理为出发点细化风险防控举措,以保障农民权益为切入点合理分配宅基地利益,以严守耕地保护红线为结合点加强宅基地资源管理,以优化空间布局为着力点推动美丽乡村建设,以稳定农村社会为根本点建立风险保障机制。

8. 构建农村宅基地"三权分置"改革政策的实现路径优化研究

本部分认为构建农村宅基地"三权分置"改革政策的实现路径有"产权化"落实宅基地集体所有权,"法制化"保障宅基地农户资格权,"多元化"放活宅基地和房屋使用权,"科学化"推动农村土地改革协同发展。首先,"产权化"落实宅基地集体所有权。明确宅基地集体所有权的关键作用,创新宅基地集体所有权的管理方式,提高宅基地集体所有权的产权效率。其次,"法制化"保障宅基地农户资格权。摸清资格权的实施困境,规范资格权的认定流程,完善资格权的改革路径。再次,"多元化"放活宅基地和房屋使用权。建立使用权流转市场,优化流转市场的经营环境,构建宅基地价格评估机制,推动金融行业服务宅基地改革,完善多渠道利用宅基地。最后,"科学化"推动农村土地改革协同发展。推进农村房地确权登记工作,完善农村集体产权制度,落实村庄建设规划编制。

9. 构建农村宅基地"三权分置"改革政策的配套制度保障

本部分认为构建农村宅基地"三权分置"改革政策的配套制度保障是实现农村宅基地制度改革目标的压舱石,其主要路径有"活力式"健全宅基地有偿使用制度和自愿有偿退出制度、"动力式"构建宅基地农户资格权登记制度和使用权流转制度、"引力式"推动户籍制度改革和社会保障制度改革。首先,以健全宅基地有偿使用制度为抓手优化宅基地利用,以完善宅基地自愿有偿退出制度为根本降低宅基地闲置率。其次,以"户有所居+保障权益+面积限定"为根本建立资格权登记制度,以"多元化利用+有效融资+突出收益"为目标优化使用权流转制度。再次,以理顺户籍制度和宅基地制度改革关系为要义,以"户改促宅改"为纽带,不断提高宅基地配置率,推动社会保障制度改革,强化农民各项权益。

本书第 10 章至第 12 章为农村宅基地"三权分置"改革政策实证研究。四川省是全国农村宅基地制度改革的先行地区,2015 年首批试点地区中全国仅有四川和浙江两省获批两个试点县。因此,笔者结合长期深耕四川农村土地制度研究的优势和基础,同时统筹考量区域特点、试点批次、改革经验等特征分别选择了泸州市泸县、成都市郫都区、眉山市彭山区作为典型案例进行深入研究,系统、全面地梳理了每个试点地区的经济社会发展基本情况、改革背景,深度剖析了改革的主要举措、创新经验、关键制约,并对下一步改革推进路径提出相应对策建议。

1.3.3 主要观点

本书基于相关领域的研究成果,系统研究了农村宅基地"三权分置"改革政策评估与优化,提出了具有一定创新性和实践性的政策建议。

1. 农村宅基地"三权分置"改革政策的风险防控

第一，农村宅基地"三权分置"改革政策风险防控体系。①建立农村宅基地"三权分置"风险管理组织体系，成立改革政策风险管理领导小组，明确风险管理组织体系职能；②建立农村宅基地"三权分置"风险管理评价体系，确立改革政策风险指标体系，运用评估政策风险方法，实施政策风险评价；③建立农村宅基地"三权分置"风险管理预警体系，明确农村宅基地"三权分置"风险的预警区间，规范农村宅基地"三权分置"的风险预警流程，制定农村宅基地"三权分置"的风险应急预案。

第二，农村宅基地"三权分置"改革政策风险防控的具体措施。①以强化风险管理为出发点细化风险防控举措，落实政策风险决策责任制，制定完整的风险管理实施方案，加强利用现代信息化风险防控手段；②以保障农民权益为切入点构建宅基地利益分配共享机制，规范宅基地使用权流转市场，适度扩大宅基地使用权流转范围，科学合理制定收益分配方式，保障农民各项权益。③以严守耕地红线为结合点加强宅基地资源管理，防范侵占耕地，细化宅基地管理制度，完善监管和考核机制；④以优化空间布局为着力点推动美丽乡村建设，严格执行"一户一宅"，集约利用宅基地资源，合理规划村庄科学布局；⑤以稳定农村社会为根本点建立风险保障机制，构建宅基地使用权流转纠纷的化解机制，健全宅基地改革司法救助机制。

2. 农村宅基地"三权分置"改革政策的实现路径优化

第一，"产权化"落实宅基地集体所有权。①发挥宅基地集体所有权的主体作用，依法管理宅基地使用，指导农房建设合理布局。②创新宅基地集体所有权的管理方式，借鉴社会主义集体产权的经典管理经验，创新宅基地集体所有制的组织管理设计；③提高宅基地集体所有权的产权效率，集体所有制仍需坚持保障农民权益，集体所有制亟须落实产权保护，集体所有制需注重产权效率提升。

第二，"法制化"保障宅基地农户资格权。①摸清宅基地农户资格权的现实困境，包括以户籍作为农户资格认定依据的弊端，以农户身份认定为依据均分宅基地的困局，宅基地使用认定的个人利益与福利保障冲突；②规范宅基地农户资格权的认定流程，总结试点地区农户资格权认定办法，形成有效的农户资格权认定机制；③完善宅基地农户资格权的改革路径，通过"严格界定，保权退出，有偿重获"原则来保障宅基地农户资格权。

第三，"多元化"放活宅基地和房屋使用权。①明确宅基地使用权市场化改革，把握宅基地使用权和市场机制的关系，建立宅基地和房屋使用权流转市场；②落实宅基地金融服务改革，强化金融与土地市场改革的纽带关系，规范金融秩序促进农村土地市场改革的路径；③建立健全宅基地和房屋价格评估机制，明确宅基地财产功能价值，评估宅基地房屋价值，构建宅基地价值评估制度。

第四，"科学化"推动农村土地改革协同发展。①推进农村房地一体确权登记，夯实宅基地集体所有权；②完善农村集体产权制度保障农户资格权，优化城乡户籍管理制度为集体成员认定提供依据，完善城乡就业体制为农村集体成员权退出提供生存保障，拓展数据挖掘方法在宅基地制度评价与完善中的应用；③以城乡建设用地增减挂钩制度放活宅基地和房屋使用权。坚持产业发展、农民致富、农村美丽等多项原则，协调政府管制+市场主体、基层治理+农民自治、乡村振兴+城乡发展等多重关系，统筹公平+效率、稳定+发展、限制+放活等多维目标，最大限度释放改革红利[①]。

3. 农村宅基地"三权分置"改革政策的配套保障

第一，"活力式"健全宅基地有偿使用制度和自愿有偿退出制度。一是以健全宅基地有偿使用制度为抓手优化宅基地利用：明确村集体经济组织为宅基地有偿使用实施主体，规定宅基地有偿使用的适用人群，制定符合当地发展的宅基地有偿使用的收费标准，强化宅基地有偿使用资金的监管。二是以完善宅基地自愿有偿退出制度为根本降低宅基地闲置率：鼓励符合在城市有稳定住所的农民退出宅基地，明确宅基地有偿退出程序，多层次多价值提高补偿标准。

第二，"动力式"构建宅基地农户资格权登记制度和使用权流转制度。一是以"户有所居+保障权益+面积限定"为根本建立宅基地农户资格权登记制度：明确将农户资格权纳入不动产登记，明晰宅基地资格权人颁证对象与范围，提高不动产登记水平和技术。二是以"多元化利用+有效融资+突出收益"为目标推进使用权流转制度：明确市场化改革，完善市场营商环境，规范市场服务机制。

第三，"引力式"推动户籍制度改革和社会保障制度改革。一是以理顺户籍制度和宅基地制度改革关系为要义，以"户改促宅改"为纽带，不断提高宅基地利用效率：统筹"户改与宅改"的关系，不断实施居住证政策，健全户籍制度配套政策。二是以加快社会保障制度改革为关键强化农民各项权益：①完善农村养老保障制度，推动农村养老保险立法工作，完善养老保障转移支付制度，建立养老基金保值增值机制，适当调整财政补贴的比例标准；②完善农村医疗保障制度，加强农村基层医疗机构建设，吸引更多人才到农村基层医疗机构，构建多元化农村医疗保障体系；③完善农村劳动力就业制度，建立农民就业服务信息平台，提供农民就业权益纠纷救济服务，扩大创新创业政策范围。

---

① 汪杨植，黄敏，杜伟.深化农村宅基地"三权分置"改革的思考[J].农村经济，2019(07)：18-25.

第 2 章　农村宅基地"三权分置"改革相关理论基础与学术研究综述

深化农村宅基地"三权分置"改革，首先需要对近年来农村宅基地"三权分置"改革研究的进展和代表性观点进行梳理，厘清农村宅基地"三权分置"改革的理论研究基础。本章对近年来学术界关于农村宅基地制度改革相关问题研究的各类成果及代表性观点进行整理归类，分析已有研究成果的进展和不足，全面梳理农村宅基地"三权分置"研究的学术脉络，从而为农村宅基地"三权分置"改革提供文献支撑和理论指导。国内学术界关于农村宅基地"三权分置"及相关问题的研究涉及宅基地产权制度的历史变迁与制度缺陷、宅基地的权能结构与权利内涵、宅基地"三权分置"改革的政策内涵、宅基地"三权分置"改革试点实践等方面，但还存在研究内容不深入、研究覆盖面较为狭窄、研究方法较为传统、研究应用性不足等问题，特别是对宅基地"三权分置"改革涉及的宅基地所有权实现形式、宅基地资格权实现形式、宅基地使用权实现形式、宅基地"三权分置"实现形式的统筹优化、宅基地"三权分置"实现形式的潜在风险与防范、宅基地"三权分置"实现形式的配套协同与改革创新等系列重要问题，现有研究还十分有限和零散，相关研究的深度、广度和系统性存在不足。

2.1　相关理论基础

2.1.1　指导性理论基础

1. 马克思地租理论

首先，简述马克思地租理论的产生。马克思政治经济学的形成过程就是马克思地租理论的形成过程。古典政治经济学始于威廉·佩蒂，之后在重农学派得到进一步发展，亚当·斯密则使古典政治经济学得到了极大的丰富，他们都对地租理论进行了深刻的探讨，之后李嘉图完成了古典政治经济学史上最完整的地租理论。正是有了如此宝贵的科学文化遗产，马克思才可以站在"巨人"的肩膀上续写政治经济学地租理论革命性的新篇章。在古典政治经济学中，关于地租的起源、地租的构成、地租的变化、土地价格等思想的研究成果非常丰富，但同时也比较杂乱，马克思秉承在批判中继承和发展的研究方法，对前人的地租思想进行整合，并在此基础上提出了更加科学的见解。

马克思在深入学习李嘉图地租理论后，吸取李嘉图地租理论的核心内容，通过自身的理论研究形成了新的级差地租理论，给出级差地租的产生和土地利用顺序无关，农产品的价值决定于最差等级土地的农产品价值等一系列令人耳目一新的结论。同时，马克思还分析了级差地租（Ⅰ）和（Ⅱ）的区别与联系。马克思除了量化地分析地租以外，还注重对地租质的分析，包括生产价格不变、上升、下降对级差地租的影响以及农业有机构成发生变化对地租数额的影响等方面的问题。另一方面，马克思在研究地租的基础上也阐释了土地价格。从地租理论发展演变史来看，古典政治经济学家威廉·佩蒂把土地价格等同为一定年限的地租数额。按照商品的一般概念，土地不是商品，它不具有一般商品的性质，也不能采用货币来度量土地价格，这为提供土地价格的理论范式带来了很大的困难。然而，马克思天才般地突破了这层壁垒，创造性地将土地价格看作是对索取地租权利的购买价格，这不得不说马克思地价理论在地租理论史上是具有特殊意义的。

马克思客观地将地租的范畴定义为历史的，可变化的，他认为地租只不过是社会发展到一定阶段的一种社会关系，这样的概括克服了之前古典地租理论的"永恒的""自然的"理论误区。马克思科学的地租理论范畴包括马克思对地租历史和转变过程的描述：马克思在论述地租的时候，认为最早的地租是劳役地租。地主让农民在自己的土地上劳动，农民通过艰苦劳动为地主创造农产品的方式来缴纳土地租金。随着资本市场的发展，劳役地租逐渐演变为产品地租，即地主需要农民在土地上生产更多市场需求的产品，农民通过将生产的产品一部分作为土地租金缴纳给地主，在货币产生以后，某些地方则以货币地租的形式取代了产品地租，马克思把这两种形式的地租统称为实物地租。

再次，马克思地租理论的观点概述。马克思根据资本主义社会发展规律和现实情况，对地租进行了梳理总结：

$$M = \overline{P} + R_a + R_{d1} + R_{d2} \tag{2-1}$$

式中，M 是劣等土地所创造的剩余价值；$\overline{P}$ 是社会平均利润；R_a 是绝对地租，R_{d1} 是级差地租（Ⅰ），R_{d2} 是级差地租（Ⅱ）。

虽然土地并不是商品，但在交易过程中，土地拥有者将所有权交给资本家，便形成了土地所有权与资本之间的交换关系[①]。马克思认为，用来购买土地的资本每年按照市场利率所收取的利息就等于所购买土地每年能够收到的地租，因此退出土地价格的计算公式为

$$R = P \times r \Rightarrow P = \frac{R}{r} \tag{2-2}$$

式中，R 是地租，P 是土地价格，r 是利率。式(2-2)只是说明了土地价格取决于

---

① 于恩锋. 马克思理论在我国农村土地流转环境建设中的应用[J]. 乐山师范学院学报，2017，32(02)：81-86.

地租与利率。既然是提前支付的地租，就涉及未来的年限与贴现的问题，因此根据上述阐述，可对式(2-2)适当变形。用 n 表示年限，土地价格的计算公式可以修正为

$$P=\frac{R}{1+r}+\frac{R}{(1+r)^2}+\frac{R}{(1+r)^3}+\cdots+\frac{R}{(1+r)^n}=\frac{R}{r}\left[1-\frac{1}{(1+r)^n}\right] \quad (2\text{-}3)$$

按照之前的阐述，土地价格是未来所有年限地租的贴现，因此 $n\to\infty$ 时，对式(2-3)求极限可得

$$P=\lim_{n\to\infty}\left[\frac{R}{r}(1-\frac{1}{(1+r)^n})\right]=\frac{R}{r} \quad (2\text{-}4)$$

考虑年限与贴现的土地价格与考虑地租与购买土地资本的利息的等价关系，二者在数量上并不矛盾，可以得出土地价格的计算公式：

土地价格=地租÷利率

从计算公式中可以发现，土地购买者支付的地租等于土地购买者将这笔资金借出后所获取的利息[①]。但是资本家往往会选择购买土地，哪怕土地的出售价格高出这个计算结果，其原因在于他们不仅可以得到收取地租的权利，而且可以获得土地的所有权。

2.可持续发展理论

"可持续发展"的提出主要源于工业化发展导致生态环境的恶化，可持续发展有利于平衡经济发展和环境保护二者之间的关系[②]。可持续发展就是资源要素既要满足我们当代人的生存发展需要，而且也需要满足我们后代人的生存发展需要[③]。可持续发展强调人与自然和谐共生，人和社会的发展顺应自然发展规律，不破坏自然发展规律，这样才能有效推动可持续发展。一方面是发展，发展带动社会进步，如果没有发展就谈不上可持续，因此发展是基础，发展就是要实现经济增长，实现人类社会财富的增加，财富增加也应考虑分配问题，所以发展的根本目标是追求社会全方位进步。另一方面是持续性，持续性是要以有限的资源持续促进经济发展，有限的资源不仅要运用于当代经济社会发展，而且也要运用于后代人的生存发展。

1994 年通过的《中国 21 世纪议程》是中国作为发展中国家实施可持续发展战略的行动准则，该议程制定目的是实现形成"减少污染，降低能耗，提升效益，促进发展"的新型发展模式。党中央基于"三农"发展的短板问题提出实施乡村振兴战略，乡村振兴战略和可持续发展这两者的首要问题是土地要素，土地利用可持续化。我国农村宅基地的使用管理印证了土地可持续利用的必要性和重

[①] 阮伟雄，谭锦群.在马克思的地价公式中引入时间参数[J].中山大学学报(自然科学版)，1997(S1)：67-69.
[②] 朱明明.山东省工业发展与资源环境的耦合研究[D].济南：山东师范大学，2012.
[③] 方行明，魏静，郭丽丽.可持续发展理论的反思与重构[J].经济学家，2017(03)：24-31.

要性。长期以来，农村宅基地资源的盲目使用和不当管理导致农民居住环境不断恶化，乡村治理难度加大。因此，开展农村宅基地"三权分置"改革也是为了实现土地可持续利用。

2.1.2 产权经济学理论基础

1. 马克思产权理论

马克思的著作中多次出现财产权、产权、权利等词汇，说明马克思认识到产权的重要性[①]。马克思的产权理论是马克思主义理论的组成部分，其理论主要基于"经济与法律的关系"和"效率与公平的平衡"两条逻辑线展开论述[②]。

第一，产权的本质。产权的基本内涵是各类财产权利，产权的本质就是从各类权属关系中被解释[③]。首先，从法权关系的视角看[④]，马克思认为，"法的关系正像国家的形式一样，既不能从它们的本身来理解，也不能从所谓人类精神的一般发展来理解，相反，它们根源于物质的生活关系"[⑤]。其次，从意志关系的视角看，马克思认为，"这种具有契约形式的法权关系，是一种反映着经济关系的意志关系"[⑥]。最后，从经济关系的视角看，他认为财产关系只是生产关系的法律用语[⑦]。产权本质上是一种法权关系，是生产关系的法律表现；产权关系是生产关系或所有制关系的意志或法律硬化形式；现实的所有制关系是先于所有权而存在的本源和经济基础，所有权是所有制的法律形态和法律范畴[⑧]。

第二，产权的结构。马克思通过研究劳动分工揭示了所有制，即全部生产关系的总和。产权是生产力基础上社会分工的产物，产权包括由所有权、占有权、使用权、支配权、管理权、收益权等权能所组成的权利束[⑨]。马克思认为产权可以是单一的权利，也可以是复合的权利。占有权是指占用或者拥有某类物品进行相关生产活动的权能。使用权是对于某类物品拥有使用的权能。支配权是指利用财产进行生产和交易活动的权能。管理权是对某类物品进行具体管理的权能。收益权是在运用各项产权的基础上而获得收益的权能。

第三，产权的统一与分离。一是所有权与占有权的统一[⑩]。马克思认为：

[①] 吴易风. 马克思的产权理论——纪念《资本论》第一卷出版140周年[J]. 福建论坛(人文社会科学版)，2008(01)：64-69.
[②] 李萍，田世野. 论马克思产权思想与我国农村产权改革的深化[J]. 马克思主义研究，2020(06)：61-71，155-156.
[③] 吴振球. 马克思产权理论与西方产权理论比较研究[J]. 现代经济探讨，2007(08)：55-58.
[④] 谭向阳. 我国集体林权制度改革问题研究[D]. 武汉：中南民族大学，2013.
[⑤] 马克思，恩格斯. 马克思恩格斯选集(第二卷)[M]. 中共中央马克思、恩格斯、列宁、斯大林著作编译局译. 北京：人民出版社，1972.
[⑥] 马克思，恩格斯. 马克思恩格斯全集(第二十三卷)[M]. 中共中央马克思、恩格斯、列宁、斯大林著作编译局译. 北京：人民出版社，1972.
[⑦] 王三兴. 论新制度学派产权理论与马克思产权理论的异同[J]. 石家庄经济学院学报，2006(03)：348-351.
[⑧] 李维莉. 农地流转中的农民土地权益流失[D]. 重庆：西南大学，2008.
[⑨] 谭向阳. 我国集体林权制度改革问题研究[D]. 武汉：中南民族大学，2013.
[⑩] 曹扬. 我国农村土地改革实践研究[D]. 北京：北京交通大学，2019.

"在我们所考察的场合,生产者—劳动者—是自己的生产资料的占有者、所有者。"[①]。二是所有权与经营权的分离。资本家把借来的资本(或自有资本)投入生产,但无法自己指挥实现大生产,只能雇佣人员进行生产,这就形成了所有权与经营权的分离。三是劳动力的所有权与使用权的统一。当劳动的客观条件和主观条件都是劳动者的财产时,即劳动者是生产资料和生活资料的拥有者[②]。四是劳动力的所有权与使用权的分离。马克思认为,劳动力所有权和使用权或支配权相分离的条件是:劳动者是自己的劳动力的所有者;劳动者只有劳动力表现为自己的"惟一的财产",而劳动的生产条件则表现为自己的"非财产",表现为"他人财产"[③]。五是资本的所有权和支配权的分离。资本家在交易活动中把自己所属资本贷给其他人,资本家在资本贷出后的一定时间获取收益,而贷方将有权使用贷来的资本,这样资本家所属资本的所有权和支配权就发生了分离[④]。六是土地所有权与使用权的分离。资本主义社会中资本家将一部分土地租用给农场主,农场主获得土地使用权,支付一定的租金给资本家,这时土地所有权和使用权就开始分离[⑤]。

2. 现代西方产权理论

产权经济学主要研究范畴是人与人的社会关系[⑥]。在社会发展过程中,社会资源是有限的,人们在追求自身利益时很难实现人人所得利益最优,因此容易产生利益冲突[⑦]。产权经济学就是为了解决这种权属不明晰带来的利益冲突,从而建立合理科学的权属关系,明确其经济行为规范。柯斯是现代西方产权理论的奠基人和创始人,他在总结汲取新古典经济学家关于产权论述的基础上,结合当时社会发展情况,形成了著名的柯斯定理。从柯斯定理形成开始,产权理论广泛被关注,学者们深入研究产权理论中人、物、权的关系,进一步阐述了私有产权、交易费用、产权效率等问题。

柯斯早期就开始意识到产权的重要性,论述了交易费用问题,他通过《联邦通讯委员会》和《社会成本问题》两篇文章形成了柯斯产权理论,对西方产权理论产生了深远影响。对于产权的定义,柯斯通过研究农场主的权利所属对产权实际内涵进行界定[⑧],由柯斯对农场主权利的描述可以得出,产权是一组由拥有

---

① 马克思,恩格斯. 马克思恩格斯全集(第二十六卷)[M]. 中共中央马克思、恩格斯、列宁、斯大林著作编译局译. 北京:人民出版社,1972.
② 刘正刚. 马克思的产权理论探索[J]. 四川教育学院学报,2003(07):31-33.
③ 吴易风. 马克思的产权理论——纪念《资本论》第一卷出版140周年[J]. 福建论坛(人文社会科学版),2008(01):64-69.
④ 刘炳福. 论马克思按生产要素分配理论及其现实意义[J]. 唐山师范学院学报,2005(03):45-47,61.
⑤ 马克思,恩格斯. 马克思恩格斯全集(第三卷)[M]. 中共中央马克思、恩格斯、列宁、斯大林著作编译局译. 北京:人民出版社,1960.
⑥ 林木顺. 西方现代产权理论与我国经济体制改革[J]. 中南民族大学学报(人文社会科学版),2006(05):139-141.
⑦ 崔希991. 唯物史观视野中的"制度"——兼评新制度经济学的制度范畴[J]. 河北经贸大学学报(综合版),2008(02):5-8,11.
⑧ 张小敏. 马克思和科斯产权思想的比较研究[D]. 无锡:江南大学,2015.

权、使用权、支配权等组成的可分解权利束[1]。柯斯通过放养的牛群破坏附近土地上谷物生长的案例总结归纳出柯斯定理的内涵。柯斯定理的基本内容是如果市场的交易成本为零,无论初始权利怎么界定,都可以通过市场交易实现产值最大化[2]。柯斯还认为交易费用虽然不能完全消除,但是可以降低交易费用。阿尔奇安是现代产权经济学创始人,他认为"产权是一个社会所强制实施的选择一种经济品的使用的权利"[3]。私有产权的强度由实施的可能性与成本来衡量,又受政府、社会、道德等影响[4]。阿尔奇安认为产权的形成有两种方式,一种是由政府强制实施保障公民权利,另一种是市场强制实施保障公民权利[5]。德姆塞茨是现代产权理论的代表人物,他把产权当成是一种使用工具,认为"产权是一种界定规定了人们怎样受益或受损,从而规定了谁必须给谁补偿以改变人们的行动"[6]。他通过对海狸价格变动与市场需求的研究,明确了排他性产权的独特优势,同时也认为在产权配置要素过程中如果交易成本过大,将很难实现优化配置资源的效果。诺思是现代西方产权理论集大成者,他认为"产权是个人对他们所拥有的劳动物品和服务占有的权利"[7]。诺思通过成本-收益的分析方法对历史上各种产权制度进行演变研究,他认为有效率的产权能促进经济的增长,其原因是有效率的产权能提高要素资源的流动性,加速要素资源配置;有效率的产权能克服很多外部性,限制机会主义,起到有效激励作用[8]。

3. 中国现阶段的产权理论

在马克思主义基本理论的指导下,中国产权制度经过几十年的发展形成了丰富的理论成果[9],实现了社会主义产权理论的跨越式发展[10],其主要理论成果有:其一,将架构国有企业公有产权主体作为国有企业产权改革的目标,阐述了建立现代企业产权制度的新理论;其二,根据社会主义市场经济改革明晰了对产权的认识,深化了对物的所有权、使用权、收益权、处置权等理论范畴的认识,明确了产权的含义、使用、范畴等;其三,社会主义市场经济发展深度融合马克思的产权理论,突破产权困境,为进行企业市场化改革提供理论支撑;其四,明确了个体、合伙、公司制、股份制等主体财产权形式是市场经济中主体财产权的一般形式;其五,明确了社会主义经济市场条件下要进行的多种性质和众多具体形式

---

[1] 陈兆玮. 马克思产权理论与科斯产权理论的比较[D]. 郑州:河南财经政法大学,2016.
[2] 高云虹. "科斯定理"与科斯理论的核心思想——读"社会成本问题"[J]. 兰州商学院学报,2006(01):18-22.
[3] Alchian A A, Allen W R. Exchange and Production Competition, Coordination, and Control(2nd ed)[M]. Belmont, Calif.: Wadsworth, 1977.
[4] 郑艳. 厦门市农村土地流转状况及问题研究[D]. 福州:福建农林大学,2010.
[5] 兰玲,高鑫. 现代产权理论研究述评[J]. 内蒙古民族大学学报(社会科学版),2012,38(02):42-46.
[6] [美]柯斯. 财产权利与制度变迁[M]. 刘守英译. 上海:上海三联书店,1994.
[7] [美]诺思. 经济史中的结构与变迁[M]. 陈郁,罗华平,等译. 上海:上海三联书店,1991.
[8] 陈楚. 农村土地承包经营权流转问题及对策研究[D]. 湘潭:湖南科技大学,2017.
[9] 刘诗白. 论中国的社会主义产权改革[J]. 经济学动态,2009(07):27-31.
[10] 张文贤. 中国产权改革的顶层设计和产权理论的学术前沿——刘诗白经济思想研究之二[J]. 经济学家,2012(07):5-11.

的主体财产权的构建。

中国农村产权制度是中国特色社会主义产权理论的组成部分，新中国成立后实行的农村宅基地制度明确规定农村土地所有权归属于农民，使人民政权更加巩固，建立的农村土地农民所有制赋予了农民享有宅基地完整产权的权利；人民公社时期的宅基地制度实现了宅基地制度"两权分离"，使农民丧失完整的宅基地产权，要求农村集体组织负担起原先农村宅基地对农民居住所提供的保障职责；改革开放以后，国家出台的相关规章制度中涉及宅基地的文件众多。在社会主义市场经济体制背景下，深化农村土地产权制度改革是有效保障农村土地制度稳定的关键，通过改革农村土地产权制度确定农民、集体、政府所获土地权能类型，既利于维护农民权益，又利于农村发展[1]。宅基地作为农村土地的关键部分，农村宅基地产权制度的改革势必给农村土地产权制度带来积极影响。通过深化农村宅基地产权制度改革，能有效划分宅基地权属，突显宅基地产权效率，引导资本流入，有利于激发宅基地的价值动能。为了增强农村宅基地的财产功能，应进一步强调"三权"权能的重要性，更加深入地促进农村宅基地产权制度改革。

2.1.3　制度经济学理论基础

1. 新制度经济学理论

新制度经济学是在新自由主义思想范畴讨论的，新制度经济学家继承早期制度经济学家的研究成果，形成了如柯斯定理、交易费用理论、制度变迁理论等丰富的成果。

一方面是交易费用理论。我们熟悉的交易含义就是买卖，即在交易过程中买卖双方通过货币的形式进行物品的交换。首先关于交易费用的内涵。柯斯认为，交易费用是交易活动过程中价格机制产生费用、谈判过程费用、签订合约费用、实施监督费用等总和[2]。阿罗认为社会经济发展需要经济制度的支撑，在经济制度运转过程中产生的费用就是交易费用。威廉森赞成阿罗的观点，他认为在既定制度条件下，制度的建立、制度的运行、制度的优化、制度的变革等都会产生费用，这些费用都属于交易费用。张五常认为如果没有制度就不会存在交易费用，交易费用是制度运转过程中所有费用之和[3]。其次是交易费用的实质。交易费用又称为交易成本，只要有交易活动必将产生交易成本。交易成本的实质就是在进行社会活动过程中，人们为获取利益进行交易活动而产生的成本[4]。再次是交易费用的构成。威廉森认为交易费用包括交易前的检索信息成本、交易过程中的谈

---

[1] 张少停. 国家管制视角下农村集体土地产权制度改革研究[D]. 太原：山西大学，2018.
[2] 滕明杰. 交易费用视角下企业技术创新主体地位研究[J]. 山东社会科学，2009(12)：123-125.
[3] 屈兴锋. 新制度经济学产权界定理论演进研究[D]. 长沙：湖南大学，2006.
[4] 徐大伟. 新制度经济学[M]. 北京：清华大学出版社，2015.

判签订合约成本、履行合约事后监督成本等。康芒斯认为交易费用包括买卖交易过程中产生的费用、管理过程中产生的费用等[①]。同时，交易费用的特征为交易费用不能消除，但是可以有限降低；而且降低交易费用有利于双方达成交易合作。最后是交易费用的决定因素。诺思认为交易费用决定因素来源于商品和服务的多重属性、信息不对称、分工及专业化程度等。威廉森则认为交易费用的决定因素是人的各种行为和市场交易情况。

另一方面是制度变迁理论。柯斯在研究产权过程中曾基于需求视角对制度变迁进行了阐述，而制度变迁理论研究成果最为丰富的还是诺思。诺思认为"制度是一系列被制定出来的规则、守法秩序和行为道德、伦理规范，它旨在约束主体福利或效应最大化利益的个人行为"[②]。诺思主要论述了两个问题，一个是制度作为因素如何影响国家的经济增长，另一个是制度变迁过程中的影响因素是什么。首先是制度与经济增长的关系。诺思在研究世界海洋运输业时认为航海运输制度和市场制度提高了生产效率，一定程度带动经济增长，由此诺思认为有效率的产权能提升资源的利用率，并均衡资源要素的分配，会对经济发展产生一定的促进作用[②]。其次是制度变迁的影响因素，主要受相对价格和偏好变化的影响。相对价格变化受技术变化、成本变化等影响，而偏好变化也受相对价格变化的影响，会影响人的行为、意识形态等。诺思还认为意识形态是一套信念，能有效判断制度框架，使人们能清晰地认识事物并做出明确决策，利于保障自身权益[③]。

2. 公共经济学理论

公共经济学主要是研究在市场经济背景下公共产品供给和公共服务。对于公共产品的定义，布坎南认为集体组织为了满足大家对某种(类)物品或服务需要而提供给相关群体的商品或服务都可以称为公共产品[④]。萨缪尔森给出了公共产品的权威定义[⑤]，公共产品是不会因为某人使用了而令其他人使用减少的产品或服务[⑥]。公共产品的特征是具有消费的非排他性和非竞争性[⑦]。公共产品的供给主要来自三方面：首先是政府，政府为保障公民获取的均等的公共产品，会通过征收

[①] 袁庆明. 新制度经济学教程[M]. 北京：中国发展出版社，2014.
[②] 诺思. 经济史中的结构与变迁[M]. 陈郁，罗华平，等译. 上海：上海三联书店，1994.
[③] 刘炳辉，姚安泽. 制度视角下的意识形态创新[J]. 厦门理工学院学报，2009，17(01)：64-68，73.
[④] 布坎南. 民主财政论[M]. 穆怀朋译. 北京：商务印书馆，1994.
[⑤] 公共产品的严格定义是由萨缪尔森提出的按照西方传统的公共财政理论，他于1954年11月在《经济学与统计学评论》上发表了《公共支出的纯理论》一文，其中把纯公共产品定义如下："每个人对这种产品的消费，都不会导致其他人对该产品的消费的减少。"萨缪尔森举出的例子有社区和平与安全、国防、路灯、天气预报等。尽管这一定义遭到了不少经济学家的诸多批评，但是，后来研究公共经济学的大多数经济学家都接受了他的定义。
[⑥] 王爱学，赵定涛. 西方公共产品理论回顾与前瞻[J]. 江淮论坛，2007(04)：38-43.
[⑦] 非排他性是指在技术上不可能将拒绝为它支付费用的个人或者厂商排除在公共产品或服务的受益范围之外。也可以说，公共产品或服务不能因为拒绝付款的个人或厂商而停止，任何人都不能用拒绝付款的方式把自己不喜欢的公共产品或服务排除在其享用范围之外。

税收的方式来供给公共产品使用[①];其次是市场,各类企业通过调研公民对公共产品需求的类型和数量,清晰掌握公共产品的需求,采用有偿的方式提供公共产品[②]。对于政府而言,政府采用购买服务的方式通过市场来供给公共产品,政府与市场共同供给公共产品的方式主要有政府与企业协商建立合作关系、政府为企业提供倾斜性政策、政府持股保障企业稳定运行等。最后是第三方,政府出资购买第三方服务,第三方提供相应的公共服务,双方明确各自的职责,共同完成达成的预期目标[③]。

公共选择是多个成员组成群体,进行共同选择,以实现群体的利益最大化。1785年法国社会学家孔多塞提出了"孔多塞悖论"。孔多塞悖论认为公共选择的结果取决于两方面,一方面是个人的偏好,另一方面是选择的规则。解决投票悖论的主要方式有调整个人偏好的结构、明晰投票的规则和程序、把握不同的偏好程度、用脚投票等。

2.1.4 风险与绩效理论基础

1. 风险管理理论

"风险"最早是指自然风险。美国学者海恩斯认为在某项经济运行中,如果存在不确定性因素,那么该项经济活动就要承受风险。德国学者贝克认为风险是一种危险或不安全的事件[④]。美国学者小阿瑟·威廉姆斯认为风险是可能发生结果之间的差异。风险是我们在进行某项事件时可能发生的危险,而危险就是不安全,是遭受损失或失败的可能[⑤]。根据这些对风险的定义可以概括出,风险是指在客观环境中某段时间内可能产生各种结果变化程度的不确定性。风险构成的因素主要有风险因素、风险事件和风险损失,这些因素构成了风险存在与否的基本条件,如图2-1所示[⑥]。风险因素又包括有形风险(实质风险)因素和无形风险因素。风险事件又称为风险事故,我们常见的风险事件发生的原因主要有三种,其一为自然灾害,如台风、洪水、地震等;其二为社会经济的变动,如社会动乱、利率变动等;其三为事物本身所导致,如疾病、设备故障等。风险损失是指风险事件发生后总体减少的收益[⑦]。

[①] 王磊. 公共产品供给主体及边界确定的交易费用经济学分析——兼论我国公共产品供给过程中交易费用的计量[J]. 财经问题研究, 2007(04): 64-71.
[②] 王书军. 中国农村公共产品供给主体及其供给行为研究[D]. 武汉: 华中科技大学, 2009.
[③] 王磊. 公共产品第三部门供给的国内外研究文献综述[J]. 中国石油大学学报(社会科学版), 2007(02): 45-48.
[④] 王弘扬. 风险治理在邻避冲突治理中的应用[D]. 济南: 山东大学, 2017.
[⑤] 钱亚梅. 风险社会的责任担当问题[D]. 上海: 复旦大学, 2008.
[⑥] 孙星. 风险管理[M]. 北京: 经济管理出版社, 2007.
[⑦] 邵辉, 赵庆贤, 林娜. 风险管理原理与方法[M]. 北京: 中国石化出版社, 2010.

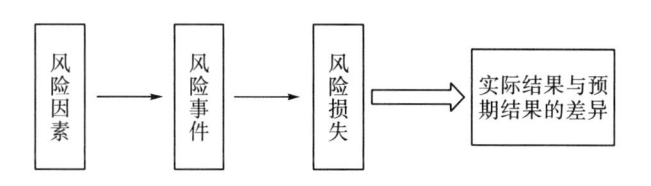

风险因素 → 风险事件 → 风险损失 ⇒ 实际结果与预期结果的差异

图 2-1　风险构成因素相互关系

风险管理是对风险事件或事故进行调查，摸清风险类别，采用定性定量相结合的方式对风险进行评估，并采取举措防范风险，确保运行活动能以利益最大化完成。风险管理一般包括四个步骤。第一，风险识别。风险识别主要是找到识别有哪些风险，确定风险的性质。基于理性和感性的两个层面建立系统的风险清单。常用的识别方法有文献收集法、问卷调查法、深度访谈法等。第二，风险评估。风险评估主要是确定风险发生的概率或者损失性的大小，主要包括事件发生的概率和事件造成的损失两方面。评估风险发生的概率的方法有很多，比如德尔菲法、贝叶斯法、网络分析等，而判断风险危害程度高低的方法主要有遗传算法、层次分析法、熵权法等。本书采用德尔菲法调查改革风险的程度和发生概率，通过层次分析法确定改革政策风险的重要程度，再利用熵权评价法综合评估农村宅基地"三权分置"改革政策风险。第三，风险应对。风险应对需要进行多个步骤，首先对提供的风险信息进行判断，判断风险发生的概率和可能带来的损失程度，其次是通过分析商讨和制定风险方案，再次是根据决策者意愿选择最优风险方案。风险应对最为关键的是如何结合风险发生概率制定适宜的风险防控举措，因此，在风险应对环节，应根据多方调研分析，实施最优风险处理方案，这样才能实现活动或者制度正常运行。第四，风险控制。风险控制是对风险进行常态化管理，作用于风险管理的整个过程，力求规避风险的发生或实现风险损失最小化。

2. 绩效评估理论

公共政策是行政学的研究基础，公共政策一般都是国家层面制定的，目的是利用相关资源推动经济社会发展，提升政府治理能力。绩效是指"对组织的成就与效果的全面、系统的表征[1]，它通常与生产力、质量、效果、权责等概念密切相关"；绩效是指一个组织或个人工作或者完成某项任务的投入和产出情况。政策绩效是指政府在社会活动管理中的效率与效能。对于公共政策绩效评估的含义，是指运用绩效评估相关方法对公共政策预期的目标进行评价，评价是否到达预期目标或者预期目标实现的情况[2]。公共政策绩效评估是衡量公共政策是否有

---

[1] 付长宇. 沈阳市政府绩效管理研究[D]. 大连：辽宁师范大学，2013.
[2] 中国行政管理学会课题组，贾凌民. 政府公共政策绩效评估研究[J]. 中国行政管理，2013(03)：20-23.

利于社会发展的方法,其评估环节主要包括四个方面[①]:①行为评估是对政策实施单位的组织机构、目标设定情况、资金使用情况等进行全方位测算,以便对政策进行调控[②];②实验评估是通过实验方案对公共政策执行的各种变量进行控制,分析判断公共政策的实际效果[③];③阶段评估是公共政策执行评估的中心环节,它是在公共政策实施之后,当人们对公共政策知晓度较高的时候对公共政策再次评估;④绩效评估的主要步骤是前期学者进行论证,建立理论逻辑思维;再对公共政策执行情况进行数据调研和资料收集;最后建立指标体系对公共政策进行评估[④]。国外公共政策绩效评估的主要做法:美国较早利用定量的方式对公共政策绩效进行评估,评估小组通过抽样调查公共政策实施情况的相关数据,构建数学模型对公共政策绩效进行分析,这有利于优化公共政策。法国主要从工作目标、具体目标、信息系统、行为合法、资源条件等方面来评估公共政策。韩国公共政策评估的内容主要包括政策机构实施效果、公民对政策的满意度等[⑤]。

2.2 关于农村宅基地产权制度历史变迁的研究

2.2.1 农村宅基地产权制度的变迁过程

丁关良(2008)根据农村宅基地所有权性质演变与原始取得宅基地权利的主体演变,将宅基地产权制度变迁分为四个阶段:一是宅基地归农民私人所有、农民享有宅基地所有权,这一阶段农村宅基地产权制度的特征是农村宅基地以农民个人为单位、平均分配、无偿取得,实现了"居者有其屋"的目标;二是宅基地归生产队集体所有,农民享有宅基地使用权,这一阶段农村宅基地产权制度的特征是农民对宅基地由原来享有土地所有权转化为享有宅基地使用权,确立了农村宅基地所有权与宅基地使用权相分离,确立了农村宅基地使用权的无期限性;三是宅基地归农民集体所有,农村居民和城镇居民享有宅基地使用权,农村宅基地产权制度的特征是农村宅基地在分配方式上,以农民个人为单位、平均分配、农民无偿取得宅基地使用权,城镇非农业户口居民可低价有偿取得宅基地使用权;四是宅基地归农民集体所有、农户享有宅基地使用权,这一阶段农村宅基地产权制度的特征是确立了农村宅基地使用权以"户"为单位的申请原则,宅基地使用权原始取得主体具有身份性,一户村民只能拥有一处宅基地,禁止城镇居民在农村购置宅基地[⑥]。喻文莉和陈利根(2009)依据宅基地使用权嬗变过程也将宅基地产权制度变迁分为四个阶段:一是

---

① 毛劲歌,刘伟.公共政策执行中的政府绩效评估探析[J].湖南大学学报(社会科学版),2008(05):68-71.
② 杨成虎.我国政策评估研究中的若干问题初探[J].北京科技大学学报(社会科学版),2010,26(01):60-64.
③ 刘晓永,邹伦承.政府经济政策评估刍议[J].湖南财政经济学院学报,2011,27(02):49-51.
④ 刘峰铭.重大行政决策后评估的理论探讨和制度建构[J].湖北社会科学,2018(05):30-37.
⑤ 上海社会科学院政府绩效评估中心.公共政策绩效评估理论与实践[M].上海:上海社会科学院出版社,2016.
⑥ 丁关良.1949年以来中国农村宅基地制度的演变[J].湖南农业大学学报(社会科学版),2008(04):9-21.

土地改革阶段，土地归农民所有，通过土地改革实行宅基地无偿取得制度；二是农村合作化阶段，宅基地归农民所有，这个阶段的高级合作社并没有改变农民对宅基地以及房屋享有所有权利益的格局；三是人民公社阶段，宅基地使用权诞生，国家出台一系列规范性文件构建了宅基地使用权制度的基本框架，宅基地使用权制度至此诞生；四是改革开放阶段，宅基地使用权制度进一步发展，这一阶段的宅基地立法重点是强化土地规划，保护土地资源[1]。朱新华(2012)按照农村宅基地权属性质的演变，将农村宅基地产权制度变迁的过程分为三个阶段：一是宅基地农民私人所有制时期(1949~1962年)，这个时期国家承认农民对宅基地和房屋的所有权，农民可以自由买卖、租赁以及继承等，因此这一阶段农民私人所有、农民经营的土地制度首先改变了人地比例；二是宅基地使用制度形成时期(1963年到20世纪90年代末)，这个时期农村宅基地归集体所有，一律不准出租和买卖，国家承认农民对宅基地的长期占有和使用，社员有买卖或者租赁房屋的权利；三是宅基地使用权流转探索时期(2000年至今)，从国家法律规定上来看，宅基地仍归集体所有，农村宅基地具有身份属性，使用权人必须是本集体经济组织成员，按照执行宅基地法定标准，禁止城镇居民在农村购买宅基地[2]。

2.2.2 农村宅基地产权制度的变迁动因

朱新华(2012)采用定量研究方法建立了农村宅基地产权制度创新模型，分析了农村宅基地产权制度的创新过程和诱导因素，研究发现影响农村宅基地产权制度创新的主要因素是农村土地资源短缺程度、土地开发利用状况、区位条件、各主体经济状况、人力资本以及政策等，同时提出在宅基地产权制度创新过程中要注重研究宅基地要素相对价格变化趋势，选择宅基地产权制度创新方向，提高农民文化水平和加快人力资本建设，积极发挥政策的诱导和支持作用[2]。张义博(2017)以路径依赖和制度变迁理论为基础，提出宅基地产权制度变迁的动因为公有制意识形态的确立，并认为未来较为可行的农村宅基地产权制度变迁路径是中央政府推动的强制性制度变迁，全社会形成改革共识，建立代表农民权益的经济组织，给予地方政府利益补偿，严控流转风险[3]。杨玉珍(2015)认为土地制度创新是需求诱致因素和体制约束：其一是需求诱致因素，主要包括区域发展的战略需求、土地的刚性需求、农民和农村发展的内生需求；其二是体制约束，包括了中央政策准入与约束下的地方政府制度创新定位和地方政府制度供给[4]。瞿理铜

---

[1] 喻文莉，陈利根. 农村宅基地使用权制度嬗变的历史考察[J]. 中国土地科学，2009，23(08)：46-50.
[2] 朱新华. 农村宅基地制度创新与理论解释——江苏省江都市的实证研究[J]. 中国人口·资源与环境，2012，22(03)：19-25.
[3] 张义博. 我国农村宅基地制度变迁研究[J]. 宏观经济研究，2017(04)：35-42，54.
[4] 杨玉珍. 需求诱致和体制约束下我国土地制度创新路径——兼论试点市的土地制度创新行为[J]. 现代经济探讨，2015(04)：34-38.

和朱道林(2015)以长沙市 3 个典型村为例，分析了社会转型过程中农村宅基地功能的变迁，研究发现土地资产属性、土地需求量以及城乡人口流动等外部条件的变化引起了宅基地功能变迁，部分农村宅基地资产增值功能显现和增强，但现行的宅基地管理制度不能使外部利润内在化，进而产生宅基地管理制度变迁的内在需求[①]。郭贯成等(2019)建立了农村宅基地产权制度变迁的分析框架，分析了宅基地产权制度变迁的根本原因：其一是外部利润的产生，随着市场经济体制的不断深化，宅基地的资产增值功能逐渐增强，农村宅基地的资产属性逐步显现，宅基地使用权价格高于仅具有社会保障功能的价格，引起相对价格上升，从而形成了外部利润，宅基地相关利益主体为了获取外部利润，可能自愿组成一定的行动团体，推动农村宅基地产权制度的变迁；其二是利益主体的推定，中国农村宅基地产权制度变迁中的利益主体包括中央政府、地方政府、农村集体经济组织、宅基地流入方和农民，其中除了农民对宅基地产权制度改革力量不足之外，其余主体都有利于推动宅基地产权制度变迁；其三是一致性的达成，中央政府和地方政府感受到初级行动集团的影响，从战略全局上认为制度变迁的收益大于成本，构建正式制度体系，有意识地推动制度变迁[②]。刘双良和张佳(2019)基于政策范式理论分析了不同阶段宅基地产权制度的变迁，认为农村宅基地产权制度变迁与社会环境有很大关系，1998 年国务院颁布《关于进一步深化城镇住房制度改革加快住房建设的通知》，明确提出停止住房实物分配，住房制度改革在全国范围内全面展开，我国从此步入商品房时代并获得了数额巨大的土地财政收入，农村宅基地开始成为各方博弈的主要部分，国家出于保障农村社会稳定、节约建设用地的目的，开始严格限制宅基地流转；2013 年以后，随着我国经济实力的增强，以及相关政策的逐渐完善，宅基地政策选择更加丰富，政策工具的设定也更加科学有效，试点地区宅基地抵押、担保、转让政策正审慎、稳妥地推行[③]。

2.2.3 农村宅基地产权制度的变迁特征

曾芳芳等(2014)认为农村宅基地产权制度是由强制性变迁演变为诱致性变迁，在改革开放前主要以政治因素为主进行强制性变迁，而改革开放后主要以经济因素为主进行诱致性变迁[④]。刘守英和熊雪锋(2019)分析了农村宅基地产权制度演进的两个主要特征。其一是财产权利由私权到公权的产权弱化，宅基地从农民私有到集体公有，宅基地使用权和农房所有权能不断弱化，宅基地使用权从权利开放到封闭。其二是宅基地和农房管制不断强化，主要包括从面积限制到一户

---

① 瞿理铜，朱道林. 基于功能变迁视角的宅基地管理制度研究[J]. 国家行政学院学报，2015(05)：99-103.
② 郭贯成，李学增，王茜月. 新中国成立 70 年宅基地制度变迁、困境与展望：一个分析框架[J]. 中国土地科学，2019，33(12)：1-9.
③ 刘双良，张佳. 基于政策范式理论的农村宅基地制度变迁研究[J]. 理论观察，2019(03)：60-63.
④ 曾芳芳，朱朝枝，赖世力. 法理视角下宅基地使用权制度演进及其启示[J]. 福建论坛(人文社会科学版)，2014(08)：12-16.

一宅，严控用地规模；严禁占用耕地和非农建设，引导集中建房；严格审批管理，上收审批权限；随着工业化和城市化不断推进，市场化带来财产价值显化，"强管制、弱产权"的宅基地产权制度现状与制度安排初衷相背离，出现管制失效和财产权的自我强化[①]。杜焱强等(2020)通过多重逻辑分析宅基地产权制度变迁，认为在宅基地产权制度变迁过程中各主体互动结果的差异较大，大致遵循"国家政策引导—地方实践创新—村集体需求反馈"的循环演化方式，国家因平衡政治、经济和社会等因素而进行产权管制，地方政府的决策受科层制和土地财政的激励，村集体组织面临个体理性与集体非理性的困境，总体呈现渐进式强制性变迁模式和制度创新路径依赖等特征[②]。

2.2.4 关于农村宅基地产权制度历史变迁研究的综述

国内学术界关于农村宅基地产权制度历史变迁的研究主要集中在历史变迁过程、变迁动因、变迁特征等方面。其一，从宅基地产权制度的历史变迁过程来看，学者们都是按照权利性质演变来阐述宅基地产权制度的历史变迁，综合诸多学者的观点可将宅基地产权制度的历史变迁细分为五个阶段：一是农村合作社阶段(1949~1962年)，农民拥有所有权，宅基地自由流转；二是人民公社阶段(1963~1978年)，集体拥有宅基地所有权，提出使用权；三是使用权制度形成阶段(1979~1998年)，宅基地按照"一户一宅"无偿取得；四是使用权制度探索阶段(1999~2017年)，禁止买卖宅基地；五是宅基地"三权分置"改革阶段(2018年至今)，探索"三权"实现形式。其二，从宅基地产权制度的变迁动因来看，农村宅基地产权制度变迁是由强制性制度变迁向诱致性制度变迁转变，其主要原因是外部利润的产生、各利益主体共同推进、政府政策的供给，而促使宅基地产权制度创新的因素主要是土地资源稀缺性、土地利用率、土地区位条件、各主体经济状况、社会环境等。其三，从宅基地产权制度的变迁特征来看，宅基地产权制度变迁的主要特征是"强管制，弱产权"，主要是国家因平衡政治、经济和社会等因素而进行产权管制，地方政府的决策受科层制和土地财政的激励，村集体组织面临个体理性与集体非理性的困境，总体表现为渐进式强制性变迁模式和制度创新路径依赖等特征。

---

① 刘守英，熊雪锋. 产权与管制——中国宅基地制度演进与改革[J]. 中国经济问题，2019(06)：17-27.
② 杜焱强，王亚星，陈利根. 中国宅基地制度变迁：历史演变、多重逻辑与变迁特征[J]. 经济社会体制比较，2020(05)：90-99.

2.3 关于农村宅基地产权制度缺陷的研究

2.3.1 基于产权制度视角的研究

李宁等(2014)基于不完全产权与主体行为关系的视角分析不同历史时期的宅基地产权，主要发现：一是存在着各异的不完全程度，导致了宅基地资源在资源配置、资源利用和非生产性用途三个层面的租值耗散，同时由于过度管制和农民、集体自身行为能力不足，未能实现有效的制度变革；二是提出完善制度缺陷应清晰界定宅基地的产权归属，缩小产权公共域；三是减小宅基地资源租值耗散，规避资源浪费，提高资源使用效率；四是尊重宅基地产权主体的合法权益，提高主体行为能力，鼓励主体权益自发实现的实践探索；五是保障农民主体权益，建立土地增值的合理分配制度并健全相关配套制度[①]。杨璐璐(2016)从产权关系的角度梳理了新中国农村宅基地产权制度的演变轨迹，明确了宅基地产权制度中宅基地使用权在《中华人民共和国物权法》中做出突破性规定，房屋所有权与宅基地使用权的政策规范与法律规则依然存在矛盾；重构宅基地产权制度应遵循适应人口的流动性、打破城乡二元分割的核心原则，将公平取得、高效利用、权益保障、依法管制作为宅基地产权制度改革的着力点[②]。李泉(2018)通过回顾宅基地产权制度变迁过程，发现宅基地产权制度存在宅基地集体所有制产权功能亟待完善、宅基地隐形流转市场缺乏制度保障、宅基地使用管理综合绩效亟待提升等问题，未来应科学处理地方政府和集体农户在土地增值收益上的利益关系，不断增强农村土地制度改革的系统性、整体性和协同性，要实现宅基地产权制度改革与城乡发展一体化、制度体系建设的系统集成，就必须加快完善农民闲置宅基地和闲置农房政策，探索宅基地所有权、资格权、使用权"三权分置"的有效形式，真正落实宅基地集体所有权、切实保障宅基地农户资格权和农民房屋财产权，适度放活宅基地和农民房屋使用权，全面促进农村宅基地产权制度改革、农村集体经营性建设用地入市与农村土地"三权分置"制度改革实现协同创新[③]。董新辉(2019)认为宅基地使用权流转制度的历史脉络表现为立法思想从公权主导向私权彰显的转变，治理体系从城乡二元向城乡统一的转变以及权利属性从保障属性主导向财产属性突显的转变三条主线，并形成了所有权与使用权相分离的"两权分离"现状；同时，其宅基地使用权缺陷体现在宅基地使用权公益与私益的双重属性，又会导致这些在私益权能上的扩张与宅基地自身公益权能

[①] 李宁，陈利根，龙开胜.农村宅基地产权制度研究——不完全产权与主体行为关系的分析视角[J].公共管理学报，2014，11(01)：39-54，139.
[②] 杨璐璐.产权保护视野的农村宅基地制度演进[J].重庆社会科学，2016(11)：29-37.
[③] 李泉.农村宅基地制度变迁70年历史回顾与前景展望[J].甘肃行政学院学报，2018(02)：114-125，128.

无法兼顾和融合[①]。

2.3.2 基于功能价值视角的研究

张克俊和付宗平(2017)认为，一是宅基地由基本居住保障性向资产性转变，其功能重心也发生转移，财产功能逐步增强，原有的法律产权限制和无偿无期限使用、市场交易限制等传统宅基地产权制度越来越不适应现实发展需要，宅基地产权制度与功能变迁产生矛盾和冲突；二是提出要坚持宅基地集体所有、农民利益不受损前提下拓展宅基地使用权权能，逐步推进宅基地产权制度的市场化改革，建立宅基地使用权市场流转制度、有偿使用制度和退出制度，以适应不断变化的形势要求，保护农民土地权益，实现农民土地财产权价值[②]。张军涛和张世政(2019)构建了"农民特性－政策工具－宅基地功能"理论分析框架，提出以下建议：一是农民特性是宅基地功能发挥的主观性前提，政策工具决定了宅基地功能实现的基本维度，宅基地功能的有效发挥需要农民和政策工具的合力与互动；二是当前的宅基地产权制度未能有效显化宅基地财产性，要通过多种路径促进政策工具的优化组合和创造性使用，稳固宅基地的居住保障功能，显化宅基地的资产资本功能，从而有效保障宅基地功能的充分发挥；三是要借助相关的政策工具促进农民主观能动性的发挥，通过提高农民的参与性和自主选择性，保障农民享有的宅基地合法权益[③]。

2.3.3 基于管理制度视角的研究

张汉飞和石霞(2010)认为农村宅基地产权制度安排的突出缺陷有三点：一是宅基地使用无偿、占用无成本，造成宅基地资源配置粗放，超标占用和一户多宅现象突出；二是宅基地流转无路、退出无机制，造成宅基地资源闲置，隐性流转和灰色交易大量发生；三是宅基地产权不清，导致农民财产权益不能实现，补偿缺乏依据，甚至受到侵害。针对制度问题，提出要建立完善农村宅基地产权制度，构建农村宅基地有偿使用制度，搞活农村宅基地市场流转机制，健全农村宅基地调控管理机制[④]。刘同山(2018)认为宅基地管理制度在改革过程中面临诸多问题，如"户有所居"的标准和实现方式有待完善、闲置宅基地退出的配套制度不健全、宅基地有偿使用的探索动力不足、宅基地使用权转让探索制度困境亟待破解、宅基地"三权分置"的具体实现形式存在分歧，深化宅基地产权制度改革需要健全农民户有所居和闲置宅基地退出的配套制度，完善宅基地有偿使用制

---

① 董新辉. 新中国70年宅基地使用权流转：制度变迁、现实困境、改革方向[J]. 中国农村经济, 2019(06): 2-27.
② 张克俊, 付宗平. 基于功能变迁的宅基地制度改革探索[J]. 社会科学研究, 2017(06): 47-53.
③ 张军涛, 张世政. 农民特性、政策工具与宅基地功能——基于江西余江宅基地制度改革的分析[J]. 农村经济, 2019(05): 29-36.
④ 张汉飞, 石霞. 我国现行农村宅基地制度及创新[J]. 农业经济问题, 2010, 31(12): 89-92.

度，审慎地探索宅基地跨集体转让办法，加大宅基地"三权分置"探索力度[①]。刘锐和贺雪峰(2018)认为宅基地产权制度主要问题是宅基地利用很难实现制度效率，源于国家管理宅基地的意向不强和管理制度偏离宅基地产权制度目标，并认为回归宅基地产权制度效率应呼应宅基地社会属性引出的产权类型，需完善操作规则和集体选择规则，发挥村民自治的活力、保障集体治理的边界[②]。周江梅和黄启才(2019)认为宅基地管理制度落后于改革实践，而且宅基地产权制度架构不全，后期宅基地管理制度应着重围绕宅基地利用效率提升与功能拓展、使用权流转顺畅、管理规范化等方面对现有制度予以改进，以适应当前经济发展需要[③]。刘卫柏和李中(2019)认为宅基地产权制度缺陷主要表现在法律与观念障碍影响退出规模、身份限制影响经济价值、权益忽视影响整体评价，其优化路径为：一是发挥市场机制的主体作用，将农村宅基地逐步纳入城乡统一的建设用地市场，提升农村住宅和农村宅基地的交易便利性程度，为稳步提升广大农户财产性收入提供制度保障；二是建构农村新型住宅保障体系，构建农村基本住宅制度、农村市场住宅制度、农村社会住宅制度等；三是完善农村宅基地退出保障机制，制定和完善农村宅基地使用权自愿有偿退出的法律和制度，充分保障广大农户的宅基地使用权和住宅财产权，推动农村宅基地产权制度的综合配套体系改革[④]。

2.3.4 关于农村宅基地产权制度缺陷研究的综述

国内学术界关于农村宅基地产权制度缺陷问题的研究主要是从产权制度视角、功能价值视角和管理制度视角进行分析。其一，从产权制度视角来看，农村宅基地产权制度缺陷在于宅基地集体所有制产权功能亟待完善、宅基地隐形流转市场缺乏制度保障、宅基地使用管理综合绩效亟待提升、房屋所有权与宅基地使用权的政策规范与法律规则依然存在矛盾等。其二，从功能价值视角来看，农村宅基地产权制度缺陷在于宅基地功能变迁与现实发展不适应、宅基地财产功能未能突显。其三，从管理制度视角来看，农村宅基地产权制度缺陷在于宅基地有效利用率低、配套制度不完善、改革动力不足等。相关学者都一致认为应明晰农村宅基地各项权能，提高各主体的行为能力，平衡土地增值收益分配，保障农民权益，探索农村宅基地"三权分置"实现形式，增强改革的系统性、整体性和协同性。

[①] 刘同山. 农村宅基地制度改革：演进、成就与挑战[J]. 农林经济管理学报，2018，17(06)：707-716.
[②] 刘锐，贺雪峰. 从嵌入式治理到分类管理：宅基地制度变迁回顾与展望[J]. 四川大学学报(哲学社会科学版)，2018(03)：47-56.
[③] 周江梅，黄启才. 改革开放 40 年农户宅基地管理制度变迁及思考[J]. 经济问题，2019(02)：69-75.
[④] 刘卫柏，李中. 宅基地制度改革的政策演变、模式比较与路径选择[J]. 中国行政管理，2019(09)：152-154.

2.4 关于农村宅基地权利内涵与权能结构的研究

2.4.1 关于农村宅基地权利内涵的研究

1. 基本内涵

陈振等（2018）探讨了农村宅基地的权利性质，明确及创设具有成员权效力的农户资格权和具有物权效力的宅基地使用权，将宅基地农户资格权定位为成员权、宅基地使用权定位为对集体所有宅基地的用益物权，即可在符合"一物一权"的原则下，实现宅基地所有权、资格权和使用权并存于一物；对于宅基地农户资格权，其主要特征是作为成员权并承担着重要的居住保障功能；对于宅基地使用权，其主要特征作为用益物权，承载着促进农村发展、实现农民增收的功能[1]。孙建伟（2019）认为宅基地资格权是集体成员宅基地分配中的一种资格，其具有相对独立的权利内涵，并具有人身权和财产权双重属性；宅基地资格权应进行确权登记，为使用权进一步分离提供制度基础；宅基地使用权看似是一种相对独立并具有他物权特质的用益物权，其实不然，其不仅是物权法意义上的地上权，还可以是土地租赁权或法定租赁权[2]。罗瑞芳和王丹丹（2020）分析了"三权分置"视域下宅基地产权主体制度的法律构造，认为宅基地所有权主体应当区分所有制意义层面的主体和民事法律规范层面的主体；所有制意义层面的主体是农民集体，民事法律规范层面的主体是农村集体经济组织，农民集体成员既是宅基地资格权主体，同时也是初始取得宅基地使用权的主体[3]。

2. 功能内涵

李怀和陈享光（2020）提出在乡村振兴背景下宅基地"三权分置"分别具有管理功能、保障功能和财产功能的"三重复合功能定位"；就宅基地所有权而言，其核心就是处分权，通过发挥所有权主体的管理功能，不仅能提高管理水平，还能提高综合利用效益，从而为乡村产业发展提供用地支持，促进乡村产业发展；增设宅基地资格权，其目的在于满足居住保障权。宅基地资格权最主要是发挥其保障功能，从而保障农户居住权；宅基地使用权则要突破集体成员身份限制，通过放活使用权，满足农民土地财产权益的诉求，促进农民生活富裕[4]。姚雪和王年（2020）分析了宅基地"三权分置"的功能关系，认为宅基地所有权仍应定位为

---

[1] 陈振，罗遥，欧名豪. 宅基地"三权分置"：基本内涵、功能价值与实现路径[J]. 农村经济，2018(11)：40-46.
[2] 孙建伟. 宅基地"三权分置"中资格权、使用权定性辨析——兼与席志国副教授商榷[J]. 政治与法律，2019(01)：125-139.
[3] 罗瑞芳，王丹丹. "三权分置"视域下宅基地产权主体制度的法律构造[J]. 天津法学，2020，36(02)：28-34.
[4] 李怀，陈享光. 乡村振兴背景下宅基地"三权分置"的权能实现与深化路径[J]. 西北农林科技大学学报(社会科学版)，2020，20(06)：28-34.

体现社会主义国家公有制特色的为集体成员提供土地建房居住的保障性权利，是集体成员实现其在集体中居住利益的基础；宅基地资格权反映的是农民集体与集体成员的法律关系，其既能够保证坚持和实现农民集体所有权，又能实现集体成员个人成员权益的目的，是集体利益向其成员传导的纽带和管道，是沟通集体和成员的枢纽性权利；宅基地使有权定位为用益物权性，保证宅基地使用权用益物权性的"完整回归"和权能的"完整呈现"，进而实现宅基地所有权、资格权、使用权的三元权利结构[①]。

3. 法律内涵

宋志红(2018)认为，通过出租或者权利分离后转让的方式实现农民集体、农户、社会主体三者对宅基地权利的共享，前者作为一种债权性流转方式具有权利义务关系灵活的特点，后者作为一种物权性流转方式则具有期限更长、权利更稳定等特征，二者相互补充可以更好地满足实践中多样化的宅基地流转需求，从而更有效地促进闲置宅基地和农房资源的再利用；从权利配置格局上看，在出租情形下，宅基地上的权利配置呈现为"农民集体享有所有权、农户享有宅基地使用权、社会主体享有租赁权"；在权利分离后转让的情形下，宅基地上的权利配置则呈现为"农民集体享有所有权、农户享有宅基地使用权、社会主体享有某种宅基地用益物权"[②]。岳红强和张罡(2018)认为宅基地资格权应当是一种复合性权利，包括占有、收益和处分的权能；宅基地资格权本质上是成员权的外化，当农民集体成员向农村集体组织行使取得宅基地的权利时，成员权就体现为宅基地资格权，并将其称为"宅基地资格权"，而宅基地使用权的性质为用益物权[③]。吕军书和张硕(2020)认为基于权利的特性来看，宅基地所有权、使用权、资格权彼此独立但又紧密联系，宅基地所有权始终属于农民集体，是一种静态的权利，无论宅基地使用权人如何变动，所有权主体是固定的；宅基地使用权则是一种动态的权利，宅基地使用权人会通过出租等流转方式使宅基地使用权不断变更；宅基地资格权应属于一种动态和静态相结合的用益物权[④]。

2.4.2 关于农村宅基地权能困境的研究

苟正金(2017)分析了宅基地权能缺陷：一是宅基地的土地所有权主体与农民集体成员的权利关系不清晰，农民集体作为宅基地的所有权主体和组成它的村民是什么关系，法律没有予以清晰界定；二是农民集体对包括宅基地在内的所有集

[①] 姚雪，王年. 功能论视阈下宅基地三权分置的法构造[J]. 湖北经济学院学报(人文社会科学版)，2020，17(12)：68-72.
[②] 宋志红. 宅基地"三权分置"的法律内涵和制度设计[J]. 法学评论，2018，36(04)：142-153.
[③] 岳红强，张罡. 农村宅基地"三权分置"的法律表达[J]. 北京科技大学学报(社会科学版)，2018，34(06)：103-110.
[④] 吕军书，张硕. 宅基地"三权分置"的法律内涵、价值与实现路径[J]. 农业经济，2020(06)：92-94.

体土地拥有所有权不明晰，由于集体土地不能上市交易，无法与国有土地同权，国家事实上通过征收与征用土地获得了对集体土地的最终控制权；三是即便将国家排除在外，农民集体的概念本身也不清晰[1]。韩文龙和谢璐（2018）认为"三权"都存在权能困境：一是所有权主体的虚化与处分权缺失，宅基地所有权主体的"虚化"表现为所有权主体的法律地位缺失、所有权主体的多元化、所有权主体的弱化，宅基地所有权权利束中缺乏完整处分权，广义的产权是一组权利束，包括所有权、使用权、收益权和处分权等；二是宅基地资格权的范围界定、取得和退出困境，资格权的概念与范围在法律上没有明确，直接影响宅基地的取得与退出；三是使用权流转与宅基地直接入市困境，《物权法》规定农民对宅基地具有占有和使用的权利，但是法律上虽承认了宅基地使用权的合法性，但是又通过部门法和条例限制了农民对宅基地使用权行使，导致宅基地入市受阻[2]。陈红霞等（2020）认为宅基地所有权主体虚化弱化，导致宅基地资源利用较低；同时，资格权的认定标准不明确，宅基地资格权是指农户从农村集体组织申请宅基地的权利，农户一旦拥有资格权便可以分配、继受、占有宅基地；但是法律没有明文规定资格权属于成员权、取得权还是类似于使用权的物权[3]。

2.4.3 关于农村宅基地权能结构的研究

1. 宅基地所有权权能构成

耿卓（2019）认为应创新所有权实现方式，农民集体行使宅基地所有权，所有权应涵盖乡村规划编修自主权、宅基地初始分配决定权、宅基地退出收回决定权、宅基地流转监督权、宅基地流转收益分享权、闲置宅基地整治实施权[4]。陈基伟（2020）深入研究了如何确定三权权能、权利边界及其相互关系的法律法规保障体系，认为宅基地所有权应包括占有权、使用权、收益权和处分权；占有权是集体所有权依法对集体所有土地实际支配、控制的权利，包括对宅基地使用权的初始分配权和特定条件下宅基地使用权的收回权；使用权是集体所有权实际利用及合理支配土地的权利，包括对闲置宅基地的整理权，对宅基地选址的规划权；收益权是集体所有权基于自身权能获得收益的权利，包括将闲置宅基地使用权流转获取收益，对集体成员超标准占用宅基地实行有偿使用；处分权是集体所有权对使用和流转宅基地进行监督与处分的权利，包括调整、收回宅基地等[5]。

---

[1] 苟正金. 我国宅基地制度变革的道路选择与反思[J]. 江汉论坛, 2017(04): 140-144.
[2] 韩文龙, 谢璐. 宅基地"三权分置"的权能困境与实现[J]. 农业经济问题, 2018(05): 60-69.
[3] 陈红霞, 赵振宇, 赖园园. 宅基地"三权分置"的实践困境与政策改进[J]. 上海国土资源, 2020, 41(03): 58-62.
[4] 耿卓. 宅基地"三权分置"改革的基本遵循及其贯彻[J]. 法学杂志, 2019, 40(04): 34-44.
[5] 陈基伟. 乡村振兴背景下宅基地集体所有权落实评析[J]. 科学发展, 2020(09): 71-74.

2. 宅基地资格权权能构成

刘宇晗和刘明(2019)认为，宅基地资格权应当包括可基于宅基地资格权申请取得宅基地使用权、无偿保有和恢复宅基地使用权两项，可基于宅基地资格权申请取得宅基地使用权是在宅基地使用权的取得环节中，宅基地资格权的主要内容表现为，要求集体经济组织向权利人无偿分配一定面积的宅基地；无偿保有和恢复宅基地使用权是在权利人通过行使资格权获得宅基地使用权，为进一步实现对其居住权益的保障，资格权不应随之消失，而应继续在宅基地使用权的保有及恢复等环节发挥功效[①]。陈广华和罗亚文(2019)认为宅基地资格权的权利主体是农村集体经济组织成员，其典型权能包括宅基地分配请求权、政府征收补偿权、退出权以及退出补偿权[②]。孟秀伶和李国强(2020)认为宅基地资格权权能构成包括宅基地使用权、宅基地管理权、宅基地收益权[③]。

3. 宅基地使用权权能构成

龙开胜(2016)认为现实中的宅基地使用权并非指法律现实，而是指现行法律规定之外宅基地所具备的权利特性。宅基地使用权在实物和指标上的具体表现应具有使用、收益和处分等比较完整的权能[④]。韩松(2019)认为应对宅基地的客体空间范围予以界定，宅基地的地上、地下空间发展权应按照规划赋予农民集体，农民集体应当享有宅基地空间经营权。当农民房屋所有权变动时，因受让人不具有集体成员资格而发生的宅基地使用问题，如在生活居住目的范围，应当由集体为受让人设定宅基地法定租赁权；如在商住、经营范围，应当由集体为受让人设定集体经营性建设用地使用权[⑤]。李兴宇(2020)认为应选取宅基地租赁权来表达宅基地"三权分置"政策文本中的使用权，依租赁权基本原理，宅基地租赁权人享有对土地和房屋占有、使用、收益，并在一定情形下处分的权利；在宅基地"三权分置"下，尚应赋予宅基地租赁权登记能力和抵押能力[⑥]。

2.4.4 关于农村宅基地权利内涵与权能结构研究的综述

国内学术界关于农村宅基地的权利内涵与权能结构研究主要包括三方面。一是关于宅基地权利内涵，首先，宅基地所有权属于静态权利，宅基地资格权属于动静结合的用益物权，宅基地使用权是动态权利，宅基地使用权会随着流转而不

---

① 刘宇晗，刘明. 宅基地"三权分置"改革中资格权和使用权分置的法律构造[J]. 河南社会科学，2019，27(08)：80-86.
② 陈广华，罗亚文. 乡村振兴背景下宅基地资格权研究[J]. 安徽大学学报(哲学社会科学版)，2019，43(05)：122-128.
③ 孟秀伶，李国强. 论宅基地"三权分置"中资格权的法律意蕴[J]. 长春理工大学学报(社会科学版)，2020，33(05)：32-36.
④ 龙开胜. 宅基地使用权制度改革的现实逻辑与路径选择[J]. 社会科学家，2016(02)：10-15.
⑤ 韩松. 宅基地立法政策与宅基地使用权制度改革[J]. 法学研究，2019，41(06)：70-92.
⑥ 李兴宇. 宅基地"三权分置"中的"使用权"：试点样态与法律设计[J]. 新疆社会科学，2020(04)：69-77，147.

断变化；其次，宅基地农户资格权应属于一种身份权利，而宅基地使用权属于用益物权；再次，宅基地所有权具有稳定功能，保障宅基地管理使用合理化、规范化、科学化；接着，宅基地农户资格权具有居住保障功能，保障农民公平获取宅基地资格；最后，宅基地使用权具有财产功能，提高农民的财产收益。二是关于宅基地权能困境，主要表现在宅基地所有权主体的虚化与处分权缺失、资格权的概念与范围在法律上没有明确、使用权流转与宅基地直接入市困难等。三是关于宅基地权能组成，宅基地集体所有权是集体所有权主体对自己的不动产或者动产享有的权利，应包括占有权、使用权、收益权、处分权；宅基地资格权是固守农民生存居住安全的保障性权利，应包含居住权、退出权、成员权；宅基地使用权是一项完整的用益物权，应包含住宅建造使用权、继承权、赠予权、租赁权、转让权、互换权、入股权、抵押权、征地补偿权（部分）[①]。

2.5 关于农村宅基地"三权分置"改革制度内涵的研究

2.5.1 农村宅基地"三权分置"政策内涵的"产权说"

刘双良和秦玉莹（2019）基于多源流理论模型视角分析了宅基地"三权分置"政策的议程设置和推进路径，认为农村宅基地"三权分置"改革政策是由问题源流、政策源流、政治源流三个源流共同促进[②]。刘国栋（2019）基于"民法典物权编"分析了宅基地"三权分置"的法律表达，认为宅基地"三权分置"在法律上表达应为集体土地所有权分置出宅基地使用权，宅基地使用权（农户资格权）分置出次级使用权。基于权利的功能定位，次级使用权应该界定为一项物权权利。在立法论层面，未来"民法典物权编"应该将次级使用权上升为法定的用益物权，实现次级使用权的法定化[③]。李琳等（2019）认为宅基地"三权分置"是中国农村发展到特定历史阶段后宅基地权利体系的新变革，政策层面与法律层面含义的不同彰显了形式理性与实质理性的对立统一；在所有权不变的情况下，政策层面的资格权就是集体成员基于其成员资格而取得的宅基地相关权利的总和或简称，体现的是集体与成员的关系，具有身份属性；政策层面的使用权是从农户宅基地权利中分离出去的，体现集体成员与非集体成员的关系[④]。张勇（2020）构建了宅基地"三权分置"政策的内涵框架，认为宅基地"三权分置"本质是在重塑宅基地产权结构的同时，实现宅基地产权结构、体系、权能及内容的演变，最终形成集

---

① 刘双良.宅基地"三权分置"的权能构造及实现路径[J].甘肃社会科学，2018(05)：228-235.
② 刘双良，秦玉莹.宅基地"三权分置"政策的议程设置与推进路径——基于多源流理论模型视角的分析[J].西北农林科技大学学报(社会科学版)，2019，19(01)：60-68.
③ 刘国栋.农村宅基地"三权分置"政策的立法表达——以"民法典物权编"的编纂为中心[J].西南政法大学学报，2019，21(02)：17-28.
④ 李琳，郭志京，张毅，等.宅基地"三权分置"的法律表达[J].中国土地科学，2019，33(07)：19-25.

体、农户、其他组织及个人等多方主体共享宅基地权利的格局。"三权分置"不仅重构了农民集体经济的实现路径,巩固了宅基地的社会福利功能,改变了宅基地使用权的实现方式和路径,兼顾了公平和效率,还让宅基地可以通过市场机制实现高效利用和优化配置,破解了一直以来宅基地产权变迁带来的"内卷化",解决了农业转移人口市民化后的宅基地和住宅闲置浪费问题及难以实现住房财产权的现实难题,同时"三权分置"改革也有效解决了宅基地产权制度所承载的功能之间的冲突及超载问题,满足了经济结构变革和城乡融合发展格局变化对宅基地产权制度变迁的实际需求,实现了多元主体共享宅基地权利[①]。

2.5.2 农村宅基地"三权分置"制度内涵的"价值说"

夏松洁和黄明儒(2019)基于中央农村工作会议精神对宅基地"三权分置"政策内涵进行阐述,认为宅基地"三权分置"政策不仅有效平衡了改革与稳定的关系,还妥善兼顾了效率与公平的关系。其一是有效平衡了改革与稳定的关系,一方面"三权分置"政策引发了重要改革,放活宅基地使用权提升了宅基地作为生产要素的内在活力,促进了闲置农房资源利用方式的深入探索,进一步解放与发展了农村的生产力;另一方面坚持宅基地集体所有权,又为稳定大局提供了可靠保障与基本前提。其二是妥善兼顾了效率与公平的关系,"三权分置"是适应农村生产力发展和现实需要的一种制度性安排,"三权分置"政策更有利于农村宅基地的流转,提高了宅基地的资源利用率和闲置农房的收益率[②]。靳相木等(2019)从文义解释、结构解释和原意解释三个方面厘清了宅基地"三权分置"改革的政策要义。一是文义解释,宅基地"三权分置"明确了深化宅基地产权制度改革的新目标,既让宅基地适度流动起来,解决了农民闲置宅基地和闲置农房问题,又不影响农民的居住保障;同时,也指明了深化宅基地产权制度改革的新任务,即将宅基地农户资格权独立出来,并以宅基地资格权来保障农民的居住权。二是结构解释,宅基地"三权分置"的实质就是忽略了现行宅基地使用权的"两权复合"结构这个最大矛盾,而单纯将宅基地租赁权物权化。三是原意解释,独立成权的宅基地农户资格权承载的是对农民的居住保障功能,旨在实现农民住有所居全覆盖,而转型纯化为典型用益物权的宅基地使用权,承载的则是资产功能,通过盘活宅基地,增加农民宅基地的财产价值[③]。

[①] 张勇. 宅基地"三权分置"改革:"三权"关系、政策内涵及实现路径[J]. 西北农林科技大学学报(社会科学版), 2020, 20(02): 61-68.
[②] 夏松洁,黄明儒. 农村宅基地"三权分置"改革的政策阐析与立法完善——基于中央农村工作会议精神的思考[J]. 中南民族大学学报(人文社会科学版), 2019, 39(05): 162-166.
[③] 靳相木,王海燕,王永梅,等. 宅基地"三权分置"的逻辑起点、政策要义及入法路径[J]. 中国土地科学, 2019, 33(05): 9-14.

2.5.3 关于农村宅基地"三权分置"改革制度内涵研究的综述

国内学术界关于农村宅基地"三权分置"改革的政策内涵研究主要集中在政策内涵的产权说、价值说等方面。一是政策内涵的产权说，宅基地"三权分置"的政策层面与法律层面含义的不同，彰显了形式理性与实质理性的对立统一，在所有权不变的情况下，政策层面的资格权体现的是集体与成员的关系，其具有身份属性；使用权是从农户宅基地权利中分离出去的，体现集体成员与非集体成员的关系；"三权"应最终形成集体、农户、其他组织及个人等多方主体共享宅基地权利的格局。二是政策内涵的价值说，宅基地"三权分置"改革政策有效平衡了改革与稳定的关系，妥善兼顾了效率与公平的关系；"三权分置"政策更有利于农村宅基地的流转，提高了宅基地的资源利用率和闲置农房的收益率，提升了农民的财产性收入。

2.6 关于农村宅基地"三权分置"改革试点实践的研究

2.6.1 农村宅基地"三权分置"改革试点的重要意义

郑风田(2018)认为推动农村宅基地"三权分置"改革能够激活农村宅基地市场，不仅可以破除城乡二元结构，还能推动乡村振兴；不让宅基地交易会导致城乡资源阻断，城乡融合将无法实现，通过宅基地使用权的流转则可以促进要素市场化的形成；不让宅基地交易会导致村庄逐步衰败、难以活化，允许交易则可止住乡村衰败、活化村庄；如果宅基地市场建立起来，我国的 GDP 就会迅猛增加[1]。贺鲲鹏(2020)认为"三权分置"改革是解决我国农村宅基地产权制度僵化、利用效率低下的政策选择，是解决农村土地制度困境的需要，是化解农村人口不断减少和农村建设用地不断增加的矛盾需要，是盘活农民闲置宅基地和闲置农房、实现农民财产权利的需要[2]。李国祥(2020)认为全面把握深化农村宅基地"三权分置"改革，就是要发挥这一制度创新功能，使看似不可能的、相互冲突的多个目标能够同时实现，而且发挥的综合效能最大化；以无偿公平分配为基本特征的农村宅基地，必须发挥多种经济社会综合效能；农村宅基地要能够体现社会主义农村基本制度下农民的最有效保障；要在市场经济体制下具有资源要素属性，能够适度流动和有效地发挥市场机制以实现优化配置，成为经济社会发展动力；附着在农村宅基地上的农民房屋，是农民的财产，既要让农民能够自由支配，又要能够成为在中国特色城镇化进程中尊重农民自由流动意愿，消除居

---

[1] 郑风田. 让宅基地"三权分置"改革成为乡村振兴新抓手[J]. 人民论坛, 2018(10): 75-78.
[2] 贺鲲鹏. 论农村宅基地"三权分置"改革的必要性与实现路径[J]. 农业经济, 2020(08): 86-87.

住约束的最有效手段[①]。

2.6.2 农村宅基地"三权分置"改革试点的实践举措

朱明芬(2018)基于浙江义乌宅基地"三权分置"的改革实践,认为宅基地"三权分置"改革还需要顶层制度支撑和规范运作:一是加快相关法规修订与宅基地改革衔接,全面优化产权权能运行环境;二是加大赋权力度,充分保障农民宅基地权益;三是正确处理政府与市场的关系,切实保障改革平稳运行;四是因地制宜拓展退出宅基地利用领域,充分显化宅基地财产功能[②]。周江梅(2019)结合福建晋江市、浙江义乌市、广东南海区、湖北宜城市、重庆大足区、青海湟源县等全国宅基地"三权分置"改革试点地区的做法,提出逐步建立"三权分置"下的法规体系、进一步明确集体所有权权利、进一步增强资格权人权益可操作性、进一步加强放活使用权的制度设计、要搞好使用权人的融资制度安排、延长试点期限与扩大试点范围和内容、不同区域要有差异化的政策扶持等深化农村宅基地"三权分置"改革的政策建议[③]。曾旭晖和郭晓鸣(2019)基于江西省余江区和四川省泸县宅基地产权制度改革案例探究了传统农村宅基地"三权分置"的实施路径:一是明确村集体在宅基地监管中的主体性作用,明确村集体对宅基地监督和管理的具体权责,包括处分权和收益权;二是以有偿使用为抓手,优化宅基地资源配置,明确界定"一户一宅"适用条件,落实宅基地有偿使用费;三是在宅基地退出补偿中引入收益分享机制,应以产权明晰为退出基础,以多元化补偿为利益引导;四是以宅基地"三权分置"为指导,合理利用节余宅基地和农房[④]。江雪和熊健(2019)提出推进宅基地"三权分置"改革的三条路径。一是厘清"三权分置"的权能范围和边界,修改相关法律使所有权主体一元化,并充分赋予主体完整的权利权能;赋予农户宅基地资格权相应的法律地位,厘清资格权的权能和资格范围;在增加农民收入而又不破坏农村社会结构稳定的前提下,逐步扩大宅基地使用权的流转范围。二是建立"一户多宅"有偿使用制度,对于历史遗留问题,需要加快完善确权登记,根据实际和农户自愿原则对宅基地超标部分收取有偿使用费。三是加强政策宣传和土地流转监管力度,加强宅基地"三权分置"的政策宣传,使农户意识到自己的主体身份;加强农户对耕地保护法的认知,并制定破坏耕地的处罚标准;严格按照土地用途管制,限定宅基地的流转范围;严禁囤地炒房等扰乱农村土地市场的行为[⑤]。张勇等(2020)对已有的模式进行比

[①] 李国祥. 全面把握"三权分置"深化农村宅基地制度改革[J]. 中国党政干部论坛, 2020(08): 63-66, 1.
[②] 朱明芬. 农村宅基地产权权能拓展与规范研究——基于浙江义乌宅基地"三权分置"的改革实践[J]. 浙江农业学报, 2018, 30(11): 1972-1980.
[③] 周江梅. 农村宅基地"三权分置"制度改革探索与深化路径[J]. 现代经济探讨, 2019(11): 117-125.
[④] 曾旭晖, 郭晓鸣. 传统农区宅基地"三权分置"路径研究——基于江西省余江区和四川省泸县宅基地制度改革案例[J]. 农业经济问题, 2019(06): 58-66.
[⑤] 江雪, 熊健. 探索宅基地"三权分置"的实现路径及现实困境[J]. 皖西学院学报, 2019, 35(02): 102-105.

较，主要包括试点地区的"义乌模式"和非试点地区的"象山模式"、"旌德模式"，提出了创新行使宅基地集体所有权的农民集体组织形式，探索和建立宅基地农户资格权认定获得与禁止对外交易机制，以及构建放活宅基地使用权的实现机制等政策建议[1]。牛星(2020)以上海市城乡接合部 L 村的试点为研究对象，充分考虑宅基地使用权流转过程中多元主体的参与角色和利益诉求，基于主体协作和资源依赖的理论支撑，构建和研究"政产学研农"多主体联动机制；研究发现 L 村宅基地使用权流转的联动机制在各个主体层面都存在制约试点项目运行的现实困境，建议通过明确村委会角色定位、完善土地用途管制制度、增强农户参与意识、做好农宅更新与乡村文化的融合等途径，优化宅基地使用权流转的多主体联动机制，推进宅基地"三权分置"制度的发展完善[2]。夏柱智(2020)认为在实践中主要有五类宅基地财产化路径，包括宅基地有偿选位、宅基地内部流转、农房抵押贷款、闲置农房盘活、宅基地入市，不同路径有不同运行机制，同时有严格约束条件，形成宅基地配置的"有限市场"特征；限制宅基地财产化的深层逻辑包括宅基地产权制度的功能仍主要保障户有所居，宅基地产权制度改革要有利于农村土地管理，宅基地产权制度要和中国土地制度的整体宪法秩序相协调[3]。

2.6.3 农村宅基地"三权分置"改革存在的主要问题

束邱恺和郑扶军(2019)以台州市为例分析农村宅基地"三权分置"改革存在的问题，研究发现其问题表现在宅基地自愿退出难、短期内受惠面可能不广泛，加之宅基地总量大和开发、使用成本相对较低，如大量城乡接合部、城中村农房长期出租和转让会对现有的房地产市场造成影响[4]。方文(2020)认为，宅基地"三权分置"的目的是在既存的两权分置框架体系下，通过内部的制度创设实现宅基地利用主体的开放性，以有效盘活闲置农房和宅基地资源，但面临所有权权能缺失、资格权范围确定和认定依据不健全、使用权权能实现不畅的矛盾和困境[5]。胡大伟(2020)基于杭州宅基地改革实践，认为实施宅基地"三权分置"还面临如下瓶颈：一是宅基地所有权难以显化，现行法律对宅基地集体所有的归属安排已经比较清晰，当前需要解决的关键问题在于如何更好地落实和显化集体所有的各项权能，主要包括处置、管理和收益等三个方面；二是宅基地资格权的认定及规范保护比较模糊，如何科学地认知和定位宅基地资格权关系农村宅基地

---

[1] 张勇,周丽,李银.宅基地"三权分置"改革的政策与实践[J].江南大学学报(人文社会科学版),2020,19(05):60-67.
[2] 牛星."三权分置"视角下宅基地使用权放活的多主体联动机制——基于上海市 L 村的试点案例[J].华东理工大学学报(社会科学版),2020,35(05):85-95.
[3] 夏柱智.有限市场：宅基地财产化改革的制度实践及解释[J].农村经济,2020(03):34-40.
[4] 束邱恺,郑扶军.农村宅基地"三权分置"潜在问题及对策建议——以台州市为例[J].浙江国土资源,2019(09):44-47.
[5] 方文.农村宅基地"三权分置"实践运行需要明晰的几个问题[J].浙江科技学院学报,2020,32(02):96-102.

产权制度改革的成败;三是宅基地使用权规范流转和盘活利用的市场机制及法治保障不足[1]。周江梅等(2020)认为宅基地使用权流转存在以下问题:一是放活宅基地使用权的地方规范性文件有限,针对全国纲领性的"三权分置"改革相关文件未形成,在何种条件下可形成何种"三权"改革,在具体实践中因为没有法律条文支撑,全国各试点地区的探索还比较谨慎;二是放活宅基地使用权的交易环境有待提升,对现有法律框架下宅基地用权交易空间与人群限制,使得"三权分置"中使用权流转并不充分,市场价格机制作用也极为有限,总体流转效率不高,影响宅基地财产性功能发挥;三是放活宅基地使用权的实践经验不足,在宅基地使用权权利规定、流转内容及流转方式、流转条件、流转产生的增值收益如何在不同主体间进行合理分配等,还需进一步实践与创新[2]。

2.6.4 关于农村宅基地"三权分置"改革试点实践研究的综述

国内学术界关于农村宅基地"三权分置"改革试点实践的研究主要集中在改革试点的重要意义、实施举措和存在的主要问题等方面。其一,改革试点的重要意义,包括盘活农村闲置宅基地和农房,激活宅基地市场,破除城乡二元结构,实现农民的财产权利,实现农村经济的发展。其二,改革试点的实践举措,包括加快修订相关法规与宅基地改革衔接,实施宅基地有偿使用制度和自愿有偿退出机制,以多元化补偿为利益引导,增强资格权人权益可操作性,加强放活使用权的制度设计等。其三,改革试点的主要问题,包括改革实践过程中存在的问题有所有权权能缺失、资格权范围确认和认定依据不完善、使用权流程范围受限、盘活市场的机制不健全等。从现有研究成果来看,不少改革建议基于先验理性,缺乏现实基础,或只是对既定政策的阐述,现实针对性不足、科学性不够,能具体化为操作路径、运作方式、实施方案的建议不多,无法有效支撑改革实践。

2.7 关于落实农村宅基地集体所有权的研究

2.7.1 明确农村宅基地所有权主体

陈广华和罗亚文(2019)认为应落实宅基地所有权处分权能及收益权能,以法律规范"农民集体"的概念及范围,同时赋予宅基地所有权主体法人资格,规范其权利和义务,进行确权颁证,从立法层面明确其主体资格及范围;发挥宅基地所有权人的处分权,强化宅基地所有权人分配、调换、收回宅基地和监督监管宅

---

[1] 胡大伟. 宅基地"三权分置"的实施瓶颈与规范路径——基于杭州宅基地制度改革实践[J]. 湖南农业大学学报(社会科学版), 2020, 21(01): 49-55.
[2] 周江梅, 黄启才, 曾玉荣. "三权分置"背景下农户宅基地使用权流转的改革思考[J]. 重庆社会科学, 2020(01): 28-37.

基地使用的权利；保障宅基地所有权人的收益权能[①]。尹晓波和朱永倩(2019)认为应将宅基地的主体定义为"集体经济组织"，在社会主义市场经济条件下，宅基地流转、买卖似乎更具有正当性；同时明确宅基地所有权的主体在一定程度上也避免了权力滥用，保障了农户们的权益[②]。

2.7.2 赋予宅基地集体所有权完整权能

温世扬和梅维佳(2018)认为应赋予集体所有权包括收益权、处分权、管理权在内的完整权能，收益权明确了集体经济组织在宅基地使用权征收过程中有权按照一定的比例分享收益；处分权是集体组织能够不受公权力过多约束控制自主进行宅基地分配管理，避免公权力侵害集体私权利；管理权是对村集体宅基地进行规范管理[③]。杨嘉铭(2020)从分配权、收益权、监管权、收回权探索了宅基地所有权的实现：①分配权能实现，一是改进现行"一户一宅，无偿取得"的分配方式，二是通过收回权能的实现或宅基地空间立体型开发利用增加可供分配的宅基地资源；②收益权能实现，一是如何对历史原因造成超标多占等不符合使用标准的宅基地实现收益权能，二是是否应当对符合标准的宅基地也尝试建立有偿使用制度；③监管权能实现，应给予农村集体经济组织在宅基地分配、流转、抵押等各个环节审核批准的权利，建立专项风险保障基金，以应对可能出现的法律风险，保障监管权能的实现；④收回权能实现，一是由国家财政出资，直接或间接地为推出宅基地的农户提供高额补贴，二是通过宅基地入市流转引入社会资本，以此化解资金困境[④]。

2.7.3 完善宅基地集体所有权配套制度

姜楠(2019)认为落实宅基地所有权应当在明确既有问题的基础上，有针对性地完善宅基地所有权的相关制度：一是明确宅基地所有权主体，集体经济组织具有法人资格，具备成为集体土地所有权主体的特定条件；二是赋予宅基地所有权以完整的权能，法律应当赋予宅基地所有权以管理权能，管理权能具体包括集体成员对集体土地的使用和处分的民主管理、民主监督以及相关事务的执行管理和监督管理；三是建立宅基地所有权行使的程序性规则，法律或集体组织章程应当确立多数决策规则；四是宅基地所有权主体每年应当就宅基地处分以及宅基地的日常管理事项向集体成员定期通告；五是集体成员可对宅基地所有权主体违反法

[①] 陈广华，罗亚文. 宅基地"三权分置"之法教义学分析——基于试点地区改革模式研究[J]. 农村经济，2019(02)：23-30.
[②] 尹晓波，朱永倩. 宅基地"三权分置"的权利表达与实施路径[J]. 绵阳师范学院学报，2019, 38(07)：36-40.
[③] 温世扬，梅维佳. 宅基地"三权分置"的法律意蕴与制度实现[J]. 法学，2018(09)：53-62.
[④] 杨嘉铭. 宅基地所有权权能实现问题研究[J]. 理论观察，2020(05)：121-123.

律法规、侵害利益的行为进行诉讼[①]。刘恒科(2020)认为应充实宅基地集体所有权权能：一是确立宅基地资格权主体制度，宅基地资格权应依集体成员身份取得，以户为单位进行配置，宅基地资格权的主体应为农村居住户；二是建立集体对宅基地使用行为的管理制度，严格执行"一户一宅"规定，落实宅基地用途管制；三是建立宅基地有偿使用制度，超占多占要收取有偿使用费，实行有偿选位，集体收益优先采取货币补偿分配给集体成员；四是建立集体收回宅基地产权制度，根据条件分类实施宅基地收回；五是建立宅基地使用权流转和续期的管理制度，对宅基地使用权转让、抵押等设置集体备案程序，彰显集体对宅基地流转的知情权和管理权；六是在初始取得的宅基地使用权固定期限届满时，应对农户家庭内是否仍有集体成员进行审查，集体可以决定是否同意农户的自动续期申请，以确认其继续享有宅基地使用权[②]。

2.7.4　关于落实农村宅基地集体所有权研究的综述

国内学术界关于落实宅基地集体所有权的研究主要集中在明确宅基地所有权主体、赋予完整的所有权权能、完善相关配套制度等方面。一是明确宅基地所有权主体，学者们一致认为农村集体经济组织应作为宅基地所有权主体，行使各项权能。二是赋予完整的所有权权能，赋予宅基地所有权包括收益权、处分权、管理权、收回权等权能。三是完善相关配套制度，建立完善的宅基地资格权主体制度、集体对宅基地使用行为的管理制度、宅基地有偿使用制度、集体收回宅基地产权制度、宅基地使用权流转和续期的管理制度等。从现有研究成果来看，学术界对宅基地所有权实现形式的研究较少，大多是基于改革实践的案例来分析所有权权能配置，因此未来应加大对宅基地所有权权能配置、运行机制、实现路径的研究。

2.8　关于保障宅基地农户资格权的研究

2.8.1　宅基地农户资格权的立法实现

张力和王年(2019)认为应该从立法的视角来对宅基地资格权进行制度构建：一是明确宅基地资格权的主体，宅基地资格权的取得主体是"农户"，主体认定应以"户籍"为基础，取得标准并综合农民检视生存保障、家庭存续等非经济因素；二是充实宅基地资格权的权能，赋予资格权的权能有分配权、管理权、收益

---

① 姜楠. 宅基地"三权"分置的法构造及其实现路径[J]. 南京农业大学学报(社会科学版), 2019, 19(03)：105-116, 159.
② 刘恒科. 宅基地"三权"分置"的理论阐释与法律构造[J]. 华中科技大学学报(社会科学版), 2020, 34(04)：104-114.

权、救济权[1]。刘国栋（2019）认为宅基地资格权应定位为一项具有身份性的财产权利，即行使受权利主体身份影响、受次级用益物权限制的宅基地使用权；在内容上，其依然具有宅基地使用权的权能，包括获得宅基地的使用费、征收补偿、有偿退出宅基地、监管宅基地的利用；在立法论层面，应舍弃"农户资格权"的称谓，坚持"宅基地使用权"的立法表述，并明确宅基地使用权的"收益权能[2]。杨遂全（2020）从财产属性视角讨论了宅基地资格权确权及其法理依据，认为要推进《农村宅基地使用条例》公正立法和保障农民带财产进城，未来的宅基地使用条例应确认：宅基地资格权的身份属性为其物权属性所吸纳，可登记，可转让，转让期满可收回，可继承，转让使用可约定共享、出典和续期[3]。朱向阳（2020）提出从农户资格权的生成方式、权利外观、退出机制等方面建构其法律机制：一是农户资格权的生成方式和权利范围，应从户籍、基本生存保障、成员身份三个角度考虑农户资格权取得的一般标准及其细化准则，农户资格权具有身份特征，明确为农民对宅基地进行占有和使用的权利；二是确权颁证，采取登记生效，确定登记手续，给予法律救济；三是建立有效的宅基地退出机制，应遵循自愿原则，建立房屋专项交易资金或房屋交易平台，合理利用退出宅基地[4]。

2.8.2 宅基地农户资格权的制度构建

程秀建（2018）认为应从完善宅基地资格权取得机制、创新资格权退出机制、明确资格权登记制度、构建宅基地有偿使用制度等四个方面着手，实现身份性的资格权与物权分离：一是完善宅基地资格权取得机制，在确定成员资格时，一方面应以户籍登记为基础，结合生产、生活的实际需要，对依赖特定土地为生产必需或生活保障的人均可赋予集体成员身份，另一方面，考虑到与其他民事立法关于主体规范的衔接，集体成员的主体形态应表现为自然人；二是创新资格权退出机制，应从主动、被动两方面建构宅基地使用权退出机制，即农户的自愿有偿退出与集体经济组织的强制收回；三是明确资格权登记制度，至少应予明确的登记内容有集体成员身份，因分配取得的宅基地市值、面积及方位，宅基地上构筑房屋及其他附属物的基本情况等；四是构建宅基地有偿使用制度，集约节约利用宅基地实施奖励，超占多占宅基地收取有偿使用费[5]。操小娟等（2019）认为乡村振兴战略下的农村宅基地资格权制度应当在住房土地成本最小化原则的基础上建立并予以保障：一是宅基地资格权的取得，依法保障集体成员取得宅基地资格权，

---

[1] 张力, 王年. "三权分置"路径下农村宅基地资格权的制度表达[J]. 农业经济问题, 2019(04): 18-27.
[2] 刘国栋. 论宅基地三权分置政策中农户资格权的法律表达[J]. 法律科学(西北政法大学学报), 2019, 37(01): 192-200.
[3] 杨遂全. 论宅基地资格权确权及其法理依据——以财产属性为视角[J]. 中国土地科学, 2020, 34(06): 35-40.
[4] 朱向阳. 论宅基地"三权分置"下的农户资格权[J]. 湖北经济学院学报(人文社会科学版), 2020, 17(11): 89-92.
[5] 程秀建. 宅基地资格权的权属定位与法律制度供给[J]. 政治与法律, 2018(08): 29-41.

通过法律明确宅基地的取得方式和取得程序；二是宅基地资格权的退出，鼓励退出宅基地，但保留宅基地退出农民和继承人的资格权；三是宅基地资格权的保障，保障过程应突显救济权，无论是宅基地资格权的申请、取得还是退出，都可采取行政裁决、行政复议、行政诉讼等方式解决农民居住需求[①]。田逸飘和廖望科(2020)认为全面了解当前宅基地相关主体关系的情况有助于对宅基地的资格权取得展开分类认定与处理，进而明确资格权的归属；在制度改革过程中，明晰"人"的资格、"户"的定义、"宅"的范围将有助于加强对不同问题的认定；而对宅基地相关主体关系的重构又为解决遗留问题提供了逻辑基础，有助于定制分类处置办法[②]。张雨榴等(2020)基于福利多元主义视角下分析了宅基地资格权的性质与实现路径，认为宅基地资格权应当在兼顾主体意愿和历史根源基础上以成员资格为依据进行主体认定，以资格公平性和均等性为原则，以"实物+货币"双重动态机制和城乡统筹机制构建实现路径，推动"户有所居"，并通过宅基地资格权的多元动态实现推动农村住房保障体系的完善[③]。

2.8.3 关于保障宅基地农户资格权研究的综述

国内学术界关于保障宅基地农户资格权的研究主要集中在宅基地农户资格权的立法实现和制度构建等方面。其一是宅基地资格权的立法实现，在法律上应明确宅基地资格权的取得主体为农户，赋予资格权的分配权、管理权、收益权、救济权，明确资格权的取得、使用、退出等。其二是宅基地资格权的制度构建，构建宅基地资格权登记制度、宅基地有偿使用制度、宅基地自愿有偿退出制度等，推动"户有所居"，并通过宅基地资格权的多元动态实现推动农村住房保障体系的建设。从现有研究成果看，学术界对宅基地资格权实现形式的研究较少，缺乏对宅基地资格权实现形成的系统探索，未来应结合法律法规与实践情况来探究资格权的实现形式。

[①] 操小娟，徐妹，杜丹宁.乡村振兴战略下农村宅基地"三权分置"的法律制度构建[J].浙江大学学报(人文社会科学版)，2019，49(06)：167-181.
[②] 田逸飘，廖望科."三权分置"背景下农村宅基地相关主体性关系变化与重构[J].农业经济，2020(03)：89-91.
[③] 张雨榴，杨雨濛，严金明.福利多元主义视角下宅基地资格权的性质与实现路径——以北京市魏善庄镇试点为例[J].中国土地科学，2020，34(01)：17-24.

2.9 关于适度放活农村宅基地使用权的研究

2.9.1 宅基地使用权的权能拓展

高圣平（2019）认为应赋予宅基地使用权以转让权能，根据不同的受让对象实行有差别的交易规则：受让人为本集体经济组织成员的，可以取得宅基地使用权，相应地，转让人丧失宅基地使用权；受让人为非本集体经济组织成员的，仅取得宅基地使用权的租赁权，相应地，转让人并不丧失宅基地使用权；在同等条件下，本集体经济组织成员有优先受让权；同时应下放宅基地审批权限，减少审批环节，缩短审批周期[①]。胡新艳等（2019）认为宅基地使用权实现应注重三个方面：一是宅基地使用权的初始取得，增量与存量，分类处理；改革增量，无偿变有偿；固化存量，理顺历史进行确权登记。二是宅地基使用权的转让，拓展物权权能，细分定限物权；结合现有试点改革的实践经验，对定限物权可以进一步细分为租赁权、入股权、抵押担保权、退出权等。三是宅基地使用权的持有，期限70年，逐步实现"同地、同权、同价"[②]。刘国栋和蔡立东（2020）认为应重构宅基地使用权：首先是落实宅基地使用权"收益"权能的回归，其次是完善宅基地使用权登记规则，最后是探索宅基地使用权自愿有偿退出机制；同时，可将宅基地次级使用权定名为"宅基地经营权"，并进一步明确其"得丧变更"规则[③]。

2.9.2 宅基地使用权的适度流转

钱泓澎和易龙飞（2019）认为应建立健全宅基地使用权流转市场，加强监管，保障农民的利益[④]。董新辉（2018）认为"三权分置"流转应明确四个问题：一是新派生的宅基地使用权应该定位为一种用益物权；二是允许宅基地使用权可随农房一并流转；三是重新认定农房买卖合同有效；四是宅基地使用权应设立使用期限，参照城镇住宅用地70年的使用期限做出规定[⑤]。李丽等（2020）分析了宅基地使用权流转的路径构造：一是要落实改造农村集体经济组织，尊重其对宅基地的完全自物权权能；二是明确农村集体经济组织成员的权利边界和内涵，在赋予农户宅基地用益物权的同时降低宅基地使用权市场化流转的风险；三是根据宅基地是否流转及其流转期限灵活设定债权性租赁权或物权性经营权，满足宅基地短期

[①] 高圣平. 宅基地制度改革政策的演进与走向[J]. 中国人民大学学报，2019, 33(01)：23-33.
[②] 胡新艳，罗明忠，张彤. 权能拓展、交易赋权与适度管制——中国农村宅基地制度的回顾与展望[J]. 农业经济问题，2019(02)：73-81.
[③] 刘国栋，蔡立东. 农村宅基地权利制度的演进逻辑与未来走向[J]. 南京农业大学学报（社会科学版），2020, 20(06)：115-124.
[④] 钱泓澎，易龙飞. 宅基地使用权流转市场：形成、发展与交易成本[J]. 中国国土资源经济，2019, 32(07)：70-78.
[⑤] 董新辉. 宅基地使用权流转制度的困境、出路与重塑[J]. 学术交流，2018(09)：104-111.

出租及长期抵押融资等需求，充分释放宅基地的财产价值[①]。杨书萍(2020)认为农村宅基地流转的路径为加强宅基地规划管理，规范宅基地流转市场，为失地农民提供保障[②]。张克俊和付宗平(2020)分析了宅基地使用权实现途径和保障措施：一是宅基地使用权的实现途径，赋予宅基地产权主体完整的处分权和收益权，适度突破使用权流转范围和方式，拓展宅基地（农房）使用权的经营性用途；二是放活宅基地使用权的保障措施，通过还权赋能等落实集体所有权，明确农民宅基地资格权，健全宅基地使用权流转市场，构建风险防范机制、适时修改相关法律等[③]。

2.9.3 适度放活宅基地使用权的制度构建

陈小君(2019)认为应建立以"得丧变更"为主线的相关机制：一是完善宅基地使用权取得规则，丰富宅基地的申请与重新分配制度并完善配套法定程序；二是照应宅基地使用权流转开禁的现实需求并预设规制；三是补全宅基地使用权消灭机制，完善宅基地使用权收回制度和自愿退出机制[④]。杨红朝(2019)认为应重视宅基地使用权转让基本制度的设计：一是坚持宅基地使用权转让的房地一体原则，二是宅基地使用权转让的登记[⑤]。张合林和王业辉(2019)探讨了放活宅基地使用权的实现机制，包括宅基地有偿使用机制、有偿退出机制、市场流转机制、利益分配机制和风险防范机制等[⑥]。梁发超和林彩云(2021)认为在开展宅基地退出前应进行充分调研，分层分类地引导农户科学有序地退出宅基地[⑦]。吴迪和韩凌月(2020)认为应对宅基地使用权的物权重构和立法：一是重构宅基地使用权的法律构造，细化宅基地使用权的取得制度，规范宅基地的转让和退出机制，改革宅基地的确权登记制度、收回制度等；二是完善宅基地使用权的物权权能，赋予宅基地使用权收益的权能，使其作为用益物权的权利内容更加完整；三是规范宅基地使用权相关配套的立法和法律解释，调整农村生产力和生产关系的矛盾，解决对宅基地使用权流转条件、范围方式、期限、收益分配及流转后土地产权关系调整等方面的内容[⑧]。韩文龙和朱杰(2020)认为宅基地使用权的实施路径之一是落实宅基地使用权抵押贷款制度，完善产权治理机制，建立健全担保和抵押市场

[①] 李丽，吕晓，张全景."三权分置"背景下宅基地使用权流转的法学视角再审视[J].中国土地科学，2020，34(03)：16-23.
[②] 杨书萍."三权分置"下农村宅基地流转的困境与出路[J].农业经济，2020(01)：99-101.
[③] 张克俊，付宗平."三权分置"下适度放活宅基地使用权探析[J].农业经济问题，2020(05)：28-38.
[④] 陈小君.宅基地使用权的制度困局与破解之维[J].法学研究，2019，41(03)：48-72.
[⑤] 杨红朝.论"三权"分置下农村宅基地使用权的转让[J].安徽农业科学，2019，47(05)：257-260.
[⑥] 张合林，王亚辉.放活宅基地使用权的理论逻辑与实现机制研究[J].山西农经，2019(03)：23-24.
[⑦] 梁发超，林彩云.经济发达地区宅基地有偿退出的运行机制、模式比较与路径优化[J].中国农村观察，2021(03)：34-47.
[⑧] 吴迪，韩凌月.宅基地制度在我国的运行困境与宅基地"三权分置"的选择[J].河南财经政法大学学报，2020，35(03)：26-33.

机制，建立风险预警和救济、处置机制，完善社会保障体系[①]。张合林和祝茜茜（2020）认为放活宅基地使用权应从实现机制体系和配套改革两个方面着手：一是实现机制体系，建立农村宅基地使用权有偿退出机制，确立农村宅基地使用权市场交易机制，健全放活农村宅基地使用权增值收益分配机制，完善放活农村宅基地使用权的风险防范机制；二是配套改革，推进农村宅基地使用权流转立法工作，建立城乡统一的农村宅基地产权制度，规范农村宅基地管理体系，加快相关体制和制度改革[②]。

2.9.4 关于适度放活农村宅基地使用权研究的综述

国内学术界关于适度放活农村宅基地使用权的研究主要集中在宅基地使用权的权能拓展、适度流转和相关制度构建等方面。一是宅基地使用权的权能拓展，宅基地使用权应赋予转让权、租赁权、入股权、抵押担保权等。二是宅基地使用权的适度流转，建立健全宅基地使用权流转市场，明确宅基地使用权可随农房一并流转，合理设定流转时限，加强市场监管，构建风险防范机制。三是适度放活宅基地使用权的制度构建，建立和完善宅基地使用权的取得制度、宅基地使用权的收回制度、宅基地使用权的抵押贷款制度，同时包括宅基地有偿使用机制、有偿退出机制、市场流转机制、利益分配机制和风险防范机制等。从现有研究成果来看，学术界对宅基地使用权实现形式的研究较少，未来应通过实践经验、机制形式、制度体系等方面探索宅基地使用权的实现形式。

2.10 关于农村宅基地"三权分置"改革统筹推进的研究

2.10.1 宅基地"三权分置"改革的立法完善

陈耀东（2019）认为要落实宅基地集体所有权，就要对集体经济组织按照特别法人的主体地位进行改造；宅基地农户资格权应包括宅基地分配资格权和宅基地使用权两种权利，是一种兼具身份权和财产权的复合性权利；农户在行使并实际取得宅基地使用权后，宅基地资格权就等同于既有实定法中的宅基地使用权；社会主体享有的宅基地使用权应分为债权性宅基地使用权和物权性宅基地使用权[③]。董新辉（2020）认为在宅基地改革中坚持"法律主治"是历史的必然选择，应遵循"法律为主，政策为辅"的基本原则，将"三权分置"改革后各权利的名称、属性、内容以及相互关系等基础问题应予以明确规定，实现从"政策主导"向"法

[①] 韩文龙，朱杰. 宅基地使用权抵押贷款：实践模式与治理机制[J]. 社会科学研究，2020(06)：38-46.
[②] 张合林，祝茜茜. 放活我国农村宅基地使用权的实现机制研究[J]. 改革与战略，2020，36(09)：83-91.
[③] 陈耀东. 宅基地"三权分置"的法理解析与立法回应[J]. 广东社会科学，2019(01)：223-230，256.

律主治"的转变[①]。

2.10.2 宅基地"三权分置"改革的权能设计

岳永兵(2018)认为推进宅基地"三权分置"应落实所有权,增强所有权主体的自治权利;稳定配给权,夯实农户住房保障基础;放活使用权,显化宅基地财产权收益;逐步理顺权利边界和"三权"相互关系,充分发挥"三权"的各自功能和整体效用[②]。徐忠国等(2018)认为应科学设置权利名称和权利结构,所有权是自物权,应具有占有、使用、收益、处分的完整权能,资格权是用益物权下的人役权,应具有收益和处分的权能,保障权利主体的基本居住权益,使用权是用益物权下的地上权,应具有较完整的占有、使用、收益、处分权能[③]。李怀(2020)认为应以"确权+保权+转权"为核心实现权能,所有权权能主要通过明晰所有权主体和赋予其处分权来实现,资格权权能主要通过资格权的取得和退出机制的完善来实现,使用权权能主要通过使用权就地流转和节余指标跨地调剂来实现[④]。

2.10.3 宅基地"三权分置"改革统筹推进的制度建设

刘守英(2018)认为需要在乡村振兴战略背景下思考宅基地产权制度改革的内容和路径:一是改革宅基地的无偿分配制度,二是赋予农民宅基地财产权,三是对外村人和外来资本的有序开放,四是宅基地权利与集体建设用地权利的同权,五是乡村规划、管制和集体组织的权力[⑤]。刘锐(2018)提出了宅基地产权制度改革的制度设计:一是明确宅基地流转的形式,可以通过租赁形式流转,也可以通过类似国有集体土地的方式流转;二是在宅基地使用权之上设定集体土地使用权,使用权期限应当限定在 5 年以上 40 年以下;三是建立宅基地流转收益的合理分配机制,流转收益分配既要考虑政府的税收收益,还要落实宅基地所有权人的利益,保障宅基地使用权人的利益[⑥]。韩立达等(2018)分析了农村宅基地"三权分置"的五个实现形式。一是充分发挥集体经济组织拥有的宅基地"增量"所有权,建立以集体经济组织为供给主体的"指标"、集体经营性建设用地及宅基地(住房)使用权出让制度;集体经济组织对农户宅基地(住房)进行托管;通过农民集中居住等将宅基地复垦形成"指标"及将"指标"依法转化为集体经营性建

[①] 董新辉.宅基地"三权分置"改革的路径选择:变"政策主导"为"法律主治"[J].贵州师范大学学报(社会科学版),2020(04):149-160.
[②] 岳永兵.宅基地"三权分置":一个引入配给权的分析框架[J].中国国土资源经济,2018(01):34-38.
[③] 徐忠国,卓跃飞,吴次芳,等.农村宅基地三权分置的经济解释与法理演绎[J].中国土地科学,2018(08):16-22.
[④] 李怀.传统农区宅基地"三权分置"的权能实现与推进路径[J].新视野,2020(02):54-61.
[⑤] 刘守英.城乡中国的土地问题[J].北京大学学报(哲学社会科学版),2018,55(03):79-93.
[⑥] 刘锐.乡村振兴战略框架下的宅基地制度改革[J].理论与改革,2018(03):72-80.

设用地；探索建立共有产权房市场交易制度。二是确立"资格权"法律地位和行权方式。三是逐渐放活宅基地使用权，实现与国有建设用地"同权同价"，基于宅基地转化而来的各类相关权利的初始取得必须通过公开交易方式；修改现行法律法规，加快放活宅基地使用权步伐；逐步放开宅基地依法转化为集体经营性建设用地后的用途管制；为社会投资者进入农村宅基地使用权市场创造更好条件。四是探索根据宅基地复垦转化形成的集体经营性建设用地的不同用途开征不同比例的土地增值税，更好地发挥政府宏观调控农村土地市场的作用。五是完善农村宅基地"三权分置"改革的风险和保障措施[①]。卢江海和钱泓澎(2019)提出市场化改革是宅基地"三权分置"改革的主要思路，建立宅基地使用权流转市场，在政策允许范围内逐步扩展宅基地使用权流转[②]。乔陆印和刘彦随(2019)提出宅基地改革需要从五个方面突破，包括允许宅基地使用权及农房自由转让，允许宅基地用途转换为经营性建设用地，探索资格权认定与有偿使用相衔接的机制，允许宅基地资格权的空间置换，探索村集体规划权、收益权、监督权、处置权的实现形式[③]。张军涛等(2019)提出了宅基地"三权分置"改革的三条实施路径。一是落实宅基地集体所有权，成立村民事务理事会，明晰权利行使主体；构建集体与使用权人的增值收益分配机制；强化集体对宅基地依法享有的处分权利；明确集体在宅基地分配中的权利；落实集体对宅基地的监督权和管理权。二是保障宅基地农户的资格权和农民房屋的财产权，完善宅基地农户资格权的全过程管理；丰富宅基地农户资格权的实现方式；建立宅基地农户资格权的灭失和重获机制。三是适度放活宅基地和农民房屋的使用权，引导宅基地使用权在集体内部流转；保持已流转和超标准占有使用权的稳定性；适度拓展宅基地及地上房屋的使用范围；明确多种宅基地使用权流转形式[④]。林宣佐等(2020)提出了优化农村宅基地"三权分置"的实施对策：一是加快宅基地使用权流转的法制化进程，二是继续完善农村社会就业、养老等保障体系，三是增强构建宅基地融资制度改革力度，四是完善宅基地流转收益的分配制度[⑤]。高飞(2020)认为完善农村宅基地管理制度的主要内容包括健全宅基地取得管理制度，完善宅基地整理制度，建立宅基地流转管理制度，强化宅基地审批制度和对违法占用宅基地行为的惩治措施[⑥]。韩长赋(2019)认为深化农村宅基地产权制度改革的重点是处理好稳定和放活的关

---

① 韩立达，王艳西，韩冬. 农村宅基地"三权分置"：内在要求、权利性质与实现形式[J]. 农业经济问题，2018(07)：36-45.
② 卢江海，钱泓澎. 制度变迁视角下宅基地使用权流转市场研究——基于义乌市宅基地"三权分置"改革实践[J]. 财经论丛，2019(11)：102-112.
③ 乔陆印，刘彦随. 新时期乡村振兴战略与农村宅基地制度改革[J]. 地理研究，2019，38(03)：655-666.
④ 张军涛，游斌，翟婧彤. 农村宅基地"三权分置"的实现路径与制度价值——基于江西省余江区宅基地制度改革实践[J]. 学习与实践，2019(03)：47-56.
⑤ 林宣佐，王光滨，郑桐桐，等. 农村宅基地"三权分置"的实现模式及保障措施分析[J]. 农业经济，2020(11)：94-96.
⑥ 高飞. 农村宅基地"三权分置"政策入法的公法基础——以《土地管理法》第62条之解读为线索[J]. 云南社会科学，2020(02)：95-103，187.

系：一是明确底线，不得违规违法买卖宅基地，不允许城镇居民到农村购买宅基地建住房，严格禁止利用农村宅基地建设别墅大院和私人会馆，切实保护农民宅基地使用权，不得以退出宅基地使用权作为农民进城落户的条件；二是扩权赋能，加快房地一体的宅基地确权登记颁证，落实宅基地集体所有权，保障宅基地农户资格权和农民房屋财产权，适度放活宅基地和农民房屋的使用权；三是稳妥试点，要系统总结现有宅基地产权制度改革试点经验，稳步扩大试点范围、丰富试点内容，鼓励各地以农村集体经济组织为主体开展探索，结合发展乡村旅游、下乡返乡创业创新等先行先试[①]。王蔷和郭晓鸣（2020）提出了推动宅基地改革的六个构想：一是扩大农村宅基地改革试点范围，二是强化集体经济组织的宅基地监管能力，三是构建农村宅基地自愿有偿退出机制，四是建立农村宅基地有偿使用制度，五是探索农村宅基地退地多元利用路径，六是加强农村宅基地产权制度改革的潜在风险防范[②]。雪克来提·肖开提和迪力沙提·亚库甫（2019）认为宅基地"三权分置"改革应坚持农村土地集体所有制，赋予集体所有权完整权能，构建行之有效的权利行使规则，强化公共管理与服务职能；保障农户资格权并明确其权利内容，在农户自愿的基础上赋予非农化需求的退出权；根据城乡经济社会发展和社会保障体系的完善，适度弱化宅基地的居住保障功能，增强其财产经济功能；因地制宜、循序渐进地放活使用权，盘活宅基地财产收益功能，增加农民财产性收益，着重防范围乡圈地、炒房炒地等引发的风险，激发宅基地内生潜力[③]。严金明等（2019）提出农村宅基地"三权分置"改革应当参照制度变迁的历史，在坚持集体所有权不动摇的前提下进一步明确集体内涵、赋予完整权能、分离部分产权和强化公共职能；依据多元福利主义和福利实现依赖，以突显资格权落实乡村农民集体的居住福利保障，探讨由集体、政府、市场和社会共同提供多元农民居住福利保障替代路径；按照市场主导化配置和利益风险挂钩，以放活宅基地使用权实现资源市场配置优化和农民财产价值显化，在利益诉求和可能风险之间权衡选择宅基地具体流转路径，实现宅基地由传统单一居住功能向现代多重复合功能转型[④]。

2.10.4 关于农村宅基地"三权分置"改革统筹推进研究的综述

国内学术界关于农村宅基地"三权分置"改革统筹推进的研究主要集中在宅基地"三权分置"改革统筹推进的立法完善、权能设计、制度建设等方面。一是宅基地"三权分置"统筹推进的立法完善，在法律上明确宅基地各项权利的内涵

---

① 韩长赋. 中国农村土地制度改革[J]. 农业经济问题，2019(01)：4-16.
② 王蔷，郭晓鸣. 乡村转型下的农村宅基地制度改革[J]. 华南农业大学学报(社会科学版)，2020，19(05)：39-46.
③ 雪克来提·肖开提，迪力沙提·亚库甫. 乡村振兴战略导向下的宅基地"三权分置"制度改革[J]. 新疆师范大学学报(哲学社会科学版)，2019，40(05)：131-137.
④ 严金明，迪力沙提，夏方舟. 乡村振兴战略实施与宅基地"三权分置"改革的深化[J]. 改革，2019(01)：5-18.

及内容，实现从"政策主导"向"法律主治"的转变。二是宅基地"三权分置"统筹推进的权能设计，充分发挥"三权"各自的功能和整体效用，所有权是自物权，应具有占有、使用、收益、处分完整的权能；资格权是用益物权下的人役权，应具有收益和处分的权能；保障权利主体的基本居住权益，使用权是用益物权下的地上权，应具有较完整的占有、使用、收益、处分的权能。三是宅基地"三权分置"统筹推进的制度建设，建立宅基地农户资格权的灭失和重获机制，探索资格权认定与有偿使用相衔接的机制，建立共有产权房市场交易制度，建立宅基地流转收益的合理分配机制，探索农村宅基地退地多元利用路径，加强制度改革的潜在风险防范。从现有研究成果来看，学术界对农村宅基地"三权分置"实现形式的统筹优化研究有一定的研究成果，主要是基于实践情况探索出宅基地"三权分置"实现形式的制度建设，但现有研究还不够系统完善。

2.11 关于农村宅基地"三权分置"改革风险与防范的研究

2.11.1 宅基地"三权分置"改革的风险类型

林超和陈泓冰(2014)运用风险矩阵和 Board 序值法，收集专家调查问卷对农村宅基地流转制度改革风险进行识别与定量评估，认为农村宅基地流转制度改革面临农村社会可能受到的风险、国家粮食安全受威胁的风险、农民权益受侵害的风险、宏观调控被削弱的风险、政府管理效益受损的风险等[1]。吕军书和时丕彬(2017)认为宅基地继承制度改革要防范农户利益受损的风险、防范闲置率增高的风险、防范乡村伦理破坏的风险[2]。韩楠(2018)认为宅基地使用权继承制度改革要防范集体耕地流失的风险、防范农户一户多宅的风险、防范农民利益受损的风险、防范乡村伦理破坏的风险、防范城镇化延缓的风险[3]。叶剑锋和吴宇哲(2018)以全国 33 个"三块地"试点之一的义乌市为案例，认为宅基地"三权分置"的运行风险包括集体土地所有权的落实风险、资格权的福利和机会风险、宅基地和农民房屋使用权运行风险[4]。刘圣欢和杨砚池(2018)分析了大理市银桥镇农村宅基地产权制度改革试点情况，大量的外来人口占用宅基地资源，使得宅基地资源与村镇人口容量失去平衡，制约了村镇有效管理[5]。于水等(2020)认为农村空心化下宅基地"三权分置"的潜在风险主要表现在三个方面。一是虚化宅基

---

[1] 林超，陈泓冰. 农村宅基地流转制度改革风险评估研究[J]. 经济体制改革，2014(04)：90-94.
[2] 吕军书，时丕彬. 风险防范视角下农村宅基地继承制度改革的价值、困境与破局[J]. 理论与改革，2017(04)：12-19.
[3] 韩楠. 论农村宅基地使用权继承制度改革的风险防范[J]. 农业经济，2018(12)：79-80.
[4] 叶剑锋，吴宇哲. 宅基地制度改革的风险与规避——义乌市"三权分置"的实践[J]. 浙江工商大学学报，2018(06)：89-99.
[5] 刘圣欢，杨砚池. 农村宅基地"三权分置"的权利结构与实施路径——基于大理市银桥镇农村宅基地制度改革试点[J]. 华中师范大学学报(人文社会科学版)，2018(05)：45-54.

地集体所有权的潜在风险，产权界定不科学易虚化宅基地集体所有权，政策执行偏差易虚化宅基地集体所有权。二是弱化宅基地保障性权能的潜在风险，剥离使用权与资格权间的财产性权能与保障性权能，削弱了宅基地的住房保障功能，滋生阶段性"失宅"农民。三是宅基地资源俘获的潜在风险，乡村精英俘获，城市资本俘获[1]。汪杨植等(2019)认为农村宅基地"三权分置"改革还面临政策衔接风险、规划管控风险、红线突破风险、农民利益风险、集体收益风险[2]。

2.11.2 宅基地"三权分置"改革的风险防范

陈振等(2018)认为应建立健全风险保障制度，首先，针对一些农户追求短期经济利益，面临失去宅基地的风险，各地应预设一定的指导机构，专门服务于宅基地流转和抵押工作，同时完善农村住房保障制度；其次，针对宅基地流转可能存在的长期占用、房地产开发等风险，要加强宅基地流转监管机制，强化监管力度，严格控制流转期限、用途，禁止城镇居民购买宅基地用于房地产开发、建设别墅大院和私人会馆；最后，针对宅基地使用权抵押可能存在的处置风险，需建立宅基地抵押强制保险制度，强化抵押风险规避、减少、分担和保障机制建设[3]。王冬银(2018)认为防控宅基地"三权分置"改革要积极发挥基层组织主体作用，探索完善"三权分置"的实现形式；及时总结试点做法，加强"三权"权能内涵和权利关系研究；完善相关基础工作和配套政策措施，保障"三权分置"有效落实；将实践探索和重视风险管控相结合，巩固改革成果[4]。房建恩(2019)认为落实宅基地所有权，应明确集体所有权主体，有效行使宅基地所有权中的监督权、收回权、托管权，并扩展集体对宅基地的开发权；保障宅基地资格权，夯实资格权中的居住权和收益权；保护社会主体宅基地使用权[5]。刘双良和秦玉莹(2019)认为应加快构建多元化主体参与的风险联动防控机制：一是在国家层面以法规形式设置风险发生的预警机制与应对措施；二是在市场层面设置宅基地入市流转的准入门槛，制定标准的风险系数，对宅基地流转路径实施风险评估；三是在集体层面建立风险防治的最后防线，当风险产生时，集体应有财力和相应的机制对农户开展救济，保障农户的生存居住安全[6]。付宗平(2019)认为有效防范宅基地"三权分置"改革潜在风险的实施路径主要有：一是防范农民因追求短期利益而失去居住保障的风险，通过强制性让进城农民或者失地农民购买养老、医疗

---

[1] 于水, 王亚星, 杜焱强. 农村空心化下宅基地三权分置的功能作用、潜在风险与制度建构[J]. 经济体制改革, 2020(02)：80-87.
[2] 汪杨植, 黄敏, 杜伟. 深化农村宅基地"三权分置"改革的思考[J]. 农村经济, 2019(07)：18-25.
[3] 陈振, 罗遥, 欧名豪. 宅基地"三权分置"：基本内涵、功能价值与实现路径[J]. 农村经济, 2018(11)：40-46.
[4] 王冬银. 宅基地"三权分置"的实践探索与风险防控——基于西南地区的试点调研[J]. 中国土地, 2018(09)：27-29.
[5] 房建恩. 乡村振兴背景下宅基地"三权分置"的功能检视与实现路径[J]. 中国土地科学, 2019, 33(05)：23-29.
[6] 刘双良, 秦玉莹. 宅基地"三权分置"政策的议程设置与推进路径——基于多源流理论模型视角的分析[J].西北农林科技大学学报(社会科学版), 2019, 19(01)：60-68.

等社保的方法加以解决，杜绝发生社会风险；二是防范农户和其他使用主体占用耕地为宅基地导致耕地保护失控的风险，在国家层面通过划定基本农田和建档立卡的方式加以防范；三是防止市场投机行为导致囤积宅基地、扰乱土地市场秩序的风险，应当借鉴城市房地产限购限贷的调控措施，对农村宅基地使用权流转做出限制规定，只允许一人流转一处宅基地，防止囤积者投机倒把。也可以对流转增值收益部分进行征税以防止过分投机炒作[①]。吴丽等（2020）基于制度信任的框架体系为改革制度风险的发生机理、风险类型提供了理论参考，通过典型案例分析为制度风险的控制路径实践研究提供了现实依据，村民自治结构体系对正式制度信任水平的影响极大，良好的村民自治体系能提升村民的制度信任水平，防范宅基地"三权分置"改革制度虚化的风险：一方面要基于制度设计本身进行完善，如对农村房屋所有权及其宅基地使用权确权颁证，逐步解决宅基地所有权和资格权的历史遗留问题，提升农民的制度信任水平，从而控制制度风险；另一方面要将宅基地改革的制度置于农村土地利用规划、村庄规划、产业发展规划以及生态环境规划等制度系统环境中，避免制度之间相互冲突的情况发生[②]。刘双良和秦玉莹（2020）认为应从系统性的角度架构风险防范的四条制度路径。一是建立风险防范的国家法律制度，通过完善法律法规的形式厘清缔结相关权利的权能与实现路径，建立健全宅基地使用权流转登记制度，规范市场交易行为，建立健全农村土地评估制度。二是建立风险防范的市场机制，积极构建宅基地入市流转市场，营造有利的市场环境。三是建立风险防范的集体内部监督机制，多渠道、多手段培养农民群体的法律素养；提高农民群体的风险防范意识与农民群体在宅基地流转中的缔约能力、谈判水平；建立集体内部宅基地流转风险预警机制；完善集体内部长效的居住保障机制。四是完善宅基地流转程序，法律程序要加强对宅基地流转的行政审查环节；对于宅基地流转的市场环节，要加强对宅基地流转的风险评估环节；完善法律救助机制[③]。

2.11.3 关于农村宅基地"三权分置"改革风险与防范研究的综述

国内学术界关于农村宅基地"三权分置"改革风险与防范研究主要集中在两个方面。一是宅基地"三权分置"改革的潜在风险类型，综合学者们的研究，宅基地"三权分置"改革风险主要有三权运行风险、政策衔接风险、规划管控风险、耕地突破风险、农民利益受损风险、社会稳定风险等。二是宅基地"三权分置"改革的风险防范，夯实三权权能、强化政策研究、实施乡村规划管理、建立

[①] 付宗平. 乡村振兴框架下宅基地"三权分置"的内在要求与实现路径[J]. 农村经济，2019(07)：26-33.
[②] 吴丽，梁皓，霍荣棉. 制度信任框架下宅基地"三权分置"改革制度风险研究[J]. 中国土地科学，2020，34(06)：41-47.
[③] 刘双良，秦玉莹. "三权分置"背景下宅基地流转风险防范——基于物权视角的分析[J]. 农业经济，2020(04)：95-97.

宅基地使用权流转市场、合理分配土地增值收益、完善法律救济制度、优化农村住房保障制度、健全农村养老保障制度、构建风险联动防控机制。从现有研究成果来看，学术界对农村宅基地"三权分置"改革的潜在风险研究成果较少，没有系统全面研究潜在风险，仅仅是在论文中作为章节出现，尚未建立起宅基地"三权分置"实现形式的潜在风险理论逻辑框架。

2.12 关于农村宅基地"三权分置"配套改革与协同联动的研究

2.12.1 农村宅基地"三权分置"的配套改革

严金明等（2020）认为应建立健全城乡统一的建设用地市场，合理界定增值收益分配机制，建设完善市场配套机制，通过优化更新标准规程、建立信息管理平台、健全监控反馈平台等深化市场化改革保障[1]。李江涛等（2020）认为宅基地产权制度改革必须从城乡土地同权化和资源配置市场化两个方面推进，同时要进一步修改和完善相应的法律法规和政策，使之更好地适应新型城镇化、乡村振兴和城乡融合发展的需要[2]。

2.12.2 农村宅基地"三权分置"的协同联动

蔡继明和李新恺（2019）认为积极推进户籍人口的城镇化是实现城乡融合发展的重要一环，应发挥市场配置资源的决定性作用，逐步建立起有助于城乡融合发展和要素自由流动的机制和体制[3]。韩立达等（2019）认为应推动农村土地制度和户籍制度系统联动改革：一是在县域空间单元内实施农村土地制度和户籍制度系统联动改革；二是明晰两类职业农民身份的认定和权利取得途径，明确规定农民在土地退出和进入时享有的权利，不同区域的农民进入和退出应满足的条件，建立适应农村土地制度和户籍制度系统联动改革的法律法规及保障措施[4]。陈卫华和吕萍（2019）认为应严格落实"耕地占补平衡"制度、实行城乡建设用地增减挂钩指标交易和重视乡村规划的编制实施，在改革中盘活农村存量建设用地的同时又保护好耕地[5]。蔡继明和李蒙蒙（2019）认为在全面推进户籍制度改革、深化土地制度改革的同时，还应该建立健全与之相配套的财政、金融、社会资本保障机

---

[1] 严金明，李储，夏方舟. 深化土地要素市场化改革的战略思考[J]. 改革，2020(10)：19-32.
[2] 李江涛，熊柴，蔡继明. 开启城乡土地产权同权化和资源配置市场化改革新里程[J]. 管理世界，2020，36(06)：93-105，247.
[3] 蔡继明，李新恺. 深化土地和户籍改革 推进城乡融合发展[J]. 人民论坛，2019(24)：114-115.
[4] 韩立达，史敦友，韩冬，等. 农村土地制度和户籍制度系统联动改革：历程演进、内在逻辑与实施路径[J]. 中国土地科学，2019，33(04)：18-24.
[5] 陈卫华，吕萍. 产粮核心区农村土地三项改革：经验、难题与破解——以河南长垣为例[J].农村经济，2019(09)：50-56.

制；加大中央财政对农业转移人口市民化的支持力度；完善农村金融服务体系；引导社会资本流入农村[①]。汪明进等(2019)认为宅基地"三权分置"改革应集成配套，增强融合性，统筹推进农村"三块地"和综合改革；提出在全国试点地区已有经验的基础上，统筹农村集体经营性建设用地入市、土地征收制度和农村宅基地产权制度的"三块地"改革，集成农村承包地"三权分置"、集体资产股份权能、林权水权和农业经营制度改革，配套城乡基本公共服务和城乡居民权益保障政策并轨改革，开展试点探索，为推动城乡融合发展、推进乡村振兴提供政策启示和经验借鉴[②]。

2.12.3 关于农村宅基地"三权分置"配套改革与协同联动研究的综述

国内学术界关于农村宅基地"三权分置"实现形式的配套协同与创新研究主要有：宅基地"三权分置"改革应引入市场化机制，建立健全城乡统一的建设用地市场，实施户籍制度、"耕地占补平衡"制度、社会保障制度、财政制度、金融制度等联动，共同推进城乡融合发展。从现有研究成果来看，学术界对农村宅基地"三权分置"实现形式的配套协同与创新研究成果较少，未能有效分析宅基地"三权分置"改革与其他制度联动改革的契合点，还不能提供实施联动改革的理论支撑。

---

① 蔡继明，李蒙蒙. 中国城乡融合发展的制度障碍及政策建议[J]. 河北学刊，2019，39(04)：139-145.
② 汪明进，赵兴泉，黄娟. 农村宅基地"三权分置"改革的经验与启示——基于浙江省义乌市的实践视角[J]. 世界农业，2019(08)：104-108.

第 3 章 中国传统农村宅基地制度的历史回顾与评价

本章首先对中国农村宅基地制度的变迁进行梳理，着重聚焦新中国成立前、新中国成立初期、人民公社时期、改革开放以来四个阶段的宅基地相关制度，从整体上明晰中国农村宅基地制度演进过程。其次，结合重要的宏观背景从人民公社时期、工业化进程、城镇化进程三个维度分析中国传统"两权分离"宅基地制度的历史贡献。最后，基于对制度变迁的梳理和历史贡献的总结，分析传统"两权分离"宅基地制度的现实弊端。

3.1 中国传统农村宅基地制度的嬗变过程

3.1.1 新中国成立前的宅基地制度

中国自秦汉时期确立封建制度后，长期实行以家庭为单位的小农经济生产经营方式，农村经济发展力不足。直至 20 世纪上半叶，农民参与农业生产所使用的生产工具仍是沿用明清时期传承下来的落后农具，几乎没有改进，土地资源利用效率低下，农业生产抗风险能力极低。封建土地产权制度是土地利用效率低的主要原因。新中国成立前，半封建半殖民地的中国实行的是地主占有、佃农经营，辅以自耕经营的封建土地制度，其中，佃农经营方式成为当时土地经营的主流方式。拥有土地所有权的地主将土地转让给佃农或自耕农耕种，通过签订契约出让土地的使用权，但保留所有权，并确定租种的价格(即地租)作为出让土地使用权的报酬，当时的地租包括货币地租、实物地租和劳役地租，租种土地的农民只获得缴纳租金后的剩余农产品。由于当时占全国人口一半以上的贫雇农只占有全国土地总量的极少部分，贫雇农在与地主的租种博弈中处于劣势，租种土地的租金极高，贫苦农民受封建地主阶级的剥削愈深，对土地所有权就愈加渴望[①]。

为将广大穷苦农民从封建剥削中解救出来，老一辈无产阶级革命家顺应时代要求，努力探索实施农村土地改革的理论与实践。1928 年 12 月，在湘赣边界领导革命的毛泽东为保障广大农民利益，让农民有地可用，主持制定了我党第一部土地法——《井冈山土地法》，明确规定土地不是产品，不能进行买卖，将没收

---
① 杜伟，黄敏，曹代学，等. 农村宅基地退出与补偿机制研究[M]. 北京：科学出版社，2015.

的土地归政府管理，并统一分配给农民进行共同耕种。该法律是中国共产党在井冈山(湘赣边区苏区)进行革命斗争时，在总结土地革命斗争经验的基础上制定的第一部土地法，对推动井冈山土地革命起了一定作用。

专栏：《井冈山土地法》中关于土地分配的内容

一、没收一切土地归苏维埃政府所有，用下列三种方法分配之：

(一)分配农民个别耕种；(二)分配农民共同耕种；(三)由苏维埃政府组织模范农场耕种。以上三种方法，以第一种为主体。遇特别情形，或苏维埃政府有力时，兼用二三两种。

二、一切土地，经苏维埃政府没收并分配后，禁止买卖。

三、分配土地之后，除老幼疾病没有耕种能力及服公众勤务者以外，其余的人均须强制劳动。

《井冈山土地法》虽然将地主的土地所有权夺取并归于苏维埃政府，使广大贫农从地主的剥削中被解救出来，但土地制度改革在此阶段尚未有效促使农民投入更多精力来提高生产效率。1929年4月，在《井冈山土地法》的基础上又修改制定了《兴国土地法》，该法规是第二次国内革命战争时期工农民主政权的土地法规，由红四军从井冈山到赣南兴国县后，于1929年4月发布，全文共8条。其中根据党的第六次全国代表大会的决议，规定"没收一切公共土地及地主阶级的土地归兴国工农兵代表会议政府所有，分配给无田地及少田地的农民耕种使用""一切公共土地及地主阶级的土地，经工农兵政府没收并分配后，禁止买卖"；还规定了分配土地的数量标准、区域标准、山林分配法以及土地税的征收等。这部土地法是在《井冈山土地法》的基础上制定而成。其中"没收一切公共土地及地主阶级的土地"的规定，改正了《井冈山土地法》"没收一切土地"的原则错误，但其余的错误直到1930年才得以改正[①]。

1929年7月，中国共产党在上杭召开的中共闽西第一次代表大会上通过了《土地问题决议案》，具体内容包括：属于收租土地全部没收，按照人人均等的原则分配给贫农。《兴国土地法》和《土地问题决议案》的实施有效解决了多个地区长期存在的农村土地问题，很多农民都投身于土地革命中[②]。1931年12月，中华苏维埃第一次全国代表大会正式通过并出台了《中华苏维埃共和国土地法》，明确规定了无代价没收地主、军阀、官僚的土地，经过苏维埃由贫农与中农实行分配，并限定了没收土地群体范围，没收的土地按照人口或按劳力平均分配给农民；明确规定了分配原则，没收土地中好田只分给贫农，坏田分给富农，

[①] 张希坡，韩延龙. 中国革命法制史[M]. 北京：中国社会科学出版社，1992.
[②] 杜伟，黄敏，曹代学，等. 农村宅基地退出与补偿机制研究[M]. 北京：科学出版社，2015.

地主不分田；明确规定了使用范围，农民可以出租土地，并且允许可买卖分配的土地。

《中华苏维埃共和国土地法》第一次以法律形式明确了土地革命的基本任务，确定了农民对政府分配土地的所有权。土地制度改革减轻了长期以来地租给农民带来的剥削，不仅改善了农民生活条件，而且增强了农民生产的主动性。土地改革的成功使我党获得了最广大农民阶级的重要支持，为保住来之不易的土地改革成果，翻身农民纷纷参与革命，不仅为革命运动提供物质保障，也积极参军为解放战争贡献力量[1]。

专栏：《中华苏维埃共和国土地法》部分内容

第一条 所有封建地主、豪绅、军阀、官僚以及其他大私有主的土地，无论自己经营或出租，一概无任何代价地实行没收。被没收来的土地，经过苏维埃由贫农与中农实行分配。被没收土地的以前的所有者，没有分配任何土地的权利。雇农、苦力、劳动贫民，均不分男女，同样有分配土地的权利。乡村失业的独立劳动者，在农民群众赞同之下，可以同样分配土地。老弱残废以及孤寡，不能自己劳动，而且没有家属可依靠的人，应由苏维埃政府实行社会救济，或分配土地后另行处理。

第二条 红军是拥护苏维埃政府、推翻帝国主义和地主资本家政府的先进战士，无论他的家庭现在苏维埃区域或在尚为反动统治的区域，均应分得土地，由苏维埃政府设法替他耕种。

第三条 中国富农性质是兼地主或高利贷者，对于他们的土地也应该没收。富农在没收土地后，如果不参加反革命活动，而且用自己劳动耕种这些土地时，可以分得较坏的劳动份地。

第四条 没收一切反革命的组织者及白军武装队伍的组织者和参加反革命者的财产和土地；但贫农中农非自觉地被勾引去反对苏维埃，经该地苏维埃认可免究者，可在例外；对其头领则须无条件地按照本法令执行。

第五条 第一次代表大会认为：平均分配一切土地，是消灭土地上一切奴役的封建关系及脱离地主私有权的最彻底的办法；不过苏维埃地方政府无论如何不能以威力实行这个办法。这个办法不能由命令来强制执行，必须向农民各方面来解释这个办法，仅在基本农民群众意愿和直接拥护之下，才能实行。如多数中农不愿意时，他们可不参加平分。

第六条 一切祠堂、庙宇及其他公共土地，苏维埃政府必须力求无条件地交给农民；但执行处理这些土地时，须取得农民自愿的赞助，以不妨碍他们奉教感情为原则。

---

[1] 杜伟，黄敏，曹代学，等.农村宅基地退出与补偿机制研究[M].北京：科学出版社，2015.

1947 年 7 月，中国共产党在河北省石家庄市平山县西柏坡村举行全国土地会议，于 9 月 13 日通过了《中国土地法大纲》，于同年 10 月 10 日由中共中央公布，其中规定了对于地主土地、祠堂、寺庙、学校等使用权收回；规定没收土地的分配范围，对于没收的土地按照人口统一分配；规定获取土地的使用权限。这份文件不但肯定了 1946 年《五四指示》所提出的"没收地主土地分配给农民"的原则，而且改正了《五四指示》对某些地主照顾过多的不彻底性[①]。

专栏：《中国土地法大纲》部分内容
第一条：废除封建性及半封建性剥削的土地制度，实行耕者有其田的土地制度。
第二条：废除一切地主的土地所有权。
第三条：废除一切祠堂、庙宇、寺院、学校、机关及团体的土地所有权。
第四条：废除一切乡村中在土地制度改革以前的债务，（中共中央注：本条所称应予废除之债务，系指土地改革前劳动人民所欠地主富农高利贷者的高利贷债务。）
……
第十一条：分配给人民的土地，由政府发给土地所有证，并承认其自由经营、买卖及在特定条件下出租的权利。土地制度改革以前的土地契约及债约，一律缴销。
第十二条：保护工商业者的财产及其合法的营业，不受侵犯。
第十三条：为贯彻土地改革的实施，对于一切违抗或破坏本法的罪犯，应组织人民法庭予以审判及处分，人民法庭由农民大会或农民代表会所选举及由政府所委派的人员组成之。

3.1.2 新中国成立初期的宅基地制度

新中国成立以后，国内百废待兴，土地资源是生产生活的基本要素，科学合理地分配土地资源一方面有利于恢复农业生产力，另一方面也有利于改善国家财政状况[②]。根据国家统计局 1952 年发布的统计数据：截至 1949 年，占乡村人口总数 4.75%的地主，占有 38.26%的耕地；占乡村人口总数 4.66%的富农，占有 13.66%的耕地；占乡村人口总数 52.37%的贫雇农，仅占有 14.28%的耕地[③]。可见，在新中国刚成立的时候，全国土地资源总体分配很不平衡。为了有效均衡土

---
① 段凡.建国初期私权利的历史变化与现实启示[J].上海大学学报(社会科学版)，2015，32(03)：107-117.
② 杜伟，黄敏，曹代学，等.农村宅基地退出与补偿机制研究[M]. 北京：科学出版社，2015.
③ 王旭东. 中国农村宅基地制度研究[D]. 北京：财政部财政科学研究所，2010.

地资源分配，全国各地掀起了新一轮的土地改革运动[1]。

1950年6月28日，中央人民政府委员会第八次会议通过《中华人民共和国土地改革法》，同月30日中央人民政府公布施行该法令。这部法律共6章40条，其中明确指出土地改革的目的是废除地主阶级封建剥削的土地所有制，要求在全国范围内实施农民土地所有制，借以解放农村生产力，发展农业生产，为新中国的工业化开辟道路。同时，该法对土地的没收、分配的方法，特殊问题的处理方式，以及土地改革的执行机关和执行方式等进行了详细规定，具体内容包括：没收地主的土地，征收祠堂、庙宇、寺院、教堂、学校和团体在农村的土地；富农所有自耕和雇人耕种的土地不得侵犯，其出租的少量土地一般也予以保留；土改中团结中农，保护农民的土地及其他财产不受侵犯；所有没收和征收得来的土地和其他生产材料，除依法收归国家所有的外，应统一地、公平合理地分配给无地少地的贫苦农民所有；对地主同样分给一份土地，使其自食其力，在劳动中改造成为新人[2]。

《中华人民共和国土地改革法》的出台标志着根深蒂固的封建土地制度彻底消逝，促使农村生产得以迅速发展。同时，占全国人口大多数的农民获得土地所有权，使人民政权更加巩固，为国家的工业化建设创造了良好的经济与政治条件。1954年9月，全国人大一次会议通过《中华人民共和国宪法》，明确依法保护农民土地所有权[3]。至此，经历几次土地改革，我国逐步形成了农村土地房屋农民所有权制度。

3.1.3 人民公社时期的宅基地制度

新中国成立后，随着大规模战争的结束和生产的逐步恢复，全国经济总体情况得以好转。据中共中央华北局1950年6月的调查，各地区农业生产水平大多数已达到战前水平，只有少部分老区尚未达到[4]。同时，根据东北局政策研究室的抽样调查，发现1950年东北农业生产已超过战前的最高水平[5]。农村土地产权制度的解放使生产力迅速发展的同时也衍生出新的问题。

第一，全国区域发展不平衡。部分革命老区如山西等地在生产过程中缺少农业工具，只有极少数的农户能够分得齐全的犁、耧、耙工具，水井、水车等农业设施和工具更是稀有。针对生产资源稀缺的客观现实，革命老区农民自发开展劳动互助，且卓有成效。

第二，部分区域群众思想存在误区，生产积极性不高。"以穷为荣"的思想

---

[1] 王景新. 中国农村土地制度的世纪变革[M]. 北京：中国经济出版社，2001.
[2] 张文木.中国社会主义道路的基本经验[J].马克思主义研究，2011(07)：126-131.
[3] 刁其怀. 新中国成立后农村房屋与宅基地制度的历史变迁[J]. 中国房地产，2012(06)：66-76.
[4] 黄道霞，余展，王西玉. 建国以来农业合作化史料汇编[M]. 北京：中共中央党校出版社，1992.
[5] 史敬棠，张凛，周清和. 中国农业合作化运动史料(下)[M]. 北京：三联书店，1959.

仍然比较普遍，生产一旦达到一定水平，农民的生产积极性便会下降。

第三，出现一定范围内的贫富差距。根据《中华人民共和国宪法》，农民享有土地改革分得土地完整产权，依法可对土地行使转让、出卖、出租的权利。一方面，一部分农民通过积极生产，在生活质量改善的同时收入也不断提高，将多余的收入用于增添牛马、雇佣长工、买进或租进土地，从而扩大生产规模，逐渐成为新富农或新中农，富农和中农占比逐年增长。另一方面，一部分农民因自然因素或其他原因出现暂时生活困难，一些甚至依靠出卖土地解决生活问题，丧失生产资料的农民往往重新陷入贫困。为了有效解决农民在独立经营土地中的诸多难题，1951 年 12 月，中共中央印发了《关于农业生产互助合作的决议(草案)》的通知，鼓励实施三种农业生产互助合作的形式。据国家统计局统计，1950年，在河北、江西、山东、陕西等省已建立起 19 个合作社，每个合作社的社员平均为 10.4 户； 1953 年合作社又增加到 14171 个[①]。1953 年 2 月，党中央形成《关于农业生产互助合作的决议》，并要求各地区开展农业生产互助合作。

专栏：《关于农业生产互助合作的决议(草案)》部分内容

根据运动发展的一般规律和发展农村生产力的必要性，党在目前对于发展互助合作运动的方针，应该有下列三个方面：

一、在全国各地，特别在新解放区和互助运动薄弱的地区，有领导地大量地发展互助合作运动的第一种形式(即临时性的季节性的简单的劳动互助)。如果看轻这种为目前广大农民所可能接受的最初级的形式，甚至认为临时性和季节性的变工换工不叫互助，只有常年互助组才叫做互助，而不肯积极地去领导推广，这是错误的。

二、在有初步互助运动基础的地区，必须有领导地逐步地推广第二种形式(即比简单的劳动互助有更多内容的常年互助组)。如果只满足于临时性的季节性的互助，而不企图进一步加以巩固和加以提高，使农民可能经过常年的互助获得更多的利益，这也是错误的。

三、在群众有比较丰富的互助经验，而又有比较坚强的领导骨干的地区，应当有领导地同时又是有重点地发展第三种形式(即土地入股的农业生产合作社)。如果不顾群众在生产中的需要、互助运动的基础、领导的骨干、群众的积极性、并有充分的酝酿等项条件，而只是好高骛远，企图单纯地依靠自上而下的布置和命令主义的方法去大搞这第三种形式，这是形式主义和轻举妄动的做法，当然是错误的。

党中央的方针就是根据可能的条件而稳步前进的方针。党在各种不同地区的农村支部，应该在党中央这种方针的指导下，教育自己的党员积极地分别参加这

---

① 邢乐勤. 20 世纪 50 年代中国农业合作化运动研究[M]. 杭州：浙江大学出版社，2003.

些不同的农业互助和合作。

通过开展农业生产互助合作，我国在一定程度上解决了经济水平发展薄弱地区的劳动工具问题，农业生产力也有所提高，但在部分地区，农民在当时的宣传氛围下，把参加互助组，兴办合作社视作是"光荣"，反之则是"落后"。农民加入农村合作社，土地归口于合作社管理使用，土地按照平均原则进行分配，农民的任何土地权利都不能流转，对入社后的农民而言，其土地所有权已经名存实亡[①]。1956年6月，第一届全国人民代表大会第三次会议上通过的《高级农业生产合作社示范章程》指出，参与高级农业生产合作社的农民应将农业生产资料以及土地附属物等交给合作社管理利用。至此，农业合作社的建立使农民个体经营土地模式转为农民集体经营土地模式。

专栏：《高级农业生产合作社示范章程》中宅基地相关内容
第三章　土地和其他主要生产资料
第十三条　入社的农民必须把私有的土地和耕畜、大型农具等主要生产资料转为合作社集体所有。

社员私有的生活资料和零星的树木、家禽、家畜、小农具、经营家庭副业所需要的工具，仍属社员私有，都不入社。社员土地上附属的私有的塘、井等水利建设，随着土地转为合作社集体所有。如果这些水利建设是新修的，本主还没有得到收益，合作社应该适当地偿付本主所费的工本。如果修建这些水利所欠的贷款没有还清，应该由合作社负责归还。社员私有的藕塘、鱼塘、苇塘等转为合作社集体所有的时候，对于塘里的藕、鱼、苇子等，合作社应该付给本主以合理的代价。

第十四条　社员的土地转为合作社集体所有、取消土地报酬以后，对于不能担负主要劳动的社员，合作社应该适当地安排适合于他们的劳动，如果他们在生活上有困难，合作社应该给以适当的照顾；对于完全丧失劳动力，历来靠土地收入维持生活的社员，应该用公益金维持他们的生活，在必要的时候，也可以暂时给以适当的土地报酬。对于军人家属、烈士家属和残废军人社员，合作社还应该按照国家规定的优待办法给以优待。

第十五条　从事城市的职业、全家居住在城市的人，或者家居乡村、劳动力外出、家中无人参加劳动的人，属于他私有的在农村中的土地，可以交给合作社使用。如果本主生活困难，历来依靠土地收入补助生活，合作社应该给以照顾，付给一定的土地报酬。如果本主移居乡村，或者外出的劳动力回到乡村，从事农业生产，合作社应该吸收他入社。如果他不愿意入社，合作社应该把原有的土地

---

① 杜伟，黄敏，曹代学，等. 农村宅基地退出与补偿机制研究[M]. 北京：科学出版社，2015.

或者同等数量和质量的土地给他。

第十六条 农业生产合作社应该抽出一定数量的土地分配给社员种植蔬菜。分配给每户社员的这种土地的数量,按照每户社员人口的多少决定,每人使用的这种土地,一般地不能超过当地每人平均土地数的 5%。社员原有的坟地和房屋地基不必入社。社员新修房屋需用的地基和无坟地的社员需用的坟地,由合作社统筹解决,在必要的时候,合作社可以申请乡人民委员会协助解决。

当个体经营土地模式转变为集体经营土地模式时,生产关系的调整对生产力的发展也产生了重要的影响。统计数据显示,1955~1957 年,我国农业生产力开始下降。具体表现为:一是主要农产品亩(1 亩≈666.67 米^2)产量下降,小麦每亩产量由 1955 年的 57.5 公斤(1 公斤=1 千克)下降至 1957 年的 57 公斤;大豆亩产量由 1955 年的 53 公斤下降为 1957 年的 52.1 公斤;谷子亩产量由 1955 年的 75 公斤下降为 1957 年的 68 公斤;油料亩产量由 1955 年的 47 公斤下降为 1957 年的 40.5 公斤。二是大牲畜和役畜减少,1955 年的 8775 万头大牲畜减少为 1957 年的 8323 万头;1955 年的 5571 万头役畜两年后也下降为 5368 万头[1]。

表 3-1 1955 年与 1957 年我国主要农业产品产量对比

农产品	1955 年	1957 年
小麦亩产/公斤	57.5	57
大豆亩产/公斤	53	52.1
谷子亩产/公斤	75	68
油料亩产/公斤	47	40.5
大牲畜/万头	8775	8323
役畜/万头	5571	5368

仓促完成的农业合作化迅速剥夺了农民的生产资料,使得农村土地由私人所有调整为集体所有,土地产权发生了实质变化。在宅基地的使用方面,农户已有的宅基地虽不必入社,但新宅基地的使用权利已掌握在合作社手中。1962 年 9 月,中国共产党第八届中央委员会第十次全体会议通过《农村人民公社工作条例(修正草案)》,明确规定土地权属范围及使用。

专栏:《农村人民公社工作条例(修正草案)》

一、农村人民公社是政社合一的组织,是我国社会主义社会在农村中的基层单位,又是我国社会主义政权在农村中的基层单位。农村人民公社是适应生产发

---

[1] 国家统计局农业统计司.1949—1984 年中国农业的光辉成就[M].北京:中国统计出版社,1984.

展的需要，在高级农业生产合作社的基础上联合组成的。它在一个很长的历史时期内，是社会主义的互助、互利的集体经济组织，实行各尽所能、按劳分配、多劳多得、不劳动者不得食的原则。人民公社的集体所有制经济，同全民所有制经济，是社会主义经济的两种形式。这两种形式的社会主义经济，互相支援，共同促进我国国民经济的繁荣。国家要尽可能地从各方面支援人民公社集体经济，发展农业生产，逐步进行农业技术改革，用几个五年计划的时间，在农业集体化的基础上，实现农业的机械化和电气化。

二、人民公社的基本核算单位是生产队。根据各地方不同的情况，人民公社的组织，可以是两级，即公社和生产队，也可以是三级，即公社、生产大队和生产队。

三、人民公社的各级组织，都必须执行国家的政策和法令，在国家计划指导下，因地制宜地、合理地管理和组织生产。在人民公社中，中国共产党的各级组织，必须同群众密切联系，有事同群众商量，倾听群众意见，在人民公社各级组织中起领导作用和核心作用。

四、人民公社的各级组织，按照民主集中制的原则办事。

为有效解决一些群众对宅基地归属问题产生的强烈不稳定预期等相关问题，党中央于1963年3月20日出台了《中共中央关于各地对社员宅基地问题作一些补充规定的通知》，其中对宅基地和宅基地附着物作了一定的解释和界定[1]。对于合作社社员拥有的宅基地如果没有建房应归属于生产队集体。如果合作社社员想买卖房屋，卖出的房屋使用权属于买方，但是宅基地所有权不变，还是归属于生产队。通过这次土地制度改革，我国已经初步形成农村宅基地制度"两权分离"格局，即生产队拥有宅基地所有权，农民拥有宅基地使用权和流转权。

"两权分离"的农村宅基地制度使农民丧失完整的宅基地产权，要求农村集体组织负担起原先农村宅基地对农民居住所提供的保障职责。《中共中央关于各地对社员宅基地问题作一些补充规定的通知》对农民建房申请使用宅基地做了明确的程序规定，没有宅基地建房的农民应先向生产队申请，由生产队根据生产队的整体规划来分配宅基地；明确规定农民建房使用宅基地不得占用耕地。由此可以看出，农村宅基地使用存在无偿性和无限期特征。对于农民而言，农村宅基地已经完全成为政府给予的居住需求保障品，体现为一种社会公共福利。

3.1.4 改革开放以来的宅基地制度

人民公社时期的土地制度使农民的土地产权功能弱化，受当时严格的阶级划分和行政等级的限制，生产队的土地产权也容易受到制约，导致农民应得利益受

---

[1] 杜伟，黄敏，曹代学，等. 农村宅基地退出与补偿机制研究[M]. 北京：科学出版社，2015.

损。如此，土地收益具备了某些公共产品的性质，农民个体或生产队组织对土地收益不具有排他权利，而社员这种对土地收益的不稳定预期，导致合作社内难以形成有效的劳动激励，同时也使行政监督成本提升。既然增加劳动供给也只能换来平均收益，那么农民只能选择降低劳动供给，从而导致无法有效推进生产力，经济总量增长疲软[①]。

1963 年 8 月，最高人民法院发布了《最高人民法院关于贯彻执行民事政策几个问题的意见》，对宅基地使用权纠纷提出解决意见，明确宅基地与宅基地上的附着物的权属问题。

专栏：《最高人民法院关于贯彻执行民事政策几个问题的意见》部分内容

关于宅基地使用权纠纷，社员的宅基地，包括有建筑物和没有建筑物的空白宅基地都归生产队集体所有，一律不准出租和买卖。但仍归各户长期使用，长期不变。宅基地上的附着物，如房屋、树木、厂棚、猪圈、厕所等永远归社员所有，社员有买卖或租赁房屋的权利。房屋出卖以后，宅基地的使用权即随之转移给新房主，但宅基地的所有权仍归生产队所有。社员不能借口修建房屋，随便扩大墙院，扩大宅基地，来侵占集体耕地，已经扩大侵占的必须退出。

对于集体与集体之间一方侵犯另一方所有权的，应当制止这种不法行为，将土地归还原主，已种植作物的，可由原主付给一定的工本费。如侵占的系荒地，可经过双方协商，由开垦者续种一定时期，也可有补偿地退回原主。社员个人侵占集体土地或者他人使用的自留地、开荒地、宅基地、坟山等，应当予以制止，令其归还原主，其所用工本费，可协商解决。

1979 年 9 月，十一届四中全会通过了《中共中央关于加快农业发展若干问题的决定》，提出的"建立严格的生产责任制"方针使土地生产经营发生了巨大转变[①]。部分经济较为落后地区的农民群众便积极寻求新的土地经营方式。1979 年春，皖、贵、川、甘等多地尝试实行包产或定产到组。包产的生产经营方式动摇了人民公社"三级所有，队为基础"的基本原则，在当时引起强烈争议。1980 年 9 月，中共中央出台《关于进一步加强和完善农业生产责任制的几个问题》的通知，明确支持农民包产到户，也可以包干到户[②]。值得关注的是，1979 年 2 月，最高人民法院发布了《最高人民法院关于贯彻执行民事政策法律的意见》，对宅基地使用权变更问题做出了解释。

各地区在实践农业生产责任时，逐渐地形成了以"包干到户、包产到户"为主要形式的生产模式，即家庭联产承包责任制。在 1983 年出台的《当前农村经

---

① 杜伟，黄敏，曹代学，等. 农村宅基地退出与补偿机制研究[M]. 北京：科学出版社，2015.
② 隋福民. 农村土地制度读本[M]. 青岛：青岛出版社，2009.

济政策的若干问题》，明确要求建立联产承包责任制。至此，人民公社时期建立的农业生产合作社制度开始瓦解。虽然农村土地"两权分离"的制度本质并未被家庭联产承包责任制的推行所触动，但是家庭联产承包责任制激发了农民的生产动力，促进了农业发展。

在农村经济体制改革初期，虽然农业生产获得了巨大的成功，但包括宅基地在内的农村土地产权仍未发生本质性的变化。1982年修订通过的《中华人民共和国宪法》明确规定农村和城郊的土地归属于集体所有，国家依法保护农民的房屋财产权，房屋可以继承使用，但任何人不得买卖、出租、抵押、流转土地。受农村经济体制改革的正面影响，家庭联产承包责任制的成功大大提高了农民的收入水平。随着农村土地制度改革的深入推进，农民对土地的需求也在不断增加，农民改变住房条件的强烈需求导致农村出现"建房热"。虽然农民热切建设住房，但是村集体没有进行适当的干预管理以及农民建房缺乏统一规划，加之宅基地无偿取得的便利性，农村出现了占用耕地来建房的现象，导致耕地大量被占用。为了抑制农村宅基地使用的混乱现象，在此期间，中央多个部门相继出台了多个文件对农村宅基地的使用做出了重要指示[①]。

1981年4月，国务院出台的《国务院关于制止农村建房侵占耕地的紧急通知》明确规定：农民建房用地应按照村集体统一部署规划；加大闲置土地的利用，尽量先使用山坡、荒地和闲置宅基地来建设房屋；如果建房确需使用耕地，要经过县人民政府统一批准。

1982年2月，国务院出台《村镇建房用地管理条例》，明确规定村镇建房必须遵循统一规划和节约用地原则；尽量利用闲置土地；同时，条例也对农民使用宅基地标准和宅基地审批制度做了说明。县级人民政府应根据当地的人均耕地、人口数量、经济发展、地方特色等情况来制定宅基地分配标准；明确规定了申请宅基地建房流程。

1982年10月，国务院下发了《关于切实解决滥占耕地建房问题的报告》，通知对农村建房用地提出更加严格的规定，要严格管控滥占耕地建房，明确禁止占用耕地建房，提倡节约集约用地。

1983年6月，城乡建设环境保护部出台《城镇个人建造住宅管理办法》，城镇建房提倡节约集约用地，不得随意扩大宅基地使用范围；各地根据土地实际情况，确定城镇建房面积大小。1985年10月，城乡建设环境保护部下发《村镇建设管理暂行规定》的通知，该通知明确规定了村镇建房应按照正常的审批流程进行。

1984年8月，最高人民法院发布了《最高人民法院关于贯彻执行民事政策法律若干问题的意见》，对宅基地使用权所产生的新问题做出了解释。

[①] 杜伟，黄敏，曹代学，等.农村宅基地退出与补偿机制研究[M].北京：科学出版社，2015.

专栏：《最高人民法院关于贯彻执行民事政策法律若干问题的意见》部分内容
七、宅基地问题
人民法院处理公民之间宅基地使用权的案件，应根据土地归国家或集体所有，一律不准出租、转让和买卖的原则，参照解放以来宅基地的演变和现实使用情况，照顾群众生活的实际需要，依法保护国家、集体和个人的权益。

（60）村镇公民之间由于买卖房屋转移宅基地使用权而发生的纠纷，应根据国务院《村镇建房用地管理条例》中规定的审查、批准手续处理。

（61）经过统一规划的宅基地，使用权发生纠纷的，应以规划后确定的使用权为准。经过合法手续个别调整了的，一般应以调整后的使用权为准。

（62）共同使用的宅基地，未经共同使用人的同意，一方已占用建房的，如果建房时对方明知而未提出异议，又不妨碍他人和公共利益的，可继续使用。

（63）未经规划的宅基地，对地界有争执的，四至明确，应以四至为准；四至不明确，应参照长期以来的使用情况，本着有利生产、生活的原则，合理解决。

（64）公民在城镇依法买卖房屋时，该房屋宅基地的使用权应随房屋所有权一起转归新房主使用。

（65）城市房屋所有人在原宅基地上翻建、改建、扩建自己的房屋时，未按规定办理合法手续的，依法不予保护。

行使宅基地的使用权而妨碍公共利益和他人利益的，应依法予以制止。

1985年10月，城乡建设环境保护部下发《村镇建设管理暂行规定》的通知，该通知明确规定了村镇建房应按照正常的审批流程进行。

1986年6月25日，第六届全国人民代表大会常务委员会第十六次会议通过《中华人民共和国土地管理法》，该法分别于1998年第一次修订，与2019年第二次修订，明确了农村居民"一户一宅"的规定，同时明确了国务院农村主管部门负责管理农村宅基地相关工作。

专栏：《中华人民共和国土地管理法》（2019年修订）部分内容
第六十二条　农村村民一户只能拥有一处宅基地，其宅基地的面积不得超过省、自治区、直辖市规定的标准。

人均土地少、不能保障一户拥有一处宅基地的地区，县级人民政府在充分尊重农村村民意愿的基础上，可以采取措施，按照省、自治区、直辖市规定的标准保障农村村民实现户有所居。

农村村民建住宅，应当符合乡（镇）土地利用总体规划、村庄规划，不得占用永久基本农田，并尽量使用原有的宅基地和村内空闲地。编制乡（镇）土地利用总体规划、村庄规划应当统筹并合理安排宅基地用地，改善农村村民居住环境和条件。

农村村民住宅用地，由乡（镇）人民政府审核批准；其中，涉及占用农用地的，依照本法第四十四条的规定办理审批手续。

农村村民出卖、出租、赠与住宅后，再申请宅基地的，不予批准。

国家允许进城落户的农村村民依法自愿有偿退出宅基地，鼓励农村集体经济组织及其成员盘活利用闲置宅基地和闲置住宅。

国务院农业农村主管部门负责全国农村宅基地改革和管理有关工作。

第六十三条　土地利用总体规划、城乡规划确定为工业、商业等经营性用途，并经依法登记的集体经营性建设用地，土地所有权人可以通过出让、出租等方式交由单位或者个人使用，并应当签订书面合同，载明土地界址、面积、动工期限、使用期限、土地用途、规划条件和双方其他权利义务。

前款规定的集体经营性建设用地出让、出租等，应当经本集体经济组织成员的村民会议三分之二以上成员或者三分之二以上村民代表的同意。

通过出让等方式取得的集体经营性建设用地使用权可以转让、互换、出资、赠与或者抵押，但法律、行政法规另有规定或者土地所有权人、土地使用权人签订的书面合同另有约定的除外。

集体经营性建设用地的出租，集体建设用地使用权的出让及其最高年限、转让、互换、出资、赠与、抵押等，参照同类用途的国有建设用地执行。具体办法由国务院制定。

1989 年 7 月，国家土地管理局印发《关于确定土地权属问题的若干意见》，明确了城镇建房和农村土地权能归属。

专栏：《关于确定土地权属问题的若干意见》部分内容

（九）土地改革时分给农民并颁发了土地所有证的土地，现在仍由村或乡农民集体经济组织或其成员使用的，属于农民集体所有。

（十）村农民集体所有的土地，一般按该村农民目前实际使用的本集体土地的界线确定所有权。

……

（十三）农民集体土地上的房屋出售给本集体内部成员，或者城镇、市郊以外的集体土地上的房屋出售给其他农民集体成员，其土地所有权不变。房产所有者享有土地所属集体其他成员同等的土地使用权。

1990 年 1 月 3 日，国务院同意国家土地管理局《关于加强农村宅基地管理工作请示》，提出要加强农村宅基地审批管理工作，明确农村建房应由主管部门或县级以上人民政府审批后，再向土地管理部门申请办理建房用地手续。此外还建议进行农村宅基地有偿使用试点。

专栏：《关于加强农村宅基地管理工作请示》部分内容

二、切实强化土地管理职能，加强农村宅基地审批管理工作。

(三)严格宅基用地审批手续，实行公开办事制度。

各地应根据实际情况对农村建房的对象、条件、用地标准、审批手续作出明细规定。要建立严格的申请、审核、批准和验收制度。凡是要求建房的，事先必须向所在的乡(镇)政府或县(市)土地管理部门提出用地申请。经审核，对符合申请宅基地兴建自用住宅的，由土地管理部门确定宅基地使用权，丈量用地面积，并依法批准后，方可动工。竣工后，由土地管理部门负责组织验收。对不合理分户超前建房、不符合法定结婚年龄和非农业户口的，不批准宅基用地；对现有住宅有出租、出卖或改为经营场所的，除不再批准新的宅基用地外，还应按其实际占用土地面积，从经营之日起，核收土地使用费；对已经"农转非"的人员，要适时核减宅基地面积。

为便于群众监督，各地应对用地指标、申请宅基地的户数、审批条件和结果等，张榜公告，实行公开办事制度。

(四)加强干部建房用地管理，实行"双重审批"制度。

各级人民政府要尽快组织力量，对《土地管理法》实施以来，干部(含其他在职人员，下同)以各种名义占用农村集体所有的土地兴建私房的，进行一次认真清理。对那些以权谋地、违法占地、非法出租和出卖宅基地的，要依法处罚或给予政纪处分。今后，干部的直系亲属是农村户口，且本人长期与其一起居住的，干部可随其直系亲属申请宅基地建房。其他干部申请使用农村集体所有土地兴建私房的，一般不予批准。少数有特殊情况的要实行"双重审批"，即先由个人提出书面申请，说明建房理由、拟建房屋规模、占地面积、资金、建材来源以及用工办法等，经所在单位审查，张榜公布，按干部管理权限报送主管部门或县级以上人民政府批准后，再向土地管理部门申请办理建房用地手续。

三、进行农村宅基地有偿使用试点，强化自我约束机制。

1988年以来，山东省德州地区和全国二百多个县的部分乡、村试行了宅基地有偿使用，取得了明显效果。为了进一步搞好农村宅基地有偿使用的试点，各地区要做好以下工作：

(一)切实加强领导，选择经济基础较好，耕地资源紧张的县、乡、村，有组织、有步骤地进行试点。

(二)确定宅基地有偿使用收费标准时，对在规定用地标准以内的，既要体现有偿原则，又要照顾群众的经济承受能力，少用少交费，多用多交费；超标准用地的，应规定较高的收费标准；对级差收益较高地段，收费标准要适当提高。

(三)建立和完善土地使用费管理制度。宅基地使用费要本着"取之于户，收费适度；用之于村，使用得当"的原则，实行村有、乡管、银行立户制度。专款专用，主要用于村内基础设施和公益事业建设，不得挪作他用。

1993年6月29日，国务院出台了《村庄和集镇规划建设管理条例》，该条例明确了在村庄、集镇规划区内建住宅的，应当先向村集体经济组织或村民委员会提出建房申请，经村民会议讨论通过后，按相关审批程序办理。该条例明确了农民建房应该在符合村庄、集镇规划的前提下进行建房行为。同时也明确了农民建房的申请主体为村集体经济组织或村民委员会。

专栏：《村庄和集镇规划建设管理条例》部分内容

第十八条　农村村民在村庄、集镇规划区内建住宅的，应当先向村集体经济组织或者村民委员会提出建房申请，经村民会议讨论通过后，按照下列审批程序办理：

(一)需要使用耕地的，经乡级人民政府审核、县级人民政府建设行政主管部门审查同意并出具选址意见书后，方可依照《土地管理法》向县级人民政府土地管理部门申请用地，经县级人民政府批准后，由县级人民政府土地管理部门划拨土地；

(二)使用原有宅基地、村内空闲地和其他土地的，由乡级人民政府根据村庄、集镇规划和土地利用规划批准。

城镇非农业户口居民在村庄、集镇规划区内需要使用集体所有的土地建住宅的，应当经其所在单位或者居民委员会同意后，依照前款第(一)项规定的审批程序办理。

回原籍村庄、集镇落户的职工，退伍军人和离休、退休干部以及回乡定居的华侨、港澳台同胞，在村庄、集镇规划区需要使用集体所有的土地建住宅的，依照本条第一款第(一)项规定的审批程序办理。

1995年3月11日，国家土地管理局发布了《关于土地所有权和使用权的若干规定》。该规定是国家土地管理局针对1989年发布的《关于确定土地权属问题的若干意见》做出的修订。《关于土地所有权和使用权的若干规定》对宅基地使用权获取与灭失做出了明确规定，并对超出规定面积的宅基地使用权提出了明确的处理办法。

专栏：《关于土地所有权和使用权的若干规定》部分内容

第五章　集体土地建设用地使用权

第四十三条　乡(镇)村办企业事业单位和个人依法使用农民集体土地进行非农业建设的，可依法确定使用者集体土地建设用地使用权。对多占少用、占而不用的，其闲置部分不予确定使用权，并退还农民集体，另行安排使用。

第四十四条　依照本规定第二十五条规定的农民集体土地，集体土地建设用地使用权确定给联营或股份企业。

第四十五条　一九八二年二月国务院发布《村镇建房用地管理条例》之前农村居民建房中用的宅基地，超过当地政府规定的面积，在《村镇建房用地管理条例》施行后未经拆迁、改建、翻建的，可以暂按现有实际使用面积确定集体土地建设用地使用权。

第四十六条　一九八二年二月《村镇建房用地管理条例》发布时起至一九八七年一月《土地管理法》开始施行时止，农村居民建房占用的宅基地，其面积超过当地政府规定标准的，超过部分按一九八六年三月中共中央、国务院《关于加强土地管理、制止乱占耕地的通知》及地方人民政府的有关规定处理后，按处理后实际使用面积确定集体土地建设用地使用权。

第四十七条　符合当地政府分户建房规定而尚未分户的农村居民，其现有的宅基地没有超过分户建房用地合计面积标准的，可按现有宅基地面积确定集体土地建设用地使用权。

第四十八条　非农业户口居民(含华侨)原在农村的宅基地，房屋产权没有变化的，可依法确定其集体土地建设用地使用权。房屋拆除后没有批准重建的，土地使用权由集体收回。

第四十九条　接受转让、购买房屋取得的宅基地，与原有宅基地合计面积超过当地政府规定标准，按照有关规定处理后允许继续使用的，可暂确定其集体土地建设用地使用权。继承房屋取得的宅基地，可确定集体土地建设用地使用权。

第五十条　农村专业户宅基地以外的非农业建设用地与宅基地分别确定集体土地建设用地使用权。

第五十一条　按照本规定第四十五条至第四十九条的规定确定农村居民宅基地集体土地建设用地使用权时，其面积超过当地政府规定标准的，可在土地登记卡和土地证书内注明超过标准面积的数量。以后分户建房或现有房屋拆迁、改建、翻建或政府依法实施规划重新建设时，按当地政府规定的面积标准重新确定使用权，其超过部分退还集体。

第五十二条　空闲或房屋坍塌、拆除两年以上未恢复使用的宅基地，不确定土地使用权。已经确定使用权的，由集体报经县级人民政府批准，注销其土地登记，土地由集体收回。

1995年6月30日，第八届全国人民代表大会常务委员会第十四次会议通过《中华人民共和国担保法》，该法第三十七条规定，土地所有权不得抵押；耕地、宅基地、自留地、自留山等集体所有土地使用权不得抵押。该法在2021年1月1日《中华人民共和国民法典》施行时废止。

专栏：《中华人民共和国担保法》部分内容

第三十七条　下列财产不得抵押：

(一)土地所有权；

(二)耕地、宅基地、自留地、自留山等集体所有的土地使用权，但本法第三十四条第(五)项、第三十六条第三款规定的除外。

1997年4月15日，中共中央、国务院发布《中共中央 国务院关于进一步加强土地管理切实保护耕地的通知》，该通知明确规定了农村居民每户只能有一处宅基地，多出的宅基地要收归集体[1]；同时也规定了集体土地使用权不得出让，不得用于非农用途。

专栏：《中共中央 国务院关于进一步加强土地管理切实保护耕地的通知》部分内容

农村居民的住宅建设要符合村镇建设规划。有条件的地方，提倡相对集中建设公寓式楼房。农村居民建住宅要严格按照所在的省、自治区、直辖市规定的标准，依法取得宅基地。农村居民每户只能有一处不超过标准的宅基地，多出的宅基地，要依法收归集体所有。

……

除国家征用外，集体土地使用权不得出让，不得用于经营性房地产开发，也不得转让、出租用于非农业建设。用于非农业建设的集体土地，因与本集体外的单位和个人以土地入股等形式兴办企业，或向本集体以外的单位和个人转让、出租、抵押附着物，而发生土地使用权交易的，应依法严格审批，要注意保护农民利益。

1998年11月4日，全国人民代表大会常务委员会公布《中华人民共和国村民委员会组织法》(1998修订)，规定村民委员会管理本村集体所属的土地与其他财产，并制定宅基地的使用方案。

专栏：《中华人民共和国村民委员会组织法》(1998修订)部分内容

第五条 村民委员会应当支持和组织村民依法发展各种形式的合作经济和其他经济，承担本村生产的服务和协调工作，促进农村生产建设和社会主义市场经济的发展。

村民委员会应当尊重集体经济组织依法独立进行经济活动的自主权，维护以家庭承包经营为基础、统分结合的双层经营体制，保障集体经济组织和村民、承包经营户、联户或者合伙的合法的财产权和其他合法的权利和利益。

村民委员会依照法律规定，管理本村属于村农民集体所有的土地和其他财

---

[1] 王留彦.宅基地使用权与房屋继承权的冲突探析[J].改革与战略，2011，27(10)：41-44.

产，教育村民合理利用自然资源，保护和改善生态环境。

第六条 村民委员会应当宣传宪法、法律、法规和国家的政策，教育和推动村民履行法律规定的义务，爱护公共财产，维护村民的合法的权利和利益，发展文化教育，普及科技知识，促进村和村之间的团结、互助，开展多种形式的社会主义精神文明建设活动。

……

第十九条 涉及村民利益的下列事项，村民委员会必须提请村民会议讨论决定，方可办理：

(一)乡统筹的收缴方法，村提留的收缴及使用；
(二)本村享受误工补贴的人数及补贴标准；
(三)从村集体经济所得收益的使用；
(四)村办学校、村建道路等村公益事业的经费筹集方案；
(五)村集体经济项目的立项、承包方案及村公益事业的建设承包方案；
(六)村民的承包经营方案；
(七)宅基地的使用方案；
(八)村民会议认为应当由村民会议讨论决定的涉及村民利益的其他事项。

1998年12月27日，国务院发布《中华人民共和国土地管理法实施条例》。

专栏：《中华人民共和国土地管理法实施条例》部分内容

第一章 总则

第一条 根据《中华人民共和国土地管理法》（以下简称《土地管理法》），制定本条例。

第二章 土地的所有权和使用权

第二条 下列土地属于全民所有即国家所有：

(一)城市市区的土地；
(二)农村和城市郊区中已经依法没收、征收、征购为国有的土地；
(三)国家依法征用的土地；
(四)依法不属于集体所有的林地、草地、荒地、滩涂及其他土地；
(五)农村集体经济组织全部成员转为城镇居民的，原属于其成员集体所有的土地；
(六)因国家组织移民、自然灾害等原因，农民成建制地集体迁移后不再使用的原属于迁移农民集体所有的土地。

第三条 国家依法实行土地登记发证制度。依法登记的土地所有权和土地使用权受法律保护，任何单位和个人不得侵犯。

土地登记内容和土地权属证书式样由国务院土地行政主管部门统一规定。

土地登记资料可以公开查询。

确认林地、草原的所有权或者使用权，确认水面、滩涂的养殖使用权，分别依照《森林法》、《草原法》和《渔业法》的有关规定办理。

第四条 农民集体所有的土地，由土地所有者向土地所在地的县级人民政府土地行政主管部门提出土地登记申请，由县级人民政府登记造册，核发集体土地所有权证书，确认所有权。

农民集体所有的土地依法用于非农业建设的，由土地使用者向土地所在地的县级人民政府土地行政主管部门提出土地登记申请，由县级人民政府登记造册，核发集体土地使用权证书，确认建设用地使用权。

设区的市人民政府可以对市辖区内农民集体所有的土地实行统一登记。

第五条 单位和个人依法使用的国有土地，由土地使用者向土地所在地的县级以上人民政府土地行政主管部门提出土地登记申请，由县级以上人民政府登记造册，核发国有土地使用权证书，确认使用权。其中，中央国家机关使用的国有土地的登记发证，由国务院土地行政主管部门负责，具体登记发证办法由国务院土地行政主管部门会同国务院机关事务管理局等有关部门制定。

未确定使用权的国有土地，由县级以上人民政府登记造册，负责保护管理。

1999年5月6日，国务院发布《国务院办公厅关于加强土地转让管理严禁炒卖土地的通知》规定，"农村居民点要严格控制规模和范围，新建房屋要按照规划审批用地，逐步向中心村和小城镇集中。中心村和小城镇建设要合理布局，统一规划，不得随意征、占农用地。小城镇建设要明确供地方式和土地产权关系，防止发生土地权属纠纷"；"农民的住宅不得向城市居民出售，也不得批准城市居民占用农民集体土地建住宅，有关部门不得为违法建造和购买的住宅发放土地使用证和房产证"。

2000年6月13日，中共中央、国务院印发《中共中央 国务院关于促进小城镇健康发展的若干意见》，指出小城镇建设对于促进农村城镇化，优化农村经济结构等方面具有重要意义。在小城镇建设中，要严格闲置分散的宅基地审批，合理利用节约的宅基地。

专栏：《中共中央 国务院关于促进小城镇健康发展的若干意见》部分内容

对重点小城镇的建设用地指标，由省级土地管理部门优先安排。对以迁村并点和土地整理等方式进行小城镇建设的，可在建设用地计划中予以适当支持。要严格限制分散建房的宅基地审批，鼓励农民进镇购房或按规划集中建房，节约的宅基地可用于小城镇建设用地。对进镇农户的宅基地，要适时置换出来，防止闲置浪费。

2004年10月21日，国务院发布《国务院关于深化改革严格土地管理的规定》，该规定加强了农村建设用地的管控，并明确规定要加强农村宅基地管理工作，并且禁止城镇居民在农村购置宅基地。2004年11月2日，国土资源部发布《关于加强农村宅基地管理的意见》，对农村宅基地的利用、审批、执法、拆迁、安置做出了细致且明确的规定。2007年3月16日，全国人民代表大会通过《中华人民共和国物权法》，该法于2007年10月1日起施行，于2021年《中华人民共和国民法典》施行起废止。该法以法律的形式明确了宅基地使用权的相关内容，并对宅基地使用权人的权利范围做出了界定。

专栏：《国务院关于深化改革严格土地管理的规定》部分内容

鼓励农村建设用地整理，城镇建设用地增加要与农村建设用地减少相挂钩。农村集体建设用地，必须符合土地利用总体规划、村庄和集镇规划，并纳入土地利用年度计划，凡占用农用地的必须依法办理审批手续。禁止擅自通过"村改居"等方式将农民集体所有土地转为国有土地。禁止农村集体经济组织非法出让、出租集体土地用于非农业建设。改革和完善宅基地审批制度，加强农村宅基地管理，禁止城镇居民在农村购置宅基地。引导新办乡村工业向建制镇和规划确定的小城镇集中。在符合规划的前提下，村庄、集镇、建制镇中的农民集体所有建设用地使用权可以依法流转。

专栏：《中华人民共和国物权法》部分内容

第十三章 宅基地使用权

第一百五十二条 宅基地使用权人依法对集体所有的土地享有占有和使用的权利，有权依法利用该土地建造住宅及其附属设施。

第一百五十三条 宅基地使用权的取得、行使和转让，适用土地管理法等法律和国家有关规定。

第一百五十四条 宅基地因自然灾害等原因灭失的，宅基地使用权消灭。对失去宅基地的村民，应当重新分配宅基地。

第一百五十五条 已经登记的宅基地使用权转让或者消灭的，应当及时办理变更登记或者注销登记。

……

第一百六十二条 土地所有权人享有地役权或者负担地役权的，设立土地承包经营权、宅基地使用权时，该土地承包经营权人、宅基地使用权人继续享有或者负担已设立的地役权。

第一百六十三条 土地上已设立土地承包经营权、建设用地使用权、宅基地使用权等权利的，未经用益物权人同意，土地所有权人不得设立地役权。

……

第一百八十四条　下列财产不得抵押：

（一）土地所有权；

（二）耕地、宅基地、自留地、自留山等集体所有的土地使用权，但法律规定可以抵押的除外；

（三）学校、幼儿园、医院等以公益为目的的事业单位、社会团体的教育设施、医疗卫生设施和其他社会公益设施；

（四）所有权、使用权不明或者有争议的财产；

（五）依法被查封、扣押、监管的财产；

（六）法律、行政法规规定不得抵押的其他财产。

2007年10月28日，全国人民代表大会常务委员会通过《中华人民共和国城乡规划法》，强调了乡规划、村规划的重要性，体现了对农村建筑布局规划的重视。

专栏：《中华人民共和国城乡规划法》部分内容

第四十一条　在乡、村庄规划区内进行乡镇企业、乡村公共设施和公益事业建设的，建设单位或者个人应当向乡、镇人民政府提出申请，由乡、镇人民政府报城市、县人民政府城乡规划主管部门核发乡村建设规划许可证。

在乡、村庄规划区内使用原有宅基地进行农村村民住宅建设的规划管理办法，由省、自治区、直辖市制定。

在乡、村庄规划区内进行乡镇企业、乡村公共设施和公益事业建设以及农村村民住宅建设，不得占用农用地；确需占用农用地的，应当依照《中华人民共和国土地管理法》有关规定办理农用地转用审批手续后，由城市、县人民政府城乡规划主管部门核发乡村建设规划许可证。

建设单位或者个人在取得乡村建设规划许可证后，方可办理用地审批手续。

2007年12月30日，国务院办公厅发布《国务院办公厅关于严格执行有关农村集体建设用地法律与政策的通知》，再次对农村宅基地的使用做出明确的规定。

专栏：《国务院办公厅关于严格执行有关农村集体建设用地法律与政策的通知》部分内容

农村住宅用地只能分配给本村村民，城镇居民不得到农村购买宅基地、农民住宅或"小产权房"。单位和个人不得非法租用、占用农民集体所有土地搞房地产开发。农村村民一户只能拥有一处宅基地，其面积不得超过省、自治区、直辖市规定的标准。农村村民出卖、出租住房后，再申请宅基地的，不予批准。

2008年1月3日，国务院发布《国务院关于促进节约集约用地的通知》，要求提高农村建设用地的利用效率，规定符合宅基地申请条件的村民可购买农村闲置住宅，并鼓励盘活利用农村闲置建设用地，但是严禁"一户多宅"与宅基地面积超占。

专栏：《国务院关于促进节约集约用地的通知》部分内容

四、强化农村土地管理，稳步推进农村集体建设用地节约集约利用

(十六)高度重视农村集体建设用地的规划管理。要按照统筹城乡发展、节约集约用地的原则，指导、督促编制好乡(镇)土地利用总体规划和镇规划、乡规划、村庄规划，划定村镇发展和撤并复垦范围。利用农民集体所有土地进行非农建设，必须符合规划，纳入年度计划，并依法审批。严格禁止擅自将农用地转为建设用地，严格禁止"以租代征"将农用地转为非农业用地。

(十七)鼓励提高农村建设用地的利用效率。要在坚持尊重农民意愿、保障农民权益的原则下，依法盘活利用农村集体建设用地。按规划稳妥开展农村集体建设用地整理，改善农民生产生活条件。农民住宅建设要符合镇规划、乡规划和村庄规划，住宅建设用地要先行安排利用村内空闲地、闲置宅基地。对村民自愿腾退宅基地或符合宅基地申请条件购买空闲住宅的，当地政府可给予奖励或补助。

(十八)严格执行农村一户一宅政策。各地要结合本地实际完善人均住宅面积等相关标准，控制农民超用地标准建房，逐步清理历史遗留的一户多宅问题，坚决防止产生超面积占用宅基地和新的一户多宅现象。

2008年10月12日，中共中央通过《中共中央关于推进农村改革发展若干重大问题的决定》，指出要完善农村宅基地制度，加强农村宅基地管理，保障农户宅基地用益物权，经土地整理后的建设用地指标需优先满足集体建设用地需求。

专栏：《中共中央关于推进农村改革发展若干重大问题的决定》部分内容

完善农村宅基地制度，严格宅基地管理，依法保障农户宅基地用益物权。农村宅基地和村庄整理所节约的土地，首先要复垦为耕地，调剂为建设用地的必须符合土地利用规划、纳入年度建设用地计划，并优先满足集体建设用地。改革征地制度，严格界定公益性和经营性建设用地，逐步缩小征地范围，完善征地补偿机制。依法征收农村集体土地，按照同地同价原则及时足额给农村集体组织和农民合理补偿，解决好被征地农民就业、住房、社会保障。在土地利用规划确定的城镇建设用地范围外，经批准占用农村集体土地建设非公益性项目，允许农民依法通过多种方式参与开发经营并保障农民合法权益。逐步建立城乡统一的建设用地市场，对依法取得的农村集体经营性建设用地，必须通过统一有形的土地市

场、以公开规范的方式转让土地使用权，在符合规划的前提下与国有土地享有平等权益。抓紧完善相关法律法规和配套政策，规范推进农村土地管理制度改革。

2008 年 12 月 31 日，中共中央、国务院印发《中共中央 国务院关于 2009 年促进农业稳定发展农民持续增收的若干意见》，提出要通过乡村规划合理安排农村建设用地与宅基地的使用，各地应按实际情况修订宅基地使用标准。

专栏：《中共中央 国务院关于 2009 年促进农业稳定发展农民持续增收的若干意见》部分内容

抓紧编制乡镇土地利用规划和乡村建设规划，科学合理安排村庄建设用地和宅基地，根据区域资源条件修订宅基地使用标准。农村宅基地和村庄整理所节约的土地，首先要复垦为耕地，用作折抵建设占用耕地补偿指标必须依法进行，必须符合土地利用总体规划，纳入土地计划管理。农村土地管理制度改革要在完善相关法律法规、出台具体配套政策后，规范有序地推进。

2010 年 3 月 2 日，国土资源部下发《国土资源部关于进一步完善农村宅基地管理制度切实维护农民权益的通知》，强调了利用规划引导宅基地用地布局规模，完善宅基地管理制度，严控总量盘活存量，落实最严格的节约用地制度。

2013 年 11 月 12 日，中国共产党第十八届中央委员会第三次全体会议通过了《中共中央关于全面深化改革若干重大问题的决定》，提出要保障宅基地的用益物权，同时试点探索农民住房财产权的实现方式。

专栏：《中共中央关于全面深化改革若干重大问题的决定》部分内容

保障农户宅基地用益物权，改革完善农村宅基地制度，选择若干试点，慎重稳妥推进农民住房财产权抵押、担保、转让，探索农民增加财产性收入渠道。建立农村产权流转交易市场，推动农村产权流转交易公开、公正、规范运行。

2014 年 1 月，中共中央、国务院印发了《关于全面深化农村改革加快推进农业现代化的若干意见》，提出要完善农村宅基地分配政策，加快农村宅基地的地籍调查。

专栏：《关于全面深化农村改革加快推进农业现代化的若干意见》部分内容

19. 完善农村宅基地管理制度。改革农村宅基地制度，完善农村宅基地分配政策，在保障农户宅基地用益物权前提下，选择若干试点，慎重稳妥推进农民住房财产权抵押、担保、转让。有关部门要抓紧提出具体试点方案，各地不得自行其是、抢跑越线。完善城乡建设用地增减挂钩试点工作，切实保证耕地数量不减少、质量有提高。加快包括农村宅基地在内的农村地籍调查和农村集体建设用地使用权确权登记颁证工作。

2014年7月24日，国务院印发《国务院关于进一步推进户籍制度改革的意见》，提出宅基地使用权的性质是用益物权，并明确不得以退出农村宅基地使用权作为农民在城市落户的条件，强调了对农户宅基地使用权的保障。

专栏：《国务院关于进一步推进户籍制度改革的意见》部分内容

(十二)完善农村产权制度。土地承包经营权和宅基地使用权是法律赋予农户的用益物权，集体收益分配权是农民作为集体经济组织成员应当享有的合法财产权利。加快推进农村土地确权、登记、颁证，依法保障农民的土地承包经营权、宅基地使用权。推进农村集体经济组织产权制度改革，探索集体经济组织成员资格认定办法和集体经济有效实现形式，保护成员的集体财产权和收益分配权。建立农村产权流转交易市场，推动农村产权流转交易公开、公正、规范运行。坚持依法、自愿、有偿的原则，引导农业转移人口有序流转土地承包经营权。进城落户农民是否有偿退出"三权"，应根据党的十八届三中全会精神，在尊重农民意愿前提下开展试点。现阶段，不得以退出土地承包经营权、宅基地使用权、集体收益分配权作为农民进城落户的条件。

2015年1月，中共中央办公厅和国务院办公厅联合印发了《中共中央办公厅　国务院关于农村土地征收、集体经营性建设用地入市、宅基地制度改革试点工作的意见》，这标志着我国农村土地制度改革即将进入试点阶段。《中共中央办公厅　国务院关于农村土地征收、集体经营性建设用地入市、宅基地制度改革试点工作的意见》提出要赋予集体经营性建设用地的市场化权能，并明确了要发挥村民自治组织对宅基地的民主管理作用，这对农村宅基地价值显化具有重大意义，对传统农村土地制度是巨大的突破。

专栏：《中共中央办公厅　国务院关于农村土地征收、集体经营性建设用地入市、宅基地制度改革试点工作的意见》部分内容

建立集体经营性建设用地入市制度

一是完善土地征收制度。针对征地范围过大、程序不够规范、被征地农民保障机制不完善等问题，要缩小土地征收范围，探索制定土地征收目录，严格界定公共利益用地范围；规范土地征收程序，建立社会稳定风险评估制度，健全矛盾纠纷调处机制，全面公开土地征收信息；完善对被征地农民合理、规范、多元保障机制。

二是建立农村集体经营性建设用地入市制度。针对农村集体经营性建设用地权能不完整，不能同等入市、同权同价和交易规则亟待健全等问题，要完善农村集体经营性建设用地产权制度，赋予农村集体经营性建设用地出让、租赁、入股权能；明确农村集体经营性建设用地入市范围和途径；建立健全市场交易规则和服务监管制度。

三是改革完善农村宅基地制度。针对农户宅基地取得困难、利用粗放、退出不畅等问题，要完善宅基地权益保障和取得方式，探索农民住房保障在不同区域户有所居的多种实现形式；对因历史原因形成超标准占用宅基地和一户多宅等情况，探索实行有偿使用；探索进城落户农民在本集体经济组织内部自愿有偿退出或转让宅基地；改革宅基地审批制度，发挥村民自治组织的民主管理作用。

四是建立兼顾国家、集体、个人的土地增值收益分配机制，合理提高个人收益。针对土地增值收益分配机制不健全，兼顾国家、集体、个人之间利益不够等问题，要建立健全土地增值收益在国家与集体之间、集体经济组织内部的分配办法和相关制度安排。

……

建立城乡统一的建设用地市场

在符合规划和用途管制前提下，允许农村集体经营性建设用地出让、租赁、入股，实行与国有土地同等入市、同权同价。

缩小征地范围，规范征地程序，完善对被征地农民合理、规范、多元保障机制。

扩大国有土地有偿使用范围，减少非公益性用地划拨。

建立兼顾国家、集体、个人的土地增值收益分配机制，合理提高个人收益。完善土地租赁、转让、抵押二级市场。

2015年11月，中共中央办公厅、国务院办公厅印发《深化农村改革综合性实施方案》，提出开展农村土地征收、集体经营性建设用地入市、宅基地制度改革试点工作，对三大试点工作的基本思路做出清晰的要求。针对农村宅基地提出要在保障农村宅基地用益物权的同时探索农民住房财产权的实现形式。

专栏：《深化农村改革综合性实施方案》部分内容

一是开展农村土地征收、集体经营性建设用地入市、宅基地制度改革试点。及时总结经验、不断完善，形成可复制、可推广的改革成果。农村土地征收制度改革的基本思路是：缩小土地征收范围，规范土地征收程序，完善对被征地农民合理、规范、多元保障机制，建立兼顾国家、集体、个人的土地增值收益分配机制，合理提高个人收益。集体经营性建设用地制度改革的基本思路是：允许土地利用总体规划和城乡规划确定为工矿仓储、商服等经营性用途的存量农村集体建设用地，与国有建设用地享有同等权利，在符合规划、用途管制和依法取得的前提下，可以出让、租赁、入股，完善入市交易规则、服务监管制度和土地增值收益的合理分配机制。宅基地制度改革的基本思路是：在保障农户依法取得的宅基地用益物权基础上，改革完善农村宅基地制度，探索农民住房保障新机制，对农民住房财产权作出明确界定，探索宅基地有偿使用制度和自愿有偿退出机制，探索农民住房财产权抵押、担保、转让的有效途径。

二是深化农村土地承包经营制度改革。抓紧修改有关法律，落实中央关于稳定农村土地承包关系并保持长久不变的重大决策，适时就二轮承包期满后耕地延包办法、新的承包期限等内容提出具体方案。在基本完成农村集体土地所有权确权登记颁证的基础上，按照不动产统一登记原则，加快推进宅基地和集体建设用地使用权确权登记颁证工作。明确和提升农村土地承包经营权确权登记颁证的法律效力，扩大整省推进试点范围，总体上要确地到户，从严掌握确权确股不确地的范围。出台农村承包土地经营权抵押、担保试点指导意见。在有条件的地方开展农民土地承包经营权有偿退出试点。制定出台完善草原承包经营制度的文件，规范草原承包行为和管理方式，充分调动广大牧民保护和建设草原的积极性。引导农村集体所有的荒山、荒沟、荒丘、荒滩使用权有序流转。

2015年12月31日，中共中央、国务院印发《中共中央　国务院关于落实发展新理念加快农业现代化　实现全面小康目标的若干意见》，提出要加快推进宅基地的确权颁证工作，完善基地的权益保障和取得方式，开展城乡建设用地增减挂钩试点，允许农村集体经营性建设用地指标交易。2016年8月5日，国务院发布《关于实施支持农业转移人口市民化若干财政政策的通知》，提出不得以农民退出宅基地使用权作为农民进城落户的条件，并提出支持进城农民的相关权益可以自愿流转，但是当前阶段将范围限定在本集体经济组织内部。

专栏：《中共中央　国务院关于落实发展新理念加快农业现代化　实现全面小康目标的若干意见》部分内容

加快推进房地一体的农村集体建设用地和宅基地使用权确权登记颁证，所需工作经费纳入地方财政预算。推进农村土地征收、集体经营性建设用地入市、宅基地制度改革试点。完善宅基地权益保障和取得方式，探索农民住房保障新机制。总结农村集体经营性建设用地入市改革试点经验，适当提高农民集体和个人分享的增值收益，抓紧出台土地增值收益调节金征管办法。完善和拓展城乡建设用地增减挂钩试点，将指标交易收益用于改善农民生产生活条件。探索将通过土地整治增加的耕地作为占补平衡补充耕地的指标，按照谁投入、谁受益的原则返还指标交易收益。

专栏：《关于实施支持农业转移人口市民化若干财政政策的通知》部分内容

(九)维护进城落户农民土地承包权、宅基地使用权、集体收益分配权。地方政府不得强行要求进城落户农民转让在农村的土地承包权、宅基地使用权、集体收益分配权，或将其作为进城落户条件。要通过健全农村产权流转交易市场，逐步建立进城落户农民在农村的相关权益退出机制，积极引导和支持进城落户农民依法自愿有偿转让相关权益，促进相关权益的实现和维护，但现阶段要严格限定在本集体经济组织内部。要多渠道筹集资金，支持进城落户农民在城镇居住、创业、投资。

2016年12月16日，国土资源部发布了《国土资源部关于进一步加快宅基地和集体建设用地确权登记发证有关问题的通知》，对一户多宅、面积超占、非农村集体成员合法取得宅基地使用权、农村妇女以及进城落户农民的确权颁证问题做出了规定。

专栏：《国土资源部关于进一步加快宅基地和集体建设用地确权登记发证有关问题的通知》部分内容

五、结合实际依法处理"一户多宅"问题。宅基地使用权应按照"一户一宅"要求，原则上确权登记到"户"。符合当地分户建房条件未分户，但未经批准另行建房分开居住的，其新建房屋占用的宅基地符合相关规划，经本农民集体同意并公告无异议的，可按规定补办有关用地手续后，依法予以确权登记；未分开居住的，其实际使用的宅基地没有超过分户后建房用地合计面积标准的，依法按照实际使用面积予以确权登记。

六、分阶段依法处理宅基地超面积问题。农民集体成员经过批准建房占用宅基地的，按照批准面积予以确权登记。未履行批准手续建房占用宅基地的，按以下规定处理：1982年《村镇建房用地管理条例》实施前，农民集体成员建房占用的宅基地，范围在《村镇建房用地管理条例》实施后至今未扩大的，无论是否超过其后当地规定面积标准，均按实际使用面积予以确权登记。1982年《村镇建房用地管理条例》实施起至1987年《土地管理法》实施时止，农民集体成员建房占用的宅基地，超过当地规定面积标准的，超过面积按国家和地方有关规定处理的结果予以确权登记。1987年《土地管理法》实施后，农民集体成员建房占用的宅基地，符合规划但超过当地面积标准的，在补办相关用地手续后，依法对标准面积予以确权登记，超占面积在登记簿和权属证书附记栏中注明。

历史上接受转让、赠与房屋占用的宅基地超过当地规定面积标准的，按照转让、赠与行为发生时对宅基地超面积标准的政策规定，予以确权登记。

七、依法确定非本农民集体成员合法取得的宅基地使用权。非本农民集体成员因扶贫搬迁、地质灾害防治、新农村建设、移民安置等按照政府统一规划和批准使用宅基地的，在退出原宅基地并注销登记后，依法确定新建房屋占用的宅基地使用权。

1982 年《村镇建房用地管理条例》实施前，非农业户口居民(含华侨)合法取得的宅基地或因合法取得房屋而占用的宅基地，范围在《村镇建房用地管理条例》实施后至今未扩大的，可按实际使用面积予以确权登记。1982 年《村镇建房用地管理条例》实施起至 1999 年《土地管理法》修订实施时止，非农业户口居民(含华侨)合法取得的宅基地或因合法取得房屋而占用的宅基地，按照批准面积予以确权登记，超过批准的面积在登记簿和权属证书附记栏中注明。

八、依法维护农村妇女和进城落户农民的宅基地权益。农村妇女作为家庭成员，其宅基地权益应记载到不动产登记簿及权属证书上。农村妇女因婚嫁离开原农民集体，取得新家庭宅基地使用权的，应依法予以确权登记，同时注销其原宅基地使用权。

2016 年 12 月 31 日，中共中央、国务院印发《关于深入推进农业供给侧结构性改革 加快培育农业农村发展动能的若干意见》，提出落实宅基地所有权，维护宅基地的使用权，允许农村集体组织盘活利用闲置农房与宅基地。同时明确了农村集体建设用地禁止用于房地产开发与私人会所修建。

专栏：《关于深入推进农业供给侧结构性改革 加快培育农业农村发展动能的若干意见》部分内容

30. 深化农村集体产权制度改革。落实农村土地集体所有权、农户承包权、土地经营权"三权分置"办法。加快推进农村承包地确权登记颁证，扩大整省试点范围。统筹协调推进农村土地征收、集体经营性建设用地入市、宅基地制度改革试点。全面加快"房地一体"的农村宅基地和集体建设用地确权登记颁证工作。认真总结农村宅基地制度改革试点经验，在充分保障农户宅基地用益物权、防止外部资本侵占控制的前提下，落实宅基地集体所有权，维护农户依法取得的宅基地占有和使用权，探索农村集体组织以出租、合作等方式盘活利用空闲农房及宅基地，增加农民财产性收入。允许地方多渠道筹集资金，按规定用于村集体对进城落户农民自愿退出承包地、宅基地的补偿。抓紧研究制定农村集体经济组织相关法律，赋予农村集体经济组织法人资格。全面开展农村集体资产清产核资。稳妥有序、由点及面推进农村集体经营性资产股份合作制改革，确认成员身份，量化经营性资产，保障农民集体资产权利。从实际出发探索发展集体经济有效途径，鼓励地方开展资源变资产、资金变股金、农民变股东等改革，增强集体经济发展活力和实力。研究制定支持农村集体产权制度改革的税收政策。深化集体林权制度改革。加快水权水市场建设，推进水资源使用权确权和进场交易。加快农村产权交易市场建设。

31. 探索建立农业农村发展用地保障机制。优化城乡建设用地布局，合理安排农业农村各业用地。完善新增建设用地保障机制，将年度新增建设用地计划指标确定一定比例用于支持农村新产业新业态发展。加快编制村级土地利用规划。在控制农村建设用地总量、不占用永久基本农田前提下，加大盘活农村存量建设用地力度。允许通过村庄整治、宅基地整理等节约的建设用地采取入股、联营等方式，重点支持乡村休闲旅游养老等产业和农村三产融合发展，严禁违法违规开发房地产或建私人庄园会所。完善农业用地政策，积极支持农产品冷链、初加工、休闲采摘、仓储等设施建设。改进耕地占补平衡管理办法，严格落实耕地占补平衡责任，探索对资源匮乏省份补充耕地实行国家统筹。

2018年1月2日，中共中央、国务院印发《中共中央 国务院关于实施乡村振兴战略的意见》，首次提出了宅基地"三权分置"的概念，提出要探索宅基地的所有权、资格权、使用权"三权分置"，提出"落实宅基地集体所有权，保障宅基地农户资格权和农民房屋财产权，适度放活宅基地和农民房屋使用权"。至此，中国农村宅基地权利结构得到优化，农村宅基地制度改革奠定了基础。

专栏：《中共中央 国务院关于实施乡村振兴战略的意见》部分内容

（二）深化农村土地制度改革。系统总结农村土地征收、集体经营性建设用地入市、宅基地制度改革试点经验，逐步扩大试点，加快土地管理法修改，完善农村土地利用管理政策体系。扎实推进房地一体的农村集体建设用地和宅基地使用权确权登记颁证。完善农民闲置宅基地和闲置农房政策，探索宅基地所有权、资格权、使用权"三权分置"，落实宅基地集体所有权，保障宅基地农户资格权和农民房屋财产权，适度放活宅基地和农民房屋使用权，不得违规违法买卖宅基地，严格实行土地用途管制，严格禁止下乡利用农村宅基地建设别墅大院和私人会馆。在符合土地利用总体规划前提下，允许县级政府通过村土地利用规划，调整优化村庄用地布局，有效利用农村零星分散的存量建设用地；预留部分规划建设用地指标用于单独选址的农业设施和休闲旅游设施等建设。对利用收储农村闲置建设用地发展农村新产业新业态的，给予新增建设用地指标奖励。进一步完善设施农用地政策。

（三）深入推进农村集体产权制度改革。全面开展农村集体资产清产核资、集体成员身份确认，加快推进集体经营性资产股份合作制改革。推动资源变资产、资金变股金、农民变股东，探索农村集体经济新的实现形式和运行机制。坚持农村集体产权制度改革正确方向，发挥村党组织对集体经济组织的领导核心作用，防止内部少数人控制和外部资本侵占集体资产。维护进城落户农民土地承包权、宅基地使用权、集体收益分配权，引导进城落户农民依法自愿有偿转让上述权益。研究制定农村集体经济组织法，充实农村集体产权权能。全面深化供销合作社综合改革，深入推进集体林权、水利设施产权等领域改革，做好农村综合改革、农村改革试验区等工作。

2019年9月11日，中央农村工作领导小组办公室、农业农村部发布了《中央农村工作领导小组办公室、农业农村部关于进一步加强农村宅基地管理的通知》，一方面明确了宅基地的监管责任，落实了基层政府属地责任；另一方面再次对农村宅基地的使用面积与使用人群做出明确要求，严格落实"一户一宅"且面积不得超过本省、自治区、直辖市规定的标准。同时禁止城镇居民到农村购买宅基地，明确了宅基地的使用对象只能是农村居民。

专栏：《中央农村工作领导小组办公室、农业农村部关于进一步加强农村宅基地管理的通知》部分内容

二、依法落实基层政府属地责任

建立部省指导、市县主导、乡镇主责、村级主体的宅基地管理机制。宅基地管理工作的重心在基层，县乡政府承担属地责任，农业农村部门负责行业管理，具体工作由农村经营管理部门承担。随着农村改革发展的不断深入，基层农村经营管理部门的任务越来越重，不仅承担农村土地承包管理、新型农业经营主体培育、集体经济发展和资产财务管理等常规工作，还肩负着农村土地制度、集体产权制度和经营制度的改革创新等重要职责，本轮机构改革后，又增加了宅基地管理、乡村治理等重要任务。但是，当前基层农村经营管理体系不健全、队伍不稳定、力量不匹配、保障不到位等问题十分突出。这支队伍有没有、强不强直接决定着农村改革能否落实落地和农民合法权益能否得到切实维护。县乡政府要强化组织领导，切实加强基层农村经营管理体系的建设，加大支持力度，充实力量，落实经费，改善条件，确保工作有人干、责任有人负。

按照新修订的土地管理法规定，农村村民住宅用地由乡镇政府审核批准。乡镇政府要因地制宜探索建立宅基地统一管理机制，依托基层农村经营管理部门，统筹协调相关部门宅基地用地审查、乡村建设规划许可、农房建设监管等职责，推行一个窗口对外受理、多部门内部联动运行，建立宅基地和农房乡镇联审联办制度，为农民群众提供便捷高效的服务。要加强对宅基地申请、审批、使用的全程监管，落实宅基地申请审查到场、批准后丈量批放到场、住宅建成后核查到场等"三到场"要求。要开展农村宅基地动态巡查，及时发现和处置涉及宅基地的各类违法行为，防止产生新的违法违规占地现象。要指导村级组织完善宅基地民主管理程序，探索设立村级宅基地协管员。

三、严格落实"一户一宅"规定

宅基地是农村村民用于建造住宅及其附属设施的集体建设用地，包括住房、附属用房和庭院等用地。农村村民一户只能拥有一处宅基地，面积不得超过本省、自治区、直辖市规定的标准。农村村民应严格按照批准面积和建房标准建设住宅，禁止未批先建、超面积占用宅基地。经批准易地建造住宅的，应严格按照"建新拆旧"要求，将原宅基地交还村集体。农村村民出卖、出租、赠与住宅后,再申请宅基地的,不予批准。对历史形成的宅基地面积超标和"一户多宅"等问题,要按照有关政策规定分类进行认定和处置。人均土地少、不能保障一户拥有一处宅基地的地区,县级人民政府在充分尊重农民意愿的基础上,可以采取措施,按照省、自治区、直辖市规定的标准保障农村村民实现户有所居。

2019年9月30日,农业农村部发布了《农业农村部关于积极稳妥开展农村闲置宅基地和闲置住宅利用工程的通知》,要求通过盘活农村闲置宅基地和闲置住宅,服务于乡村振兴。并且对盘活来用的模式、利用主体、利用机制、利用示范建设、利用行为等做出了进一步的规定与要求,为农村闲置宅基地盘活利用奠定了政策基础。

专栏:《农业农村部关于积极稳妥开展农村闲置宅基地和闲置住宅利用工程的通知》部分内容

二、重点工作

(一)因地制宜选择盘活利用模式。各地要统筹考虑区位条件、资源禀赋、环境容量、产业基础和历史文化传承,选择适合本地实际的农村闲置宅基地和闲置住宅盘活利用模式。鼓励利用闲置住宅发展符合乡村特点的休闲农业、乡村旅游、餐饮民宿、文化体验、创意办公、电子商务等新产业新业态,以及农产品冷链、初加工、仓储等一二三产业融合发展项目。支持采取整理、复垦、复绿等方式,开展农村闲置宅基地整治,依法依规利用城乡建设用地增减挂钩、集体经营性建设用地入市等政策,为农民建房、乡村建设和产业发展等提供土地等要素保障。

(二)支持培育盘活利用主体。在充分保障农民宅基地合法权益的前提下,支持农村集体经济组织及其成员采取自营、出租、入股、合作等多种方式盘活利用农村闲置宅基地和闲置住宅。鼓励有一定经济实力的农村集体经济组织对闲置宅基地和闲置住宅进行统一盘活利用。支持返乡人员依托自有和闲置住宅发展适合的乡村产业项目。引导有实力、有意愿、有责任的企业有序参与盘活利用工作。依法保护各类主体的合法权益,推动形成多方参与、合作共赢的良好局面。

(三)鼓励创新盘活利用机制。支持各地统筹安排相关资金,用于农村闲置宅基地和闲置住宅盘活利用奖励、补助等。条件成熟时,研究发行地方政府专项债券支持农村闲置宅基地和闲置住宅盘活利用项目。推动金融信贷产品和服务创新,为农村闲置宅基地和闲置住宅盘活利用提供支持。结合乡村旅游大会、农业嘉年华、农博会等活动,向社会推介农村闲置宅基地和闲置住宅资源。

(四)稳妥推进盘活利用示范。各地要结合实际,选择一批地方党委政府重视、农村集体经济组织健全、农村宅基地管理规范、乡村产业发展有基础、农民群众积极性高的地区,有序开展农村闲置宅基地和闲置住宅盘活利用试点示范。

突出乡村产业特色，整合资源创建一批民宿(农家乐)集中村、乡村旅游目的地、家庭工场、手工作坊等盘活利用样板。总结一批可复制、可推广的经验模式，探索一套规范、高效的运行机制和管理制度，以点带面、逐步推开。

(五)依法规范盘活利用行为。各地要进一步加强宅基地管理，对利用方式、经营产业、租赁期限、流转对象等进行规范，防止侵占耕地、大拆大建、违规开发，确保盘活利用的农村闲置宅基地和闲置住宅依法取得、权属清晰。要坚决守住法律和政策底线，不得违法违规买卖或变相买卖宅基地，严格禁止下乡利用农村宅基地建设别墅大院和私人会馆。要切实维护农民权益，不得以各种名义违背农民意愿强制流转宅基地和强迫农民"上楼"，不得违法收回农户合法取得的宅基地，不得以退出宅基地作为农民进城落户的条件。对利用闲置住宅发展民宿等项目，要按照2018年中央一号文件要求，尽快研究和推动出台消防、特种行业经营等领域便利市场准入、加强事中事后监管的措施。

2019年12月12日，农业农村部、自然资源部发布了《农业农村部、自然资源部关于规范农村宅基地审批管理的通知》，明确了申请审查程序，即以户为单位向村民小组提交宅基地和建房，由村级组织审查通过后，交由乡镇政府审批的申请程序，同时对农村建房实施全过程管理，严格管理农村建房。

专栏：《农业农村部、自然资源部关于规范农村宅基地审批管理的通知》部分内容

(一)明确申请审查程序

符合宅基地申请条件的农户，以户为单位向所在村民小组提出宅基地和建房(规划许可)书面申请。村民小组收到申请后，应提交村民小组会议讨论，并将申请理由、拟用地位置和面积、拟建房层高和面积等情况在本小组范围内公示。公示无异议或异议不成立的，村民小组将农户申请、村民小组会议记录等材料交村集体经济组织或村民委员会(以下简称村级组织)审查。村级组织重点审查提交的材料是否真实有效、拟用地建房是否符合村庄规划、是否征求了用地建房相邻权利人意见等。审查通过的，由村级组织签署意见，报送乡镇政府。没有分设村民小组或宅基地和建房申请等事项已统一由村级组织办理的，农户直接向村级组织提出申请，经村民代表会议讨论通过并在本集体经济组织范围内公示后，由村级组织签署意见，报送乡镇政府。

(二)完善审核批准机制

市、县人民政府有关部门要加强对宅基地审批和建房规划许可有关工作的指导，乡镇政府要探索建立一个窗口对外受理、多部门内部联动运行的农村宅基地用地建房联审联办制度，方便农民群众办事。公布办理流程和要件，明确农业农村、自然资源等有关部门在材料审核、现场勘查等各环节的工作职责和办理期限。审批工作中,农业农村部门负责审查申请人是否符合申请条件、拟用地是否符合宅基地合理布局要求和面积标准、宅基地和建房(规划许可)申请是否经过村组审核公示等,并综合各有关部门意见提出审批建议。自然资源部门负责审查用地建房是否符合国土空间规划、用途管制要求,其中涉及占用农用地的,应在办理农用地转用审批手续后,核发乡村建设规划许可证;在乡、村庄规划区内使用原有宅基地进行农村村民住宅建设的,可按照本省(区、市)有关规定办理规划许可。涉及林业、水利、电力等部门的要及时征求意见。

根据各部门联审结果,由乡镇政府对农民宅基地申请进行审批,出具《农村宅基地批准书》,鼓励地方将乡村建设规划许可证由乡镇一并发放,并以适当方式公开。乡镇要建立宅基地用地建房审批管理台账,有关资料归档留存,并及时将审批情况报县级农业农村、自然资源等部门备案。

(三)严格用地建房全过程管理

全面落实"三到场"要求。收到宅基地和建房(规划许可)申请后,乡镇政府要及时组织农业农村、自然资源部门实地审查申请人是否符合条件、拟用地是否符合规划和地类等。经批准用地建房的农户,应当在开工前向乡镇政府或授权的牵头部门申请划定宅基地用地范围,乡镇政府及时组织农业农村、自然资源等部门到现场进行开工查验,实地丈量批放宅基地,确定建房位置。农户建房完工后,乡镇政府组织相关部门进行验收,实地检查农户是否按照批准面积、四至等要求使用宅基地,是否按照批准面积和规划要求建设住房,并出具《农村宅基地和建房(规划许可)验收意见表》。通过验收的农户,可以向不动产登记部门申请办理不动产登记。各地要依法组织开展农村用地建房动态巡查,及时发现和处置涉及宅基地使用和建房规划的各类违法违规行为。指导村级组织完善宅基地民主管理程序,探索设立村级宅基地协管员。

2020年5月14日,自然资源部发布了《自然资源部关于加快宅基地和集体建设用地使用权确权登记工作的通知》,要求在坚持先前工作成果的基础上加快开展地籍调查,并且要求充分利用信息系统登记,使用现代化的方式完成宅基地确权登记工作的数字化工作,该通知更多地强调了宅基地确权登记工作的数字化工作形式。

专栏:《自然资源部关于加快宅基地和集体建设用地使用权确权登记工作的通知》部分内容

四、充分利用信息系统登记,扎实做好成果入库和整合汇交

各地要通过不动产登记系统,办理房地一体的宅基地和集体建设用地使用权登记。要充分运用信息化手段规范登记簿填写、审核和校验,确保登记簿内容全面、规范。因已有资料不详、确实无法填写的个别字段可填写斜杠"/",并在

备注栏内注明原因。在完成登簿的同时，将登记结果信息实时上传省级和国家级不动产登记信息管理基础平台。

各地要加快已有宅基地和集体建设用地及房屋登记资料清理整合和汇交入库。对原有数据不规范或不完整的，应尽快开展不动产单元代码补编等规范完善工作。对原有纸质登记资料尚未数字化的，要通过扫描、拍照等方式进行数字化处理。对缺少空间坐标信息的，可利用高分辨率正射影像图，完成图形矢量化，编制地籍图，并将登记信息图形数据和属性数据关联，完善数据库；也可通过"国土调查云"软件勾绘宗地位置，补充界址点坐标等信息，或采取标注"院落中心点"作为宗地位置，录入权利人等属性信息，并在宗地图上注明"此图根据登记资料在正射影像图上标绘形成"。

各省级自然资源主管部门要将完成数据整合的农村地籍调查和不动产登记成果，以县（市、区）为单位，完成一个汇交一个，逐级汇交至国家级不动产登记信息管理基础平台。2021年底前，全国所有县（市、区）要完成汇交工作。

2020年7月29日，自然资源部、农业农村部发布了《关于保障农村村民住宅建设合理用地的通知》，针对农村农民住宅建设用地指标需求不平衡、使用要求不明确、指标挪用等问题做出相应的要求。每年以县为单位单列农村居民住宅建设用地的用地指标，并且加强规划管控，改善农村居民住宅用地的农转用审批，统一落实耕地占补平衡。

专栏：《关于保障农村村民住宅建设合理用地的通知》部分内容

一、计划指标单列。各省级自然资源主管部门会同农业农村主管部门，每年要以县域为单位，提出需要保障的农村村民住宅建设用地计划指标需求，经省级政府审核后报自然资源部。自然资源部征求农业农村部意见后，在年度全国土地利用计划中单列安排，原则上不低于新增建设用地计划指标的5%，专项保障农村村民住宅建设用地，年底实报实销。当年保障不足的，下一年度优先保障。

二、改进农村村民住宅用地的农转用审批。对农村村民住宅建设占用农用地的，在下达指标范围内，各省级政府可将《土地管理法》规定权限内的农用地转用审批事项，委托县级政府批准。

三、加强规划管控。在县、乡级国土空间规划和村庄规划中，要为农村村民住宅建设用地预留空间。已有村庄规划的，要严格落实。没有村庄规划的，要统筹考虑宅基地规模和布局，与未来规划做好衔接。要优先利用村内空闲地，尽量少占耕地。

四、统一落实耕地占补平衡。对农村村民住宅建设占用耕地的，县级自然资源主管部门要通过储备补充耕地指标、实施土地整治补充耕地等多种途径统一落实占补平衡，不得收取耕地开垦费。县域范围确实无法落实占补平衡的，可按规定在市域或省域范围内落实。

2020年6月30日,中央全面深化改革委员会第十四次会议审议通过了《深化农村宅基地制度改革试点方案》,该方案延续了2015年试点的相关内容,并扩大了试点范围,在内容上明确了宅基地"三权分置"改革的总体框架,提出要积极落实宅基地集体所有权、保障宅基地农户资格权和农民房屋财产权、适度放活宅基地和农民房屋使用权的具体路径和办法,坚决守住土地公有制性质不改变、耕地红线不突破、农民利益不受损这三条底线,实现好、维护好、发展好农民权益。

2021年1月1日,第十三届全国人民代表大会第三次会议表决通过了《中华人民共和国民法典》,自《中华人民共和国民法典》施行之日起,《中华人民共和国物权法》与《中华人民共和国担保法》废止。《中华人民共和国民法典》在宅基地相关内容上延续了《中华人民共和国担保法》与《中华人民共和国物权法》的相关规定。

改革开放以来,国家层面出台了一系列关于宅基地管理的政策文件,虽然这些政策在执行过程中未能形成具有可立法的相关制度成果,但是这一时期明确了宅基地所有权归属于村集体,城市土地所有权归属于国家[1]。农民在这一时期新建的宅基地没有专门的新建宅基地产权证,农民可以按照国家的具体使用规定行使有限的使用权,同时,农村宅基地使用权具有可继承性,但农村宅基地属于集体所有的产权特征使农村宅基地不具备城镇国有土地的财产性质[2]。

从我国传统农村宅基地制度变迁的过程来看,不同时期的宏观背景影响着宅基地制度的基本内容,从而形成了不同阶段差异化的制度特征以及基于此而形成的差异化产权关系。整体上看,1949~1978年我国农村宅基地制度既明确了国家保护农民的房屋不受侵犯,法理层面对农村宅基地的权属问题进行了明确的界定;1978年以后的农村宅基地制度围绕土地利益关系失衡导致宅基地问题趋于复杂,迫切需要国家全面推进宅基地制度改革创新[3]。新中国成立以来宅基地制度经历了从农民私有到农民集体公有,从自由流转到限制流转,形成了以"弱产权"和"强管制"为特点的宅基地制度[4]。2015年到目前,中国宅基地制度改革展现出新的特点,即在保障农民利益的前提下,激活农村沉睡资源,逐步试点探索出"逐步放活,还权于民"的宅基地管理制度,有步骤地探索宅基地"三权"权能的实现与保障形式。2015年11月,中央发布的《深化农村改革综合性实施方案》提出开展农村土地征收、集体经营性建设用地入市、宅基地制度改革三项"农村三块地"改革试点,共计选择了33个区县作为改革试点,在试点中不同

---

[1] 丁关良. 新中国50多年来宅基地立法的历史沿革[J]. 重庆工商大学学报(社会科学版), 2007(04): 9-21.
[2] 杜伟, 黄敏, 曹代学, 等. 农村宅基地退出与补偿机制研究[M]. 北京: 科学出版社, 2015.
[3] 李泉. 农村宅基地制度变迁70年历史回顾与前景展望[J]. 甘肃行政学院学报, 2018(02): 114-125, 128.
[4] 刘守英, 熊雪锋. 产权与管制——中国宅基地制度演进与改革[J]. 中国经济问题, 2019(06): 17-27.

程度地在宅基地制度各方面做出突破，拉开了中国现代宅基地制度改革的序幕，为相关法律修订与政策制定提供了实践依据。而到 2018 年，中央一号文件《中共中央　国务院关于实施乡村振兴战略的意见》结合前期试点经验，为进一步完善农村宅基地制度，首次明确提出要进行宅基地"三权分置"改革，实现宅基地"两权"到"三权"的巨大转变，成为中国宅基地制度改革的重要时间节点。

在此过程中所呈现出的宅基地产权关系变化尤其值得关注，一是传统农村宅基地制度的产权权能不断弱化。一方面，传统宅基地制度演变是从个人私有到集体公有。我国老一辈无产阶级革命家顺应时代要求，将广大穷苦农民从封建剥削中解救出来，不断探索农村土地改革。经历几次土地改革，从《井冈山土地法》到《中国土地法大纲》，再到宪法明确提出国家依法保护农民土地所有权，中国土地制度经过不到二十年的改革实现了农民土地所有制，助推发展农业生产，我国农村房屋土地农民所有权制度已经完全建立[①]。1955 年开始发展的农业合作社，表明了传统宅基地制度是从政府所有到个人私有再到集体公有，意味着初步形成了"两权分离"的宅基地制度。2018 年提出的宅基地"三权分置"的概念以及相关试点工作，则意味着宅基地"两权分离"到"三权分置"的宅基地制度正在逐步建立，原有宅基地制度限制正在逐步突破，新制度更适应当前中国"三农"发展形势与时代要求。另一方面，1982 年《中华人民共和国民法通则》中明确要求禁止买卖、抵押、转让、出租宅基地。从传统宅基地制度演变历史来看，其产权特征已变为集体拥有所有权，农民拥有使用权[②]。从中我们可以看出，传统农村宅基地制度的产权权能不断弱化，但是随着中国城乡融合发展的不断推进，传统农村宅基地制度已不能适应发展需求。落实宅基地集体所有权、保障农民宅基地资格权、适度放活农民宅基地所有权，则是满足激活农村宅基地产权权能、激活农村要素、促进城乡要素双向流动等要求的重要方式。

二是传统农村宅基地制度的管理规制不断强化。农村土地制度改革促使农村经济不断发展，农民居住条件得到进一步改善，但是由于宅基地取得的无偿性，加上农村建房缺乏规划管理，建房对耕地的随意侵占问题愈发严重。为了更好地管理农村宅基地，国家层面出台多个文件强化农村宅基地和房屋管理规制。第一是宅基地合理规划布局建设。1981 年 4 月，国务院出台了《国务院关于制止农村建房侵占耕地的紧急通知》，明确规定：农民建房用地，必须按照村集体统一部署规划；加大闲置土地的利用，尽量先使用山坡、荒地和闲置宅基地来建设房屋。第二是建立宅基地审批制度。1985 年 10 月，城乡建设环境保护部下发《村镇建设管理暂行规定》，明确规定了村镇建房应按照正常的审批流程进行。2004 年 11 月 2 日，国土资源部发布《关于加强农村宅基地管理的意见》，明确规定

[①] 杜伟，黄敏，曹代学，等. 农村宅基地退出与补偿机制研究[M]. 北京：科学出版社，2015.
[②] 卢向虎，秦富. 试论我国农村宅基地产权的特征和法律定位[J]. 重庆交通大学学报(社会科学版)，2007(06)：28-30，37.

了要从严实施规划，从严控制村镇建设用地，严格宅基地审批制度，将宅基地审批权收归至县级部门，加强了对宅基地的审批管理工作。第三是限制宅基地建设面积。1983年6月，城乡建设环境保护部出台《城镇个人建造住宅管理办法》，该办法对城镇个人建房做出了明确规定，城镇建房提倡节约集约用地，禁止任意扩大宅基地使用范围的行为；各地根据土地实际情况，确定城镇建房面积大小。2008年1月3日，国务院发布《国务院关于促进节约集约用地的通知》，对农村建房提出要严格执行农村一户一宅政策，并要求各地应结合本地实际完善人均住宅面积等相关标准，控制农民超用地面积建房。从政策演变视角我们可以看出，传统农村宅基地制度的管理规制不断强化。

三是农村宅基地制度出现新的发展趋势。随着中国城乡融合发展的速度越来越快，农村产业结构与人员结构均发生了巨大的变化，传统宅基地制度逐渐难以适应农村现代化发展与城乡融合发展的需求。为适应时代发展的需求，国家开展了探索宅基地制度的改革，以激活农村要素，促进农村发展，中国传统宅基地制度开始展现出新的发展趋势。2015年开始的"农村三块地"的改革试点工作，在实践中，试点地区打通了闲置宅基地转化为集体经营性建设用地，再通过市场化手段入市的宅基地价值实现有效路径，以市场化定价的方式激活了农村闲置宅基地资源。2018年中央一号文件明确提出宅基地"三权分置"概念后，要求落实宅基地集体所有权、保障宅基地农户资格权和农民房屋财产权，适度放活宅基地和农民房屋使用权，宅基地产权权力的明晰，为宅基地资产与财产价值的显化奠定了基础。2020年中央发布了《深化农村宅基地制度改革试点方案》，在上一轮改革的基础上扩大试点范围，探索宅基地"三权分置"的有效行使。两次试点工作的渐次推开展示出国家对农村宅基地的管理工作正变得更加科学高效，中国现代化宅基地制度正在逐步建立，宅基地制度展现出"强化监管、逐步放活"的发展趋势。

3.2 中国传统"两权分离"宅基地制度的历史贡献

3.2.1 "两权分离"宅基地制度在人民公社时期的贡献

1949年以前，中国的土地私有制延续了千百年，20世纪50年代以来，中国农民的土地权利制度经历了大规模的历史性变迁。前两次农村土地制度改革属于强制性的制度变迁，主要成果就是使农村土地私有制演化为集体所有制；第三次农村土地制度改革是属于诱致性的制度变迁，实现了土地集体所有权与农民承包经营权的分离[1]。随着农村实际生产情况的变化，20世纪80年代后期以后，家

---

[1] 李芳，张英洪. 中国农地制度变迁考察——以土地财产权为视角[J]. 社会科学辑刊，2008(02)：31-33.

庭承包责任制度效益开始逐步递减。由土地制度历史演变过程的经验可以得出三个制度变化最基本的特征：一是制度变迁导致个人所有权的建立；二是形成以市场关系为基础的产权交易制度；三是新制度所导致的社会交易成本趋于降低[①]。正是因为任何有效率的制度效益都可能存在递减的一般规律，因此制度变迁是社会发展必不可少的环节[②]。新的土地制度的供给及其对先前土地制度的替代形成了农村集体产权的争议源头[③]。

3.2.2 "两权分离"宅基地制度在工业化进程中的贡献

作为基础性资源，土地对社会经济发展具有基础奠基作用，因此农民土地的权益问题受到广泛关注，而且成为经济发展进程中的难点问题。土地权益关系土地资源利用，与农村集体土地产权改革息息相关。鉴于土地权益问题与经济发展的方方面面都息息相关，因此随着经济发展逐步推进，农民土地权益的改善将最终落到实处。新中国成立至今，中国农民土地权益具有三方面的具体特征：一是农民土地权益完全依附于制度安排；二是农民土地权益总是服从于国家的经济发展战略目标；三是农民土地权益变化具有明显的阶段性特征。随着中国经济改革市场化进程的发展，农民土地权益状况将有所改善，但土地资源配置中利益分配的矛盾日益尖锐。

农村土地集体产权制度使农村土地资源的配置既没有发挥市场机制的功能，又没有形成政府的合理干预。农村宅基地属于农村集体经营建设用地范畴，在集体建设用地配置的问题上，农民权益的问题事实上也具有征地相关特征。农村宅基地属性为建设用地，通过市场交易实现价值增值会更少地受耕地保护、土地利用规划等制度约束。当前，农村集体建设用地市场价值会在工业化进程中不断提升，各利益主体在这一过程中获取土地资源增值利益的争抢将愈演愈烈，而农民手中的宅基地也将随着经济发展而成为一笔重要财产收入来源。中国农村宅基地庞大的用地总量以及大面积的低效使用，表明必须着力于激活宅基地资源，触发宅基地资源的动力，提升宅基地资源的使用率。现阶段农民土地权益主要来自农村集体建设用地财产权收益，而农民作为宅基地使用权主体，其土地权益保障应该备受重视。要解决农民土地权益保障问题，其突破口应是推动宅基地市场化改革，必须有效构建农村集体所有、农民依法使用的宅基地资源配置制度体系。

3.2.3 "两权分离"宅基地制度在城镇化进程中的贡献

在广大农村地区，农村宅基地的集体所有制是保障农民土地主体权益，调整

[①] 党国英. 论农村集体产权[J]. 中国农村观察，1998(04)：1-22.
[②] 李厚喜，苏礼华. 推动当前中国农村土地制度改革的政策建议[J]. 地方财政研究，2011(01)：56-59.
[③] 叶剑锋. 传承与创新：中国农村土地制度变革的现实困境与路向抉择[J]. 学习与实践，2013(11)：61-68.

土地利用结构，促进乡村地区宅基地资源合理利用，实现宅基地集约利用目标的重要手段。农村宅基地面积的有限性、稀缺性等经济属性及农村土地市场机制的暂时短缺决定了农村宅基地集体所有制的特殊重要性[①]。

1. 农村居民点用地总量的有限性

土地资源总量固定的客观事实决定了农村居民点用地面积必须具备合理性，因此宅基地的使用面积是有限的、位置是固定的，宅基地的集体所有制形式有利于对乡村建设用地的合理安排。一方面，宅基地资源的有限性要求未来一定时期内宅基地的申请、审批、使用都必须符合乡村建设规划，符合国家和地区城乡发展的统筹安排。宅基地所属的区位和属性决定宅基地的价值，集体经济组织应根据宅基地的区位和属性来实现其资源利用率最大化。尤其明显的是如果宅基地的区位存在差异，宅基地的潜在价值就存在差异，集体所有制产权制度在这种快速变动的经济驱动力之下，较好发挥集体组织成员的主观能动性，从而能够因地制宜、合理利用自己的资源，以相对合理的利用结构和方式取得宅基地利用的最佳综合效益。

2. 农村宅基地的经济属性

宅基地资源的经济供给最初是由自然供给决定的，农户对宅基地需求的不断增加是伴随农村社会经济的发展而发生的。宅基地作为一种经济资源，其稀缺性要求必须有能够实施土地计划利用的规制措施。宅基地是一种有限的、不可再生的资源[②]，因此必须严格控制农村用地中的宅基地面积。同时，宅基地的利用不仅对某一块宅基地产生作用，还会直接或间接地影响周边的土地利用，影响其他农户的生产和生活质量。因此，鉴于宅基地利用过程的复杂性和不可逆性，宅基地的利用在理论上应该有一个长期的、周密的规划。

3. 农村土地市场机制的暂时短缺

我国农村宅基地来源十分复杂，历史遗留问题很多，只是凭借市场化改革机制容易产生新问题，比如会对耕地保护带来不利影响。必须借助集体的力量总体规划，弥补市场机制的不足。在市场失灵的地方，需要集体组织的力量进行干预、调控、弥补。

一是利益冲突问题。在宅基地利用的市场化改革进程中，农户作为微观经济主体在进行宅基地利用决策时可能与集体利用规定产生冲突，此时农户容易被个人局部利益和短期利益所遮蔽，忽视利益的持续性和稳定性。因此，不能单单依靠市场机制的作用，农户在利益机制的驱动下很难处理宏观层次的土地资源问

---

① 汪杨植，黄敏，杜伟.深化农村宅基地"三权分置"改革的思考[J].农村经济，2019(07)：18-25.
② 董藩.土地经济学[M].北京：北京师范大学出版社，2010.

题，即部门之间、地域之间、用途之间的配置问题，正如现阶段一些地方出现的宅基地违规超标利用与宅基地闲置荒废并存，宅基地资源枯竭导致农村新增人口缺乏宅基地利用指标的现象。

二是供给机制的问题。单纯依靠市场机制引导的宅基地配置问题，资源的配置首先反映在价格变化上，价格作用于市场主体，影响其决策，进而改变资源配置的现状。现阶段我国农村居民受教育水平相对还较低，对市场机制运作原理和细节的理解并不充分，如果没有集体所有权把关，单个农户就容易做出非理性的决策，从而失去居住保障。

三是外部性的问题，宅基地的利用涉及诸多外部性因素，若使用者只关心个人得失与利益，可能对环境以及其他人的生产生活带来不利影响。这些问题只能借助集体组织以及政府机构制定、实施的土地利用规划和计划，进而以宏观调控的手段解决[1]。集体所有制的必要性就在于其统筹优势，有利于实现对宅基地资源的宏观调控，弥补农户个体对宅基地利用的外部不经济，实现对宅基地的合理配置。

3.3 中国传统"两权分离"宅基地制度的现实弊端

3.3.1 "两权分离"宅基地制度导致的耕地保护压力

1. 农村宅基地占用优质农地

国土资源部发布的数据显示，2012年全国范围农用地变更性质作为建设用地的比例较高，达到4.5%，可见在城镇化快速推进的用地压力下，建设用地来自农用地的现象越来越多[2]。从数据上来看，2012年全国新增农地和耕地面积可以弥补建设用地所造成的面积损失[3]。因此，仅从新增农地和耕地面积的数据无法判定2012年全国是否实现占补平衡。除了数量上的占补平衡，更令人担忧的是转为建设用地的农地多为产量较高、土壤质量较好的优质农地，而整理增加的农地质量则难以与之媲美，因此越来越多的农地被转为建设用地势必降低全国农业用地的总体质量。

农村新建住房通常不会在旧址上拆建，而会选择新的交通较为便利的地域修建新房，即所谓的"追路"现象。因为农村公共基础设施落后，村交通道路主要是以土路为主，村民出门不方便，为了便于交通出行，很多农民选择在较好的村道路两旁建房[4]。由于乡村公路多修建在地势平稳伴有溪流的区域，这些区域通

---

[1] 董藩.土地经济学[M].北京：北京师范大学出版社，2010.
[2] 数据来源：《中国国土资源公报2012》.
[3] 杜伟，黄敏，曹代学，等.农村宅基地退出与补偿机制研究[M].北京：科学出版社，2015.
[4] 张秀智，丁锐.经济欠发达与偏远农村地区宅基地退出机制分析：案例研究[J].中国农村观察，2009(06)：23-30.

常分布了大面积土壤质量较高和浇灌条件较好的农田，农民新建宅基地沿路而修，沿路耕地被迫转化为建设用地，造成优质耕地流失。一些农民肆意扩大自己的宅基地面积，无视宅基地使用标准，其实际使用面积远远大于政府批准面积。另外，农户产生的大量生活垃圾对周边环境造成污染，导致农田产出率大幅度下降，直接影响乡村生态宜居。

2. 村民非法占用农业用地建房

在法律意识方面，农民对土地的所有权和使用权，以及耕地资源重要性的认知程度普遍较低，对国家在土地方面的法律法规更是知之甚少。法律法规明确要求农村建设房屋不得占用承包地，而且承包地只能用于农业发展。笔者在调研中发现，受访农户中新建宅基地的来源包括承包地、闲置地、他人建设用地或承包地[①]。《中华人民共和国土地管理法》明确规定了乡镇使用宅基地应符合土地总体规划，农民申请使用宅基地应履行相应的审批手续。但在具体实践过程中，由于缺乏详细具体的法律依据，农村宅基地审批相关工作不断出现问题。再加上近年来农民建房需求增加，农村建设用地指标紧缺，农转非的审批更是难上加难，申请土地新建住宅的审批程序并不复杂，但审批周期通常在 2 年以上，大部分农民不愿"麻烦"，加上一些农民法律意识淡薄，因此随意占用农业用地兴建住宅的现象屡见不鲜。另一方面，由于乡干部缺乏相应的法律监督权力和利益激励，对随意改变农地用途的现象一般不会加以实际意义上的阻止，通常的做法是"以罚代法"、"以法待批"，罚款的标准各地没有明确的规定，法律监督和行为约束价值极低[①]。

3. 农地合法转为的宅基地存在法律空当

根据《中华人民共和国土地管理法》的规定，农民使用宅基地建房应尽量使用闲置土地及自身所属宅基地。只要是使用空闲地建房便是合法，且审批程序相对简单，于是地方上出现了多种方式，将农地合法转化为建设用地指标：一是省级以下地方各级政府常以公共利益为名大量圈占耕地，出让给房地产开发商；二是村集体先抛荒耕地，然后申报为荒地建房，或者将原耕地作他用，以后建房则将其按村内空闲地报批[②]。

从笔者在四川省南充市 19 个村进行调研的数据来看，调研区域耕地撂荒现象比较严重。首先，从访谈农户的情况来看，其承包地的耕作现状存在多种情况，既有自耕自种，又有委托别人代耕，还有租赁给他人或企业，甚至几种情况兼有。完全或部分抛荒撂荒的情况较少，仅占访谈人数的 8.25%，其原因也都大同小异，主要是青年人出走与留守的多为老年人，有能力耕种的土地面积很有

---

① 杜伟，黄敏，曹代学，等.农村宅基地退出与补偿机制研究[M].北京：科学出版社，2015.
② 周建国.农村耕地非法转为宅基地的问题与对策[J].贵州农业科学，2010，38(02)：183-188.

限，已完成承包地确权颁证的如竹林寺村的农户更多的是将自己无力耕种的土地租赁给企业。从基层的村干部和国土管理人员了解的情况来看，由于各村的具体情况各不相同，各村耕地抛荒撂荒的差异较大，原因是除了耕地的产出效益太低，大多数农户放弃耕种外出务工以外，更为主要的原因是当地原来搞土地整理，但整理未到位，破坏了土壤的耕作层，再加上业主经营不善和国家补助一段时间后即告停止，业主无法从中获利便卷铺盖走人了，给农户留下了界限不清，质量又严重破坏无法进行耕种的大量土地。琳琅村由于依托朱德故里琳琅山景区，景区管理局租用了大约1000亩耕地，退耕还林约1000亩，剩下的主要由留守老人自耕自种，因此耕地抛荒撂荒的现象较少。耕地抛荒撂荒无疑为其转化为建设用地打开了方便之门，要有效防止宅基地占用农地，除了进一步完善法律法规外，还需重点考虑如何提高农民从事农业生产的积极性，有效抑制农民抛荒撂荒的不当行为[①]。

3.3.2 "两权分离"宅基地制度导致的乡村布局问题

理论界的研究成果表明，我国农村宅基地的布局呈现出以下特征：一是平原、丘陵、山地分布差异较大。平原等较为平缓的地区宅基地布局紧凑，聚集面积较大[②]；低山丘陵边缘区域，宅基地布局零散，居住点板块多而密集[③]；山区农村宅基地集聚面积小而分散，坡度较大[④]。二是农民职业倾向不同引起宅基地分布不同。以耕种为主的农民，其居住地点通常靠近自家承包地，平原地带农地分布集中且面积较大，相应地，宅基地分布也较为集中且面积较大，山区和丘陵农业分布不集中；以农业发展为主的区域，为了形成农业生产规模化效应，农民的居住点相对集中[⑤]；以非农产业为主的农民倾向于选择交通发达，公共设施服务较为完善的区域建房，随着农民收入的不断增加，农民为便于出行而选择在主要道路两旁修建房屋[⑥]。三是农村宅基地不断外扩，形成空心村。近年来，随着城乡户籍制度的松动，农民可以自由选择从事非农行业，农村居民家庭的年收入不断提高，城乡收入差距正在逐渐缩小。收入大幅增加使绝大多数农民产生回乡建房的欲望，由于大多数农民宅基地的位置与主要村道路有一定距离，不利于出行，因此很多农民会选择在交通位置比较便利的地方建房[①]。

[①] 杜伟，黄敏，曹代学，等.农村宅基地退出与补偿机制研究[M].北京：科学出版社，2015.
[②] 石诗源，鲍志良，张小林.村域农村居民点景观格局及其影响因素分析[J].中国农学通报，2010(08)：290-293.
[③] 潘竟虎，靳学涛，韩文超，等.甘谷县农村居民点景观格局与空间分布特征[J].西北大学学报(自然科学版)，2011(01)：127-133.
[④] 刘晓清，毕如田，高艳.基于GIS的半山丘陵区农村居民点空间布局及优化分析[J].经济地理，2011(05)：822-831.
[⑤] 王璐，罗赤.从农业生产的变革看农村空间布局的变化[J].城市发展研究，2012(12)：108-111.
[⑥] 邵书峰.农民住房选择与乡村空间布局演变[J].南阳师范学院学报，2011(04)：20-23.

在农村，住房条件是决定生活质量水平的关键指标，住房在农村不仅是居住权的保障，同时也具有信号显示功能。一个典型的例子便是农村男青年到达结婚年龄，女方父母同意婚事的必要条件就是男方要拥有住房，这让拥有农村房屋成为女方家庭选择农村男青年的标准之一[①]。因此，农村存在诸多潜在的住房需求，这也是虽然农村常住人口减少但新建宅基地数量却只增不减的原因。在滞后的住房建设规划与低效率的法律执行影响下，农民根据自己的意愿随意扩大宅基地面积，甚至占用农用地来修建房屋，这些行为导致农村宅基地分布失衡。由于缺乏法律法规的管控，很多村干部为获取私利随意批准农民在承包地、闲置土地上建房，造成农村土地规划布局恶化。同时，随着城镇化步伐加快，农民为了获取更多收入，放弃农业生产进城务工[②]，当农民收入增加引发回乡"建房热"，而农民长期在外务工导致农房实际居住率非常低，随着时间的推移，大量农房已经闲置。已有的研究成果显示，全国各地农村宅基地闲置的现象普遍存在，尤其是在较为偏远的农村地区，因为经济基础比较薄弱，大多数青壮年农民外出务工，宅基地闲置情况极为严重。

3.3.3 "两权分离"宅基地制度导致的权属争议

产权理论对于国家制度转型发展起着至关重要的作用，在西方，实行市场经济的国家都非常重视产权保护。产权经济学家认为明晰的产权具有激励作用[③]，"诺思悖论"为民主的价值提供了新的经济学论证，制定宪法是为了保护产权[④]。

西方产权的发展有着很长的历史，而我国产权的发展还处于初级阶段，产权发展还需要进一步激发。另外，与西方国家不同，中国的公民政治参与、法治和国家构建都不相同。中国的产权制度改革不仅包含了明确产权权属的基本原则，而且包含了实施产权保护的主要举措。我国在农村土地产权主体虚化主要反映在土地所有权权属不明晰。宅基地的产权属性中的可交易性和可分割性对发挥市场资源配置作用的重要性。明确的产权界定和自由灵活的转让权是市场发挥配置资源决定性作用的前提[⑤]。在农村土地制度改革中，土地所有权的行使有村集体经济组织、村党组织、村民委员会、村其他自治组织等。由于法律法规不完善，我国农村集体所有权长期处于虚置状态，主要表现为"农村集体"、"村小组农民集体"等都在改革实践过程中充当集体所有权主体单位。集体拥有土地所有权，而农民个人没有土地所有权，这是农村土地集体所有制框架所反映的直观特征。

---

① 杜伟, 黄敏, 曹代学, 等.农村宅基地退出与补偿机制研究[M].北京: 科学出版社, 2015.
② 祝坤艳.经济新常态下我国粮食安全问题及发展研究[J].中国农业资源与区划, 2016, 37(04): 209-213.
③ 郭新力.中国农地产权制度研究[D].武汉: 华中农业大学, 2007.
④ [美]道格拉斯·诺思.经济史中的结构与变迁[M].陈郁, 罗华平等译.上海: 上海三联书店, 上海人民出版社, 1991.
⑤ 陆铭, 贾宁, 郑怡林.有效利用农村宅基地——基于山西省吕梁市调研的理论和政策分析[J].农业经济问题, 2021(04): 13-24.

在积极效应方面，农村土地使用权归属于集体，使农村土地使用权受到国家权力的限制。农村土地产权如果遭受损害，由于农民认知不同，有的人会置之不顾，有的人可能会有抱怨，但是当抱怨到达一定的限度，极可能产生群体性事件。因此，应该充分认识"两权分离"宅基地制度引致的权属争议，努力完善宅基地产权制度，深化宅基地制度改革，推动农村社会发展。

第4章 农村宅基地"三权分置"改革政策的理论分析

本章围绕农村宅基地"三权分置"改革的政策体系,结合制度经济学、公共产品供给等理论对其进行深入分析。首先,对农村宅基地"三权分置"改革政策的背景和内涵进行阐释;其次,聚焦"三权分置"改革,分别从农村宅基地的集体所有权、农民资格权、宅基地使用权三个维度进行理论分析,深入剖析三项权能的制度优越性及其制度困境,并基于此将理论与实践相结合,集中梳理各个试点地区在"三权分置"改革中重要的实践探索,全面而深入地分析农村宅基地"三权分置"改革的理论意义与实践进展。

4.1 农村宅基地"三权分置"改革政策的背景和内涵

4.1.1 宅基地"三权分置"改革政策的背景

限于农村土地制度,我国农村土地市场的发育远远滞后于劳动力市场[1]。我国的宅基地制度具有较强的身份性、福利性和保障性等特征[2]。由于改革动力不足、财产权属难显化、精细化管理不足、管理制度模糊[3],现阶段宅基地制度已难以适应社会发展需求,出现了一户多宅、违规违建、宅基地利用低效、宅基地使用权私自流转等诸多问题。

一是普遍存在一户多宅现象。尽管一户一宅是我国对农民宅基地使用的基本规定,但由于宅基地管理制度尚不完善,部分地区并未按照农民使用宅基地的面积标准严格执行,农民根据自己需求申请宅基地建房的行为未受到严格监管,因此出现一户拥有多处住宅的情况。据华中师范大学中国农村研究院对全国 31 个省(市、区)207 个村庄 4090 户农户的调查显示,农户户均拥有宅基地 1.15 处,已经超过一户一宅标准;有 10.63%的调查村庄一户多宅的现象较多。并且,不同地区一户多宅现象的差异较为明显,东部地区一户多宅现象较多的受访村庄比例最低,为 1.75%;西部地区略高,为 7.41%;中部地区最高,为 17.71%。

---

[1] 魏后凯,刘同山.农村宅基地退出的政策演变、模式比较及制度安排[J].东岳论丛,2016,37(09): 15-23.
[2] 张勇.乡村振兴战略下闲置宅基地盘活利用的现实障碍与破解路径[J].河海大学学报(哲学社会科学版),2020,22(05): 61-67,108.
[3] 艾希.农村宅基地闲置原因及对策研究[J].中国人口·资源与环境,2015,25(S1): 74-77.

二是宅基地违规违建情况较多。由于村集体对宅基地违规乱占、违章违建等行为管理缺位，诸类情况时有发生。例如，部分农房并没有办理不动产权证等相关证件，难以得到法律的保护。农民违规占用耕地建设房屋的情况也客观存在，近年来，随着耕地"非农化"管控的力度日趋加大，全国各地已查处多起此类违规违建的案例。并且，由于各地对宅基地建设面积均有具体规定，农民建房时超出地方规定面积标准的超占房屋也属违法建筑。

三是宅基地资源利用效率低。我国宅基地数量大，但是其中低效利用的数量也较大。2008~2016年，我国农村人口总量减少1.12亿，农村从业人员减少了7286万人，农业就业人员的比例下降了22.09%[1]，大量农民进城务工，造成农村空心化，出现了农村宅基地大量闲置和低效利用状态。华中师范大学中国农村研究院的调查显示，有12.22%的样本村庄宅基地闲置情况比较普遍，从类型来看，普通农村村庄宅基地闲置较为普遍，占比达到17.95%，远高于城郊村庄4.55%的比例。从农户层面来看，9.42%的农户表示有闲置宅基地[2]。

四是宅基地使用权存在隐形流转。农户之间、农户与外来业主、城市居民等主体私下流转及交易宅基地的情况普遍存在。一方面，集体经济组织内部成员之间存在合理的自发流转行为。另一方面，在城市近郊区农村、城中村、风景名胜区等地区的村庄，外来主体流转的情况更为突出。在政府主导的宅基地流转过程中，村集体经济组织因存在权力寻租的空间，由此出现了"小产权房"这一特殊产物，致使农民利益受到侵害。

五是农民的财产性收益无法提高。我国宅基地有2亿多亩，但是从宅基地中获取财产性收入的比例一直没有突破1%[3]，其根源在于宅基地市场尚未激活，宅基地的市场价值仍未得到体现。加之宅基地制度供给滞后，城乡要素流动受阻，虽然城市居民随着城市经济发展而收入不断增加，但是农民通过宅基地获取财产性收入的渠道狭窄，宅基地对其整体收入增长的贡献非常有限。

基于上述问题，急需通过有效的制度供给来明晰宅基地权属关系、优化宅基地管理，从而盘活农村宅基地和房屋使用权，满足农民更多的利益需求。党的十八大以来，国家层面对宅基地制度出现的新问题持续颁布了多项政策。2014年，为促进城镇化有序推进，国务院印发《国务院关于进一步推进户籍制度改革的意见》，明确提出土地承包经营权和宅基地使用权是法律赋予农户的用益物权[4]，集体收益分配权是农民作为集体经济组织成员应当享有的合法财产权利，并要求加快推进农村土地确权、登记、颁证，依法保障农民的土地承包经营权、宅基地

---

[1] 刘双良，秦玉莹.宅基地"三权分置"政策的议程设置与推进路径——基于多源流理论模型视角的分析[J].西北农林科技大学学报(社会科学版)，2019，19(01)：60-68.
[2] 史亚峰等，盘活农村沉睡的宅基地资源——基于全国31个省207个村庄4090户农户的调查，2017年3月22日，中国农村研究网 (ccrs.ccnu.edu.cn).
[3] 郑风田.让宅基地"三权分置"改革成为乡村振兴新抓手[J].人民论坛，2018(10)：75-77.
[4] 董若愚，方辉振.保留进城落户农民"三权"会生发多大的利益矛盾?[J].中共南京市委党校学报，2015(04)：41-47.

使用权。

实行以家庭承包经营为基础、统分结合的双层经营体制，是我国农村基本经营制度。我国承包地也经历过利用效率低、违规使用普遍存在等困境。2018年，十三届全国人大常委会第七次会议通过了《关于修改〈中华人民共和国农村土地承包法〉的决定》，明确了承包地"三权分置"的主要内容，在新的土地承包法中增加"承包方承包土地后，享有土地承包经营权，可以自己经营，也可以保留土地承包权，流转其承包地的土地经营权，由他人经营"。该条款确定了承包地"三权分置"，将经营权从承包经营权中分离出来，使承包地的权属关系从原有的所有权、承包经营权演进为所有权、承包权、经营权"三权分置"，使得承包地的产权关系更加适应当前农业农村发展的新形势。

2015年1月，国家提出要进行"三块地"改革试点工作，明确了宅基地试点工作需要解决宅基地粗放利用、超标占地、一户多宅等问题。借鉴承包地"两权"变"三权"的改革思路，2018年中央一号文件要求实施农村宅基地"三权分置"，明确提出要"完善农民闲置宅基地和闲置农房政策，探索宅基地所有权、资格权、使用权'三权分置'，落实宅基地集体所有权，保障宅基地农户资格权和农民房屋财产权，适度放活宅基地和农民房屋使用权，不得违规违法买卖宅基地，严格实行土地用途管制，严格禁止下乡利用农村宅基地建设别墅大院和私人会馆"。未来，农村宅基地"三权分置"改革将成为集约利用宅基地资源的主要抓手，也将成为优化国土开发格局的必然选择。2020年6月，中央全面深化改革委员会审议通过了《深化农村宅基地制度改革试点方案》，强调"要积极探索落实宅基地集体所有权、保障宅基地农户资格权和农民房屋财产权、适度放活宅基地和农民房屋使用权的具体路径和办法，坚决守住土地公有制性质不改变、耕地红线不突破、农民利益不受损这三条底线，实现好、维护好、发展好农民权益"，并在全国104个试点县(市、区)全面开启新一轮改革试点。这两次改革的试点地区如表4-1所示。2021年，党的十九届五中全会通过的《中共中央关于制定国民经济和社会发展第十四个五年规划和二〇三五年远景目标的建议》提出探索宅基地所有权、资格权、使用权分置实现形式，进一步对深化农村宅基地"三权分置"制度改革提出了明确要求。

表4-1 全国宅基地制度改革试点地区

省(区、市)	第一批[①]	第二批[②]
北京	大兴区	昌平区、大兴区
天津	蓟州区	静海区、蓟州区

[①] 2015年1月，中共中央办公厅和国务院办公厅联合印发了《中共中央办公厅 国务院关于农村土地征收、集体经营性建设用地入市、宅基地制度改革试点工作的意见》，涉及31个省(自治区、直辖市)，33个区(市、县)。

[②] 2020年6月30日，中央全面深化改革委员会第十四次会议审议通过了《深化农村宅基地制度改革试点方案》，涉及31个省(自治区、直辖市)，104个区(市、县)。

续表

省(区、市)	第一批	第二批
河北	定州市	邯郸市峰峰矿区、邢台市信都区、定州市、平泉市
山西	泽州县	平遥县、泽州县、清徐县
内蒙古	和林格尔县	乌兰浩特市、五原县、开鲁县
辽宁	海城市	沈阳市沈北新区、沈阳市于洪区、大连市旅顺口区
吉林	长春市九台区	长春市九台区、梅河口市、通榆县
黑龙江	安达市	桦南县、兰西县、安达市
上海	松江区	松江区、奉贤区
江苏	常州市武进区	沛县、常州市武进区、溧阳市、昆山市、泗阳县、盱眙县
浙江	义乌市、德清县	龙港市、象山县、江山市、德清县、义乌市
安徽	金寨县	泗县、东至县、金寨县
福建	晋江市	沙县、建瓯市、晋江市
江西	余江县	湖口县、大余县、永丰县、鹰潭市余江区
山东	禹城市	平度市、兰陵县、潍坊市寒亭区、汶上县、禹城市
河南	长垣县	巩义市、孟津县、宝丰县、新县、长垣市
湖北	宜城市	大冶市、沙洋县、恩施市、宜城市
湖南	浏阳市	汨罗市、宁远县、凤凰县、浏阳市
广东	佛山市南海区	南雄市、珠海市斗门区、德庆县、龙门县、陆河县、佛山市南海区
广西	北流市	鹿寨县、贵港市覃塘区、北流市
海南	文昌市	海口市琼山区、文昌市
重庆	大足区	永川区、梁平区、大足区
四川	郫县、泸县	成都市郫都区、眉山市彭山区、宜宾市翠屏区、泸县、西昌市
贵州	湄潭县	息烽县、金沙县、湄潭县
云南	大理市	宜良县、玉溪市江川区、大理市
西藏	曲水县	山南市乃东区、曲水县
陕西	西安市高陵区	富县、神木市、柞水县、西安市高陵区
甘肃	陇西县	武威市凉州区、陇西县
青海	湟源县	祁连县、湟源县
宁夏	平罗县	贺兰县、平罗县
新疆	伊宁市	伊宁市、奇台县
整市推进试点的地级市		浙江省：绍兴市 安徽省：滁州市 四川省：资阳市

4.1.2 宅基地"三权分置"改革政策的内涵

从前文分析可见，我国宅基地政策体系体现出显著的从"两权分离"到"三权分置"的演进特征。"两权分离"框架下的宅基地制度存在权属分配模糊，宅基地的财产权能尚未显化等问题，而且宅基地获取的无偿性导致宅基地大量闲置和农房居住率低，长期产权不清和福利性供给导致农村宅基地普遍面临管理混乱、使用低效、浪费严重的突出问题[①]。这些宅基地制度的痛点难点对新的政策提出迫切需求，促进了宅基地"三权分置"改革政策出台。宅基地"三权分置"是农村宅基地制度改革的核心，是农村土地制度改革的重要创举[②]，也是乡村振兴战略、新型城镇化战略中关键性一环，其本身正是政策的产物[③]。从政策内容来看，宅基地"三权分置"的核心即为落实宅基地集体所有权、保障宅基地农户资格权和农民房屋财产权、适度放活宅基地和农民房屋使用权。

宅基地权属的相关法律对于宅基地所有权、使用权均有明确规定。首先，宅基地所有权归农村集体所有，《中华人民共和国宪法》第十条和《中华人民共和国土地管理法》第九条明确规定了"农村和城市郊区的土地，除由法律规定属于国家所有的以外，属于集体所有；宅基地和自留地、自留山，也属于集体所有"。其次，关于宅基地使用权，《中华人民共和国民法典》第三百六十二条对宅基地使用权内容做了详细界定："宅基地使用权人依法对集体所有的土地享有占有和使用的权利，有权依法利用该土地建造住宅及其附属设施。"对于宅基地使用权的取得、行使、转让和变更等情况也有明确规定。

专栏：宅基地所有权、使用权相关法律规定

1.关于宅基地使用权及法律适用：

《中华人民共和国民法典》第三百六十二条　宅基地使用权人依法对集体所有的土地享有占有和使用的权利，有权依法利用该土地建造住宅及其附属设施。

《中华人民共和国民法典》第三百六十三条　宅基地使用权的取得、行使和转让，适用土地管理的法律和国家有关规定。

2.关于宅基地灭失、重新分配及变更和注销登记规定：

《中华人民共和国民法典》第三百六十四条　宅基地因自然灾害等原因灭失的，宅基地使用权消灭。对失去宅基地的村民，应当依法重新分配宅基地。

《中华人民共和国民法典》第三百六十五条　已经登记的宅基地使用权转让或者消灭的，应当及时办理变更登记或者注销登记。

---

① 王蕾，郭晓鸣.乡村转型下的农村宅基地制度改革[J].华南农业大学学报(社会科学版)，2020，19(05)：39-46.
② 刘双良.宅基地"三权分置"助推乡村振兴的多重逻辑与实现进路[J].贵州社会科学，2021(03)：146-152.
③ 向超，温涛，任秋雨."目标—工具"视角下宅基地"三权分置"研究——基于政策文本的内容分析和定量分析[J].云南社会科学，2021(02)：136-144.

3.关于农村宅基地管理制度：

《中华人民共和国土地管理法》第六十二条　农村村民一户只能拥有一处宅基地，其宅基地的面积不得超过省、自治区、直辖市规定的标准。

人均土地少、不能保障一户拥有一处宅基地的地区，县级人民政府在充分尊重农村村民意愿的基础上，可以采取措施，按照省、自治区、直辖市规定的标准保障农村村民实现户有所居。

农村村民建住宅，应当符合乡(镇)土地利用总体规划、村庄规划，不得占用永久基本农田，并尽量使用原有的宅基地和村内空闲地。编制乡(镇)土地利用总体规划、村庄规划应当统筹并合理安排宅基地用地，改善农村村民居住环境和条件。

农村村民住宅用地，由乡(镇)人民政府审核批准；其中，涉及占用农用地的，依照本法第四十四条的规定办理审批手续。

农村村民出卖、出租、赠与住宅后，再申请宅基地的，不予批准。

国家允许进城落户的农村村民依法自愿有偿退出宅基地，鼓励农村集体经济组织及其成员盘活利用闲置宅基地和闲置住宅。

国务院农业农村主管部门负责全国农村宅基地改革和管理有关工作。

然而，宅基地资格权目前并未在相关法律法规中予以明确界定。宅基地资格权概念首次提出于 2018 年中央一号文件《中共中央　国务院关于实施乡村振兴战略的意见》："完善农民闲置宅基地和闲置农房政策，探索宅基地所有权、资格权、使用权'三权分置'，落实宅基地集体所有权，保障宅基地农户资格权和农民房屋财产权，适度放活宅基地和农民房屋使用权，不得违规违法买卖宅基地，严格实行土地用途管制，严格禁止下乡利用农村宅基地建设别墅大院和私人会馆。"作为宅基地"三权分置"政策体系下提出的新概念，宅基地资格权目前并未在《中华人民共和国土地管理法》《中华人民共和国民法典》中予以明确规定，学界对此也开展了深入探讨。有学者提出宅基地资格权既不是财产权也不是复合性权利，更不是宅基地使用权流转后的剩余权，而是农户基于集体经济组织成员的特定身份而享有的可以申请在本集体土地上建造住宅及其附属设施的一种资格[1]。因此，应将宅基地资格权界定为宅基地分配取得资格，它是农村集体经济组织成员享有的通过申请分配方式初始取得宅基地使用权的资格，不包含宅基地使用权持有资格，也不包含通过转让、继承等方式继受取得宅基地使用权的资格[2]。

从宅基地"三权"的法理内涵可见，宅基地农户资格权应属于一种身份权利，而宅基地使用权属于用益物权[3]。有学者认为，从宅基地"三权"相互关系

---

[1] 申建平.宅基地"资格权"的法理阐释，中国社会科学网-中国社会科学报，2020 年 4 月 9 日
[2] 宋志红.宅基地资格权：内涵、实践探索与制度构建[J].法学评论，2021，39(01)：78-93.
[3] 陈振，罗遥，欧名豪.宅基地"三权分置"：基本内涵、功能价值与实现路径[J].农村经济，2018(11)：40-46.

来看，宅基地所有权属于静态权利，宅基地资格权属于动静结合的用益物权[①]。宅基地使用权是动态权利，会随着流转而不断变化。因此，宅基地"三权分置"改革政策具有三个方面的功能价值：宅基地集体所有权具有稳定作用，切实保障宅基地管理使用合理化、规范化、科学化；宅基地农户资格权具有农民居住保障功能，保障农民公平获取宅基地资格；宅基地使用权具有财产功能，提高农民的财产收益。宅基地"三权分置"改革的目标是既要坚持宅基地住房保障功能，确保农村社会稳定，又要激活宅基地资产，提高农民收益[②]。

综上可见，作为我国农村土地制度改革的重大理论创新，宅基地"三权分置"具有重要制度价值。一是促进宅基地分配公平，长期以来农村宅基地出现超占乱建、侵占耕地、大量闲置等问题，通过落实宅基地集体所有权，集体经济组织能够更加明确地行使宅基地管理使用权，进行宅基地使用管理，确保宅基地布局合理；并通过保障宅基地农户资格权，明确宅基地农户资格认定范围，规范宅基地农户资格权获取流程，提升宅基地分配的公平性。二是促进基层自治组织改革，强化宅基地集体所有权，能够充分带动农民的积极性，提升基层治理能力，推进基层自治组织建设全面化。三是促进城乡融合发展，通过放活使用权，促进宅基地和社会资本融合，发挥市场机制对宅基地利用的积极作用，发展农村产业：一方面为推动城镇化建设提供用地需求保障，另一方面又为农业现代化配置土地资源。从更深层次来看，宅基地"三权分置"改革政策意蕴是通过制度创新和延长权利配置链条，将社会主体引入宅基地利用关系，实现农民集体、农民、社会三方对宅基地权利的分享，推动宅基地从社会保障权到住房财产权的角色转变[③]。由此，实现农民集体的土地所有权得以坚守，农户基于身份专属的宅基地使用权得以保障，社会主体可以得到某种形态的宅基地利用权利，从而提高宅基地资源配置效率[④]。

4.2 农村宅基地集体所有权的理论分析

4.2.1 宅基地集体所有权的优越性分析

我国土地资源丰富，但是人均土地资源比较低。在农村，土地是保障农民生存生活的关键要素。农村土地权益分配也与社会经济发展有着紧密的联系。鉴于土地权益问题与经济发展的方方面面都息息相关，因此随着经济发展，农民土地

[①] 吕军书，张硕. 宅基地"三权分置"的法律内涵、价值与实现路径[J]. 农业经济，2020(06)：92-94.
[②] 靳相木，王海燕，王永梅，等. 宅基地"三权分置"的逻辑起点、政策要义及入法路径[J]. 中国土地科学，2019，33(05)：9-14.
[③] 李谦.宅基地"三权分置"的改革动能及法律表达[J].西安财经大学学报，2021，34(02)：111-119.
[④] 宋志红. 宅基地"三权分置"的法律内涵和制度设计[J]. 法学评论，2018，36(04)：142-153.

权益的改善将最终落到实处。新中国成立至今，农民土地权益具有三方面的具体特征：一是农民土地权益完全依附于制度安排；二是农民土地权益总是服从于国家的经济发展战略目标；三是农民土地权益变化具有明显的阶段性特征。随着中国经济改革市场化的发展，农民土地权益状况将有所改善，但土地资源配置中利益分配的矛盾亦日益尖锐。

中国特有的农村土地集体产权制度使农村土地资源的配置面临着既未充分发挥市场机制的功能，也未形成政府合理干预的双重困境。农村宅基地属性为建设用地，如果完全通过市场交易实现价值增值，会更少地受耕地保护、土地利用规划等制度约束。当前，随着社会经济快速发展，农村集体建设用地的市场价值潜力不断提升，在这一过程中，各利益主体为获取经济发展进程中土地资源增值利益的争抢将愈演愈烈，而农民手中的农村宅基地也将随着经济发展而增值。中国农村宅基地庞大的用地总量以及大面积的低效使用表明，必须着力于激活宅基地资源，触发宅基地资源的动力，提升宅基地资源使用率。解决农民土地权益保障问题，突破口应是推动宅基地市场化改革，必须有效构建农村集体所有、农民依法使用的宅基地制度体系。

4.2.2 宅基地集体所有权的产权约束弊端

新中国成立初期，我国宅基地制度以私有制为主，1950 年出台的《中华人民共和国土地改革法》以及 1954 年的《中华人民共和国宪法》对宅基地的相关规定均是以宅基地私有制为原则。1956 年社会主义改造之后，宅基地集体所有制由最初的条例概念最终上升到《中华人民共和国宪法》规定。中国农村土地的产权制度变革历程可以概括为一个由私有到共有，由公营到私营的变化路径（图 4-1）。改革开放之后，宅基地的集体所有制保持着连续和稳定；随着市场经济的发展与市场机制作用的深化，宅基地的集体所有制也受到了要求变革的压力。在一个时期内，研究者曾集中关注过集体所有制的内容、集体范围界限、集体的代表主体或人格化等问题，相对较少关注与集体所有权紧密联系的权能问题，而改革更需要关注如何充分发挥集体所有权的权能以维持并完善集体所有制。

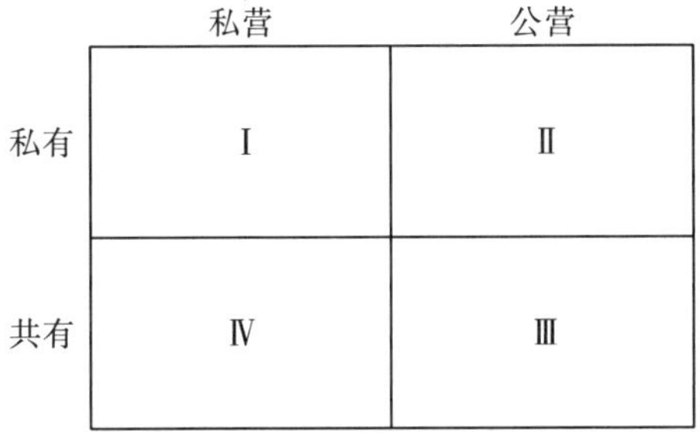

	私营	公营
私有	I	II
共有	IV	III

图 4-1　中国农村土地产权演化进程示意图

所有权权能与所有权是形式和内容的关系。只有当权利人实施了特定的行为，权利才可具体化为一种现实的利益。在丰富的经济社会中所有权权能不限于四种类型，而且社会经济生活中还会不断出现新的权能，在法律层面上尚不能对全部所有权权能一一阐述[①]。土地产权结构如图 4-2 所示，可以细分为权利主体间的安排差异以及权利内部的组合搭配。

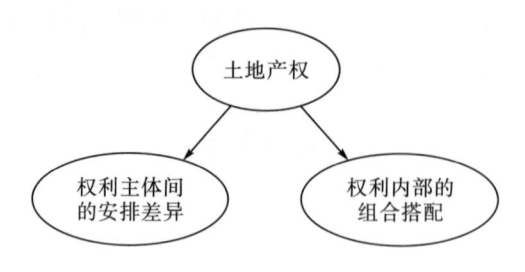

图 4-2　土地产权结构图

中国农村宅基地的集体所有制基本框架成型于 1962 年，虽然 1978 年农村开始进行经济体制改革，但宅基地集体所有制在很长一段时期没有发生变化。我国在 20 世纪 80 年代陆续出台的相关政策法规着力点在于解决宅基地建设中的违规违法现象，90 年代开始进行的宅基地有偿使用试点改革重在强化自我约束机制，图 4-3 为中国农村土地产权制度改革轨迹[②]。

近年来，在"小产权"问题日益突出的背景下，各界开始关注宅基地产权问题，宅基地使用权的物权性质得到了确认[③]。2015 年国家层面启动"三块地"改革试点，明确要求保障农民宅基地用益物权。2017 年《中华人民共和国土地管理法》修改工作拉开帷幕，这次修改的主要工作是保障宅基地用益物权。本书认为下一步法律修改的重点是充分考虑当前城乡互动发展的新形势，发挥宅基地资本对农民财产权利的保障作用。

当前，全国 104 个试点区域有关农村宅基地制度的改革正在扎实推进，而实践对理论认知提出了新问题，农村宅基地流转过程中使用权未能体现收益价值或功能，以"集体"之名进行流转又容易陷入利益分配的冲突。"两权"框架更适合于理解集体所有制框架下宅基地在村社成员内部的分配与调整行为，一旦流转超出村社范围，在现有权属框架下就产生了诸多争议，例如，流转行为的权利主体是集体组织还是农户家庭？谁有权从流转中获得收益，究竟是集体侵占了农民利益，还是集体权利被架空或者虚置？等等。

---

① 范宏波. 建立所有权、占有权双重结构的实证思考[J]. 政府法制，2007(3 上)：28-30.
② 黄善明. 市场经济条件下农村宅基地制度的改革思考[J]. 农村经济，2010(05)：12-15.
③ 徐珍源，孔祥智. 改革开放 30 年来农村宅基地制度变迁、评价及展望[J]. 价格月刊，2009(08)：3-6.

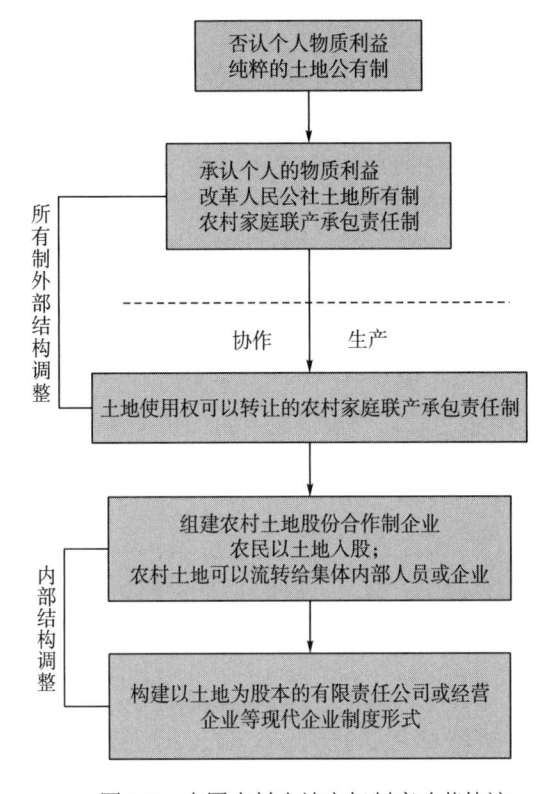

第4章　农村宅基地"三权分置"改革政策的理论分析

图 4-3　中国农村土地产权制度改革轨迹

4.2.3　宅基地集体所有权的负外部性弊端

集体所有制框架下的农村宅基地在利用上兼具正面效应和负面效应。正面效应主要体现在宅基地的集体所有性质使农村所有集体成员无偿享受了宅基地所提供的居住福利，且农村居民在使用宅基地的过程中，将产生的福利效应转化为其自身的私人效应。合理有效的宅基地使用能够保障村民的居住权益，同时发挥"户有所居"带来的农村社会安定局面。因此，集体所有制框架下的宅基地制度发挥了正面的积极效应。

然而，由于缺乏严格意义上的"排他性"，宅基地使用过程中产生了负外部性，使人们的利益受到损害。下面结合宅基地集体产权性质和使用负外部效应的特征，以公共经济学中的外部性经济模型做出阐述。就宅基地而言，当下面这种情况出现时，也就说明宅基地集体产权制度存在外部性。

$$F_i = F_j\left(X_{1j},\ X_{2j}, \cdots X_{nj},\ X_{kj}\right)\quad j \neq k$$

式中，$X_i(i=1,2,\cdots n,\ m)$ 指土地利用，j 和 k 为不同的宅基地使用者。表明宅基地的使用效率不仅受农户自身对宅基地使用情况的具体影响，同时也受其他农户使用宅基地具体情况的影响。

宅基地利用的负外部性的本质是存在多个集体成员同时拥有使用本集体内宅基地权利的现象。这就是过去较长一段时期内，众多学者对我国农村土地集体所有制"产权明晰"问题所提出的质疑，认为集体土地私有制已经导致农村宅基地供给的社会成本大于其产生的收益。但宅基地的不合理利用产生的负外部效应并不由单个农户独自承担，而是由所有集体成员，乃至整个社会共同承担。

根据帕累托边际最优条件，成本和收益要相等，此时萨缪尔森等式成立：

$$MC = MB_A + \sum_{j=1}^{n} MB_j$$

式中，MC为边际成本；MB_A为边际收益；MB_j为社会成本。

从生态环境保护的视角看，一般情况下，如果宅基地使用的成本都由使用农户自己承担，所有的收益由农户和生态环境获得，那么农户与整个社会的生态环境以及整个社会福利是一致的。即边际社会收益(MSB)为边际私人收益(MPB)和边际生态环境收益(MEB)之和，边际社会成本(MSC)为边际私人成本(MPC)和边际生态环境成本(MEC)之和。一般的，只要外在的生态环境受到农户使用宅基地情况的影响，那就可以说农村宅基地集体所有者未能起到福利最大化的制度效应。

$$MSB = MPB + MEB$$
$$MSC = MPC + MEC$$

如果宅基地使用者的目标是追求自身的利益最大化，条件是边际私人收益等于边际私人成本。

$$MPB = MPC$$

但社会福利最大化的条件是：

$$MSB = MSC$$

如果土地利用变化造成外部收益(例如乡村居住环境的改善和生态承载能力的提升)，且没有产生外部性的成本，那么：

$$MSB > MPB, MSC = MPC$$

由于MPB=MPC，可知MSB>MSC，说明宅基地利用产生了外部性经济。

相反，如果宅基地利用造成了外部性成本，而无外在收益，则：

$$MSB < MPB, MSC = MPC$$

由于MPB=MPC，可知MSB<MSC，说明宅基地利用产生了负外部性，给社会带来了净成本。

事实上，在我国农村宅基地使用过程中，农户考虑到的是如何改善自身的居住条件，几乎不考虑盲目扩张和滥用宅基地产生的成本，因为他们不会直接为这一行为的社会成本买单。集体所有制框架下的宅基地使用产生了负外部性，给社会带来了净成本，MSB<MPB。

农户使用宅基地产生负外部效应的同时增加自身的居住福利，但不需要承担负外部效应所产生的成本，由此给村集体乃至整个社会带来的外部性成本远大于社会福利效应。因此在集体所有的宅基地使用制度下，宅基地使用数量远远超过最优的帕累托均衡数量，导致整个社会福利下降。不难看出，"排他性"的缺失是当前农村宅基地集体所有制产生负外部性的症结所在，因此需要完善相关配套机制，降低或化解这种负外部性。

4.2.4 宅基地集体所有权实现的实践探索

宅基地所有权是农民集体土地所有权的权利形式之一，也是宅基地资格利益和宅基地物权性或债权性利用的权利依托[①]。全国各个试点地区在实施改革过程中，牢牢把握宅基地集体所有权的重要性和必要性，不断突显集体所有权各项权能，激活了宅基地所有权动能，一定程度上形成了宅基地的节约集约使用。以下将重点梳理浙江省德清县、河南省长垣市（2019 年长垣县撤销，设立长垣市）、海南省文昌市等地的实践探索。

1. 浙江省德清县

浙江省德清县通过制定文件办法规定宅基地所有权的作用及功能，明确宅基地集体所有权的权属主体及其对宅基地的管理权：①按照村集体经济组织编制的村庄土地利用规划，首先调查宅基地的空间布局，优化宅基地使用布局；②对农户宅基地按顺序进行分配并对空闲宅基地进行回收再利用；③收取的宅基地有偿使用费纳入农村"三资"管理范围，并对退出宅基地进行合理补偿。

2. 河南省长垣市

河南省长垣市在政策层面夯实宅基地集体所有权各项权能。一是强化集体对宅基地的监管权。宅基地集体所有权主体是村委会或集体经济组织，长垣市始终坚持村民自治的原则，发挥其自主管理作用，由集体充分行使宅基地处分权和监督权。加强村委会或村级以上集体经济组织对宅基地使用的监督，确保宅基地利用符合土地利用总体规划和城乡规划。二是强化集体对宅基地的收益权，集体经济组织按照标准收取宅基地有偿使用费。收取的有偿使用费纳入集体资产统筹使用。三是保障集体对宅基地的保有量。当某个村庄平均每人建设面积小于 100 平方米时，可以向市政府提出将农用地转为建设用地的申请，获批后的建设用地用于保障本村的宅基地资格权。当某个村庄平均每人建设面积大于 150 平方米时，要实施宅基地整治，腾退后拆旧复垦的指标优先用于保障全市农户的资格权。

---

① 陈小君.宅基地使用权的制度困局与破解之维[J].法学研究，2019，41(03)：48-72.

专栏：长垣县人民政府关于印发《长垣县宅基地三权分置指导意见的通知》部分内容，长政文〔2018〕195号

二、落实宅基地集体所有权

（一）集体对宅基地的监管权。村委会或村级以上集体经济组织作为宅基地所有权主体代表，通过村民自治方式充分发挥管理职能，行使宅基地处分权和监督权。村委会或村级以上集体经济组织可建立宅基地收储机制，回收存量宅基地用于保障本村村民资格权或用于其他经营性用途。加强村委会或村级以上集体经济组织对宅基地使用的监督，确保宅基地利用符合土地利用总体规划和城乡规划。

（二）集体对宅基地的收益权。在保障户有所居的前提下，实行村集体主导下的宅基地有偿使用制度，村委会或村级以上集体经济组织对超标准占用、一户多宅、非本村村民占用宅基地的收取有偿使用费。鼓励对宅基地取得、经营性利用实行有偿使用。收取的有偿使用费纳入集体资产统筹使用，优先用于村内基础设施建设和日常办公需要，保障贫困户、五保户基本生活。

（三）集体对宅基地的保有量。村庄人均建设用地限定于100平方米—150平方米。对人均建设用地低于100平方米的村庄，可以向县政府提出农用地转为建设用地的申请，获批后的建设用地用于保障本村的宅基地资格权。对人均建设用地高于150平方米的村庄，要实施宅基地整治，腾退后拆旧复垦指标，优先用于保障全县农户的资格权。

3. 海南省文昌市

海南省文昌市积极推动宅基地制度改革，出台了《文昌市农村宅基地试点管理办法的通知》。一是尊重集体经济组织的主体地位，行使宅基地集体所有权。二是管控宅基地使用管理，控制建设用地规模，体现宅基地使用过程中节约集约。三是明确宅基地审批流程。集体所有权的明晰是确保成员权利公平实现与农村土地有效配置的前提[1]。为有效落实宅基地集体所有权，实现成员集体的所有权主体身份，有必要将宅基地申请的审批权下移归还给集体所有人[2]。

专栏：文昌市人民政府关于印发《文昌市农村宅基地试点管理办法的通知》部分内容，文府〔2018〕200号

第五条 宅基地管理应遵循以下原则：

（一）坚守土地公有制性质不改变、耕地红线不突破、粮食生产能力不减弱、农民利益不受损四条底线；

（二）严格按规划实行土地用途管制，不得将买卖宅基地作为管理出发点、不

---

[1] 温世扬，梅维佳.宅基地"三权分置"的法律意蕴与制度实现[J].法学，2018(09)：53-61.
[2] 刘双良.宅基地"三权分置"的权能构造及实现路径[J].甘肃社会科学，2018(05)：228-235.

得将退出宅基地使用权作为村民进城入户的条件，禁止城镇居民购买农村宅基地，禁止利用农村宅基地建设别墅大院和私人会馆等房地产项目；

(三)农村村民一户只能拥有一处无偿使用的农村宅基地，用地面积不得超过175平方米；

(四)依照文昌市总体规划的要求，统筹经济社会发展、土地利用、村庄建设、环境整治，从实际出发，尊重历史、引领未来；

(五)优化居民点布局，控制建设用地规模，确保节约集约用地；

(六)尊重集体经济组织的主体地位，完善宅基地所有权、使用权、资格权三权分置制度，充分发挥村民委员会、村民小组、村民事务理事会、村民民主协商会等村民自治组织的管理作用。

第六条 农村宅基地的统筹协调和政策把控由市政府负责；市国土、住建、规划行政主管部门负责落实宅基地用地审核、规划报建审批等相关工作。市发改、财政、农业、林业、交通、水务等行政主管部门应按照各自职责做好协同管理；各镇政府应在本辖区范围内充分发挥主导作用，全面加强辖区内农村宅基地的监督管理工作。

农村宅基地及住房登记发证工作由市不动产登记机构负责。

4.四川省泸县

四川省泸县为了完善农村宅基地权能，落实农村宅基地集体所有权权能，出台了《泸县人民政府关于落实农村宅基地所有权的指导意见》，在农村宅基地所有权管理中明确了集体经济组织的所有权权责边界。一是健全"民主自治"的主体管理体系，通过建立完善集体管理机构及制定《集体土地使用和管理村民自治章程》，详细规定了农村集体经济组织所能行使的权利。明确了管理主体与管理办法，落实农村宅基地所有权。二是完善农村宅基地的增值收益收取方式和标准。明确且详细地规定了集体经济组织在农村宅基地利用方面的增值收益收取形式与比例，充分体现了集体经济组织对农村宅基地利用与收益收取的权利，同时保障了集体资源的可持续利用和增值增效。三是落实集体经济组织的责任。在农村宅基地所有权责任中，首先是明确了县人民政府、县级主管部门、镇人民政府(街道办事处)、集体经济组织的监管、指导、组织实施、具体执行的宅基地集体所有权责任。其次是明确了农村宅基地所有权归集体经济组织所有，其余主体不得行使宅基地所有权权利。

专栏：《泸县人民政府关于落实农村宅基地所有权的指导意见》部分内容

第六条 强化体系建设。村民自治是落实农村宅基地集体所有权的主要形式。村民委员会在完善"村民自治"的基础上，组建"集体土地使用和管理委员会""集体土地使用和管理矛盾纠纷调处站",选举产生"集体土地使用和管理村民议事会"。村民小组应组建"集体土地使用和管理户代表会"等,夯实基层治理基础,健全民主议事机构。

第七条 健全制度体系。建立和完善《集体土地使用和管理村民自治章程》,建立完善议事规则、工作规范、分配制度等制度体系,规范村民自治,共同维护和管理集体土地。

……

第十一条 农村集体经济组织行使以下宅基地集体所有权:
(一)编制村土地利用规划时,合理布局宅基地;
(二)编制本村宅基地使用年度计划;
(三)对农户宅基地资格权进行认定;
(四)对宅基地的使用进行分配、审核、监督和管理;
(五)对空闲宅基地收回重新利用或再分配;
(六)宅基地使用权流转、交易、跨区域建房的,需经本集体经济组织 3/4 以上户代表同意;
(七)对宅基地调整使用和收益分配;
(八)对宅基地超占和违法建设的处理或举报;
(九)其他涉及宅基地管理的事项。

……

第十四条 保障集体利益,探索农村宅基地所有权用益物权实现途径:
(一)农民自愿有偿腾退宅基地,形成的节余建设用地指标流转中,集体经济组织可以收取指标交易方 20%~30%的增值收益调节金。
(二)宅基地使用权流转、交易由集体经济组织按照"一事一议"收取土地使用方 3%~5%的调节金,并报镇(街道)备案。
(三)跨区域建房由集体经济组织收取被占地村民小组 20%~30%的增值收益调节金,并报镇(街道)备案。
(四)宅基地改变用途调整使用,集体经济组织收取土地使用者 20%~30%的增值收益调转金,或按当地集体经营性建设用地的基准地价 0.05%~0.06%一次性收取调转金。
(五)宅基地的继承、赠与,集体经济组织按当地集体经营性建设用地的基准地价一次性收取土地使用方的有偿使用费。
(六)其他情形,经村民议事决定应该收取的。

……

第十八条 县人民政府监管落实农村宅基地集体所有权;县主管部门指导农村宅基地集体所有权的实现形式;镇(街道)人民政府组织实施农村宅基地集体所有权和收益的落实;集体经济组织具体执行农村宅基地集体所有权和收益的落实。

第十九条　集体经济组织有责任保障每一个宅基地资格权人公平取得和使用宅基地。任何人不得超占、违法使用宅基地。

第二十条　任何单位、任何人不得私自买卖农村宅基地，或非法流转、调整使用宅基地。

第二十一条　任何单位、任何人不得私自收取、减免、截留、挪用和侵占增值收益调剂金、调转金和管理费。

5. 眉山市彭山区

眉山市彭山区为明晰宅基地权益，保障集体所有权有效实现采取了多元举措。第一，彭山区编制了制度文件，出台了《眉山市彭山区农村宅基地所有权、资格权、使用权分置暂行办法》，为所有权的实现明确了指引方向，强化了农村集体经济组织依法拥有的宅基地占有权、管理权、特定收益权和处置权。第二，彭山区通过确权颁证，明确了试点村村民小组集体经济组织的主体地位。截至2021年7月已向第一批试点村的40个村民小组颁发集体土地所有权不动产权证书。第三，彭山区试点村成立了村级宅基地民主管理领导小组对集体资源进行规范化管理，稳妥有序处置历史遗留问题，调解矛盾纠纷，让宅基地管理向有组织、有管理的方向持续发展。

专栏：眉山市彭山区农村改革试验区工作领导小组印发《眉山市彭山区农村宅基地所有权、资格权、使用权分置暂行办法》部分内容，眉彭农改组〔2021〕2号

第二章　农村宅基地所有权

第六条　农户宅基地的所有权，依法由其所在的农村集体经济组织所有。因历史原因，个别农户购买村集体房屋居住或占用村集体土地修建住房的，其宅基地所有权人为村集体经济组织。

在对农村宅基地进行确权登记颁证时，应当载明所有权人名称。

第七条　农村宅基地所有权人负责本集体经济组织农户宅基地的分配、调整和监督管理。

第八条　农村宅基地所有权人，行使下列权利：

(一)对本集体经济组织宅基地资格权的确认权；

(二)符合条件的农村宅基地分配权；

(三)对农户住房建设的监督权；

(四)依据村镇规划、避灾避险搬迁规划，行使农村宅基地调整权和异地安置权；

(五)农村宅基地使用权流转监督管理权；

(六)农村宅基地使用权抵押贷款许可权；

(七)农村宅基地处置权;

(八)农村宅基地收益分配权;

(九)农村宅基地有偿使用收费权;

(十)依照法律和政策规定收回农村宅基地使用权。

第九条 建立健全依法取得、节约集约利用农村宅基地的制度。

探索建立落实和保障农村宅基地所有权人合法权益和集体经济组织成员依法使用、公平使用、超标准有偿使用宅基地的制度。

6.成都市郫都区

成都市郫都区通过积极探索农村宅基地集体所有权的有效实现形式,形成了既体现集体优越性又调动个人积极性的农村宅基地集体所有权管理新机制。一是界定有偿使用范围。对本集体经济组织成员、非本集体经济组织成员和原国家土地管理局《确定土地所有权和使用权若干规定》使用农村宅基地的情况进行划分,限定了有偿使用范围。二是确定收费主体及标准。规定宅基地有偿使用费由村或社集体经济组织负责收取,村级集体经济组织牵头建立宅基地有偿使用收益收缴和有偿使用管理制度,街道办及相关部门给予支持和指导。三是加强监督管理。郫都区要求农村集体经济组织收取的宅基地有偿使用费纳入集体资产统一管理,集体经济组织要完善财务管理和民主监督制度,区财政、审计部门、各街道办要加强监督检查。宅基地有偿使用费主要用于本集体经济组织基础设施建设、民生保障、公益事业及公共支出。此外,对于宅基地有偿使用费的收取、管理和使用要进行公示。

专栏:成都市郫都区农村宅基地有偿使用指导意见(试行)部分内容

第二章 有偿使用范围

第三条 本集体经济组织成员以下情形使用农村宅基地的,应当列入有偿使用范围:

(一)郫都区行政区域内农村集体经济组织按照"定人定面积"原则,以村级组织现有户籍人口为基数,按每人宅基地 30 平方米、附属设施面积 110 平方米标准固化农户宅基地面积(三人以下按三人计算,四人户按四人算,五人户按五人计算,五人以上按五人计算)。超出固化面积的部分纳入有偿使用范围。

(二)集体经济组织成员占用本集体经济组织的建设用地用于生产经营的。

第四条 以下因历史原因造成非本集体经济组织成员使用农村宅基地,应当纳入有偿使用范围:

(一)非本集体经济组织成员通过继承房屋而使用农村宅基地的;

(二)非本集体经济组织成员因各种原因 2017 年 12 月 31 日前已实际使用农

村宅基地居住、生活或经营的。

第五条 根据原国家土地管理局《确定土地所有权和使用权若干规定》，下列情形可以不列入有偿使用范围：

（一）1982年2月国务院发布《村镇建房用地管理条例》之前农村村民建房占用的宅基地，超过当地政府规定的面积，在《村镇建房用地管理条例》施行后未经拆迁、改建、翻建的且仅有一处宅基地的；

（二）1982年2月《村镇建房用地管理条例》发布时起至1987年1月《土地管理法》开始施行时止，农村村民建房占用的宅基地，其面积超过当地政府规定标准，超过部分已按1986年3月中共中央、国务院《关于加强土地管理、制止乱占耕地的通知》及地方人民政府的有关规定处理的。

第三章 收费主体及标准

第六条 宅基地有偿使用费由村或社集体经济组织负责收取，村级集体经济组织牵头建立宅基地有偿使用收益收缴和有偿使用管理制度，街道办及相关部门给予支持和指导。

第七条 郫都区农村集体经济组织宅基地有偿使用费收取参考标准：

（一）本集体经济组织成员（以户为单位计算）超本办法第三条规定面积标准的，超过规定面积部分的按每年5—10元/平方米的标准缴纳有偿使用费。

（二）非本集体经济组织成员通过继承在农村占有和使用宅基地的按实际使用面积，按每年5—10元/平方米的标准缴纳有偿使用费。

（三）集体经济组织成员占用本集体经济组织的建设用地用于生产经营的，按实际占用面积，按每年10元/平方米的标准缴纳有偿使用费。

农村集体经济组织也可经民主决策程序，自主决定本集体经济组织内宅基地有偿使用费收取标准。集体经济组织有偿使用费标准须报区国土资源局、街道办备案。

第八条 农村集体经济组织经集体决策，可以对因残疾、孤寡、贫困等原因确无能力缴纳宅基地有偿使用费的特殊人群，实行缓收、少收或免收。

第九条 村集体经济组织可以自主制定有偿使用费收取方式，可以按分期缴纳，也可以一次性缴纳。

第十条 宅基地有偿使用费收取以《集体土地使用证》或《不动产登记证》证载面积为计费面积标准。

第四章 监督管理

第十一条 农村集体经济组织收取的宅基地有偿使用费纳入集体资产统一管理使用，集体经济组织要完善财务管理和民主监督制度，区财政、审计部门、各街道办要加强监督检查。

第十二条 宅基地有偿使用费主要用于本集体经济组织基础设施建设、民生保障、公益事业及公共支出。

第十三条　宅基地有偿使用费的收取、管理和使用要进行公示，接受村民监督，任何人不得私自收取、减免、截留、挪用、侵占宅基地有偿使用费。

4.3 农村宅基地农民资格权的理论分析

4.3.1 宅基地农户资格权的法律内涵

党的十八大召开之前，我国宅基地分配制度是按照"无偿、无限制"的原则进行。凡是具有我国农村居民成员身份的农村集体成员均可以按照"均分、无偿、无期限"的方式取得宅基地使用权资格。这种无偿无限制的分配方式属于国家行政分配方式，宅基地申请必须是农户，且必须是村集体经济组织成员，始终按照"一户一宅"的要求分配宅基地。农户资格权本质上属于农民集体成员权的组成部分，是取得用益物权性质宅基地使用权的基础[1]。当然，个别地区非本村集体经济组织成员也获取了宅基地使用权，这是一种特殊的资格权获得方式，不具有代表性和普遍性。根据国家相关法律规定，村民可以在一定情况下获得申请宅基地的使用资格。获取宅基地使用权资格的前提必须是农村集体经济组织成员。对于农村集体成员权的定义，学术界有如下两种说法：一是指集体成员包含了管理、使用、收益、处分等各项权利，另外也有学者认为农户资格权实则包含着宅基地取得权、宅基地居住权、宅基地流转权与宅基地收益权等四项具体权能[2]。二是基于成员资格的基础，享受对集体财产和集体事务管理的权利。农村集体经济组织成员往往以某个特定的农村社区为单位进行界定，农村集体经济组织成员的界定需要结合其与所依附的农民集体之间的法律关系以及其生存保障基础进行界定。在法律上，宪法就是保障每个公民的合法权利。"保障农民权益不受损"是深入农村综合改革的底线。从历史的视角来看，从 1978 年改革开放以来，国家层面对农村社会的重视程度越来越高，不断深化农村各项制度改革，推动城乡融合发展，以保障农民的各项权利。

农村宅基地农户资格权是党中央关于农村宅基地改革的一个全新的提法，旨在突破宅基地改革过程中的瓶颈，为农村宅基地资源实现优化配置提供政策条件，是党中央关于农村经济工作管理的一项重要的理论创新，符合城乡融合发展、乡村振兴的新时代要求。宅基地农户资格权是一个全新的法律界定名词，从国内现有的相关研究成果来看，对于宅基地农户资格权的法律内涵研究较为丰富。一是身份权，宅基地农户资格权属于身份权[3]，而不是一项民事权

---

[1] 管洪彦.宅基地"三权分置"的权利结构与立法表达[J].政法论丛, 2021(03)：149-160.
[2] 秦玉莹.宅基地"三权分置"中"农户资格权"的建构——基于"身份权"的视角[J].贵州社会科学, 2021(03)：153-158.
[3] 刘宇晗, 刘明. 宅基地"三权分置"改革中资格权和使用权分置的法律构造[J]. 河南社会科学, 2019, 27(08)：80-86.

利[1]，在认定中应明确宅基地的身份权属[2]。另外，也有学者认为宅基地资格权应为宅基地分配取得资格[3]，或是一项具有身份性和福利性的复合权利，在权利认定时应坚持区分原则[4]。二是集体成员权，宅基地农户资格权应属于农村集体成员权[5]。三是继承权，资格权应是以"户"为主体的无限期可继承权利[6]。四是宅基地分配请求权，宅基地农户资格权利应包括宅基地分配请求权[7]。

4.3.2 宅基地农户资格权的认定困局

按照我国关于户籍的相关法律规定，有的学者认为"户"实际上包括三种情形：一是共同生活户；二是单独生活户；三是共同事业户[8]。对于农民使用宅基地初始取得资格，国家考虑到全国地域差异因素，并未做统一规定，要求各省级政府在充分考虑本地区农村土地利用条件的基础上，采取适当的宅基地获取措施。因此，各地方均根据本地具体情况，对申请宅基地的资格做出更加细致的规定，规定的条件不仅包括身份差异上的限制，还要对事实情况酌情考量。

宅基地农户资格认定的主要依据仍然是以户籍为首要标准，然而户籍本身是随着人口出生即产生，户籍的认定也是伴随着自然人的出生而给定。对于在农村集体内合法出生的每一位公民都具有获得农村户籍的"先天性"条件。然而，人的一生是动态的、不稳定的。事实上，并非所有已经搬离农村的农民都会立刻失去农村集体成员的身份，大多数农民会选择不登记、不退出集体成员资格，这一人群是否还具有宅基地农户资格权？另外，对于本集体经济组织出嫁的女性，倘若其户籍仍然保留在原户籍所在的集体经济组织，是否应该保留其宅基地资格权？对于与本集体经济组织女性结婚的、户籍在本集体之外的男性，其经常居住地在本集体内，又是否应该赋予其本集体的宅基地农户资格权？另一个问题是，现行以户籍为主要宅基地农户资格权利认定标准的原则不利于国家相关统计工作的开展。显然，在统计措施上，农村人口的认定是独立于户籍记录工作的，更注重的是人口的实际经济生活状态，这样的处理情况更贴近农村经济发展的现实。这种统计认定方式可以成功规避户籍制度的弊端，充分反映农村人口的实际情况，农村宅基地发挥农户居住福利保障功能应该按照农村人口的实际需求而定，而不应该受户籍登记的限制过度赋予无须保障的农户宅基地使用资格权。

---

[1] 耿卓.宅基地"三权分置"改革的基本遵循及其贯彻[J].法学杂志，2019，40(04)：34-44.
[2] 高圣平.宅基地制度改革与民法典物权编编纂——兼评《民法典物权编(草案二次审议稿)》[J].法学评论，2019，37(04)：108-117.
[3] 宋志红.宅基地资格权：内涵、实践探索与制度构建[J].法学评论，2021，39(01)：78-93.
[4] 何静."三权分置"下看农村宅基地流转[J].当代县域经济，2021(02)：59-61.
[5] 刘恒科.宅基地"三权分置"的理论阐释与法律构造[J].华中科技大学学报(社会科学版)，2020，34(04)：104-114.
[6] 杨遂全.论宅基地资格权确权及其法理依据——以财产属性为视角[J].中国土地科学，2020，34(06)：35-40.
[7] 陈广华，罗亚文.乡村振兴背景下宅基地资格权研究[J].安徽大学学报(哲学社会科学版)，2019，43(05)：122-128.
[8] 王磊.论我国户籍制度的改革[D].重庆：西南政法大学，2014.

现阶段农村集体组织成员认定的难点在于，农村集体经济组织成员的流动性较大，移居搬迁、结婚离婚、生老病死、求学当兵等造成农村集体成员发生变化，导致农户资格权的认定模糊。当前，农村主要还是以户籍身份作为获取宅基地资格权的主要依据，但是这种操作方式存在诸多缺陷，一方面已在城里有住房，并拥有农村户口的农民，同样可以取得并保留宅基地资格权，另一方面将户口迁出农村进入城市的农民，不具备农村户口，因此不能获得宅基地资格权，这些情形就导致本应获取宅基地资格权的农民不具备资格申请[①]。

2016年国土资源部印发了《国土资源部关于进一步加快宅基地和集体建设用地确权登记发证有关问题的通知》，其中要求对宅基地进行确权登记。至此，国家层面出台该政策有效解决宅基地确权中的历史遗留问题。另外，该通知还就存在争议的"一户多宅"问题的宅基地确权给出了操作参考，提出应结合实际依法处理"一户多宅"问题，分阶段依法处理宅基地超面积问题，"宅基地使用权应按照'一户一宅'要求，原则上确权登记到'户'。符合当地分户建房条件未分户，但未经批准另行建房分开居住的，其新建房屋占用的宅基地符合相关规划，经本农民集体同意并公告无异议的，可按规定补办有关用地手续后，依法予以确权登记；未分开居住的，其实际使用的宅基地没有超过分户后建房用地合计面积标准的，依法按照实际使用面积予以确权登记"。

4.3.3 宅基地农民资格权保障的实践探索

保障宅基地农户资格权是强化农民居住权利，实现农村户有所居的重要举措。从2018年开始，国家提出实施宅基地"三权分置"改革，各试点地区积极尝试宅基地农户资格权的操作办法，形成了农户宅基地资格权票、特殊群体认定规则、资格权重获机制等经验。

1. 浙江省德清县

浙江省德清县出台《德清县农村宅基地管理办法(试行)》，对宅基地农户资格权的各项要求作出了明确规定。一是宅基地农户资格权获取范围应为村股份经济合作社社员。二是规范宅基地农户资格权的认定流程，村股份经济合作社应当根据相关规定，以"户"为单位对本社的社员是否具有宅基地资格权进行认定，认定结果应当在本社内部公示，再报乡镇政府审核，发放宅基地资格权登记卡；村股份经济合作社应当根据本社成员变动情况，及时对宅基地资格权人更新情况进行认定，重新公示后，并变更《村股份经济合作社宅基地资格权登记簿》，更新后的《村股份经济合作社宅基地资格权登记簿》报县国土资源行政主管部门备

---

① 张波. 农村土地制度改革背景下宅基地使用权申请取得制度的改革与完善[J]. 中国农业资源与区划，2016(03): 148-155.

案。三是明确宅基地农户资格权退出要求。在资格权人自愿的基础上，鼓励有条件的镇(街道)和村股份经济合作社通过建设集体公寓、置换城镇国有住房等方式引导农民自愿退出宅基地。

专栏：德清县人民政府关于印发《德清县农村宅基地管理办法(试行)》的通知，德政发〔2018〕31号(部分内容)

第四章　宅基地资格权

第十六条　村股份经济合作社社员依法享有宅基地资格权，是指村股份经济合作社社员按照法律、法规规定依法取得宅基地的权利。宅基地资格权应当以"户"为单位认定登记，并以"户"为单位统一行使(以下简称"资格权人")。

第十七条　村股份经济合作社应当根据相关规定，以"户"为单位对本社的社员是否具有宅基地资格权进行认定，认定结果应当在本社内部公示，无异议的，报所在地镇人民政府(街道办事处)审核同意后，登记形成《村股份经济合作社宅基地资格权登记簿》，并为宅基地资格权人发放资格权登记卡。村股份经济合作社应当将《村股份经济合作社宅基地资格权登记簿》报县国土资源行政主管部门备案，作为宅基地审批的依据。

第十八条　资格权人可以因家庭成员变动等原因，向村股份经济合作社申请分户。分户须经村(居)民委员会审查、镇人民政府(街道办事处)审核同意，并在村股份经济合作社内部公示无异议后方可确认。具体办法另行制定。

第十九条　村股份经济合作社应当根据本社成员变动情况，及时对宅基地资格权人更新情况进行认定，重新公示后，报所在地镇人民政府(街道办事处)审核，并变更《村股份经济合作社宅基地资格权登记簿》，更新后的《村股份经济合作社宅基地资格权登记簿》报县国土资源行政主管部门备案。

第二十条　未取得宅基地的资格权人可以向村股份经济合作社申请落实宅基地，村股份经济合作社应当予以解决；在资格权人自愿的基础上，鼓励有条件的镇(街道)和村股份经济合作社通过建设集体公寓、置换城镇国有住房等方式，保障资格权人"户有所居"；在自愿有偿的基础上，允许资格权人退出宅基地资格权。

第二十一条　资格权人没有宅基地且不申请落实宅基地的，可以凭村股份经济合作社出具的资格权人证明、未取得宅基地证明和放弃宅基地资格权承诺书，向县申请享受政府住房保障政策。具体办法另行制定。

第二十二条　资格权人未申请宅基地且不愿退出宅基地资格权的，可以申请领取《农户宅基地资格权票》，资格权人可以凭《农户宅基地资格权票》申请居住补贴。具体办法另行制定。

第二十三条　经认定的宅基地资格权原则上不得收回，不得以退出宅基地资格权作为农民进城落户的条件。但有下列情形之一的，村股份经济合作社应当收回宅基地资格权：(一)不再属于本村股份经济合作社社员的；(二)经自愿申请退出宅基地资格权的；（三）在其他集体经济组织已享受宅基地的；（四）已享受过拆迁安置政策的；（五）村股份经济合作社社员已享受过房改购房（含集资建房、住房补贴）、经济适用住房（含货币补贴）等住房政策的；（六）其他不符合宅基地资格权的情形。

2. 四川省泸县

四川省泸县在农村宅基地资格权认定方面做出了重要突破，明晰了宅基地资格权认定程序、取得、灭失、行使等方面的权利，通过建立资格权人台账，以每年动态更新的方式确定资格权人总量，并根据宅基地资格权的权利与义务，将资格权划分为宅基地成员资格权和特殊资格权，建立了一套科学的宅基地资格权管理办法。一是明确了宅基地资格权取得办法。明确宅基地资格权认定由集体经济组织完成，对于户籍在集体经济组织中的人群，可原始获得宅基地资格权，严格按照"一户一宅"的原则分配宅基地的使用。二是对于各类原因致使长期居住在农村的特殊人群，可有偿取得宅基地资格权，分户的宅基地使用面积为原住宅面积减去原户籍人口应使用的面积之差。三是明确了宅基地资格权灭失的情形。明确了宅基地资格权不可继承、不可赠予、不可流转的原则，并且详细规定了各类宅基地资格权灭失的情形。对于在县域内农村村民跨区域建房使用宅基地，要放弃享受原籍地宅基地使用权。四是明确了宅基地资格权行使与管理要求。突破了宅基地资格权只能在本集体经济组织内行使的限制，将宅基地资格权行使的范围扩大至县域范围内的村庄规划区。同时建立了宅基地资格权的动态管理方式，规定因进城安居、结婚离婚离开村庄但户口保留在农村的群体，可申请保留宅基地资格权。

专栏：《泸县人民政府办公室泸县认定农村宅基地资格权的指导意见》部分内容

第十三条 以下情形之一取得资格权。

（一）父母双方或者一方是本集体经济组织成员，不论是合法生育还是违法生育，户口落户在本集体经济组织的人员。

（二）因合法婚姻关系，将户口迁入本集体经济组织的人员。

（三）经过合法程序收养的子女且户口迁入本集体经济组织的人员。包括本集体经济组织成员于1992年4月1日《收养法》颁布之前收养而未办理收养登记手续的人员。

（四）因国家政策迁入的人员。主要包括因国家建设，由政府安置而迁入本集体经济组织的在册农业人口、移民户及其子女。

（五）原籍在本集体经济组织的现役义务兵和符合国家有关规定的士官。

(六)原籍在本集体经济组织的大中专院校在校学生。

(七)原籍在本集体经济组织的服刑人员。

(八)原籍在本集体经济组织的散居或集中供养的五保户。

(九)在城镇居住或有偿保权退出宅基地,而户籍仍然保留在本集体经济组织的人员。

(十)就地城镇化建立新型社区,农民就地转移为城镇户籍的人员。

……

第十七条 以下情况之一的特殊人员,可有偿取得和使用宅基地。

(一)因婚姻嫁娶一方有宅基地成员资格权,而另一方没有资格权,户籍又无法迁入,同时没有居住保障的人员。

(二)共同生活的夫妻及其子女,一方有宅基地成员资格权,而另一方没有资格权,并长期居住、生活在一起,并是唯一居住地的人员。

(三)就学或外出务工时,户籍已经迁出,落户为城镇户口,毕业或在外工作一段时间后,又返回农村,并长期(3年以上)从事农业工作,而且在城镇和农村没有任何独有或共有住房产权的人员。

(四)因国家政策调整或其他因素导致农转非,而又长期居住在农村(社保转移人员),并且是唯一居住地的人员。

(五)因历史原因形成的轮换工、赡养、托孤等,长期居住在农村,并且是唯一居住地的人员。

(六)其他特殊情况,并符合资格权认定的政策,按程序确认其资格权。

……

第二十一条 以下情形之一终止农村宅基地资格权

(一)死亡或被依法宣告死亡的。

(二)以书面形式自愿申请放弃农村宅基地资格权的,且进城落户的农村村民。

(三)因政府行为、国家建设导致的集体经济组织解散的。

(四)因土地征收农转非人员,并进行了房屋和社保安置的。

(五)资格权人户籍迁出泸县,不再是泸县村民的。

(六)被国家机关、事业、国有企业、群团组织、民主团体正式招、录、聘用,由国家财政供养的。

(七)其他法律、法规规定的情形。

……

第二十五条 宅基地成员资格权人可以在县域范围内的村庄规划区,按宅基地制度和当地的规定,经双向选择使用其资格权。

……

第二十七条 宅基地资格权人自愿将自己的宅基地使用权出租、入股或改变用途后,不能重复使用资格权再次申请宅基地。

第二十八条　宅基地资格权以人确定，以户为单位，以台账登记，动态管理。每年由村民小组清查核实，村民委员会复核审查后张榜公示。并报镇(街)和农业农村局备案。

3. 河南省长垣市

河南省长垣市首先通过村民集体会议的方式对宅基地农户资格权进行认定，而且对于退伍军人、大学生、返乡创业人员等特殊群体，在符合要求的情况下可赋予宅基地农户资格权。其次是明确宅基地农户资格权行使要求。通过"按人确认、按户实现"的方法行使资格权，遵循"一户一宅"的限定条件，保障农村村民的基本居住权利。鼓励各村以联建、统建房屋形式保障农户资格权。具有资格权的农户可以无偿取得本集体分配的宅基地，有条件的村庄也可通过竞价方式实现宅基地资格权，竞买价格要公开最高限定价格，分配新增的宅基地原则上不高于国有征地区片价格，分配收回的宅基地原则上不高于收回成本的 1.5 倍，分配联建、统建房屋原则上不高于房屋建设成本的 1.5 倍。再次是明确宅基地农户资格权退出与保留。禁止转让资格权；鼓励进城落户农民将资格权自愿有偿退还给原集体，在退还后农户资格权消失，但不影响农民作为集体经济组织成员身份享受的集体权益。

4. 眉山市彭山区

第一，眉山市彭山区出台了《眉山市彭山区农村宅基地所有权、资格权、使用权分置暂行办法》，改变了彭山区原来资格认定标准、认定程序双重缺失的状况，经过村民多次开会讨论，举手表决，公开、民主、规范地确定了认定办法，明确了户口一直保留在本集体经济组织的，因合法的婚姻、收养关系并将户口迁入本集体经济组织的，集体经济组织成员生育子女且户口在本集体经济组织的等五大类人员可以取得资格权；还明确规定了原户籍在本集体经济组织的现役士兵（含三级以下士官）、原户籍在本集体经济组织的大中专院校在校学生；原户籍在本集体经济组织的服刑人员等四大类可以保留其资格权。另外，对死亡或被依法宣告死亡的、已依法或申请取得其他农村集体经济组织成员资格的、自愿有偿退出农村集体经济组织成员资格的等十类人员也明确了不再享有农村宅基地资格权。第二，彭山区通过确权颁证明确了资格权农户权益。截至 2021 年 7 月已向试点村颁发了《农村宅基地资格权证书》7000 余本，明确记载了资格权人的准确信息。第三，关于资格权后续日常管理，彭山区在试点村以小组为单位收集汇编了《农村宅基地资格权登记簿》。镇人民政府(街道办事处)及村组集体经济组织按照动态管理的要求，持续跟进农村宅基地资格权的变更登记工作，保障宅基地资格权管理清晰明确。

第4章 农村宅基地"三权分置"改革政策的理论分析

专栏：眉山市彭山区农村改革试验区工作领导小组印发《眉山市彭山区农村宅基地所有权、资格权、使用权分置暂行办法》眉彭农改组〔2021〕2号（部分内容）

第三章 农村宅基地资格权

第十条 建立全区农村宅基地资格权管理制度。农村宅基地所有权人应当遵循依法、公开、民主、规范的原则，准确界定本集体经济组织成员的宅基地资格权。

第十一条 凡符合下列条件之一的人员，应当确认其农村宅基地资格权：

（一）户口一直保留在本集体经济组织的；

（二）因合法的婚姻、收养关系，并将户口迁入本集体经济组织的；

（三）集体经济组织成员生育子女，且户口在本集体经济组织的；

（四）符合政策规定，将户口转为非农业人口，但仍保留集体经济组织成员身份的；

（五）因政策性原因，将户口迁入本集体经济组织的。

第十二条 凡下列人员，应当保留农村宅基地资格权：

（一）原户籍在本集体经济组织的现役士兵(含三级以下士官)；

（二）原户籍在本集体经济组织的大中专院校在校学生；

（三）原户籍在本集体经济组织的服刑人员；

（四）符合法律、法规和政策规定的其他人员。

第十三条 凡具有下列情形之一的人员，不再享有农村宅基地资格权：

（一）死亡或被依法宣告死亡的；

（二）已依法或申请取得其他农村集体经济组织成员资格的；

（三）自愿有偿退出农村集体经济组织成员资格的；

（四）自愿有偿退出农村宅基地资格权、使用权的；

（五）本集体经济组织依法解散的；

（六）出让农村住房财产权的；

（七）在土地征收拆迁安置中，享受了住房安置或货币化安置的，以及在土地整理项目中，享受了货币化安置的；

（八）已被录取为国家行政机关事业单位在编人员的；

（九）军人转业后享受房改或住房优惠政策等住房保障待遇的；

（十）其他不符合保留成员资格规定的。

第十四条 非本集体经济组织成员继承或通过合法途径获得农村住房财产权的，不参与且不确认其农村宅基地资格权。

第十五条 界定确认农村宅基地资格权，应当遵循下列程序：

（一）登记。以原村民小组为单位，逐户登记截至村民代表大会确定的基准日，具有及保留农村宅基地资格权的人口情况；

（二）公示。以原村民小组为单位，公示初步登记名单不少于七个工作日；

(三)确认。公示期满后,召开原村民小组全体或户主(代表)会议,审查本集体经济组织具有宅基地资格权,以及保留宅基地资格权的成员名单,并形成有参会人员签名的确认决议;

(四)登记造册。以原村民小组为单位,经村民委员会审查后报镇人民政府(街道办事处);

(五)审核颁证。镇人民政府(街道办事处)依据各村民小组上报的宅基地资格权确认名册,向农户颁发《农村宅基地资格权证书》。

第十六条　建立《农村宅基地资格权登记簿》。镇人民政府(街道办事处)及村组集体经济组织,应当按照动态管理的要求,及时做好农村宅基地资格权的变更登记工作。

农村宅基地资格权的变更登记事项,应当在原村民小组公示无异议后进行。

5. 佛山市南海区

佛山市南海区通过建立农村宅基地权益资格名录库的方式,在宅基地可建区、限建区和禁建区实行差别化的农村宅基地申请资格准入制度。一是确定农村集体经济组织成员享有的住有所居权益资格[①]。对位于宅基地可建区或限建区的名录库内成员与位于宅基地禁建区的名录库内成员的住有所居权益资格进行清晰划分。二是确定准入资格。在满足农村集体经济组织成员身份的基础上对纳入名录库的要求进行申请。南海区结合宅基地改革的实际情况确定了五种纳入名录库和八种不得纳入名录库的情况。三是严格把控名录库建库程序。对符合准入资格的农村集体经济组织成员,严格按照程序申请纳入名录库,并且对名录库实行动态管理(图4-4)。

申请 ➡ 初审及公示 ➡ 复审 ➡ 联审及公示 ➡ 审定 ➡ 公布 ➡ 备案

图4-4　南海区名录库建库程序

专栏:佛山市南海区农村宅基地权益资格认定办法(部分内容)

第二章　准入资格

第四条　满足以下条件之一的农村集体经济组织成员,可申请纳入名录库:

(一)户内无宅基地且年满十八周岁的人员;

(二)户内仅有一处宅基地,本户中有已达到法定结婚年龄需要分户且其名下无宅基地的人员;

---

① 杨学伟.广东省湛江市坡头区农村宅基地流转模式研究[D].北京:中国地质大学(北京),2019.

(三)因国家或集体建设(含征地拆迁)、移民、灾毁等需要迁建、重建的原宅基地使用者;

(四)原宅基地已被本农村集体经济组织收回,在交回后户内没有其他宅基地的原使用者;

(五)其他按规定符合申请条件的人员。

第五条　有下列情形之一的,不得纳入名录库:

(一)申请人或其配偶在本农村集体经济组织范围内已有宅基地(含已建未登记的宅基地、村居社区公寓)的;

(二)申请人或其配偶已申购村居社区公寓未退出的;

(三)申请人的父母、子女在本村(居)范围内的宅基地涉及"一户多宅"(含已建未登记的宅基地、村居社区公寓)的;

(四)申请人自2008年4月30日之后以转让、赠与或者其他形式流转宅基地及地上房屋、村居社区公寓的;

(五)申请人将宅基地改为经营性场所等非自住用途的;

(六)申请人征地拆迁时已有住宅安置或承诺放弃宅基地安排的;

(七)申请人原房屋位于征地拆迁范围,已签订拆迁回迁协议,根据拆迁协议应由原宅基地使用者负责拆除但原房屋并未全部拆除或者收回的;

(八)其他不符合申请的情形。

4.4　农村宅基地使用权能的理论分析

4.4.1　宅基地使用权的"受限"流转难以显化财产权

1. "受限制"的使用权流转制度不利于保障农户财产权

随着城镇化进程的加快,农民迫切需要实现宅基地的财产价值,存在追求土地价值增值收益的强烈愿望。然而,要体现宅基地对农民的财产功能,使农民享受宅基地的价值增值收益,必须以宅基地的合法流转为前提,实现宅基地流转的社会保障和经济财产功能[①]。在"房地一体"的原则下,宅基地与房屋不可拆分,客观上限制了宅基地流转,在一定程度上也限制了房屋的流转。即便是在同样的地段,农村居民的房屋与城市居民的房屋相比,在产权形式上也受到差异化待遇,农村居民的房屋不能像城市居民住房那样通过合法的市场途径实现其价值。现行法律法规对宅基地所限定的单一居住保障功能,在一定程度上限制了宅

---

① 张勇,周丽.农村宅基地多元盘活利用中的农民权益实现[J].中州学刊,2021(04):41-47.

基地使用权的流转[1]。在宅基地使用权流转法律法规并不明确的情况下，不管是出让者还是受让者，都无法找到明确的宅基地流转法律参考依据[2]。本书认为，当前"受限制"的农村宅基地流转制度不仅违背了"对财产提供一体保护"的法律原则，同时也是导致农村宅基地粗放利用的重要原因。面对城乡建设用地的供需现状，限制农村宅基地自由流转势必导致资源利用的低效率。但是，放开宅基地流转应考虑农民退出宅基地之后的生活保障，如果农民没有相应的社会保障，则势必引发其他社会问题。

2. 跨集体流转隐形市场使农户财产权益受损

由于农村宅基地属于农民集体所有，农民只需凭借农村居民身份便可申请长期无偿使用，农民在出让宅基地时往往只考虑宅基地上的房屋建造成本，对土地价值的概念薄弱。现实流转过程中通常是随意定价，大部分区域农村宅基地的获得成本十分低廉，农民的土地权益受损。另一方面，在宅基地流转过程中，宅基地集体所有的产权性质毫无体现，参与流转全过程的只有农民，村集体经济组织不仅丧失参与权，甚至连知情权都被忽略，房屋出售和出租的收益尽归农民个人所有。随着城镇化进程的推进，农村宅基地的隐形流转在城乡接合部日益活跃，越来越多的农民为了获利而将房屋使用权出租，部分人私下流转宅基地，将宅基地变为商业建设用地，获取高额利润，最典型的就是"小产权房"。然而，由于城市房价过高，部分无法支付城市住房高价格的城市居民或外来务工者对这种"小产权房"比较青睐，在城乡接合部农村宅基地集体改造成"小产权房"以谋取高额利润的违规操作行为屡禁不止。这种"小产权房"与城镇建设商品住房存在产权性质上的本质差别，买者所获得的"小产权房"居住权利得不到法律保障，房屋也不具备城镇房屋的财产功能。

4.4.2 宅基地使用权的权能亟待盘活

1. 盘活宅基地使用权渠道有待畅通

农村宅基地制度在过去较长一段时间内使广大农民群众的居住权益得以保障，无论农民现阶段的生产生活需求对居住需求产生怎样的影响，凭借其天生拥有的集体成员身份已经享有的宅基地永久使用权可以为农民的生活提供最后一道保障。然而，宅基地使用制度本身的滞后性和监管失灵导致农民对这一权利的过度索取。"空心村"的大量出现说明了宅基地的使用效率非常低，资源浪费程度非常大。放活宅基地使用权的提出与试点改革是党中央、国务院针对当前农村宅基地资源利用的"短腿短板"问题提出的一项重大部署。宅基地使用权放活必然

---

[1] 张勇. 乡村振兴背景下农村宅基地盘活利用问题研究[J]. 中州学刊，2019(06)：37-42.
[2] 徐轶博. 农村宅基地使用权流转问题探索[J]. 山西农经，2021(11)：85-87.

要与金融、资金、资本联系。事实上,近年来全国许多地区已经开始探索开发农村宅基地的资产功能价值,许多地区都在进行宅基地使用权抵押贷款试点工作。根据国家统计局发布的数据,从 2010 年开始,农民财产性收入显著提高,在年度纯收入中的比例有所增加,但城乡居民之间财产性收入差距仍然较大。土地融资才能壮大农村经济发展,2013 年国务院办公厅印发的《国务院办公厅关于金融支持经济结构调整和转型升级的指导意见》提出开展宅基地使用权抵押贷款试点,这是我国农村金融领域的一个重大突破,是彰显农村宅基地资本功能价值的制度依据,也给乡村振兴战略的实施带来动力。

专栏:《国务院办公厅关于金融支持经济结构调整和转型升级的指导意见》部分内容,国办发〔2013〕67 号

四、加大对"三农"领域的信贷支持力度

优化"三农"金融服务,统筹发挥政策性金融、商业性金融和合作性金融的协同作用,发挥直接融资优势,推动加快农业现代化步伐。鼓励涉农金融机构在金融服务空白乡镇设立服务网点,创新服务方式,努力实现农村基础金融服务全覆盖。支持金融机构开发符合农业农村新型经营主体和农产品批发商特点的金融产品和服务,加大信贷支持力度,力争全年"三农"贷款增速不低于当年各项贷款平均增速,贷款增量不低于上年同期水平。支持符合条件的银行发行"三农"专项金融债。鼓励银行业金融机构扩大林权抵押贷款,探索开展大中型农机具、农村土地承包经营权和宅基地使用权抵押贷款试点。支持农业银行在总结试点经验的基础上,逐步扩大县域"三农金融事业部"试点省份范围。支持经中央批准的农村金融改革试点地区创新农村金融产品和服务。(财政部、国土资源部、农业部、商务部、人民银行、林业局、法制办、银监会等按职责分工负责)

2. 宅基地使用权流转过程中农户获得感不足

农村集体拥有宅基地所有权,而农民只具有宅基地的使用权。政府在"公共利益"范围内有权行使对宅基地的征用权,从而转变农村宅基地的权属关系,即宅基地集体所有权从村集体所有转为国家所有。事实证明,我国农村宅基地使用制度并没有在宅基地产权外部性内部化当中起到约束完善作用。

各利益主体在现行的宅基地使用制度下均存在不同程度的追租动机,都在获取自身利益最大化,如图 4-5 中的农村宅基地使用权流转过程中各利益主体的追租路径图,最终对社会效益造成损失。一般情况下,农村宅基地分配使用和追租利用的过程可以描述为:①政府职能部门根据实际国情制定相应的宅基地使用制度,为充分保障农村居民的居住权,制定有相应的使用标准(每户宅基地使用面积上限为 140 平方米);②农村宅基地使用过程中的各利益主体视制度和政策的完备性而采取宅基地利用方式,当制度和政策存在所谓的"公共领域"时,各主体将追逐自身利益的最大化;③宅基地利用过程的追租行为会直接导致宅基地低效、过度利用,从而最终使社会效益遭受损失;④政府职能部门通过信息收集和下级单位的意见反馈,滞后性地弥补信息获取劣势,并以此为据形成进一步完善农村宅基地使用制度的动机,从而导致在农村宅基地使用权流转过程中农民普遍反映获得感不足,权益保障未能体现。

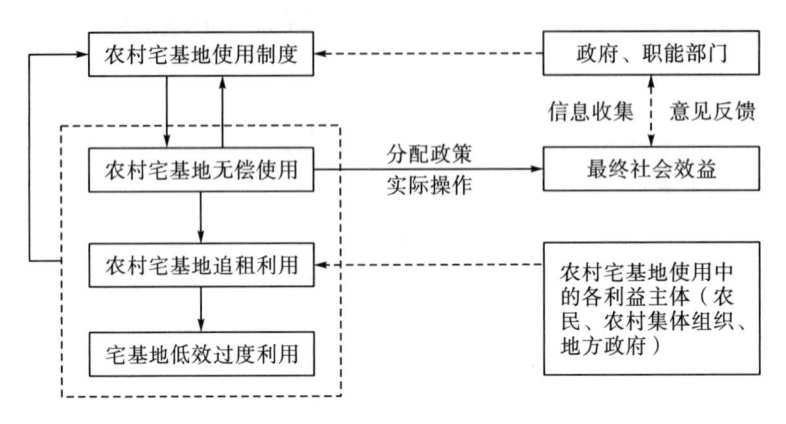

图 4-5　农村宅基地使用权流转过程中各利益主体的追租路径图

4.4.3　宅基地使用权的委托代理关系

农村集体经济组织作为本村宅基地使用管理制度实施的委托人,需要决定与其他相关组织的关系,主要是如何组合制度实施代理人以便更好地发挥制度效力。通常情况下,村集体经济组织需要获得信息依据,并且应建立监督机制,因为监督人付出努力的多少决定于制度实施效率的高低,而将制度监管的任务委托给具体的代理人是否有用是委托人判断的重要决策依据。

由于代理人联盟一定无益于宅基地集体所有权制度的实施,在组织关系设计时,要考虑到代理人的合谋激励,尽量不给代理人建立联盟的机会。如果目标简化为代理人和其监督人建立的协议,委托人就要使用非统一的规则以消除代理人与其监督人达成协议的后果,因为监督人所提供的所有信息是扭曲不可采用的。集权化组织体系的优越性建立在体制本身的准确性、连续性和规范统一的基础上,如此节省了博弈成本和个体摩擦,而且能够避免代理人与监督人形成寻求收入的联盟。

根据劳动经济学的一般性结论,在层级制中,引入新人是风险最低的委托方式。该结论成立的假设前提是,委托人比代理人具备更少的专业技能,或者由委托人自己完成的成本更高。以宅基地违规超标用地清查为例,为了激励基层清查工作者付出努力,清查工作者的收入应该建立在正确核查宅基地使用面积、获取来源的基础上。为了了解清查工作者是否真正丈量了集体内每一户的宅基地使用面积并核查了每一处宅基地的获取来源，监督人可以拜访一部分本集体内的农户，检查清查工作结论的可靠性。但是，监督人的工作效率仍然取决于监督人本身愿意付出的努力程度。从效率角度分析，一旦代理人的工作都已经尽最大努力完成了，那么监督工作就是无效率的。之所以设计监督人的职责岗位，目的就是激励代理人付出努力，而此时代理人已经付出了最大努力履行制度规定，监督激励效率为零。

假设聘请监督人的效用函数形式如下：
$$U(w, e) = u(w) - v(e)$$
式中，w 表示监督人的收入报酬，$e(e \geq 0)$ 表示监督人在分析劳动市场条件、供需关系、监管难易程度后决定付出的努力水平。

效用值随收入的提高而增加，但增长速度递减，函数关系满足如下假设：
$$u' > 0, \quad u'' < 0$$

效用值与努力水平呈现为反向变动关系，努力成本函数为增函数，且随着努力程度的增大，负面效应递增加速，假如没有付出努力就意味着负面效应为 0。具体函数关系满足如下假设：
$$v' > 0, \quad v'' > 0, \quad v(0) = 0, \quad v'(0) = 0$$

由于实际上宅基地集体所有制的社会效应难以测算，但违规使用的宅基地面积可以测算，因此假设村集体经济组织所获的效益为 $B(x, w)$。$x \in X$ 表示违规使用宅基地的面积，其数值在本村宅基地面积区间之内。假设违规使用宅基地的面积分布密度是一个连续函数 $f(x, e)$。

村集体经济组织的目标函数为：
$$\max \int B(x, w) f(x, e) \mathrm{d}x$$
$$\text{s.t.} \quad \int u[w(x)] f(x, e) \mathrm{d}x - v(e) \geq \underline{U}$$

用 λ 表示参数约束乘数，关于监督人的收入报酬 w 的一阶条件为：
$$-f(x, e) + \lambda u'[w(x)] f(x, e) = 0$$

由于参与约束，对于所有的 x，有：
$$w = u^{-1}[\underline{U} + v(e)]$$

运用这一结果，将村集体经济组织的目标函数具体化为：
$$\max \int B(x, w) f(x, e) \mathrm{d}x - u^{-1}[\underline{U} + v(e)]$$
$$\int B(x, w) f'_e(x, e) \mathrm{d}x \frac{v'(e)}{u'[u^{-1}\underline{U} + v(e)]} = 0$$

在监督人的努力水平并不是一个固定值的事实框架下，需要进一步引入激励约束条件，此时村集体经济组织的目标函数进一步演化为：

$$\max \int B(x, w) f(x, e) \mathrm{d}x$$
$$\mathrm{s.t.} \int u[w(x)] f(x, e) \mathrm{d}x - v'(e) \geqslant \underline{U}$$
$$\int u[w(x)] f'_e(x, e) \mathrm{d}x - v'(e) = 0$$
$$-f(x, e) + \lambda u'[w(x)] f(x, e) + \mu u'[w(x)] f'_e(x, e) = 0$$

从中求解得出：
$$\frac{1}{u'[w(x)]} = \lambda + \mu \frac{f'_e(x, e)}{f(x, e)}$$

当 $\dfrac{f'_e(x, e)}{f(x, e)}$ 关于 x 递增时，给定努力水平，那么监督人的收入报酬也会关于 x 递增。因此，监督人与代理人的委托管理协议最好是同时完成。对于序列完成的情况，约束程度取决于参与人的特征，同时还取决于关系发生的特定环境。

对于农村宅基地集体所有权的制度组织设计，需要考虑的是，村集体经济组织可以自己完成监督任务，同时也可以聘请一个监督人去完成监督工作。由于整体上村级集体经济组织发展水平仍相对较低，选择聘请监督人去完成监督工作是比较符合实际情况的一种组织设计方式。村集体委托监督人进行监督时，就必须进行合理的组织设计，目的在于使监督人能够付出较高的努力水平并诚实上报监督工作所得全部代理人的工作信息。

4.4.4 宅基地使用权的主体利益分享博弈

宅基地整治过程中的利益分配涉及诸多利益参与者，其中两类最为重要的利益分配主体是以经营利润最大化为目的的土地整治企业组织，另一类是以本集体成员利益最大化为目标的基层政府，在这里从理论上将地方基层政府视为完全反映农民权益的决策代表，不考虑政府组织管理和制度内部的道德风险、寻租等问题。如此，其实可以将宅基地整治过程中的利益分配问题看作是基层政府与社会企业对土地整治产生的利益分配问题，分配均衡产生的博弈过程与"手雷博弈"的原理类似[①]。

假定宅基地整治过程中不存在信息不对称问题，基层政府和企业组织对彼此的选择偏好和决策环境都具有完全信息，整个利益均衡的博弈过程属于完美信息的动态博弈。分析宅基地整治中的利益分配博弈，需要做如下假定：

(1) 基层政府作为参与者 1 可以从可行集 A_1 中选择一个行动 a_1；

(2) 企业组织作为参与者 2 观察到 a_1，之后从可行集 A_2 中选择一个行动 a_2；

---

① 手雷博弈是典型的完全完美信息博弈，先行为的理性博弈人在前面阶段选择策略时，必然会考虑后行博弈人在后面阶段中将会怎样选择策略。因而，只有在博弈的最后一个阶段，不再有后续阶段牵制的情况下，博弈人才能作出明智的选择。在后面阶段博弈人选择的策略确定后，前一阶段的博弈人在选择策略时也就相对容易。

第 4 章　农村宅基地"三权分置"改革政策的理论分析　　135

(3)基层政府和企业组织的收益分别表示为：$u_1(a_1, a_2)$ 和 $u_2(a_1, a_2)$

$$\max u_2(a_1, a_2), \; a_1 \in A_1, \; a_2 \in A_2$$

企业组织的可选择行动空间 A_2 是依赖于基层政府的行动 a_1 的，这种依赖关系表示为一种函数关系，即 $A_2(a_1)$，当然也可以合并到企业组织的收益函数中，对那些给定的行为 a_1，如果企业组织的行为不可行，则有关系式 $u_1(a_1, a_2) = -\infty$ 成立。如果基层政府对整治合同有终止权，当企业组织在整治过程中行为失当时，基层政府将终止合同，博弈结束，对于基层政府这样的决策 a_1，可行的行为空间 $A_2(a_1)$ 中只有一个元素，企业组织将别无选择。

由于基层政府能够和企业组织一样从所掌握的信息推断出其最优反应，因此基层政府可以预测企业组织的最优行为选择，如此，基层政府在第一阶段要解决的问题就是：

$$\max u_1[a_1, R_2(a_1)], \; a_1 \in A_1$$

显然，在具体的宅基地整治的利益谈判中，两阶段的决策一般极少出现，宅基地整治过程具有长期性，且土地整治项目涉及环节众多，投标企业在决定投标和各个环节的行为时会多层次地考虑其决策，因此在多数情况下宅基地整治属于多阶段的决策博弈过程。

下面进一步讨论三阶段的决策博弈情况，其中基层政府可以有两次行动机会，也就是在企业组织执行完毕后，基层政府还具有处置决策权。

第一步，基层政府可以选择 L 或者 R，其中，L 是政府决定不与企业组织合作开展宅基地整治项目，结束博弈，基层政府的收益为 2，企业组织的收益为 0。

第二步，企业组织在得知基层政府的选择后，如果基层政府决定与其开展宅基地整治项目，即第一步的行为决定是 R，此时企业组织的行为空间包括：按规定开展项目 R' 或者违规开展项目 L'，违规开展项目 L' 的行为会导致项目终止，博弈结束，此时基层政府的利益有所损失，企业组织也只能得到部分收益，博弈双方的收益均为 1。

第三步，基层政府观察到企业组织在宅基地整治过程中的行为时，决定这一步的决策，如果前两阶段基层政府都没有终止项目，此时基层政府选择集合包括 R'' 和 L''，由于此时项目已接近尾声，无论如何选择，项目开发都将结束。

这个博弈的逆向归纳法求解过程可以从第三步入手。第三步中，基层政府面临的选择是：L'' 可以获得的收益为 3，R'' 可以获得的收益为 2，从这里来看，L'' 是最优的。如果这个选择成立，那么在第二步，企业组织一旦预测到这个结果，就会在第二步选择 L'，此时项目违规会使基层政府遭受巨大损失，收益为 1。这样，在第一步，基层政府预测到在第二步时企业组织会选择违规，那么基层政府会在第一阶段就终止项目，选择不开展宅基地整治项目，此时农村土地资源利用改进效率为 0。如此，就形成了一个恶性循环的博弈过程，使得最终的博弈均衡解不符合资源改进效率的期待。

更贴近实际情况的宅基地整治多阶段博弈过程可以通过决策树来直观表示，如图 4-6 所示。

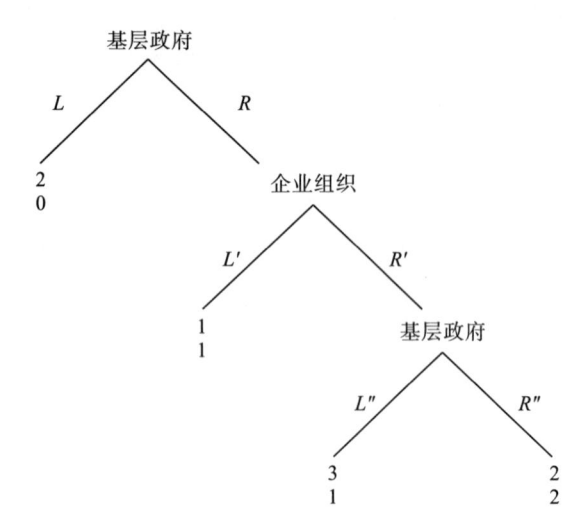

```
                    基层政府
                   L /    \ R
                    /      \
                   2      企业组织
                   0      L' /    \ R'
                           /      \
                          1      基层政府
                          1      L" /  \ R"
                                  /    \
                                 3      2
                                 1      2
```

图 4-6 宅基地整治过程利益分配的博弈路径

由于按照利益优先原则，理论上的博弈过程呈现出基层政府倾向于不开展宅基地整治项目。然而，这种决策与实际情况存在出入，因为基层政府始终希望能够开展宅基地整治项目，并且总是愿意相信在相关规定下，企业组织不会选择违规操作，损失项目收益。一方面，政府组织与一般意义的利益组织不同，他们不仅代表集体组织中农民群众的利益，也代表整个社会发展、经济建设，甚至财政补给的责任；另一方面，政府组织的行为决策还受党中央宏观政策导向的影响，开展土地整治工作本身受中央政策和财政上的鼓励，鼓励社会企业组织开展宅基地整治工作可以对宅基地的集约利用产生推动作用，对基层组织来讲在侧面具有一定的正面积极效应。

4.4.5 宅基地放活使用权的实践探索

1. 河南省长垣市

试点地区河南省长垣市专门出台文件，采取多元化举措放活宅基地使用权。首先，经村委会或村级以上集体经济组织同意后，鼓励城市规划区外的宅基地使用权在县域范围内农村村民之间转让，跨集体流转宅基地使用权应当严格限定取得条件、期限和用途，不得进行商品住宅开发。宅基地使用权流转年限原则上不超过 20 年，但按照乡镇建设规划实施且办理集体土地转让手续的，转让年限不超过70年。其次，拓展宅基地使用功能。在保障户有所居和资格权行使到位前提下，村庄规划范围内的存量宅基地在村委会或村级以上集体经济组织回收后，在不改建、不扩建的前提下，可以农民集体名义出租、出让、合作等方式开发利用，用于发展乡村旅游、新产业新业态等，用途按照现状管理[①]。宅基地在不改建、不扩建的前提下，农民自发用作经营用途时也可按照现状管理。

2. 成都市温江区

成都市温江区进行"放活宅基地使用权+文旅开发"的农村宅基地改革实践。温江区积极引进市场主体，通过政策引导、试点先行、文旅开发等方式积极探索农村宅基地使用权退出，具体做法如下：第一，温江区政府选定和盛镇、万春镇、寿安镇的农村区域进行实践改革，出台关于宅基地使用权退出的文件。第二，集中整合宅基地资源。集中整合农户闲置农房、宅基地，以及现有院落、林盘等分散资源；开展民宿创意、特色点位等文创设计。同时，把乡建文化作为平台，将艺术植入乡村，促进紫薇产业与文化、康养、旅游等产业深度整合。寿安镇百花社区通过在原有宅基地上原拆原建开发民宿产业。温江区农村宅基地使用权退出途径之一是结合新农村建设、产业发展，在符合规划区域，农户自愿退出的宅基地可原址开发利用。百花社区根据文件精神，在宅基地退出机制政策的支持下，让资源变成了资本，共同开发民宿产业。目前在百花社区已有4户花农对宅基地进行改造、提档升级，积极打造以盆景文化为主题的乡村民宿，还有5户人家准备从事民宿，社区如今已经吸引了多个专业团队和公司，并与之签约，通过租赁当地居民宅基地的形式，发展民宿产业。

3. 成都市郫都区

成都市郫都区进行"农房转让+有偿使用"的农村宅基地改革实践。郫都区通过农房转让出租，流转闲置的农房和宅基地，不断探索形成"农房转让+有偿使用"模式。第一，出台政策，做好服务。出台一系列关于宅基地管理试行办法、宅基地有偿退出、宅基地有偿使用、宅基地住房审批、宅基地使用权流转等文件，助力宅基地"三权分置"改革。第二，项目依托，推动实施。通过开展自愿有偿退出宅基地，利用文化旅游项目发展乡村民宿和休闲康养产业，助力改革。安德街道安龙村位于郫都区城区以西、安德镇城镇以南，在开展农村宅基地制度改革试点工作以来，2017年安龙村村民人均可支配收入达到25200元，人均固定资产超过15万元，公建配套4570平方米，村集体固定资产总值2014万元。

[①] 刘俊杰，朱新华，岳永兵.深化农村宅基地制度改革亟须解决的几个问题——河南长垣改革试点观察[J].农村经营管理，2020(01)：23-24.

4. 成都市邛崃市

成都市邛崃市进行"宅基地的使用权变更为经营性集体建设用地"的改革实践。第一，结合农村土地综合整治项目实施引导宅基地退出。对全部退出宅基地的农户按 30 万元/亩的标准给予一次性补偿，放弃第二处宅基地部分退出的按 7 万元/亩标准进行补偿。第二，从政策层面支持宅基地退出。截至 2019 年 8 月，桑园镇马鞍社区通过对 42 户农户宅基地整合利用，节余集体建设用地近 21 亩，在新的规划设计条件下，四川渝能置业有限公司以 20 万元/亩，共计 419.8 万元的价格成交，在成都农村产权交易所挂牌取得其使用权，有效盘活了农村集体土地资源。目前 42 户农户搬进了新建的农民新居，非常满意项目的实施。

5. 眉山市彭山区

眉山市彭山区为盘活农村闲置土地资源、有序规范放活农村宅基地使用权，现已出台了《眉山市彭山区农村宅基地使用权流转暂行办法》《眉山市彭山区农村宅基地有偿使用指导意见(试行)》《眉山市彭山区农村宅基地使用权和房屋所有权不动产登记暂行办法》等文件，在使用权流转方面，对流转原则、流转工作分工、流转条件及范围、流转方式及期限、流转各类程序等做了详细规定，提供了放活使用权的制度保障及指引方向。为切实放活宅基地使用权，彭山区将农村宅基地以户为不动产单元，有序开展了"房地一体"的确权登记工作，截至 2021 年 7 月已颁发不动产权证书 7000 余本，为下一步在区农村产权流转交易服务中心流转交易做好坚实基础。

6. 四川省泸县

四川省泸县为显化农村宅基地的使用权价值，在保障农民住有所居的前提下，增强宅基地的使用功能，按规划另行使用或以合法宅基地参与经济活动。一是在政策层面支持放活宅基地使用权。泸县为支持放活农村宅基地使用权，同时规范宅基地使用权管理，出台了放活宅基地使用权的相关政策文件，对"置产置业、置换居住、出租入股、转让融资"这四种放活宅基地使用权的方式做出了详细的规定。二是在实践层面探索宅基地使用权放活的有效方法。在实践中，通过有偿腾退转化集体经营性建设用地指标，保权腾退宅基地 1 万亩；通过共建共享、分割登记产权的方式，共建共享居住、商住和经营性用房，在改善农民居住条件的同时盘活了农村宅基地；通过置产经营，自主开发或以使用权入股的方式开展产业经营。例如，喻寺镇谭坝村以村股份合作社为经营实施主体，允许项目资金、社会资本和农户宅基地使用权，通过折价入股、保底分红，合作开发经营谭坝康养小区；通过房地置换，解决农村贫困户、无房户、"三无老人""留守老人"等安居养老的问题。在腾退宅基地后，以宅基地使用权置换新居，拎包入住安康公寓，同时保留农民的宅基地资格权。试点中，全县共有 882 户农户参与

(其中：非建档立卡贫困户 296 户，约占 34%；一般贫困户 586 户，约占 66%)，共计 2087 人腾退原宅，置换到安康公寓康养、兴业；通过抵押融资，实现宅基地金融权能。实践中，县级相关部门协调农行、农商行、其他商业银行等金融机构创新金融产品，增加农民宅基地及住房抵押贷款业务；市、县财政注资 1000 万元，设立风险补偿基金，共同化解抵押贷款风险，增强农村产权流动性。截至 2019 年，共有 234 户农户实现宅基地及农房抵押贷款 4197 万元[①]。

专栏：眉山市彭山区农村改革试验区工作领导小组印发《眉山市彭山区农村宅基地使用权流转暂行办法》部分内容，眉彭农改组〔2021〕7 号

第二章 流转条件及范围

第一节 流转条件

第八条 农村宅基地使用权流转，必须符合以下条件：

(一)符合村镇规划、乡村振兴产业规划；

(二)权属清晰，具有合法权属证明；

(三)流出方家庭除拟流转的农村宅基地外，拥有其他长期稳定合法的住所；

(四)须该家庭具有农村宅基地使用权及住房财产权权利人的一致同意，不能行使权利的成员由监护人代理。

第二节 流转范围

第九条 为审慎稳妥探索农村宅基地使用权流转试点工作，流转范围为：中心城区规划区、四川彭山经济开发区范围以外的农村宅基地使用权。

第十条 有下列情形之一的农村宅基地使用权，不得流转：

(一)未依法进行权属登记的；

(二)权属有争议的；

(三)已纳入拟拆迁范围的；

(四)司法机关或仲裁机构依法裁定、决定查封或者以其他形式限制房屋所有权和宅基地使用权的；

(五)法律、法规和政策规定的其他情形。

---

① 四川省泸县人民政府.泸县：做活宅改文章促振兴[J].农村经营管理，2020(01)：20-22.

第 5 章　农村宅基地"三权分置"改革政策的风险评估

本章重点对农村宅基地"三权分置"改革政策的风险进行系统评估,首先,利用风险识别的基本原理阐释宅基地"三权分置"改革政策风险识别的意义、内容、原则;其次,从改革政策供给、耕地保护红线、乡村建设规划、农民利益保障、农村社会稳定五个方面深入识别分析宅基地"三权分置"改革存在的重要政策风险;再次,聚焦风险的影响因素,分别从决策风险、主体风险、过程风险、社会风险四个维度分析宅基地"三权分置"改革的重要影响因素及其对改革可能产生的影响;最后,运用层次分析法、模糊综合评价法,从定量分析的角度对我国农村宅基地"三权分置"改革政策风险进行客观评估。

5.1　农村宅基地"三权分置"改革政策风险的识别原理

5.1.1　风险识别的意义

对农村宅基地"三权分置"改革政策进行系统的风险研判具有重要意义,具体包括:一是有利于突出此项改革政策的前瞻性。通过农村宅基地"三权分置"改革政策风险识别能够有效地判断当下和未来、外部和内部、静态和动态的政策风险及其规律,从宏观入手,达到超前谋划、统筹安排农村宅基地"三权分置"改革政策的目的,突出宅基地"三权分置"改革政策风险识别的前瞻性,确保宅基地"三权分置"改革政策稳步推进。二是有利于提高农村宅基地"三权分置"改革政策的适配性。农村宅基地"三权分置"改革政策风险具有多样性、可变性,因此农村宅基地"三权分置"改革政策风险识别是一项持续、系统的工作,开展宅基地"三权分置"改革政策风险识别有利于降低政策的不确定性,提高政策适配性,减少宅基地"三权分置"改革政策供给与现实需要不适配的问题,实现改革风险最小化和机会最大化。三是有利于增强农村宅基地"三权分置"改革政策的系统性。利用问题导向、头脑风暴、检查、访谈等多层次叠加性的农村宅基地"三权分置"改革政策风险识别分析方法,能够有效识别出不同层级、不同时期宅基地"三权分置"改革政策风险,切实提高宅基地"三权分置"改革政策的系统性,确保出台的每一项子政策都切合农村宅基地"三权分置"改革政策总纲领，提高宅基地"三权分置"改革政策的效率。

5.1.2 风险识别的内容

农村宅基地"三权分置"改革政策风险的识别是对试点地区开展农村宅基地"三权分置"过程中可能产生的风险进行分析研判。基于试点地区改革实践的调查分析，本书发现改革政策风险主要有 5 种，如图 5-1 所示。①改革政策供给不足的风险，研判宅基地"三权分置"改革政策的实施是否存在有效配套政策供给不足而滞缓改革进程；②耕地保护红线突破的风险，研判宅基地"三权分置"改革政策的实施能否坚守耕地红线不突破；③乡村建设规划滞后的风险，研判宅基地"三权分置"改革政策的实施是否会放大利益增长空间，导致利益驱动下的规划失控；④农民利益未能保障的风险，研判宅基地"三权分置"改革政策的实施是否会形成新的利益格局，产生新的利益失衡并导致更大的社会矛盾；⑤影响农村社会稳定的风险，研判宅基地"三权分置"改革政策的实施是否会产生新的社会问题。

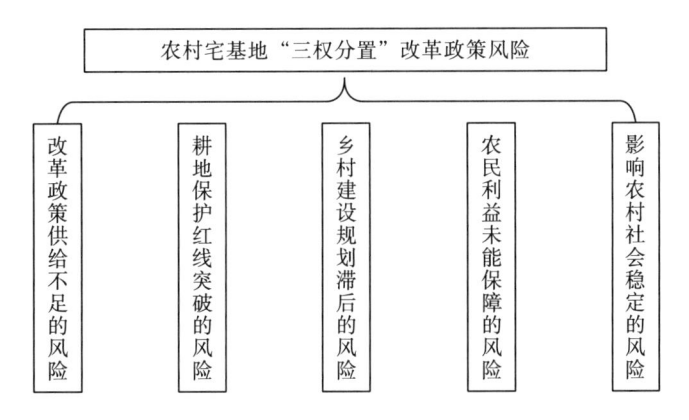

图 5-1 农村宅基地"三权分置"改革政策风险识别内容

5.1.3 风险识别的原则

1. 全面性原则

一般而言，风险具有复杂性和不确定性。在识别风险时，应遵循全面性原则，全面了解各种风险产生的概率以及损害的程度，通过调查分析，对识别出的风险划分类型，确保多角度、多层次对风险进行全面的识别和评价[①]，以便为优化宅基地"三权分置"改革政策提供参考。

---

① 谢非. 风险管理原理与方法[M]. 重庆：重庆大学出版社，2013.

2.客观性原则

客观性原则是指基于客观事实或调研的具体数据来反映存在的风险,而不是无依据地猜测风险的大小。因此,在风险识别过程中坚持客观性原则能有效缩小风险结果与事实结果的差距。

3.科学性原则

科学性原则是指在风险识别过程中,应采用科学有效的评估方法。一般地,风险指标体系应在对各相关主体进行调查和访谈,并综合已有研究成果得出,针对每一个指标的统计方法、规则、意义都应有科学的依据,这样识别评价的风险才具有科学性。

4.系统性原则

系统性原则又称为整体性原则,通常情况下各种风险互相影响。为了确保识别出的风险精准度高,这就要求在进行风险识别时应将风险的各子系统性质置于整体系统来判断,以整体系统风险最小化为目标权衡子系统的风险,通过全面而详细的考察,识别出系统的风险源。

5.1.4 风险识别的流程

风险管理的首要步骤是风险的识别。风险识别的流程首先是找到不确定性事件或活动,其次是根据这些客观事件或实际活动总结成风险类型,最后再对风险类型进行分析[①]。首先是确认农村宅基地"三权分置"改革政策不确定性的客观存在,通过深入了解农村宅基地"三权分置"改革政策,查阅文献资料,掌握改革政策可能出现的不确定性。其次,建立改革政策风险清单,即确定风险源;通过分析改革现状和已有研究成果,识别出改革政策风险,甄别探讨风险影响因素。最后,进行改革政策风险分析,通过已有数据分析、风险调查、专家征询等方式研究风险发生的概率以及损害程度,并提出相关防控措施。

5.1.5 风险识别的方法

农村宅基地"三权分置"改革政策风险识别的方法有多种,比如问题导向分析法、头脑风暴法、检查分析法、访谈法等。问题导向分析法是根据发生的问题或者现象对未来将要发生的风险进行预测的方法。头脑风暴法是研究者对相关事件或者活动进行深入探讨,集中多人的智慧和能力对风险进行分析判断的方法。检查分析法是通过梳理现有文献、相关数据等识别出风险的方法。访谈法是通过

---

① 孙星.风险管理[M].北京:经济管理出版社,2007.

对政策的制定者、政策执行者以及政策的影响者进行访谈，从中收集风险信息。

5.2 农村宅基地"三权分置"改革政策风险的识别分析

从理论看，农村宅基地"三权分置"改革涉及主体较多，牵涉的利益分配较复杂，应自上而下进行改革[①]。从实践看，农村宅基地"三权分置"改革还存在诸多风险，如何让农民满意，实现改革风险最小化和机会最大化是改革成功的关键[②]。因此，农村宅基地"三权分置"改革必须在实践探索基础上进行系统思考，系统评估改革政策面临的风险，确保最大化降低风险。

5.2.1 改革政策供给不足的风险

农村宅基地"三权分置"是落实乡村振兴战略、保障农民安居乐业的基础平台和必要抓手，也是未来一段时期内更有效呼应农业农村优先发展、满足乡村居民美好生活追求的关键制度创新[③]。由于农村宅基地"三权分置"改革时间短，加之存在改革政策实施与制度规定不衔接的风险以及有效配套政策不足的风险，改革的进程较为缓慢。

第一，法律法规冲突的风险。一是宅基地集体所有权落实风险，在宅基地"三权分置"改革实践中，试点地区以农村集体组织行使宅基地集体所有权，但现行的《中华人民共和国土地管理法》对农民集体的内涵没有明确的说明[④]，因此农民集体的实质和外延不清晰[⑤]，极易产生实践风险。二是宅基地资格权保障风险，对于资格权的相关概念和主体，法律上未作出相应阐述，因此资格权创设存在法理困境，给农村宅基地"三权分置"改革造成一定影响[⑥]；资格权的取得是基于集体成员身份而获得的福利分配[⑦]，这就可能导致宅基地取得存在福利机会风险。三是宅基地和房屋使用权放活风险，首先宅基地入市与现行法律冲突，诸多试点地区已在试行退出宅基地变更性质直接转为经营性建设用地入市，但法律没有规定宅基地入市交易的权利，这种宅基地入市与现行法律直接冲突[⑧]；其次宅基地和房屋使用权受到限制，法律没有明确宅基地流转的区域范围，其宅

[①] 严金明，陈昊，夏方舟.深化农村"三块地"改革：问题、要义和取向[J].改革，2018(05)：48-55.
[②] 吴明发，严金明，蓝秀琳，等.基于模糊综合评价模型的农村宅基地流转风险评价[J].生态经济，2018(01)：94-97.
[③] 严金明，迪力沙提，夏方舟.乡村振兴战略实施与宅基地"三权分置"改革的深化[J].改革，2019(01)：5-18.
[④] 韩文龙，谢璐.宅基地"三权分置"的权能困境与实现[J].农业经济问题，2018(05)：60-69.
[⑤] 姜楠.宅基地"三权"分置的法构造及其实现路径[J].南京农业大学学报(社会科学版)，2019(03)：105-116.
[⑥] 丁国民，龙圣锦.乡村振兴战略背景下农村宅基地"三权分置"的障碍与破解[J].西北农林科技大学学报(社会科学版)，2019(01)：40-50.
[⑦] 杨璐璐.农村宅基地制度面临的挑战与改革出路——基于产权完善的收益共享机制构建[J].南京社会科学，2017(11)：17-22.
[⑧] 刘守英，熊雪锋.我国乡村振兴战略的实施与制度供给[J].政治经济学评论，2018(04)：80-96.

基地收益权受到极大限制，宅基地难以通过市场化手段实现其价值[1]；最后宅基地和农民房屋使用权有偿有期限落实风险，宅基地使用权受让人为非集体成员，无偿无期限占有宅基地显然违背集体经济组织成员福利性和保障性，如果实行有偿有期限的制度，则在制度上存在如何落实的风险[2]。

第二，配套政策不足的风险。其主要表现在：一是政策有"缺位"现象。在宅基地确权方面，福建晋江市的宅基地确权工作没有明确的法律文件支撑，而且如何对历史遗留或违法违规住房进行确权也没有合理的制度规定[3]。广西北流市在进行土地确权登记过程中，通过入户调查核实农民的宅基地使用权各项标准要求并进行登记，但是对房屋不动产的登记没有相应的制度及政策支持，导致宅基地各项权属比较模糊[4]。在宅基地有偿使用方面，江西省余江区实行宅基地有偿使用，该费用收取主体为村民事务委员会，但是有偿使用费性质不明确，法律上也暂未明确规定，而且村民事务委员会不具备执法权，因此村民对收取有偿使用费有抵触情绪，从而收取宅基地有偿使用费出现了一定难度[5]。在宅基地使用权流转方面，学者们对于完全放开宅基地流转方面存在较大争议，赞成者认为宅基地放开流转可以激活宅基地资源，引导城市资本下乡，带动产业发展；反对者认为宅基地不应放开流转，应限制流转以保障农民的利益[6]。然而政策对于是否限制宅基地流转、限制范围大小等问题没有明确规定，因此改革进程受到一定的约束。二是中央与地方利益博弈问题，由于宅基地的区位和用途不同，宅基地退出入市后土地增值收益也有差异。如何构建合理的利益分配机制，平衡政府、集体、农民三者的利益关系是一个关键问题。三是政策稳定性问题。农村宅基地"三权分置"改革尚未形成可复制的试点经验，随着农村宅基地"三权分置"改革的深入，试点地区的各项试点经验也在不断增加，政府出台的政策举措能否与试点地区的成果有机结合是一个需要明确的问题[7]。

5.2.2 耕地保护红线突破的风险

拥有耕地才能拥有粮食，耕地是国家保障粮食安全的根本所在，18亿亩耕地的红线是深化土地制度改革不能触碰的。农村土地制度改革中必须遵循三项原则，即始终坚持"土地公有制、保护耕地红线、保障农民利益"三项原则，但在

---

[1] 卢江，钱泓澎. 制度变迁视角下宅基地使用权流转市场研究——基于义乌市宅基地"三权分置"改革实践[J]. 财经论丛，2019(11): 102-112.
[2] 叶剑锋，吴宇哲. 宅基地制度改革的风险与规避——义乌市"三权分置"的实践[J]. 浙江工商大学学报，2018(11): 88-99.
[3] 周江梅. 农村宅基地"三权分置"制度改革探索与深化路径[J]. 现代经济探讨，2019(11): 117-125.
[4] 黄国勇. 对广西北流市农村宅基地制度改革的思考[J]. 南方国土资源，2019(03): 24-27.
[5] 钟荣桂，吕萍. 江西余江宅基地制度改革试点经验与启示[J]. 经济体制改革，2018(03): 13-18.
[6] 潘家华，单菁菁. 城市蓝皮书：中国城市发展报告 NO.11[M]. 北京：社会科学文献出版社，2018.
[7] 毕云龙，王冬银，蒙达，等. 农村土地制度改革三项试点工作的成效与思考——以浙江省义乌市、德清县为例[J]. 国土资源情报，2018(07): 28-33.

实践中，部分试点地区未能有效平衡保护耕地和土地利用的协同关系，耕地红线面临突破的风险。第一，闲置浪费耕地的风险。从自然资源部发布的 2019 年国家自然资源督察耕地保护的相关情况看，一些地区为提升供地率存在弄虚作假的行为，耕地被侵占以及土地被闲置的现象依旧存在。通过调查发现，在处置批而未供中存在虚假供地、虚假撤回批准文件等问题的项目有 1826 个、15.4 万亩，发现闲置土地处置不实问题的项目有 728 个、5.41 万亩[①]。同时，有的地区宅基地分布零散、面积较小，不太适宜复垦为耕地，而且复垦新增的耕地质量较差，因此很多复垦耕地出现严重的撂荒现象[②]。第二，违法违规占用耕地的风险。但在现实中，随着农村宅基地"三权分置"改革实践进程加快，加之农村宅基地使用权无偿性和无期限的制度，一些试点地区出现了耕地被占用的现象。四川泸县 2012~2017 年农村人口从 64222 万下降为 51661 万，减少了 12561 万人；农村人均住宅面积从 37.09 平方米增加到 46.7 平方米[③]，人口在不断下降，人均住宅面积在不断上升，存在耕地被转换为新增的农村宅基地的情况。湖南浏阳市由于部分村委会尚未健全宅基地改革职能工作机制，因此存在对部分农民占用耕地扩建住房管控不到位的情况。另外，宅基地"三权分置"改革也会导致社会投资主体、企业和村干部滥占耕地，将其变成非农建设用地[④]。放活宅基地使用权也可能驱使资本下乡获取宅基地，社会投资主体以发展观光农业、休闲农业、家庭农场等名义违法占用耕地进行乡村旅游发展；企业以"建设配套经营设施"为理由，违规改变耕地性质，将耕地变为建设用地，违规建设配套设施；村干部掌握耕地的管控权，并且激励与监管约束机制不足，为寻租而允许农民在交通位置优越的地区占用耕地建新房。若不对滥占耕地的行为进行适当干预，那么农村宅基地"三权分置"改革可能引发耕地保护红线突破的风险。

5.2.3 乡村建设规划滞后的风险

2018 年 9 月，中共中央和国务院联合印发《乡村振兴战略规划(2018—2022 年)》，明确提出要科学合理规划县域乡村布局，节约土地资源，优化改善农村基础设施建设，严格保护生态空间。乡村建设规划是空间体系规划的重要一环，是指引乡村土地资源利用的重要保证。基于当前农村宅基地利用率有待提高的现实，各地区应加快推进村庄规划编制，充分发挥村庄规划对农村生产、生态、生活功能的调节作用，把农村闲置宅基地与乡村产业发展、乡村生态环境改善、基

[①] 赵婧. 自然资源部通报 2019 年耕地保护督察有关情况[EB/OL]. http：//www.mnr.gov.cn/dt/ywbb/202001/t20200120_2498385.html，2020-01-20/2020-03-20.
[②] 陈书荣，陈宇，肖君. 以宅基地"三权分置"助推乡村振兴[J]. 南方国土资源，2019(01)：14-18.
[③] 数据来源：国家统计局统计年鉴.
[④] 付宗平. 乡村振兴框架下宅基地"三权分置"的内在要求与实现路径[J]. 农村经济，2019(07)：26-33.

础设施建设结合起来①。坚持因地制宜的原则,科学规划闲置宅基地再利用的总体范围和布局,并明确闲置宅基地盘活利用的方向和方式,用规划引领闲置宅基地的盘活利用,以提高闲置宅基地的盘活效率②。在进行农村宅基地"三权分置"改革实践中,为解决一户多宅、宅基地分布零散、治理组织缺乏等问题,试点地区出台了村庄规划编制,但受限于村庄规划编制覆盖面狭窄、引领作用不足、操作性欠缺等因素,乡村建设规划面临诸多困境,极易引发乡村建设规划失控的风险。第一,村庄规划编制覆盖面狭窄的风险。从全国宅基地改革试点地区来看,普遍面临因上位规划未确定、经费保障不足,或涉及国土二调、三调数据协调等情况,村庄规划迟迟未能完成,村庄规划编制覆盖面狭窄,制约着乡村整体的建设和发展。第二,村镇规划编制引领作用不足的风险。试点地区河南长垣市为有效管理宅基地而制定乡村规划编制,各乡各村按照乡村规划编制对土地进行合理使用,通过调研发现乡村的宅基地规划布局尚未发生巨大变化,这在一定程度上说明村庄规划未能充分发挥引领作用③。第三,村镇规划编制操作性欠缺的风险。村庄规划应按照"全域统筹、优化配置、集约利用"的思路实施编制,但在实践中,限于宅基地布局自发变动的动力不足、经济发展水平、财政经费限制等因素,村庄的规划编制在可行性和操作性方面存在局限。同时,宅基地管理失控引发乡村建设规划失控,主要表现:①在处理违规侵占宅基地没有法律法规参照,导致试点地区执法难度大;②对于宅基地未批先建、批少占多、建新不拆旧等问题,村集体制约力度不强,使宅基地规划陷入困境。这些问题阻碍着乡村规划建设,如不能有效解决这些问题,一定程度上会引发乡村建设规划失控的风险。

5.2.4 农民利益未能保障的风险

实施农村宅基地"三权分置"改革,利益贯穿于政府、村集体、农民三个主体,如何权衡三方利益、保障农民利益是改革成功的关键。在实践中,农民通过宅基地获取收益的途径主要包括"宅基地退出—宅基地入市—分配收益"和"宅基地使用权流转—获取收益",但存在农民利益受损的风险。第一,利益分配不公平的风险。一些试点地区鼓励和引导农民退出宅基地,一部分复垦为耕地,另一部分整理后直接入市。首先,宅基地的经济价值因区位不同而存在较大差异④,区位不同的宅基地入市导致农民收益差距增大,城中村的宅基地相比城乡接合部和城市规划区以外的宅基地流转收益要高;其次,由于政府和村集体的信息不对

---

① 时磊.农村宅基地盘活利用政策的优化路径研究——基于2013—2020年国家层面政策文本分析[J].新疆农垦经济,2020(07):39-46.
② 杨秀冠.盘活农村闲置宅基地的机制设计[J].农业开发与装备,2020(11):46-49.
③ 陈卫华,吕萍.产粮核心区农村土地三项改革:经验、难题与破解——以河南长垣为例[J]. 农村经济,2019(09):50-56.
④ 杨丽霞,苑韶峰,李胜男. 共享发展视野下农村宅基地入市增值收益的均衡分配[J]. 理论探索,2018(01):92-97.

称，加上城乡统一土地市场尚未建立，双方缺乏合理的利益分配机制，会导致地方政府与村集体收益分配失衡；最后，农村宅基地入市形成收益，公权和私权的冲突会导致寻租现象发生，使认知能力处于劣势的农民分配收益受损。同时，由于宅基地入市收益在政府、村集体、农民三方的分配标准尚未形成机制，改革的试点工作将在一定程度上受到限制。第二，农民利益未充分保障的风险。随着宅基地使用权流转市场的形成和发展，宅基地使用权流转市场可能会出现炒房、炒地现象，社会资本利用炒买炒卖宅基地使用权获取暴利[1]，囤积宅基地，损害农民的切身利益。此外，宅基地隐形交易使得集体资产变为个人所有，导致潜在的集体资产外流的风险，损害了农民集体利益[2]。

5.2.5 影响农村社会稳定的风险

农民依靠土地资源安居乐业，长期以来农民与土地息息相关，农村土地制度的变革必将影响农民的切身利益，事关农村的治理[3]。农村宅基地是农民拥有居住场所的关键保障，发挥着稳定农村社会的积极作用，但在农村宅基地"三权分置"改革面临宅基地失去社会保障功能的风险和乡村伦理弱化的风险，由此可能影响农村社会稳定。例如，盘活方法措施不当引起农户不满或抵制，甚至导致发生群体性事件[4]。

第一，宅基地失去社会保障功能的风险。宅基地失去社会保障功能的风险主要是宅基地资格权的丧失，部分农民为了获取短期的收益，通过货币安置方式退出宅基地，在社保体制不完善的情况下，如果农民将获得的全部收益耗尽，农民群体有可能因失去宅基地资格权而流离失所，成为政治边缘化的不稳定人群。

第二，诱发社会冲突事件的风险。诱发利益纠纷的风险主要是宅基地使用权的转让，农民对宅基地有着独特的情感，他们希望将宅基地使用权流转给更适合的主体，但受限于信息不对称和政府干预的影响，农民极有可能陷入市场经济的利益陷阱，获取的实际价值可能与预期的价值有偏离，容易引发利益纠纷。对于处理纠纷牵涉利益多元情况下，政府处理办法仅仅是满足大多数的利益，而这种方式容易诱发个别农民不满意或激动情绪，容易引发冲突，不利于社会稳定发展。

第三，乡村伦理弱化的风险。中国农村社会既是人情社会也是乡土社会，农民在土地上建立了深厚的"情"，这种"情"是几十年累积而成，对农村社会稳定产生积极影响[5]。一方面随着工商资本下乡，非本村人员挤占宅基地资源，削弱

---

[1] 付宗平. 乡村振兴框架下宅基地"三权分置"的内在要求与实现路径[J]. 农村经济，2019(07)：26-33.
[2] 刘双良，秦玉莹. 宅基地"三权分置"政策的议程设置与推进路径——基于多源流理论模型视角的分析[J]. 西北农林科技大学学报(社会科学版)，2019(01)：60-68.
[3] 刘圣欢，杨砚池. 农村宅基地"三权分置"的权利结构与实施路径——基于大理市银桥镇农村宅基地制度改革试点[J]. 华中师范大学学报(人文社会科学版)，2018(05)：45-54.
[4] 夏丹波. 贵州盘活农村宅基地研究——以全国33个试点改革为参照[J].理论与当代，2020(10)：38-42.
[5] 赵艳霞，李莹莹. 乡村振兴中宅基地"三权分置"的内生变革与路径研究[J]. 财经理论研究，2018(05)：1-8.

了宅基地承载力；城市文化冲击乡村文化，一定程度削弱乡村伦理。另一方面，随着宅基地"三权分置"改革的加快，农民的宅基地被放活，部分村落被整合，农民离开了原来的"熟人社会"，逐步走进城市化的"陌生人社会"，由依靠传统乡规民约的管理为主转变为现代的规则约束、依法治理[①]，农民心理上出现落差，不利于农村社会稳定发展。

5.3 农村宅基地"三权分置"改革政策风险的影响因素

5.3.1 农村宅基地"三权分置"改革政策的决策风险因素

风险因素是引发风险事故的潜在原因，是造成风险损失的内在因素[②]。农村宅基地"三权分置"的决策风险是指在宅基地"三权分置"改革政策制定过程中，因决策目标多元化、决策利益冲突、决策者水平差异、政府行政体制影响等因素的不确定性而带来的风险。

第一，决策目标多元化。农村宅基地"三权分置"改革政策既要满足国家宏观经济发展，又要满足地方经济发展；既要集约利用宅基地资源，又要高效配置土地资源；既要激活农村宅基地市场，又要提高农民财产性收益；既要改善农村居住空间，又要提升乡村治理水平；既要创新基层治理，又要促进农村经济发展。决策者很难兼顾以上所有目标，这种目标的多元化给决策带来风险。

第二，决策利益冲突。在农村宅基地"三权分置"改革过程中，决策方会提供一个政府部门、专家、公众和利益相关者有效沟通的平台，宅基地"三权分置"改革政策涉及多方利益群体，难免引发不同利益主体对政策议题和政策风险的差异化解读，继而导致决策方案可能带来的风险具有明显的冲突性[③]。

第三，决策水平差异。政策共同体的政府部门、专家、公众和利益相关者提出的政策备选方案，决策者在政治立场、专业知识、思维模式、技术水平、政策熟悉度等方面的差异性会带来决策风险。另外，决策者个人的风险偏好也直接影响决策的风险，决策风险偏好者会比较冒险，选择实施风险较大的策略；决策风险厌恶者会比较慎重，选择风险较小的策略[④]。

第四，政府行政体制影响。一方面，从组织结构与职能匹配的角度来看，对于与改革政策相关的政府行政组织，其组织机构是否结构合理、精简高效，职能是否分工明确、权责相配等，对政策的决策也有很大的影响；另一方面，从工作制度的完善度与合理度来看，完善合理的行政工作制度毫无疑问有助于政策的全

---

① 薛明珠.乡村振兴进程中潜在风险防范机制建设[J].哈尔滨工业大学学报(社会科学版)，2018，20(04)：55-60.
② 熊贤培.群体性事件处置中的政府决策风险[J].武汉理工大学学报(社会科学版)，2015(02)：153-157.
③ 梅扬.论重大行政决策风险评估制度[J].甘肃政法学院学报，2018(04)：147-156.
④ 张明.城市土地整理风险管理研究[D].武汉：华中农业大学，2005.

过程管理。相反，欠完善、不合理的行政工作制度会使政策运行漏洞百出、风险四起[①]。

5.3.2 农村宅基地"三权分置"改革政策的主体风险因素

农村宅基地"三权分置"改革政策中的主体包括参与者与影响者，他们直接或者间接地影响农村宅基地"三权分置"改革政策作用，也构成了农村宅基地"三权分置"改革政策的风险因素。

第一，参与者的风险因素。农村宅基地"三权分置"改革政策参与者包括政府、专家、公众和相关利益者。政府在农村宅基地"三权分置"改革政策制定中占据主导地位，其政策识别能力、价值取向、知识结构、个人素质等因素决定着对宅基地权属界定、宅基地市场化改革、宅基地福利保障、宅基地利用的公平效率等焦点问题的决策水平，也直接影响政策的质量。地方政府作为农村宅基地"三权分置"改革政策的执行者，对政策的理解程度、改革方法、执行能力、土地财政收入等因素制约着政策的实施效果。专家属于国家智库，受自身的利益立场、专业背景、技术能力等因素直接影响对 2015 年 33 个宅基地试点地区改革政策评估和绩效评价的综合判断，其调研的全面性、评估的科学性和评价有效性对农村宅基地"三权分置"改革政策的出台与实施效果产生至关重要的作用。公众具有改革政策问题的反映权与建议权，但其知识水平、价值倾向、话语表述等因素会影响其参与制定改革政策的效果；相关利益者期望在改革政策获得更多利益，其对改革政策的预期效果、接受程度、游说利益等因素影响着政策的制定与执行。

第二，影响者的风险因素。政策的影响者主要是农民，农民是改革重要的参与主体和受益主体，一方面农民的意愿和诉求能否有效传达到政策制定者，另一方面农民对试点政策的认可度和满意度也是影响政策制定的因素。在改革过程中，如果采取完全自上而下的改革策略，不仅容易忽视农民这一重要利益主体的差异性需求，导致内部矛盾不断，而且会增大内生改革成本，产生改革障碍，降低改革效率[②]。宅基地制度改革涉及面宽，工作量大，如果改革工作用行政推动的方式，就忽视了农民主体的参与和评价，必然存在高成本、低效率甚至激化农民和基层干部矛盾等问题。

5.3.3 农村宅基地"三权分置"改革政策的过程风险因素

农村宅基地"三权分置"改革政策的过程风险因素是指在农村宅基地"三权分置"改革政策制定过程和执行过程中可能出现风险的相关因素。

---

① 刘双良.中国住房政策风险评估与防范治理[M].天津：天津人民出版社，2012.
② 丁延武.西部农村集体产权制度改革的特征与经验[J].四川农业科技，2019(11)：5-8.

第一，农村宅基地"三权分置"改革政策制定过程中的风险因素。农村宅基地"三权分置"改革政策制定可分为四个步骤。首先是认定政策相关问题，宅基地"三权分置"改革政策相关问题涉及多个领域多个方面，在问题的确定阶段就会产生信息不对称，如果政策主体获取的信息不完整，很可能导致政策问题面临多重选择困难，选择的不确定性会给政策议程带来潜在风险。其次是在政策议程环节，在宅基地"三权分置"改革政策的制定过程中，政策决策权的不合理使用、行政程序的原则化、政策损失的不确定性、利益保护主义等都会造成政策议程扭曲。再次是在政策规划环节，政策规划中容易造成风险的主要是政策方案的可行性论证，可行性论证中的行动可行性、价值可行性、信息的动态性、研判的全面性、研究人员的能力等因素都会让政策规划存在风险。最后是政策合法化，政策合法化是指政策方案得到法律的认可，一方面现行法律能否支撑改革政策实施，另一方面政策不同主体的博弈力量具有非对称性，这些都会使政策合法化存在不确定性，影响政策的实施进程。

第二，农村宅基地"三权分置"改革政策执行过程中的风险因素。政策执行过程主要包括改革政策的实施、评估和调整。首先，在政策实施的过程，前期政策宣传是否到位、政策经费资源是否充足、政策法规执行是否有效、具体工作权责是否明晰、沟通协调机制是否顺畅等因素都会影响政策的实施效果。其次，在政策评估的过程中政策评估方法也很重要，评估方法的科学性、合理性和有效性也影响着政策的评估。最后是政策的调整，政策调整的频率、调整的幅度、调整的阻力、调整的时机都会影响政策的调整过程。

5.3.4 农村宅基地"三权分置"改革政策的社会风险因素

农村宅基地"三权分置"改革政策的社会风险因素主要有制度因素和非制度因素两类。一是制度因素风险。农村宅基地"三权分置"改革实践中突显法律法规不健全，比如《中华人民共和国土地管理法》第六十二条规定，"农村村民一户只能拥有一处宅基地"，但对因继承或赠予而合法拥有多处宅基地的情况如何处理，也未给出明确规定[①]。另外，农村宅基地"三权分置"改革更多强调提高宅基地的利用效率，增加农民的财产性收入，但是很少涉及扩充产权权能以及开放财产权利等具体措施，导致改革举措模糊。二是非制度因素风险。在道德因素方面，宅基地"三权分置"改革获取的收益在政府和集体分配中，村集体的机会主义行为维护了小群体利益但损害集体收益；在乡村伦理方面，中国乡村社会是一个乡土人情社会，农民长期在土地上生产经营而形成了"农民-土地"融合关系，因此土地在农民心中的重要性不言而喻[②]。农民对宅基地有着特殊的情怀和

---

① 刘同山. 农村宅基地制度改革：演进、成就与挑战[J]. 农林经济管理学报，2018，17(06)：707-716.
② 赵艳霞，李莹莹. 乡村振兴中宅基地"三权分置"的内生变革与路径研究[J]. 财经理论研究，2018(05)：1-8.

情感，他们更看重占有、使用宅基地为其生活所带来的福利等，当宅基地使用权流转促使工商资本下乡，乡土规则受到工商资本的影响，这可能对现有乡村伦理造成冲击，造成农村社会秩序不稳定。

5.4 农村宅基地"三权分置"改革政策风险的评估与结论

风险分析法是基于人对风险的认识程度，本书对农村宅基地"三权分置"改革政策风险分析也是基于宅基地所有权人、资格权人、使用权人、国土资源管理部门和高校专家学者等人员的经验数据，运用层次分析法建立农村宅基地"三权分置"改革政策风险评估体系，确定风险指标权重及风险等级值，最后利用模糊综合评价得出风险大小(图 5-2)。

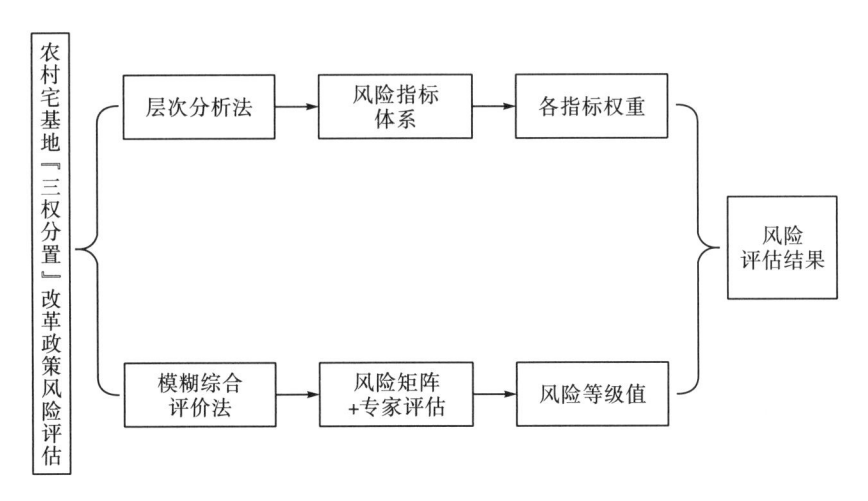

图 5-2 农村宅基地"三权分置"改革政策风险的评估思路

5.4.1 运用层次分析法建立农村宅基地"三权分置"改革政策风险评估体系

1. 构建风险指标体系

利用上文识别的农村宅基地"三权分置"改革政策的风险，将风险分为目标层、准则层、指标层三个层次，准则层有改革政策供给不足的风险、耕地保护红线突破的风险、乡村建设规划滞后的风险、农民利益未能保障的风险、影响农村社会稳定的风险这 5 个指标，指标层形成了 12 个指标，表 5-1 给出了构建农村宅基地"三权分置"改革政策风险指标体系。

表 5-1　构建农村宅基地"三权分置"改革政策风险指标体系

目标层	准则层	指标层
A 农村宅基地"三权分置"改革政策风险	A1 改革政策供给不足的风险	A11 法律法规冲突的风险
		A12 配套政策不足的风险
	A2 耕地保护红线突破的风险	A21 闲置浪费耕地的风险
		A22 违法违规占用耕地的风险
	A3 乡村建设规划滞后的风险	A31 村庄规划编制覆盖面狭窄的风险
		A32 村镇规划编制引领作用不足的风险
		A33 村镇规划编制操作性欠缺的风险
	A4 农民利益未能保障的风险	A41 利益分配不公平的风险
		A42 农民利益未充分保障的风险
	A5 影响农村社会稳定的风险	A51 宅基地失去社会保障功能的风险
		A52 诱发社会冲突事件的风险
		A53 乡村伦理弱化的风险

2. 构造风险判断矩阵

通过征询宅基地所有权人、资格权人、使用权人、国土资源管理部门和高校专家学者等意见，并就农村宅基地"三权分置"改革政策风险进行访谈和问卷调查，对收集的 11 份问卷进行统计计算，得出风险判断矩阵。

1) 准则层中 A 维度间的判断矩阵

$$A = \begin{bmatrix} 1 & 1.4 & 2 & 0.875 & 4 \\ 0.714 & 1 & 1.333 & 0.625 & 3 \\ 0.5 & 0.75 & 1 & 0.5 & 2.5 \\ 1.143 & 1.6 & 2 & 1 & 4 \\ 0.25 & 0.333 & 0.4 & 0.25 & 1 \end{bmatrix}$$

2) 指标层中 $A1$ 维度间的判断矩阵

$$A1 = \begin{bmatrix} 1 & 0.857 \\ 1.167 & 1 \end{bmatrix}$$

3) 指标层中 $A2$ 维度间的判断矩阵

$$A2 = \begin{bmatrix} 1 & 0.833 \\ 1.2 & 1 \end{bmatrix}$$

4) 指标层中 $A3$ 维度间的判断矩阵

第 5 章 农村宅基地"三权分置"改革政策的风险评估

$$A3 = \begin{bmatrix} 1 & 0.6 & 0.571 \\ 1.667 & 1 & 0.75 \\ 1.75 & 1.333 & 1 \end{bmatrix}$$

5) 指标层中 $A4$ 维度间的判断矩阵

$$A4 = \begin{bmatrix} 1 & 1.5 \\ 0.667 & 1 \end{bmatrix}$$

6) 指标层中 $A5$ 维度间的判断矩阵

$$A5 = \begin{bmatrix} 1 & 1.6 & 3.5 \\ 0.625 & 1 & 2 \\ 0.286 & 0.5 & 1 \end{bmatrix}$$

3. 层次单排序与一致性检验

利用层次分析法[①]计算出准则层和指标层各项的权重，并且从表 5-2 中也可以看出准则层和指标层中 CR 值都是小于 0.1，因此一致性检验是通过的。

表 5-2 层次分析计算的结果

k	Ai	A1k	A2k	A3k	A4k	A5k
	0.2789	0.4615	0.4551	0.2257	0.6000	0.5259
2	0.1985	0.5384	0.5461	0.3471	0.4000	0.3191
3	0.1521			0.4271		0.1548
4	0.3024					
5	0.0680					
特征值	5.0076	2.0000	2.0000	3.0063	2.0000	3.0008
CI	0.0019	0.0000	0.0000	0.0031	0.0000	0.0004
RI	1.1200	0.0000	0.0000	0.5200	0.0000	0.5200
CR	0.0017	#DIV/0!	#DIV/0!	0.0061	#DIV/0!	0.0008

4. 计算指标层风险因素对农村宅基地"三权分置"改革政策风险的综合权重

通过计算可以得出农村宅基地"三权分置"改革政策风险的贡献大小[②]，结果如表 5-3 所示。

[①] 根据准则层 Ai 的判断矩阵和指标层 Aik 的判断矩阵，分别可以得出相应的特征值、CI 值、RI 值和 CR 值。
[②] 根据指标层 Aik 风险因素相对目标层 A 的权重向量 U 可由指标层 Aik 风险因素相对准则层 Ai 风险因素的特征向量集 V 以及准则层 Ai 相对于目标层 A 的系统风险的特征向量 W 乘积得到，即 $U=V \times W$。U 为各个指标对农村宅基地"三权分置"改革政策风险的贡献大小。

表 5-3　农村宅基地"三权分置"改革政策风险的综合权重

目标层	准则层	指标层	评价指标权重	排序
A 农村宅基地"三权分置"改革政策风险	A1 改革政策供给不足的风险	A11 法律法规冲突的风险	0.1287	3
		A12 配套政策不足的风险	0.1502	2
	A2 耕地保护红线突破的风险	A21 闲置浪费耕地的风险	0.0902	6
		A22 违法违规占用耕地的风险	0.1083	5
	A3 乡村建设规划滞后的风险	A31 村庄规划编制覆盖面狭窄的风险	0.0343	10
		A32 村镇规划编制引领作用不足的风险	0.0528	8
		A33 村镇规划编制操作性欠缺的风险	0.0650	7
	A4 农民利益未能保障的风险	A41 利益分配不公平的风险	0.1814	1
		A42 农民利益未充分保障的风险	0.1210	4
	A5 影响农村社会稳定的风险	A51 宅基地失去社会保障功能的风险	0.0358	9
		A52 诱发社会冲突事件的风险	0.0217	11
		A53 乡村伦理弱化的风险	0.0105	12

由表 5-2 和表 5-3 可知，准则层中农民利益未能保障的风险评价指标权重为 0.3024，改革政策供给不足的风险评价指标权重为 0.2789，耕地保护红线突破的风险评价指标权重为 0.1985，乡村建设规划滞后的风险评价指标权重为 0.1521，影响农村社会稳定的风险评价指标权重为 0.0680；指标层中利益分配不公平的风险评价指标权重为 0.1814，配套政策不足的风险评价指标权重为 0.1502，法律法规冲突的风险评价指标权重为 0.1287，农民利益未充分保障的风险评价指标权重为 0.1210，违法违规占用耕地的风险评价指标权重为 0.1083，闲置浪费耕地的风险评价指标权重为 0.0902，村镇规划编制操作性欠缺的风险评价指标权重为 0.0650，村镇规划编制引领作用不足的风险评价指标权重为 0.0528，宅基地失去社会保障功能的风险评价指标权重为 0.0358，村庄规划编制覆盖面狭窄的风险评价指标权重为 0.0343，诱发社会冲突事件的风险评价指标权重为 0.0217，乡村伦理弱化的风险评价指标权重为 0.0105。

5.4.2　基于模糊综合评价法评估农村宅基地"三权分置"改革政策风险

利用专家评估法及风险矩阵相结合的方法对宅基地"三权分置"改革政策风险等级值进行评估。

1. 确定风险影响程度、风险发生概率和风险等级

风险影响程度是指宅基地"三权分置"改革政策风险可能会对农民、农村、

社会、政府等主体造成影响的程度，可划分为 5 级，如表 5-4 所示。风险发生概率是指风险发生的可能性大小，可划分为 5 级，如表 5-5 所示。风险等级对照表是由风险影响程度和风险发生概率构成的，如表 5-6 所示。其中，风险等级评价中的很低、低、中、高、很高所对应的风险发生概率为 0.1、0.3、0.5、0.7、0.9。

表 5-4　风险影响程度

风险影响程度	含义
严重	如果风险发生，将对农民、农村、社会、政府造成严重损失
较大	如果风险发生，将对农民、农村、社会、政府造成较大损失
一般	如果风险发生，将对农民、农村、社会、政府造成一般损失
轻微	如果风险发生，将对农民、农村、社会、政府造成轻微损失
微弱	如果风险发生，将对农民、农村、社会、政府造成微弱损失

表 5-5　风险发生概率

风险发生概率	概率	含义
很低	0~0.2	风险发生可能性很低
较低	0.2~0.4	风险发生可能性较低
中等	0.4~0.6	风险发生可能性中等
较高	0.6~0.8	风险发生可能性较高
很高	0.8~1.0	风险发生可能性很高

表 5-6　风险等级对照表

风险概率	风险影响				
	微弱	轻微	一般	较大	严重
0~0.2	很低	很低	低	中	中
0.2~0.4	很低	低	中	中	高
0.4~0.6	低	中	中	高	高
0.6~0.8	中	中	高	高	很高
0.8~1.0	中	高	高	很高	很高

2. 确定风险的等级

本次评估选定宅基地所有权人、资格权人、使用权人、国土资源管理部门工作者和高校专家学者等 11 位专家，分别对宅基地"三权分置"改革政策影响的 5 个风险进行评价，得出表 5-7 的结果。再根据风险理论与宅基地"三权分置"改革政策的特点，建立宅基地"三权分置"改革政策风险值评价标准，如表 5-8 所示。

表 5-7 风险等级评价分布

风险因素	风险等级					风险值	风险影响
	0.1	0.3	0.5	0.7	0.9		
A1	2	2	4	2	1	0.4636	一般
A2	6	2	3	0	0	0.2455	轻微
A3	8	3	0	0	0	0.1545	微弱
A4	1	2	6	1	1	0.4818	一般
A5	9	2	0	0	0	0.1364	微弱

表 5-8 农村宅基地"三权分置"改革政策风险值评价标准

综合风险值	0~0.2	0.2~0.4	0.4~0.6	0.6~0.8	0.8~1.0
风险等级	风险低	风险较低	风险中等	风险较高	风险高

3. 模糊综合评价模型

利用综合评价模型对农村宅基地"三权分置"改革政策风险进行评估，计算式如下：

$$R = \sum_{i=1}^{n} X_i Y_i$$

综合风险值越高表明宅基地"三权分置"改革政策风险越高；反之，综合风险越小，说明宅基地"三权分置"改革政策风险越低。

R=0.2789×0.4636+0.1985×0.2455+0.1521×0.1545+0.3024×0.4818+0.0680×0.1364
=0.3565

对照综合风险值分析表，可以得出农村宅基地"三权分置"改革政策风险较低，可能发生的风险都处于可控状态。

5.4.3 农村宅基地"三权分置"改革政策风险评估的结论

第一，农村宅基地"三权分置"改革政策风险因素的指标权重。通过层次分析法计算宅基地"三权分置"改革政策风险因素主要有改革政策供给不足的风险、耕地保护红线突破的风险、乡村建设规划滞后的风险、农民利益未能保障的风险和影响农村社会稳定的风险。准则层中农民利益未能保障的风险评价指标权重为 0.3024，是准则层五个指标中综合风险值最高的指标，其中利益分配不公平的风险评价指标权重为 0.1814，农民利益未充分保障的风险评价指标权重为 0.1210。准则层中耕地保护红线突破的风险评价指标权重为 0.1985，其中违法违规占用耕地的风险评价指标权重为 0.1083，闲置浪费耕地的风险评价指标权重为

0.0902。准则层中改革政策供给不足的风险评价指标权重为 0.2789，其中法律法规冲突的风险评价指标权重为 0.1287，配套政策不足的风险评价指标权重为 0.1502。准则层中乡村建设规划滞后的风险评价指标权重为 0.1521，其中村镇规划编制操作性欠缺的风险评价指标权重为 0.0650，村镇规划编制引领作用不足的风险评价指标权重为 0.0528，村庄规划编制覆盖面狭窄的风险评价指标权重为 0.0343。准则层中影响农村社会稳定的风险评价指标权重为 0.0680，其中宅基地失去社会保障功能的风险评价指标权重为 0.0358，诱发社会冲突事件的风险评价指标权重为 0.0217，乡村伦理弱化的风险评价指标权重为 0.0105。

第二，农村宅基地"三权分置"改革政策风险因素的综合评估。通过模糊综合评价得出宅基地"三权分置"改革政策风险总评估值为 0.3565，可以看出宅基地"三权分置"改革政策风险较低，可能发生的风险都处于可控状态。其中，相较而言，农民利益未能保障的风险在各项风险中严重程度最高，其综合风险值为 0.3024，其次是改革政策供给不足的风险，综合风险值为 0.2789，这两个指标下的利益分配不公平、配套政策不足、法律法规冲突、农民利益未充分保障风险是指标层中的综合风险值最高的四个指标。由此可见，宅基地制度改革中，尽管风险总体可控，但改革中需要对以上各类风险给予高度重视。各地在改革推进的制度设计中应强化对农民权益的保障，构建能够让农民合理公平分享发展红利的利益联结机制和收益分配制度。同时，各级政府应强化改革的制度供给，中央层面应尽快完善宅基地相关法律法规，地方政府应在试点中积极探索，优化宅基地政策体系，并同步推进户籍制度、社会保障制度等配套制度改革。

第6章　农村宅基地"三权分置"改革政策的规制与激励效应评估

本章着重分析农村宅基地"三权分置"改革政策的规制效应和激励效应。首先，深入分析宅基地"三权分置"改革政策规制的总体情况，阐明改革政策规制的主要方向和具体方式。其次，聚焦宅基地"三权分置"改革政策的规制效应，详细梳理部分试点地区保障农户宅基地资格权的主要做法，基于此阐释政策的规制效应。最后，聚焦宅基地"三权分置"改革政策的激励效应，梳理列举部分试点地区放活宅基地使用权的具体做法，并分析改革政策的激励效应。

6.1　宅基地"三权分置"改革政策规制总体情况

规制是在制度运行背景下为均衡资源的配置而采取的一种约束方式[①]。经济学中所说的"规制"大多指政府在微观层次上对经济运行的干预，是政策制定者依法依规对行政政策采取的管理措施。对于农村宅基地所有权来说，在产权制度的运行背景下实行集体公有制，有效保障了农村社会稳定。而现行的农村宅基地制度改革政策规制尚未实现宅基地资源的高效利用，未能有效引导城市资本进入宅基地市场，因此现阶段农村宅基地制度改革政策规制有待进一步深化。

6.1.1　宅基地"三权分置"改革政策规制的主要方向

外部性是执行主体进行的活动使其他人付出成本或增加效益，外部性分为正外部性(收益)和负外部性(成本)[②]，正外部性主要是政府提供的公共物品，负外部性主要是环境污染、资源利用率低等。宅基地是保证农民开展农业生产、经营、服务等经济活动的根本，自然也存在外部性。现行宅基地制度改革政策的正外部性主要是：保障粮食安全、优化乡村建设规划、维护农民长久利益和稳定农村社会安定。从微观层面讲，如果宅基地制度改革不能与农民的需求相匹配，就容易产生负外部性。一方面，从宅基地改革政策的交易成本来讲，就农民而言，拥有较多闲置宅基地的农民没有迫切流转宅基地的意愿，相反地，伴随着网络信

---

① 刘江涛等.城市边缘区土地利用规制：缘起·失灵·改进[M].长春：吉林出版集团有限责任公司，2016.
② 钟文颢.共享农庄土地利用规制研究[D].海口：海南大学，2019.

息化普及，农民对宅基地政策有了一定认识，而且对于宅基地各项权属也有初步的了解，同时长期以来农民与土地紧密相连，产生了浓厚的"恋地"情结，加上农民"根"的意识特别强烈，农民对退出或流转宅基地有反对的声音，这些价值预期、情感追求都是农民的交易成本[①]；就社会主体而言，在农村获取宅基地使用权面临信息成本、谈判成本、交易成本、运输成本等。另一方面，从宅基地改革政策的问题取向来讲，首先，面对农村大量的宅基地闲置和低效利用，政府需要干预农村宅基地资源的利用，通过宅基地"三权分置"改革政策盘活宅基地资源，提高农民的收益，增强农村的发展活力。其次，农村宅基地被侵占的现象较为普遍，危及耕地红线，宅基地"三权分置"改革政策能有效保障粮食安全。再次，农村宅基地违规建设居住，乱占乱建时有发生，农民房屋布局不合理，公共基础设施建设落后，通过宅基地"三权分置"政策规制能优化农村建设布局，改善公共基础设施。最后，宅基地产权制度未能完全发挥制度效率，存在使用集体财产的互相"偷懒"和"搭便车"问题，侵害农民的利益，通过宅基地"三权分置"改革政策，农民的利益可以得到维护和保障。

从政策层面可以看出，农村宅基地"三权分置"改革政策规制应将以下三个方面作为改革的重要方向：一是发挥宅基地集体所有权的总领作用，促使宅基地布局合理、宅基地管理有效、宅基地使用高效；二是严格认定宅基地农户资格权，促使宅基地申请有据、宅基地认定公平、宅基地重获可行；三是积极放活宅基地使用权，促使宅基地融资顺畅、宅基地复垦入市、宅基地利用多元化。

6.1.2 宅基地"三权分置"改革政策规制的具体方式

为了有效解决农村宅基地大量闲置、布局不合理、管理效能低、利用率低等问题，十八大以来，党中央多次就宅基地制度改革进行深入研究，并结合专家学者提出的优化宅基地制度改革的有效建议，颁布了多项宅基地改革的政策文件（表 6-1）。2013 年 11 月，党的十八届三中全会通过的《中共中央关于全面深化改革若干重大问题的决定》明确要求改革农村宅基地制度。2014 年初，中共中央和国务院印发的《关于全面深化农村改革加快推进农业现代化的若干意见》提出改革宅基地制度。2015 年 1 月，中共中央办公厅和国务院办公厅联合印发《中共中央办公厅　国务院关于农村土地征收、集体经营性建设用地入市、宅基地制度改革试点工作的意见》，开始在天津蓟县、江苏武进、浙江义乌、四川泸县等 15 个区(市、县)进行宅基地制度改革试点。农村宅基地制度改革是新一轮农村土地制度改革的重点，也是一个集政策性、理论性、实践性非常强的新课题。2016 年末提出要加快宅基地确权登记工作，推动农业供给侧结构性改革。2017 年初，国家层面决定实施"三块地"联动改革。2018 年 1 月，中央一号文

---
① 房建恩. 乡村振兴背景下宅基地"三权分置"的功能检视与实现路径[J]. 中国土地科学, 2019, 33(05): 23-29.

件做出了探索农村宅基地"三权分置"的改革部署。2020年,中央全面深化改革委员会第十四次会议审议通过《深化农村宅基地制度改革试点方案》,强调要积极探索"三权分置"具体路径和办法,坚决守住土地公有制性质不改变、耕地红线不突破、农民利益不受损这三条底线,实现好、维护好、发展好农民权益,对全面深化宅基地制度改革做出新一轮部署。

表6-1 农村宅基地"三权分置"改革相关政策

颁布时间	政策文件	政策主要内容
2004年	《国务院关于深化改革严格土地管理的决定》	改革和完善宅基地审批制度,加强农村宅基地管理,禁止城镇居民在农村购置宅基地。引导新办乡镇工业向建制镇和规划确定的小城镇集中。
	《关于加强农村宅基地管理的意见》	严格实施规划,从严控制村镇建设用地规模;改革和完善宅基地审批制度,规范审批程序;积极推进农村建设用地整理,促进土地集约利用;加强法制宣传教育,严格执法。
2007年	《国务院办公厅关于严格执行有关农村集体建设用地法律与政策的通知》	农村住宅用地只能分配给本村村民,城镇居民不得到农村购买宅基地、农民住宅或"小产权房";农村村民一户只能拥有一处宅基地,其面积不得超过省、自治区、直辖市规定的标准。
2008年	《国务院关于促进节约集约用地的通知》	对村民自愿腾退宅基地或符合宅基地申请条件购买空闲住宅的,当地政府可给予奖励或补助;严格执行农村一户一宅政策,各地要结合本地实际完善人均住宅面积等相关标准,控制农民超用地标准建房,逐步清理历史遗留的一户多宅问题。
	《中共中央关于推进农村改革发展若干重大问题的决定》	完善农村宅基地制度,严格宅基地管理,依法保障农户宅基地用益物权。逐步建立城乡统一的建设用地市场。
	《中共中央 国务院关于2009年促进农业稳定发展农民持续增收的若干意见》	抓紧编制乡镇土地利用规划和乡村建设规划,科学合理安排村庄建设用地和宅基地,根据区域资源条件修订宅基地使用标准。
2013年	《中共中央关于全面深化改革若干重大问题的决定》	保障农户宅基地用益物权,改革完善农村宅基地制度,选择若干试点,慎重稳妥推进农民住房财产权抵押、担保、转让,探索农民增加财产性收入渠道。建立农村产权流转交易市场,推动农村产权流转交易公开、公正、规范运行。
2014年	《关于全面深化农村改革加快推进农业现代化的若干意见》	改革农村宅基地制度,完善农村宅基地分配政策,在保障农户宅基地用益物权前提下,选择若干试点,慎重稳妥推进农民住房财产权抵押、担保、转让。
2015年	《中共中央办公厅 国务院关于农村土地征收、集体经营性建设用地入市、宅基地制度改革试点工作的意见》	针对农户宅基地取得困难、利用粗放、退出不畅等问题,要完善宅基地权益保障和取得方式,探索农民住房保障在不同区域户有所居的多种实现形式;对因历史原因形成超标准占用宅基地和一户多宅等情况,探索实行有偿使用;探索进城落户农民在本集体经济组织内部自愿有偿退出或转让宅基地;改革宅基地审批制度,发挥村民自治组织的民主管理作用。
	《深化农村改革综合性实施方案》	宅基地制度改革的基本思路是:在保障农户依法取得的宅基地用益物权基础上,改革完善农村宅基地制度,探索农民住房保障新机制,对农民住房财产权做出明确界定,探索宅基地有偿使用制度和自愿有偿退出机制,探索农民住房财产权抵押、担保、转让的有效途径。
	《中共中央 国务院关于落实发展新理念加快农业现代化实现全面小康目标的若干意见》	推进农村土地征收、集体经营性建设用地入市、宅基地制度改革试点。完善宅基地权益保障和取得方式,探索农民住房保障新机制。总结农村集体经营性建设用地入市改革试点经验,适当提高农民集体和个人分享的增值收益。

续表

颁布时间	政策文件	政策主要内容
2016年	《国土资源部关于进一步加快宅基地和集体建设用地确权登记发证有关问题的通知》	结合实际依法处理"一户多宅"问题；分阶段依法处理宅基地超面积问题；依法确定非本农民集体成员合法取得的宅基地使用权；依法维护农村妇女和进城落户农民的宅基地权益。
	《中共中央 国务院关于深入推进农业供给侧结构性改革 加快培育农业农村发展动能的若干意见》	统筹协调推进农村土地征收、集体经营性建设用地入市、宅基地制度改革试点。全面加快"房地一体"的农村宅基地和集体建设用地确权登记颁证工作。认真总结农村宅基地制度改革试点经验，在充分保障农户宅基地用益物权、防止外部资本侵占控制的前提下，落实宅基地集体所有权，维护农户依法取得的宅基地占有和使用权，探索农村集体组织以出租、合作等方式盘活利用空闲农房及宅基地，增加农民财产性收入。
2018年	《关于实施乡村振兴战略的意见》	完善农民闲置宅基地和闲置农房政策，探索宅基地所有权、资格权、使用权"三权分置"，落实宅基地集体所有权，保障宅基地农户资格权和农民房屋财产权，适度放活宅基地和农民房屋使用权，不得违规违法买卖宅基地，严格实行土地用途管制，严格禁止下乡利用农村宅基地建设别墅大院和私人会馆。
2020年	《深化农村宅基地制度改革试点方案》	内容上明确的宅基地"三权分置"改革的总体框架，提出要积极落实"宅基地集体所有权、保障宅基地农户资格权和农民房屋财产权、适度放活宅基地和农民房屋使用权"的具体路径和办法，坚决守住"土地公有制性质不改变、耕地红线不突破、农民利益不受损"这三条底线，实现好、维护好、发展好农民权益。

实施农村宅基地"三权分置"改革政策要坚持发挥所有权主体作用，严格限制资格权获取，拓宽使用权的流转范围，以此达到激活宅基地动力、优化宅基地布局、提升宅基地治理能力等目标，最终实现产业兴旺、乡村美丽、农民富裕等愿景。

6.2 宅基地"三权分置"改革政策对农户资格权的规制效应

6.2.1 部分试点地区保障宅基地农户资格权的主要做法

1. 四川省泸县保障宅基地农户资格权：依法取得，保权退出

本研究实地调研四川省泸县宅基地"三权分置"改革，调研发现泸县在保障宅基地资格权过程中突出人地分离，为宅基地资格权人提供了多元的选择路径。

首先，出台宅基地定人限面积取得制度。一是采用"定人"的办法，并通过"定人定面积"原则来批准使用面积。《泸县农村村民建房审批管理暂行办法》明确规定，农民生活居住使用宅基地面积为30米^2/人，其他集体建设用地不超过20米^2/人；符合法定面积标准的，村民依法无偿取得宅基地使用权；超出规定面积的部分实行有偿使用。二是创新宅基地资格认定。《泸县农村村民建房审批管理暂行办法》指出，村民建房按照家庭常住农业人口确定，对于原籍农业户口的

现役军人、复转退军人、大中专院校学生、服刑人员等经过集体经济组织同意后拥有宅基地资格权。三是保全宅基地资格，把人口"动"起来。泸县在改革中建立了宅基地保权退出制度，允许农民在保留宅基地资格权的情况下自愿退出宅基地，享受宅基地和房屋残值补偿。农户重回集体安居时，经过申报和审批，有偿获得新的宅基地，由集体参照集体经营性建设用地入市价格向其收取有偿使用费，激励农民在保留宅基地资格权的情况下，到城镇落户①。

其次，建立宅基地有偿使用机制。一方面，对节约集约用地给予奖励。泸县采取多项举措激励村民节约集约用地，鼓励村民按规划统筹建房。其节约的宅基地面积可以集体经济组织为单位，在宅基地总面积控制范围内，合理安排给其他有需求意愿、有支付能力的村民有偿使用或用于其他建设。对于节约集约用地的农民实施奖励机制，也可由本集体经济组织村民会议决定奖励金额。另一方面，超占宅基地面积收取有偿使用费，具体收费标准为，在城镇规划区外的，按以下标准逐年收取：超占50平方米(含50平方米)以下的按每年5元/米^{2}计费，超占50~150平方米(含150平方米)的按每年10元/米^{2}计费，超占150平方米以上的按每年20元/米^{2}计费；非本集体经济组织成员通过继承在农村占有和使用宅基地，在城镇规划区外的，按每年5元/米^{2}计费；以其他方式在农村占用和使用宅基地，在城镇规划区外的，按每年20元/米^{2}标准收取；城镇规划区内上浮20%②。新申请宅基地面积超出规定面积部分收取费用，具体收取标准由村民会议或村民代表会议确定。

最后，建立宅基地跨区配置机制。泸县建立了宅基地县内跨区域统筹配置制度，允许宅基地资格权人跨镇跨村到条件较好的地方有偿取得宅基地。对于本村跨组的，按先退再获的程序，由村集体经济组织平衡组别之间的地利问题。对于跨镇跨村的，须有偿退出原宅，经接纳地民主表决，报村审查、镇或县政府批准，在缴纳一次性有偿使用费后，接纳地向申请人配置宅基地，为实现乡村生态宜居奠定改革实践基础①。

专栏：泸县人民政府关于印发《泸县农村村民建房审批管理暂行办法》的通知(部分内容)，泸县府发〔2016〕32号

第四章　建房标准

第十五条　按照《泸县农村宅基地使用和管理试行办法》的规定，泸县村民建房用地控制标准如下：

(一)固化农村宅基地总规模。各镇(街)、村宅基地固化总量按现有宅基地总量核算，在现有宅基地总量面积内的为存量建设用地，超出固化面积外的为新增

---

① 中华人民共和国农业农村部. 四川泸县探索宅基地"三权分置"推动农村土地资源盘活利用[EB/OL]. http://www.hzjjs.moa.gov.cn/zjdglygg/202003/t20200323_6339597.htm, 2020-03-23.
② 李川. 泸县农村宅基地制度改革效果评价[D].成都：四川农业大学，2017.

建设用地。

(二)村民建房占地标准按每人 30 平方米,其他集体建设用地每人 20 平方米固定。符合法定面积标准的,村民依法无偿取得宅基地使用权;超出规定面积的部分实行有偿使用(有偿使用费由各村参照《泸县农村宅基地使用和管理试行办法》的有关规定制定)。在法定面积标准内节约使用土地的,也可由集体经济组织依法用于其他建设,并按《泸县农村宅基地有偿使用指导意见》给予节约土地面积奖励。

第十六条 村民建房按照家庭常住农业人口确定。但有下列情形的之一的,可计入建房人口:

(一)原籍农业户口的现役军人、复转退军人(不含已在外结婚定居,或国家安置了的人口);

(二)原籍农业户口的大中专院校在校学生;

(三)因服刑被注销户口的原农业户口服刑人员(不含被判处无期徒刑和死缓的);

(四)法律、法规规定的其他人员。

2. 鹰潭市余江区保障宅基地农户资格权:自动退出,有偿重获

鹰潭市余江区积极探索农村宅基地"三权分置"改革,始终强调公平为先、统筹为要、效能为重,形成了诸多极具借鉴价值的试点经验。余江区在保障农户资格权方面的主要举措包括积极出台资格权认定等相关政策,构建了宅基地农户资格权"自动退出,有偿重获"机制。

首先,合理公平分配宅基地。余江区以"户"为单位限定面积的方式进行宅基地分配。对于农民使用的宅基地超过人均标准的情况,超出限定面积部分应收取有偿使用费,并及时公示资金使用情况。其次,建立了资格权"自动退出,有偿重获"机制。一方面,余江区出台《集体经济组织成员资格认定及户的界定办法》,明确规定哪些人群属于农村集体经济组织成员,并对如大学生、退伍军人、离婚离异等其他特殊群体认定农户资格权做了详细说明。另一方面,严格执行获取宅基地资格权的操作办法,对于自愿或者有偿退出宅基地的农户,宅基地资格权将自动消失,不再具备宅基地资格权。同时,余江区在确保农户"户有所居",鼓励村民退出宅基地的同时,也出台了相关保留宅基地农户资格权的政策,规定对于已经退出宅基地并在城市有稳定住所的农民,保留 15 年回村集体有偿获取宅基地资格权的权利。

3. 重庆市大足区保障宅基地农户资格权:依法依规,灵活设定

重庆市大足区在农村宅基地"三权分置"改革试点中,广泛征求广大干部群众意见,充分考虑历史形成的不同情况确定宅基地的资格对象,结合《重庆市农

村集体经济组织成员身份确认指导意见(试行)》,指导大足区制定了《大足区农村宅基地管理办法(试行)》,对享有宅基地申请资格的条件、对象、标准、程序进行了探索。为指导相关改革试点有序推进,政府在认真总结试点经验的基础上,积极出台集体经济组织成员身份认定的相关文件。首先,明确集体经济组织成员身份的取得。户籍属于本村集体经济组织的成员都能获取资格权。其次,明确农村集体经济组织成员身份的丧失。再次是规范了资格权的认定流程,有效保障公平获取[①]。

专栏:重庆市农业农村委员会关于印发《重庆市农村集体经济组织成员身份确认指导意见(试行)》的通知(部分内容),渝农发〔2018〕325 号

三、成员身份的取得与丧失

本意见所称的农村集体经济组织是按照"三级所有、队为基础"历史沿革,由原生产队、生产大队、人民公社经改革、改造、改组而形成的社区性合作经济组织,包括社(组)集体经济组织、村(居)集体经济组织等。农村集体经济组织成员,一般是指在本集体经济组织内生产、生活,遵守本集体经济组织章程,享有章程规定的权利并履行相应义务的居民。其成员身份的取得、丧失应严格遵守法律法规,充分尊重民意民情,可按照以下规定予以确认。

(一)成员身份的取得。具有下列情形之一的,取得本集体经济组织成员身份:

1.原生产队、生产大队、人民公社的成员,且户口一直保留在本集体经济组织所在地的;

2.出生时,父母双方或一方为本集体经济组织成员的;

3.本集体经济组织成员依法收养的子女;

4.基于合法的婚姻关系,将户口迁入本集体经济组织所在地,并在本集体经济组织生产、生活的;

5.因国家建设或其他政策性原因,依规由本集体经济组织接收和安置,将户口迁入本集体经济组织所在地,并在本集体经济组织生产、生活的;

6.符合法律、法规、规章、政策和本集体经济组织章程等有关规定的。

(二)成员身份的丧失。具有下列情形之一的,丧失其集体经济组织成员身份:

1.因死亡或符合法律规定宣告死亡的,自死亡或宣告死亡之日起丧失;

2.因取得其他集体经济组织成员身份的,自取得之日起丧失原集体经济组织成员身份;

[①] 重庆人大. 重庆市农业农村委员会关于市五届人大三次会议第 0118 号建议办理情况的答复函[EB/OL]. http://www.ccpc.cq.cn/home/index/more/u/jygk/id/220272/r/1.html,2020-04-06.

3.因户口迁出本集体经济组织，且不符合保留成员身份规定的，自迁出之日起丧失；

4.因本集体经济组织依法解散的；

5.按照法律、法规的规定不应保留的。

已取得本集体经济组织成员身份，但户口迁入就读中小学校、中等职业学校、全日制大中专院校的学生，解放军和武警部队的现役义务兵、服刑人员，按照渝府发〔2010〕78号文件规定转为城镇居民但未退出农村承包土地的人员，以及符合法律、法规、规章、政策、本集体经济组织章程和村规民约等可保留成员身份的人员，其集体经济组织成员身份继续有效。

4. 山西省泽州县保障宅基地农户资格权：严格认定，规范程序

山西省泽州县首先明确农村集体经济组织成员身份确定的确认条件，确认条件兼顾各类成员群体的利益，特别保护妇女、儿童等弱势群体的利益。户籍在本村集体经济组织取得宅基地农户资格权；对于特殊群体，比如服役人员、服刑人员、大中专学生等，经过村民代表大会同意后可拥有资格权；对于宣布死亡、取得其他地区集体经济组织成员身份、户口迁出、享受国家机关企事业单位职工生活保障等不能获取宅基地农户资格权。再次，规范农村集体经济组织成员身份确定的流程。摸清本村人口情况，摸清成员结构及宅基地退出情况，由村里成立的成员身份确认小组对成员身份进行初步认定；并进行为期一周的公示，收集整理群众反映的意见；对于需要特殊处理的资格认定情况，由村民代表大会商议决策；最后进行本村集体经济组织成员资格权公示并报乡审核备案。

对于农户资格权的退出情况，泽州县明确了以下五条途径：一是对地面无建筑物或地面建筑物已废弃的宅基地无偿退出；二是根据村庄的实际情况，对标准面积的宅基地、一户多宅的宅基地以及闲置凋敝宅基地等实行有偿退出；三是对于地质灾害治理区和采煤深陷区实行搬迁退出；四是对于易地搬迁的经济困难户原有宅基地进行复垦退出；五是鼓励原为农村集体经济组织成员，通过继承、分家析产取得房屋所有权的国家公职人员自愿退出[①]。

6.2.2 部分试点地区保障宅基地农户资格权的规制效应

从以上部分试点地区的实践探索可见，各地区保障农民宅基地资格权的创新举措主要有：一是按照"定人定面积"来分配宅基地，保证了资格权获取的公平性和科学性；二是考虑到特殊群体的资格权获取，对于原籍属于本村的大中专学生、服役士兵、服刑人员等保留宅基地农户权；三是对于农民使用的宅基地超出

---

① 全国宅基地制度改革试点经验摘编，成都市郫都区委政研室，2021年4月.

既定标准，应缴纳有偿使用费。

　　政策规制是政府为了带来更多收益而做出的一种社会经济决策行为，从成本—收益的视角分析政策规制的有效性，通过剖析政策的实际效果以避免非理性因素产生的主观臆断，从而改善政策规制的效果和质量。试点地区在认定宅基地成员资格过程中严格认定标准和程序，并引入有偿使用和重获使用机制。伴随着社会经济的发展，农民"进城热"加剧，同时加上诸多农民返乡创业，农村出现较大的人口流动，给宅基地资格权的认定带来了一定的难度。在改革试点中，如果资格权认定标准未能考虑特殊群体，那么可能带来诸多社会问题，从而增加改革成本。笔者通过调研发现，试点地区基于"上级指导+自主管理"方式实施宅基地农户资格认定，形成独具地方特色的认定方式。宅基地农户资格权认定创新思路在于使用多元化路径选择，一方面，综合考虑特殊群体的身份特征，考量了户籍已经迁出但原户籍属于本集体经济组织的成员，如大中专学生、军人等；另一方面，建立宅基地农户资格权重获机制，即对于退出宅基地进城居住的农民来说，允许保留宅基地资格权。这些举措为进城居住的农民保留了关键性的退路，使农民在未来面临不确定性风险时仍有返回农村居住的机会，极大地规避了影响社会稳定的风险，强化了对农民权益的保障，为改革带来更多效益。

6.3　宅基地"三权分置"改革政策对放活宅基地使用权的激励效应

6.3.1　部分试点地区放活宅基地使用权的主要做法

　　1. 四川省泸县放活宅基地使用权："共享共建"模式

　　四川省泸县适度放活宅基地和房屋使用权，节余指标跨区域流转，农房共享共建，不断突出活化权益，促使"沉睡资源"变成"流动资产"。首先，建立宅基地抵押融资机制，把金融血脉注入沉睡的宅基地，实现"以地融资"，解决农村发展资金难题。截至 2019 年 9 月，泸县共 512 户实现借力创业，234 户抵押融资 4197 万元，用于农村产业项目、乡村旅游等，龙腾山庄农家乐、谭坝社会化康养中心、骆耕家庭农场等业态顺势而生[①]。其次，适度放活宅基地和房屋使用权。泸县探索创新宅基地"共享共建"模式，允许农民以合法宅基地使用权与村股份经济合作社等第三方共建共享，农民获得住房使用权，第三方获得集体建设用地住房或经营性用房，采取分割登记方式确权发证，将农民住房分摊土地部分明确为宅基地，将第三方房屋分摊土地部分明确为一定年限的集体建设用地，将

---

① 泸县宅基地改革"四权"并举助推乡村振兴加速起跑[N]. 四川日报，2019-08-28(07).

社会资本投入"僵化"的宅基地，实现农民"以地置业"[①]。

2. 四川省德阳市放活宅基地使用权："三书"模式

四川省德阳市创新探索通过"三书"模式来放活宅基地使用权，即"律师法律审查意见及见证书+公证书+交易鉴证书"的"三书"模式，充分保障各方主体的权益。首先，深入调查，摸清闲置宅基地、一户多宅、非本集体经济组织成员通过继承或其他方式占有和使用宅基地的情况[②]，以及农民流转宅基地和农房使用权的意愿。其次，全面开展确权颁证，德阳市在试点区域全面开展"房地一体"的宅基地确权登记颁证，综合考虑实际情况，确定农户宅基地资格权和使用权界限。再次，创新"三书"模式。在流转前，农民自愿提交申请宅基地流转意愿书，由工作人员进行核实并对相关政策进行普及；在流转过程中农交所、公证处、律师事务所三方参与，三方主体职责明确，农交所提供流转交易平台和市场规则，公证处对流转过程的程序、交易文本等进行公证，律师事务所为农民提供法律政策支持，这种模式有效减少了流转过程中的纠纷[③]。通过规范流转行为，强化了交易双方的法律意识和契约精神，有效保障了流转双方的权益。截至2020年11月，德阳市通过农交所平台累计办结闲置农房流转218宗，交易金额3714.77万元。宅基地和农房的有效盘活也促进了当地特色产业的发展。例如罗江区马关镇万佛村依托贵妃枣产业优势，按照"规范有序、特色发展、各方参与"的要求，采取村组、村民、市民、公司四方合作模式，利用闲置农房发展民宿农旅产业，盘活闲置农房2000平方米，建成民宿12户18间，发展民宿酒店1家，闲置农房利用率达到52%，取得较好的社会效益和经济效益[②]。

3. 四川省成都市放活宅基地使用权："乡村旅游"模式

四川省成都市借助宅基地产权确权、宅基地退出管理等方式放活宅基地使用权，有力发展乡村旅游，推动成都乡村经济发展。

成都市都江堰市探索"产权确认+集中安置"实践。都江堰市依托土地综合整治，鼓励居住地偏远的农民退出宅基地，将农户退出的宅基地统一整理为建设用地进行流转，将节约出来的建设用地指标进行市场交易，农户可获得相应的利益。同时，都江堰市建立和完善了社会保障体系，制定和完善了鼓励农民进城以及住房、新型农村合作医疗、新型农民养老保险、促进就业和救助等配套政策和措施[④]。

成都市彭州市进行"宅基地腾退+乡村旅游"的改革实践，彭州市通过组建宅基地腾退改革小组，调研农民退出宅基地意愿，对于愿意退出宅基地的农民进

[①] 四川省泸县人民政府.泸县：做活宅改文章促振兴[J].农村经营管理，2020(01)：20-22.
[②] 德阳市农村宅基地"三权分置"改革方案出炉-四川省人民政府(sc.gov.cn)，2020年11月23日.
[③] "三书模式"再现新突破[N]. 成都日报, 2020-07-09(08).
[④] 蔡昉，程显煜.城乡一体化：成都统筹城乡综合配套改革研究[M].成都：四川人民出版社，2008.

行核对签约，退出的宅基地通过整治进行乡村旅游项目使用。彭州市实施"宅基地腾退+乡村旅游"模式之后，部分乡村旅游得到一定程度的发展，最典型的实践地区就是葛仙山镇。截至 2019 年 9 月，葛仙山镇已经完成左廉右舍乡村酒店、果农情生态农庄、果徕咖啡庄园等 7 户农户宅基地腾退，腾退面积 2000 余平方米。其中，左廉右舍乡村酒店位于葛仙山镇熙玉村 1 组，腾退宅基地涉及农户 5 户，15 人，共腾退宅基地面积 1.7 亩，经营范围包括餐饮服务、会务、休闲娱乐等。果农情生态农庄位于葛仙山镇建新村 10 组，涉及农户 1 户，腾退宅基地面积 297 平方米，目前已初步建成果农情草莓采摘园，占地 60 亩。果徕咖啡庄园位于葛仙山镇乐江村，涉及农户 1 户，腾退宅基地面积约 1 亩，建筑风格以北欧田园风和美洲工业风为主，目前经营范围包括中西餐、棋牌、住宿、会务等[①]。"宅基地腾退+乡村旅游"模式既改善了农户生活居住环境，又为发展乡村旅游提供了建设用地。以果农情生态农庄为例，该农庄现已实现年总产值 150 余万元，接待游客 3 万余人次，解决周边农民就业 40 人，有效带动周边旅游产业发展并促进农民增收。

成都市郫都区在遵循保障宅基地用益物权、节约集约利用和公开、自愿、有偿的原则和基础上，通过转让、出租、抵押三种方式适当放活宅基地及其农村住房使用权，鼓励与引导辖区范围内农村住房及其宅基地流转推动"乡村旅游"发展。一是出台政策意见，明确宅基地及农村住房使用权流转的原则、方式、程序、登记、管理等内容。二是规定了对于农村宅基地使用权及其住房所有权转让，该集体经济组织及其成员在同等条件下有优先受让权，扩大农村住房所有权及其宅基地使用权限定转让范围，规定转让后的宅基地使用权及农村闲置住房应用于发展民宿民俗、创意办公、休闲农业、乡村旅游等用途。三是成都农交所郫都农村产权交易有限公司积极主动接洽有意愿流转宅基地及农村住房的集体经济组织，为有意愿流转的集体经济组织解释流转政策、程序，准备流转资料，开展挂网发布工作。

4. 天津市蓟州区放活宅基地使用权：分类推进模式

天津市蓟州区采取因地制宜的原则放活宅基地使用权，针对不同区域设计差异化的发展模式，分类推进。蓟州区根据平原农业远郊村、近郊村、城中村、半山区和山区地区的自身差异进行系统性分析，依照不同宅基地相关的主体、资源禀赋等特征，实施对应的宅基地改革实践，探索出进城入镇型、自改自建型、集体建房型、整村拆迁型、整村开发型和安置换房型等 6 种改革实践模式[②]。同时，对于山区村庄，通过宅基地盘活利用，进一步优化周围村庄布局，在完善基

---

① 贺麟涵. 彭州市葛仙山镇宅基地有偿退出案例研究[D].成都：电子科技大学, 2018.
② 赵艳霞，李莹莹.宅基地"三权分置"改革实践村庄分异的实证研究——以天津蓟县宅基地改革试点为例[J].农村经济与科技，2020，31(02)：273-275.

础设施的同时增加公共空间、改善村庄环境,为盘活利用奠定基础;村集体经济组织依据产业发展规划,对空闲宅基地集中管理、统一经营。对于平原区村庄,村集体经济组织通过土地综合整治盘活利用空闲宅基地,与经济发达乡镇结对子,运用增减挂钩政策,共享土地增值收益[①]。对于文化名村,引入团队挖掘历史背景,集中设计打造,走优质高端路线。

5. 浙江省义乌市放活宅基地使用权:"集地券"模式[②]

浙江省义乌市探索推进"集地券"模式盘活利用闲置宅基地。义乌市首先对宅基地使用权人自愿退出的宅基地以及其他废弃闲置宅基地由自然资源主管部门发放"集地券",可进入市场交易。初次交易收入在扣除土地整治等成本后,合理分配给村集体经济组织和农户个人。退出宅基地的农户可以选择参加城乡新社区集聚居住或者纯货币化安置补偿两种方式。其次,义乌市在城镇规划红线范围内,通过新社区集聚建设高层公寓保障农民"一户一房";对城镇规划红线范围外的近郊村按总规模控制实施更新改造,通过统规自建落实"一户一宅";对远郊村则实行传统的"一户一宅"。

6. 眉山市彭山区放活宅基地使用权:利用土地综合整治优化村庄布局模式

眉山市彭山区立足于农村部分农房布局散乱、常年闲置宅基地凋敝破败的实际情况,积极开展土地综合整治、改善村容村貌、集约节约利用土地。在基础摸底方面,彭山区、镇、村、组四级工作人员一同开展逐户入户登记工作,准确核实宅基地基础信息,了解农户需求与有偿退出意愿。在村规划方面,镇组织编制出台了结合"多规合一"的村级规划,利用宅基地腾退和新村聚居点建设中同步双向推进村庄风貌形态重塑。利用优化村庄布局和土地综合整理等有效举措,切实改善了居住条件,推动了产业发展,优化了人地关系,壮大了集体经济。

6.3.2 部分试点地区放活宅基地使用权的激励效应

政策的设计涉及多方利益主体,只有政策制度的改革成本少,才会使政策制度变革效率高。在城乡融合发展的趋势下,现行宅基地制度改革不能有效获取"外部利润"[③],因此中央政府从全局考虑,推动农村宅基地"三权分置"改革,有效激励宅基地制度更加深入地改革和发展。

政策的激励作用体现了多方主体的共同利益,从政策的导向、激励、约束职能等方面考察政策激励效应,能够促进多方主体的效用最大化,从而实现政策目

[①] 张靖.盘活利用农村空闲宅基地的几点思考——以天津市蓟州区为例[J].中国土地,2017(06):13-15.
[②] 全国宅基地制度改革试点经验摘编,成都市郫都区委政研室,2021年4月.
[③] 郭贯成,李学增,王茜月.新中国成立70年宅基地制度变迁、困境与展望:一个分析框架[J]. 中国土地科学,2019,33(12):1-9.

标。从中央政府的视角来看，中央政府作为最高行政机关，也是农村宅基地管辖的最高层次主体，其主要目标是提高农村社会的公共利益，加快形成节约集约用地和保护生态环境的模式，解决农村发展的短板问题，促进城市和农村共同发展。泸县创新完善宅基地权能，丰富其财产性价值显化通道，向存量、闲置宅基地要用地空间和发展资本，形成可操作的试点举措，可有效推动中央政府对于农村宅基地"三权分置"后续政策的制定，对农村宅基地"三权分置"改革产生积极影响。从地方政府的视角来看，地方政府是"理性经济人"，地方政府官员旨在通过宅基地改革来激活宅基地的价值，改善农村环境，促进农村经济发展。试点地区宅基地使用权流转需求总是小于供给，在县域流转的动力不足，在这样的背景下，试点地区放活宅基地使用权，多渠道拓展宅基地利用。以泸县为例，其开创宅基地节余指标跨区域流转模式，这不仅在一定程度上解决了地方政府发展农村的资金问题，而且激励着农民土地财产权利得到更好的发展，极大地拓展了宅基地使用权的实现范围，也激励着地方政府对放活宅基地使用权的大力推行。部分试点地区将退出的宅基地变更性质，转为集体经营性建设用地，入市后村集体经济组织能获得一定的收益，有效激励了村集体经济组织的工作动力，从而助推农村宅基地"三权分置"改革。同时部分试点地区通过实行农房"共建共享"，引导退出宅基地的农户参加城乡新社区集聚居住，以及修建农民公寓、货币化安置补偿等方式[①]，保障"户有所居"并合理分享宅基地盘活利用的收益。并且，多个地区创新宅基地使用权流转模式，以宅基地资源的多元化利用带动当地产业发展，为农民带来更多利益，从多个维度让农户分享改革红利，提高了农民参与改革的积极性，激励其参与并支持农村宅基地"三权分置"改革。

---

① 张宇,郭小雨,赵帅.和林格尔与义乌宅基地制度改革对比分析[J].中国土地,2020(02): 40-42.

第7章 农村宅基地"三权分置"改革政策实施的绩效评估

本章以宅基地制度改革试点地区为例,从两方面选取试点地区分析总结宅基地"三权分置"改革实践情况。一方面,按照行政区域选取4个东部地区试点地区(福建省晋江市、浙江省德清县、佛山市南海区、天津市蓟州区)、3个中部地区试点地区(湖北省宜城市、湖南省浏阳市、内蒙古自治区和林格尔县)和5个西部地区试点地区(重庆市大足区、贵州省湄潭县、云南省大理市、眉山市彭山区、西安市高陵区),探索这12个试点地区的农村宅基地"三权分置"改革情况,对比分析东部地区、中部地区、西部地区农村宅基地"三权分置"改革情况的差异。另一方面,按照地域结构选取1个山区地区(四川省泸县)、1个丘陵地区(鹰潭市余江区)、1个平原地区(浙江省义乌市),具体分析3个典型地区改革实践,总结其主要的改革模式,为其他地区实施农村宅基地"三权分置"改革提供实践参考。

7.1 农村宅基地"三权分置"改革政策实施的实践情况

7.1.1 一般试点地区宅基地"三权分置"改革的具体实践

1. 东部地区试点县(市、区)宅基地"三权分置"改革实践情况

1)福建省晋江市:用益物权从单一功能向综合利用转变

福建省晋江市于2017年被列为第二批全国试点县,自承担改革任务以来,晋江市以"三权分置"改革为依托,不断解决宅基地改革过程中的难点问题,通过宅基地相关制度体系的构建,取得了诸多试点成效。

首先,晋江市将农民集体作为宅基地集体所有权行使主体,对村所属的宅基地进行管理[①]。晋江市将农村宅基地的审批权限下放至镇一级,要求镇一级设立专门窗口接收办理申请,并在全国率先研发农村宅基地审批管理系统,破解宅基地审批难、审批慢等问题,实现农村宅基地审批扁平化、智能化、规范化、便利化,让群众"只要跑一趟""最多跑一次"。

[①] 齐培松,蔡天文.喜人的"晋江模式"——福建省晋江市推进农村宅基地制度改革试点的经验[J].国土资源通讯,2018(10): 33-34.

其次，晋江市高度重视宅基地资格权认定。晋江市组织专家、律师团队提供宅基地资格权、农村集体经济组织成员资格认定等方面政策和法律咨询。在充分兼顾不同群体利益的基础上，有效保障多群体、多主体利益，按照"尊重历史、照顾现实、程序规范、群众认可"的原则，积极出台关于宅基地农户资格的相关文件，明确了认定宅基地农户资格权的基本原则，规定了 12 类特殊人群(如出嫁女、上门婿、军人、大学生、移居海外人员等)资格认定的细则，同时规范宅基地农户资格权的认定流程，集体讨论，认真审核，民主决策。截至 2020 年 6 月，全市已有 395 个村社全部完成集体经济组织成员资格身份认定工作，完成集体经济组织成员认定 94.63 万人[1]。

最后，晋江市积极探索宅基地使用权抵押贷款，推动银村对接，引导晋江农商银行开发以"农房乐"为载体的农房及宅基地抵押贷款业务。截至 2020 年 6 月，全市共有 12 家金融机构参与，发放农村宅基地抵押贷款业务 766 笔，金额 6.78 亿元，以多元化方式拓展宅基地使用范畴，有效帮助农民盘活住房财产，并形成了如休闲娱乐、旅游观光等新发展模式。

在宅基地盘活利用方面，晋江市探索符合自身发展实际的宅基地退出机制，形成指标置换、资产置换、货币补偿、借地退出等 4 种宅基地退出模式。截至目前，晋江市共腾退宅基地 3748 亩。安海镇新店村村集体与村民签订宅基地"借用"协议，利用废旧老宅打造乡村微景观，改善农村人居环境，提升农村群众幸福感。同时，晋江市在城中村开展组团式改造，实施村民可以拿宅基地和房屋换安置房、店面、商铺、公寓、现金和股权的"六个换"举措，并重点探索了休闲农业型、文化保护型、旅游观光型、电商带动型 4 种宅基地盘活利用模式(表 7-1)[2]。截至 2018 年，晋江市已经培育出 48 个"淘宝村"，带动近 3 万农户增收；晋江市财政每年投入 1.7 亿元，该资金主要用于旧村改造和村民退出宅基地补偿等方面[3]。

表 7-1 晋江市宅基地盘活利用模式

模式	具体内容
休闲农业型	将农田保护、闲置宅基地复垦和生态文明建设融为一体，通过土地整治，保持村落形态、农田性质不变，发展休闲农业
文化保护型	对全市 6 个传统村落、10000 多栋历史文化建筑进行保护修缮，留住乡愁记忆
旅游观光型	盘活利用闲置宅基地，建设停车场、绿地等，为发展旅游观光业提供配套设施
电商带动型	结合发展村集体经济，整合闲置民房，培育电商产业

---

[1] 农业农村部. 福建晋江集成推进农村宅基地制度改革"四字诀"[EB/OL]. http://www.hzjjs.moa.gov.cn/zjdglygg/202006/t20200602_6345721.htm, 2020-06-02.

[2] 福建晋江：激活农村"三块地"群众享实实在在改革红利, http://www.fj.chinanews.com/news/fj_ttgz/2019/2019-07-08/444730.html.

[3] 齐培松, 蔡天文. 喜人的"晋江模式"——福建省晋江市推进农村宅基地制度改革试点的经验[J]. 国土资源通讯, 2018(10): 33-34.

2) 浙江省德清县：基于"三权分置"的宅基地管理办法引领改革

浙江省德清县实施"三权分置"改革的时间较早，在全国范围内率先开展了农村宅基地"三权分置"颁证，带动了农村新产业、新业态的发展。

首先，德清县构建了农村宅基地制度改革试点政策框架体系，涵盖宅基地制度有偿使用、历史遗留等重点、难点问题，为平稳有序推进宅基地制度改革提供了坚实制度保障；探索建立"县级指导、镇街主抓、村组履职"的联动责任机制，落实基层政府宅基地管理属地责任，推动农业综合执法改革，赋予镇人民政府和街道办事处宅基地综合执法权限[①]。并且，德清县明确规定由村股份经济合作社代表村集体行使宅基地集体所有权，并有权对宅基地管理事项做出决定，同时细化了村股份经济合作社对宅基地管理重大事项决策的范围及程序。

其次，为保障宅基地农户资格权，德清县基于核定的面积以"户"为单位进行登记，通过村股份经济合作社对资格权人进行认定，认定公示结束后发放资格权登记卡。未取得宅基地的资格权人可以向村股份经济合作社申请落实宅基地，村股份经济合作社应当予以解决；在资格权人自愿的基础上，德清县鼓励有条件的镇(街道)和村股份经济合作社通过建设集体公寓、置换城镇国有住房等方式，保障资格权人"户有所居"；在自愿有偿的基础上，允许资格权人退出宅基地资格权；并探索建立了统筹城乡的住房保障体系，允许自愿退出宅基地的农户申请城镇经济适用房或廉租房。2018 年 6 月，德清县发放了第一批农村宅基地"三权分置"证书，部分出租农房的农户在领取了村股份经济合作社办理的宅基地资格权登记卡后，将宅基地和农房 20 年使用权转让给承租开办民宿的外来业主，外来业主凭此可在县不动产登记中心申请办理不动产权证，有力保障了双方的权益，稳定了合作预期。

最后，德清县明确规定在符合要求的情况下宅基地使用权可以抵押、出租、转让，在实施放活使用权过程中需要签订合作协议，一定年限后农民收回相应权限。适度放活宅基地和农民房屋使用权，从而大大提高土地使用效率。通过盘活闲置宅基地和闲置农房，发展民宿经济、电商经济等农村新产业、新业态，德清县有效实现城乡要素双向流动，促进城乡融合发展[②]。截至 2019 年 12 月，德清县宅基地"一户多宅"清理整治率、无房户和危房户保障率、确权登记发证率均达到 100%，已累计盘活宅基地 913 宗，培育形成高端民宿 750 家，带动户年均增收 6 万元[③]。

3) 佛山市南海区：以"宅基地权益资格认定制度"解决历史遗留问题

佛山市南海区积极探索旧村改造、社区公寓建设、古村活化、集体经济租赁

[①] 浙江德清县召开深化农村宅基地制度改革试点动员大会，https://baijiahao.baidu.com/s?id=1685766292654263086&wfr=spider&for=pc.
[②] 浙江德清颁发全国首批"宅基地农户资格权登记证"，https://www.sohu.com/a/437429972_120244154.
[③] 德清县统筹推进农村"三块地"改革，http://zjrb.zjol.cn.cn/html/2019-12/30/content_3296576.htm?div=-1.

住房等多种宅基地盘活和统筹利用方式。

首先，南海区明确规定农村集体经济组织行使宅基地集体所有权，依法依规管理宅基地，明确了农村宅基地权益资格是指农村集体经济组织成员享有的住有所居权益资格。其次，南海区出台《佛山市南海区农村宅基地权益资格认定办法（试行）》（南宅改〔2021〕1号），按照可建区、限建区、禁建区三种不同类型实行不同的宅基地资格权审批制度。再次，各村社按照"一户一宅、村民自治、实事求是、公平合理"的原则，由集体经济组织实施宅基地权益资格认定，并经居委会复审、镇相关部门联审，公示后形成各村社农村宅基地权益资格名录库[①]。同时，按照可建区、限建区、禁建区对进入农村宅基地权益资格名录库的成员权益资格分区分类管理。位于宅基地可建区或限建区的名录库内成员享有的权益包括：申请本村（居）委会范围内单家独院类型宅基地的资格；优先优惠申购镇（街道）范围内村居社区公寓的资格；申请购买本村（居）委会范围内宅基地及地上房屋的资格。位于宅基地禁建区的名录库内成员的权益包括优先优惠申购本镇（街道）范围内村居社区公寓的资格，以及申请购买本村（居）委会范围内宅基地及地上房屋的资格。并且，南海区鼓励农民退出宅基地，并将退出的宅基地转为集体经营性建设用地，实施规模化经营。同时，积极探索旧村改造、社区公寓建设、古村活化、集体经济租赁住房等多种宅基地盘活和统筹利用方式。

4）天津市蓟州区：实施三种模式保障户有所居

首先，蓟州区规定村集体经济组织行使宅基地集体所有权，对宅基地进行管理，统筹规划宅基地布局，对超占宅基地收取有偿使用费。其次，确定宅基地农户资格权获取范围；可以申请农户资格权的人员包括无住房的本村村民；已取得结婚证的需要分户建房的本村村民；新迁入落户的本村村民；离婚后户口迁回的村民，再次结婚并取得结婚证且夫妻双方无住房的。同时，限定每户村民的宅基地使用面积，规定本村人均耕地面积不足667平方米的，每户宅基地面积不得超过167平方米；本村人均耕地面积在667平方米以上的，每户宅基地面积不得超过200平方米；实行集中统建农民住宅小区的，每户住宅建筑面积为60～140平方米[②]。再次，通过农民住宅小区、多户联建、自建住宅三种方式保障农民户有所居。结合新型城镇化在国有建设用地上统筹建设农民住宅小区，用于安置区域或本镇（乡）范围内符合宅基地申请条件和自愿退出原有宅基地的村民。以村集体经济组织或其成立的实体公司为主体，可在本村村域范围内多户联建住宅小区，用于安置本村符合宅基地申请条件和自愿退出原有宅基地的村民。自建住房的农民需要严格遵循"一户一宅"制度，每户村民只能拥有一处宅基地，同时实施宅基地和农房使用权确权登记，通过多种形式流转宅基地使用权。

---

① 《佛山市南海区农村宅基地权益资格认定办法(试行)》，佛山市南海区农村宅基地制度改革试点工作领导小组.
② 刘亚伟. 蓟县农村宅基地退出机制研究——基于四个村的调查[D]. 天津：天津工业大学，2017.

5) 上海市松江区：采取多元举措推进宅基地"三权分置"[①]

首先，松江区采取农民集中进镇居住模式和归并平移统筹兼顾模式开展宅基地制度改革。一方面，以村庄土地整治为平台，在农民自愿的前提下，松江区积极推进农民集中进镇商品房安置的"宅改"模式[②]。另一方面，对于历史原因造成住房困难且符合新增或翻建宅基地条件的农户，松江区以规划为引导，结合农民意愿，探索村内集中居住、存量宅基地翻建、平移归并和危房加固修缮等多种方式，既解决了村庄人口变化后的住房困难问题，又通过节约、集约用地腾挪出建设用地指标。原"一户一宅"的农村居住保障方式逐步向"户有所居"的方式过渡。其次，在收回和经营方面，松江区通过回购、统一改造闲置废弃基地，实现了村集体对宅基地的收回、经营管理权；实行多元宅基地置换方式，通过货币置换、异地住房置换、异地宅基地置换三种方式，满足农民多元需求。再次，松江区探索新型的资金平衡方案，即由村民自主负责筹措置换房屋的建设资金，而乡镇一级政府只负责房屋改造的基础设施配套建设。尝试引入社会资本参与置换，采取农民合作建房的运作模式。并尝试引入第三方组织，提高置换后土地利用率，专项考评复垦工作绩效，制定便于操作的奖惩机制，对于宅基地退出后长期未复垦的地区进行相应处罚，以确保耕地占补平衡。

2. 中部地区试点县(市、区)宅基地"三权分置"改革实践情况

1) 湖北省宜城市：放活宅基地使用权实现产业发展

湖北省宜城市通过各部门充分酝酿，制定出台相关鼓励政策措施，创新探索实践，改革取得初步成效，为农村产业兴旺注入了新活力。首先，宜城市将村民事务理事会作为集体所有权主体，行使主体权利，主要包括宅基地规划管理、宅基地资格认定、宅基地流转使用、村容村貌等。其次，宜城市积极探索以户为单位的资格权认定，对宅基地资格权的取得、丧失、保留等做出了明确规定。在继续延续农村宅基地使用权保障功能的同时有效地释放农村宅基地的使用功能，为农户谋取了更多利益。再次，宜城市固化宅基地面积标准，用村人均耕地面积倒推确定宅基地面积标准，突破根据地域类别来确定宅基地面积的陈规，将人均耕地面积看作是确定宅基地面积标准的主要参考因子。宜城市还根据辖区内各个村庄的实际情况建立有偿使用机制，采取政府定价、村定标准、动态调节的方式对超占部分实行"分段+调节"的阶梯式缴费，有效促进宅基地集体所有权的实现[①]。

在盘活宅基地使用权方面，宜城市采取"用时间换空间、梯次腾退"的办法，充分运用政策引导、集体回购、增减挂钩等多种方式，整合项目资金，通过有偿使用倒逼、转变功能用途、跨区域流转、政策项目引导等方式引导农民退出

[①] 全国宅基地制度改革试点经验摘编，成都市郫都区委政研室，2021年4月.
[②] 叶红玲. 大都市近郊的乡村形态——上海松江农村土地制度改革试点思考[J]. 中国土地，2018(7)：10-15.

闲置和多余的宅基地①；并对自愿退出、超面积补偿、协议时间内退出等不同情况实行差异化的宅基地退出补偿政策。同时，将宅基地流转从集体经济组织内部扩大到全市范围村集体经济组织间流转，结合"互联网+"，引进资金，改造腾退、闲置的宅基地，实行耕地共作、民宿共营，实现产业发展②。例如，地处交通要道的南营办事处的王家湾村是移民村，全村128户，有70多户农民常年在外打工，大量农房闲置。通过宅基地"三权分置"改革，王家湾村将闲置宅基地和农房进行有偿流转，放活使用权，吸引了20多家电商入驻，建起农村电商基地，成为宜城市较为典型的成功案例。

2) 湖南省浏阳市："三方"共享宅基地使用权激活乡村资源要素

湖南省浏阳市激活闲置宅基地资源的动力，推动农村经济社会发展。首先，浏阳市明确村集体经济组织为宅基地集体所有权行使主体，依法对宅基地实施管理，指导并制定村庄规划编制。在宅基地流转中，允许规划建设区范围外的宅基地面向全市符合宅基地申请条件的农村集体经济组织成员流转。其次，严格认定宅基地农户资格权，综合考虑特殊群体的资格权取得条件，并探索宅基地农户资格权跨集体的实现形式，符合宅基地申请条件的农户可以跨集体申请取得宅基地使用权资格。对于进城农民，浏阳市建立了完善的进城农民权益保障机制，在集体经济组织认可的前提下，进城农民退出宅基地后仍保留原农村集体成员身份，并享有相关经济分配权益；需返乡创业的，可通过公开竞价重新取得宅基地使用权，为退出宅基地的农民保留"回乡"通道。再次，通过不动产登记确权保障"三权"权能，对于退出的宅基地采取集中管理；实行宅基地总规模控制，以5年为期逐村制定建设用地总量控制要求，倒逼超规模乡镇主动退出闲置宅基地，有效引导农民科学选址建房、节约集约用地③。在宅基地盘活利用方面，浏阳市创新实施"城乡合作建房"试点，引导社会资本租用宅基地实施合作建房，由农民提供宅基地，城市居民投资改建或新建，或将多户农民节省的宅基地指标集中起来吸引城市居民或工商资本建设经营，并支持利用闲置农房开展民宿休闲，发展乡村旅游，带动更多产业进入农村。

3) 内蒙古自治区和林格尔县：积极探索农民住房保障多种实现形式

内蒙古自治区和林格尔县选取领导班子健全、群众支持、代表性强的50个村作为首批试点村庄，努力解决农村宅基地改革试点过程中出现的诸多问题，积极出台宅基地政策文件，探索农村宅基地"三权分置"改革。首先，确定宅基地集体所有权的行使主体为村集体经济组织，积极规范引导公共服务设施、生态环境和村务管理的发展方向和建设要求，保证宅基地治理有效。探索竞价选位方式和分类收取有偿使用费方式，规定宅基地面积超标、多宅多占、非本集体经济组

---

① 宜城农村土地制度改革取得阶段性成果, http://www.xf.gov.cn/zxzx/jrgz/201810/t20181029_1428994.shtml.
② 宜城市探索宅基地有偿退出六种模式, http://www.hubeixiangfa.com/a/xiangfanxinwen/2017/0408/151357.html.
③ 全国宅基地制度改革试点经验摘编, 成都市郫都区委政研室, 2021年4月.

织成员通过继承方式或其他方式占有和使用宅基地等三种情况，要交纳有偿使用费[①]。其次，明确申请宅基地的群体范围，分别是无住房的家庭、需要分户建房、学生或服刑等特殊群体、现役军人配偶及子女已落户本村无住房的、经县级以上人民政府批准回原籍落户并没有住房的、离婚后户口迁回本村的村民而且再次结婚并取得结婚证且夫妻双方无住房的。再次，积极实践多种方式保障农民居住，对常住户数 15 户以上的地区探索并完善"一户一宅"分配制度；探索常住户不超过 15 户的村庄，实行相对集中居住；对于本村身边无子女人员、空巢老人、五保户或愿意集中养老的人员，探索以镇（乡）为单位统一建设养老机构。对有能力在县城发展控制区以外自建住宅的，要统一规划建设；没有统一规划建设能力的，要求每户宅基地面积不得超过 600 平方米。近郊建设用地紧张的村庄，探索通过经济适用房等政策，集中建设农民公寓、农民住宅小区。并且，允许宅基地在村内流转，同时也可流转给村集体经济组织。集体经济组织将转让人、受让人、宅基地基本情况、流转价格等信息公开，接受监督。

3. 西部地区试点县（市、区）宅基地"三权分置"改革实践情况

1）重庆大足区：持续推进"地票"制度显化宅基地权能

首先，大足区充分发挥集体经济组织自主权，赋予村集体经济组织多项权能，村集体经济组织在农村宅基地流转、退出、使用等环节承担了审核、管理和监督等多项职责。同时，村集体经济组织利用"地票"获取的收益改善村基础设施建设和建立历史文化设施[②]。其次，大足区在认真总结试点经验的基础上，对资格权的取得、丧失进行了明确规定，同时也对外出就读人员、服兵役人员、外嫁人员的资格认定进行了相应的规定。具备资格的人员才能按照"一户一宅"标准分配宅基地。再次，积极支持村集体经济组织组建农房合作社，通过自营或联营等形式开办特色民宿，盘活农民闲置房屋；支持村集体经济组织对内通过土地股份合作方式聚集资源要素，对外通过产业项目引入城市工商资本、新型农业经营主体等社会资本，发展股份混合经营。

2）贵州省湄潭县：非户籍地农民有偿获取宅基地资格权

贵州省湄潭县在"三权分置"改革过程中，逐步形成了完善宅基地权益保障和取得方式、有偿使用、有偿退出、完善管理等制度，宅基地改革试点工作取得了实效。首先，湄潭县明确村集体经济组织行使宅基地集体所有权，并依法对宅基地进行管理、使用、处置等。严格执行"一户一宅"标准，规定了宅基地资格权认定条件。其次，对于放活宅基地和农房使用权，在保障宅基地使用权人基本居住条件的前提下，经村股份经济合作社同意、本人申请并缴纳土地收益金后，

---

① 张宇，郭小雨，赵帅. 和林格尔与义乌宅基地制度改革对比分析[J]. 中国土地，2020 (02)：42-44.
② 陈晓军，郑财贵，牛德利."三权分置"视角下的农村宅基地制度改革思考——以重庆市大足区为例[J]. 国土与自然资源研究，2019(05)：34-38.

允许将剩余实际用于经营用途的原宅基地分割登记入市[①]。在原有宅基地租赁关系涉及投资者与村民两方的基础上，增加宅基地所有人村股份经济合作社为租赁关系的第三方，履行对出租农户和投资者的监督管理权利。再次，设立综合性集体建设用地，将现实中具有商住功能的宅基地定义为综合性集体建设用地，使其可以进入市场，具有出租、转让、抵押等权能。通过发放房地一体不动产权证，有力促进了乡村旅游健康发展，也为农民增加了财产性收入来源。

3) 云南省大理市：项目化方式推进闲置宅基地入市

云南省大理市积极探索农村宅基地"三权分置"改革，通过实施宅基地有偿退出、宅基地集约利用、宅基地依法审批、农房多元化利用等形式助力改革。首先，大理市坚持以户籍为依据，成立村民小组认定集体经济组织成员，村集体经济组织依法行使宅基地集体所有权主体权利。对宅基地统一规划管控、集中调整与审批，对利用农宅从事经营活动的，由村集体制定标准收取土地收益调节金等改革措施，使村集体经济组织作为宅基地所有者的权益得到体现。其次，界定了"一户一宅"中"户"与"宅"的标准，出台宅基地农户资格权认定的相关办法。通过统规自建、确权颁证、抵押担保等方式保障农户资格权。再次，统筹农村"三块地"改革，通过对宅基地的有偿退出和集中调整，对空心村的闲置宅基地、非本集体经济组织成员占有使用的宅基地以及不符合土地利用总体规划或村庄规划的宅基地等，实行有偿退出，并且集中调整、统一规划申请新宅基地的需求[②]。对于闲置或退出的宅基地，在符合管制用途的情况下变更性质，将其转为集体经营性建设用地入市，为城镇化发展提供用地支持。对闲置或腾退的宅基地实施项目化管理使用方式，充分激活了宅基地活力，进一步促进农村产业发展[③]。设立专项补偿基金，用于补偿金融机构发放农民住房财产权抵押贷款造成的呆账损失。

4) 眉山市彭山区：确权颁证落实宅基地权能

彭山区积极探索农村宅基地所有权、资格权、使用权"三权分置"改革，在先行试点村中探索"三权同确、三证同颁"的做法。首先，为明晰宅基地所有权具体归属，彭山区明确了宅基地的责任主体和管理主体，通过颁发所有权证书，有效强化集体所有权在宅基地权利体系中的基础性地位。试点村组织成立村宅基地民主管理领导小组，对集体资源进行规范化管理，显化村集体经济组织作为宅基地所有权人行使分配、调整和监督管理等权利，有效解决宅基地权属关系不清和集体所有意识淡化等问题。其次，村集体经济组织多次召开村民小组全体和户代表会议讨论资格权认定标准，根据标准对符合标准人员村集体经济组织工作人

---

① 陶通艾，王家乾. 湄潭"收，分，腾，转"唤醒沉睡农房[J]. 农村工作通讯，2019，761(21)：22-23.
② 叶红玲. "宅改"造就新农村——大理、义乌宅基地制度改革试点探析[J]. 中国土地，2018(5)：4-12.
③ 刘圣欢，杨砚池. 农村宅基地"三权分置"的权利结构与实施路径——基于大理市银桥镇农村宅基地制度改革试点[J]. 华中师范大学学报(人文社会科学版)，2018，57(05)：45-54.

员进行逐一公示复查，严格核实名单人员情况，形成资格权决议名单，为具备资格权的人员进行确权颁证。再次，通过对宅基地及农房的权籍调查，以户为不动产单元进行确权登记颁证。三类证书的颁发为明晰宅基地的权属，为流转交易奠定了基础。

5) 西安市高陵区："共享村落"盘活农村宅基地资源

高陵区通过"共享村落"探索农村宅基地"三权分置"，规范引导盘活利用农民闲置宅基地和闲置农房工作，达到壮大集体经济、增加农民财产性收入的目的。首先，高陵区坚持依法、自愿、有偿的原则，在农村集体土地所有权、农民宅基地使用权和房屋所有权不变的前提下，以产权归属清晰为界，充分尊重农民意愿，不影响其正常生活，推动"共享村落"农民闲置宅基地和闲置农房使用权流转工作。其次，高陵区根据本地宅基地发展实际情况，高效划定"共享村落"农民闲置宅基地和闲置农房使用权承租人在出租期限内享有的含新建权、改建权、转让权、经营自主权、经营收益权、融资抵押担保权等在内的各种权利[①]。此外，鼓励"共享村落"农民闲置宅基地和闲置农房使用权承租人积极盘活农村土地资源，将其符合创新创业条件的承租主体纳入享受西安市高陵区创新创业扶持政策的范围。最后，落实"共享村落"相关部门的职责。高陵区充分发挥多层级职责分工权能，一方面将区级层面各分管部门负责的农民闲置宅基地和闲置农房使用权相关工作做好分工，避免出现相互推诿、无人担责的情况。另一方面要求街道参与、负责农民闲置宅基地和闲置农房的部分工作，确保共享房源的产权无异议、无纠纷。此外，还要求村集体经济合作社发挥出引领、组织、统筹和管理作用，切实保护好村集体和广大农户的切身利益。

7.1.2 一般试点地区宅基地"三权分置"改革的实践总结

笔者深入东部地区、中部地区、西部地区等10个试点地区进行改革调研，从调研情况来看，10个试点地区按照国家的政策要求进行农村宅基地"三权分置"改革实践，形成了各具特色的试点举措，凝练了一些可供推广的实践经验。

1. 东部试点地区宅基地"三权分置"改革效果较为明显

第一，在落实宅基地所有权方面。福建省晋江市将农民集体作为宅基地集体所有权行使主体，对村所属的宅基地进行管理；浙江省德清县明确规定由村股份经济合作社代表村集体行使宅基地集体所有权，并有权对宅基地管理事项做出决定，同时细化了村股份经济合作社对宅基地管理重大事项决策的范围及程序[②]；佛山市南海区和天津蓟州区有类似的做法，即都明确规定村集体经济组织行使

---

① 高陵区试点"共享村落" 助推乡村振兴，http://sn.ifeng.com/a/20190226/7238492_0.shtml.
② 赵艳霞，李莹莹. 宅基地"三权分置"改革实践村庄分异的实证研究——以天津蓟县宅基地改革试点为例[J]. 农村经济与科技，2020, 31(02): 273-275.

所有权，依法依规管理宅基地，统筹规划宅基地布局，对超占宅基地收取有偿使用费。

第二，在保障宅基地农户资格权方面。福建省晋江市出台了关于宅基地农户资格的相关文件，明确了认定宅基地农户资格权的基本原则，规定了特殊人群（如出嫁女、上门婿、军人、大学生等）的资格认定，同时规范宅基地农户资格权认定流程，集体讨论，认真审核，民主决策。浙江德清县在保障宅基地农户资格权过程中，基于核定的面积以"户"为单位进行登记，通过村股份经济合作社对资格权人进行认定，认定公示结束后发放资格权登记卡。佛山市南海区按照"一户一宅、村民自治、实事求是、公平合理"的原则，实施宅基地权益资格认定，并在可建区、限建区、禁建区三种不同类型区域实行不同的资格权审批制度[①]。天津市蓟州区确定宅基地农户资格权获取范围，实行三种方式保障户有所居。

第三，在放活宅基地和农房使用权方面。福建省晋江市多元化拓展宅基地使用范畴，形成了休闲娱乐、旅游观光等新发展模式。浙江省德清县明确规定在符合要求的情况下宅基地使用权可以抵押、出租、转让。佛山市南海区鼓励农民退出宅基地，并将退出的宅基地转为集体经营性建设用地，实施规模化经营。同时，积极探索旧村改造、社区公寓建设、古村活化、集体经济租赁住房等多种宅基地盘活和统筹利用方式。

2. 中部试点地区放活宅基地和房屋使用权改革较为突出

第一，在落实宅基地所有权方面。湖北省宜城市将村民事务理事会作为集体所有权主体，行使主体权利，主要包括宅基地规划管理、宅基地资格认定、宅基地流转使用、村容村貌整治等。湖南省浏阳市明确宅基地集体所有权行使主体为村集体经济组织，依法对宅基地实施管理，指导并制定村庄规划编制。内蒙古自治区和林格尔县确定宅基地集体所有权的行使主体为村集体经济组织，积极规范引导公共服务设施、生态环境和村务管理等方面的发展方向和建设要求，保证宅基地治理有效。

第二，在保障宅基地农户资格权方面。湖北省宜城市积极探索以"户"为单位的资格权认定，对宅基地资格权的取得、丧失、保留等做出了明确规定，宅基地使用权中的保障功能继续延续，提升了农户利益。湖南浏阳市严格认定宅基地农户资格权，综合考虑特殊群体资格权的取得条件。内蒙古自治区和林格尔县积极探索农民住房保障多种实现形式，明确申请宅基地的标准和条件，符合宅基地申请条件的有十类人群。

第三，在放活宅基地和农房使用权方面。湖北省宜城市宅基地流转从集体经济组织内部扩大到全市范围村集体经济组织间流转，另外又结合"互联网+"，

---

① 杨学伟.广东省湛江市坡头区农村宅基地流转模式研究[D].北京：中国地质大学(北京)，2019.

引进资金，改造腾退、闲置的宅基地，实行耕地共作、民宿共营、农庄共享，实现产业发展。湖南省浏阳市通过不动产登记确权保障"三权"权能，对退出的宅基地采取集中管理；创新实施"城乡合作建房"试点，引导社会资本租用宅基地实施合作建房；支持利用闲置农房开展民宿休闲，发展乡村旅游，带动更多产业进入农村。内蒙古自治区和林格尔县建立宅基地集体内部流转机制，推动农村产业发展。

3. 西部试点地区宅基地"三权分置"改革举措较为全面

第一，在落实宅基地所有权方面。重庆市大足区发挥集体经济组织自主权，赋予了集体经济组织多项权能，如在农村宅基地流转、退出、使用等环节承担审核、管理和监督等职责。同时，村集体经济组织通过分享地票收益，将其用于基础设施投入和民生事业发展；贵州湄潭县村集体经济组织行使宅基地集体所有权，在宅基地管理、宅基地利用、村庄规划、公共设施建设等方面起到重要作用[1]；云南大理市坚持以户籍为依据，成立村民小组认定集体经济组织成员，村集体经济组织依法行使宅基地集体所有权主体权利。

第二，在保障宅基地农户资格权方面。重庆市大足区对资格权的取得、丧失进行了明确规定，同时也对外出就读、服兵役人员、外嫁人员等资格认定进行了相应的规定。贵州湄潭县一方面严格执行"一户一宅"标准，规定了宅基地资格权认定条件。云南大理市界定了"一户一宅"中"户"与"宅"的标准，出台宅基地农户资格权认定的相关办法，通过统规自建、确权颁证、抵押担保等方式来保障农户资格权。

第三，在放活宅基地和农房使用权方面。重庆市大足区积极支持村集体经济组织组建农房合作社，通过自营或联营等形式开办特色民宿，盘活农民闲置房屋；支持村集体经济组织对内通过土地股份合作方式聚集资源要素，对外通过产业项目引入城市工商资本、新型农业经营主体等社会资本，发展股份混合经营；贵州湄潭县在原有宅基地租赁关系涉及投资者与村民两方的基础上，增加宅基地所有人村股份经济合作社作为租赁关系的第三方，履行对出租农户和投资者的监督管理权利；云南省大理市统筹农村"三块地"改革，对于闲置或退出的宅基地，在符合管制用途的情况下变更性质，将其转为集体经营性建设用地入市，为城镇化发展提供用地支持。

---

[1] 严婕."三权分置"下宅基地使用权法律问题研究[D].上海：华东政法大学，2020.

7.1.3 典型试点地区宅基地"三权分置"改革的具体实践

1. 山区地区——四川泸县：主导"农房共建共享"模式

2015 年 3 月以来，四川省泸县积极探索宅基地改革实践，促进传统农民变新型农民、沉睡资源变流动资产、破旧村落变美丽乡村[①]。首先，泸县明确村集体经济组织为宅基地集体所有权主体，实施确权登记，对各村宅基地情况、人员情况等进行实地调查，建立精确的宅基地数据库；同时积极发挥宅基地集体所有权的管理权能[②]。其次，建立宅基地法定无偿、预置有偿、超占有偿、节约有奖制度，推动公平节约用地。允许农户按每人 30 平方米居住、20 平方米附属设施的标准在本集体申请无偿配置用地；户不足 3 人预先按 3 人标准审批，超出部分按标准缴纳有偿使用费，在新增人口后给予核减核除；农户在法定面积内有节余且不再使用的，给予一次性奖励[③]。

同时，实施跨区配置，在县域内跨区域建房使用宅基地的村民要放弃享受原籍地宅基地使用权。本村跨组的，按"先退再获"的程序，由村集体经济组织平衡组别之间的地利问题。跨镇跨村的，须有偿退出原宅，经接纳地民主同意，报村审查、镇或县政府批准，在缴纳一次性有偿使用费后，接纳地向申请人配置宅基地。

另外，开展保全资格试点。规定因进城安居、结婚离婚离开村庄但户口保留在农村的群体，可申请保留宅基地资格权。农户重回集体安居时，经过申报和审批，有偿获得新的宅基地，由集体参照集体经营性建设用地入市价格向其收取有偿使用费[④]。

再次，通过共建共享、合作联营等方式推动宅基地使用价值多元化。允许农户以合法宅基地使用权，与股份经济合作社等第三方合作，通过双方协商、村集体组织同意、镇人民政府批准后，可实施农房共建共享。另外，泸县允许农户采取联营合作的方式引入市场资本，发展乡村产业。其中改革实践成效比较突出的是泸县喻寺镇谭坝村。该村通过整合农业产业化项目，修建了众创工业园，占地 58.6 亩，总投资 1950 万元，其中村集体占股份 200 万股，农民占 58.6 万股，每年每户农民分红 3 万余元[⑤]。允许农户以合法宅基地使用权与第三方资本合作，在新村聚居点共建共享居住、商住和经营性用房，截至 2018 年 2 月，已有 4 户在谭坝村成功实践。

---

① 四川泸县探索宅基地"三权分置"推动农村土地资源盘活利用，http://www.hzjjs.moa.gov.cn/zjdglygg/202003/t20200323_6339597.htm.
② 泸州市泸县：做活宅基地改革文章 推进乡村振兴[N].四川日报，2019-08-28(07).
③ 四川泸县探索宅基地"三权分置"推动农村土地资源盘活利用，http://www.hzjjs.moa.gov.cn/zjdglygg/202003/t20200323_6339597.htm.
④ 宋志红.宅基地资格权：内涵、实践探索与制度构建[J].法学评论，2021, 39(01): 78-93.
⑤ 泸州市泸县：做活宅基地改革文章 推进乡村振兴，https://epaper.scdaily.cn/shtml/scrb/20190828/222057.shtml.

专栏：泸县宅基地制度"超占有偿""节约有奖"相关内容

"超占有偿"：对于农户分户新申请使用增量宅基地的，申请使用的宅基地面积超过分出户人口核定面积的部分，按每年20元/平方米的标准向集体经济组织缴纳有偿使用费。此外，原户人口迁出导致核定可使用面积减少而形成的超占面积，也需要按同样的标准缴纳有偿使用费。对于历史形成的超出规定面积的部分，凡是在1987年2月《四川省〈中华人民共和国土地管理法〉实施办法》施行之后申请的宅基地，超出法律规定的建房占地面积部分、"一户多宅"的多宅部分和一宅的超规定部分，按城镇规划区内外不同的超占程度予以不同标准收费，非集体经济组织成员通过继承在农村占用和使用宅基地的，按城镇规划区内外不同标准收费。

"节约有奖"：对申请建房的农户，如果使用宅基地的面积小于规定面积的，集体经济组织按照每平方米100元的标准予以奖励。

2. 丘陵地区——浙江义乌：创新宅基地"三权分置"顶层设计

浙江省义乌市较早探索"三权分置"改革，坚守三条底线根基，大胆创新宅基地"三权分置"的顶层设计。

首先，明确村集体经济组织行使宅基地集体所有权，依法对本村宅基地进行管理、处置等；并且严控宅基地规模、村庄规划建设等事项，实施宅基地入市交易。对超标面积部分按照宅基地基准地价收取有偿使用费。

其次，严格管控宅基地农户资格权的获取，对特殊群体（如当兵或初级士官、大中专院校学生、服刑人员）保留宅基地农户资格权做了详细说明。对于宅基地资格权通过无偿方式分配取得并且还没有落实到地块上、自愿退出宅基地的，通过村集体统一回购，有偿调剂给村集体组织其他成员[①]；同时，以公开竞争的方式竞投宅基地落地位置。

再次，探索"集地券"制度，对宅基地使用权人自愿退出的宅基地以及其他废弃闲置宅基地，由自然资源主管部门发放"集地券"，可进入市场交易，初次交易收入在扣除土地整治等成本后，合理分配给村集体经济组织和农户个人；退出宅基地的农户可以选择参加城乡新社区集聚居住或者纯货币化安置补偿两种方式进行安置。在城镇规划红线范围内，通过新社区集聚建设高层公寓保障农民"一户一房"；对城镇规划红线范围外的近郊村按总规模控制实施更新改造，通过统规自建落实"一户一宅"；对远郊村则实行传统的"一户一宅"。

此外，义乌市通过融资形式发展乡村产业，带动农民致富。一方面多元化利用农房，通过农房流转使用权，第三方发展民宿、乡村旅游等，有效盘活了农房

[①] 张宇，郭小雨，赵帅.和林格尔与义乌宅基地制度改革对比分析[J].中国土地，2020(02)：40-42.

的利用；另一方面，助推农业项目落地，引导资本下乡发展网红村。例如，结合宅基地制度改革实施香溪印象项目，总投资4.7亿元，目前可安排的820套住宅中已经安置818套。下沿塘村原村庄用地130亩，新社区集聚通过宅基地权益置换，以高层公寓、产业用房、货币等方式安置，需总用地面积80亩，比原村庄节约用地40%。另外，岭脚村全村不足250户，背靠香山岭，村旁有一座岭脚水库。五一假期，17万株月季花在岭脚村盛放，让这个小村庄成了热门"网红打卡地"，吸引众多游客前往赏花游玩，也带动当地产业发展，为农民带来更多的收益①。

3.平原地区——鹰潭市余江区：建立宅基地资格权的重获机制

鹰潭市余江区从2015年就开始进行宅基地改革工作，五年多来取得了突破性成效，形成了一系列的实践经验。

首先，余江区明确宅基地集体所有权由村民委员会行使，并对本集体宅基地申请、退出、收回、处置、收益分配等事务实施管理。余江区在出台关于资格权认定的相关操作办法，坚持"一户一宅+面积限定"的原则分配宅基地的同时，对于退出宅基地的农民将保留15年回村建造房屋的资格。

其次，余江区提出以累进制计费方法收取宅基地使用费，通过增加农民使用宅基地的成本而控制农民的宅基地使用面积。此外，该地区还对超过规定面积的这部分宅基地实施累进制收费的有偿使用模式，对于多宅部分全部按照阶梯式计费②。余江区还允许非集体经济组织成员通过继承方式获得宅基地的收费标准。为了缩小农民之间的经济差距，对于一些经济困难的农民群体，余江区规定了可以适当减免的条款。

再次，余江区采取多种形式放活宅基地和农房使用权。一是，村民事务理事会根据本集体存量建设用地情况，在满足本集体农户的宅基地建房需求的前提下，将富余的宅基地通过规划调整转变为集体经营性建设用地并进行入市流转，或自建商业用房、租赁性住房（乡贤楼），发挥闲置宅基地的最大效益③。二是，如果有部分退出的宅基地是符合村庄规划的，就将这部分土地用于建设农村的基础设施。退出宅基地的部分土地可以适当复垦为耕地，部分可以建设现代化、规模化的农业园区。三是，将农房的用途从单纯用于农民住房，逐步拓展多元化新产业新业态④。经集体经济组织收回的农房也可用于集体活动中心、村史馆等村

---

① "1+7+9"制度体系 探索农村宅基地未来的"义乌智慧"，https：//zj.zjol.com.cn/news/739004.html.
② 黄佳.鹰潭市余江区农村宅基地制度改革问题研究[D].南昌：江西财经大学，2019.
③ 张军涛，游斌，翟婧彤.农村宅基地"三权分置"的实现路径与制度价值——基于江西省余江区宅基地制度改革实践[J].学习与实践，2019(3)：47-56.
④ 张军涛，张世政.农民特性、政策工具与宅基地功能——基于江西余江宅基地制度改革的分析[J].农村经济，2019(05)：29-36.

内公益事业[①]。政府鼓励农民积极开发利用宅基地农房资源，开展农家乐、民宿等一些经济活动，持续增加经济收入。例如，余江区潢溪镇利用古建筑建成古村落民宿，通过游客亲身体验，推广本村红糖品牌。锦江镇铁山村仓储用地、杨溪乡杨溪村旅游用地、平定乡洪桥村工业用地、潢溪镇渡口村旅游用地共 4 宗 48 亩成功入市，利用入市土地推出水上乐园、果蔬采摘基地、特色养殖等多种旅游产品，满足游客多样化需求。开展宅基地改革以来，沉睡的土地资产得到激活，农民财产性收入得到增加。

7.1.4 典型试点地区宅基地"三权分置"改革的实践总结

本研究对四川省泸县、鹰潭市余江区、浙江省义乌市进行实地调研，梳理总结这 3 个典型地区宅基地"三权分置"改革实践，总结其主要的改革举措，为其他地区实施宅基地"三权分置"改革提供实践参考。

首先，四川省泸县作为山区地区典型代表，探索实施"农房共建共享"模式。泸县抓住正式的改革试点机遇，始终坚持"集体所有+有权有责"落实所有权，不断强化宅基地管理。采取"集体认定+有保有止"机制保证资格权获取公平，并明确宅基地资格权认定是集体经济组织，严格按照"一户一宅"的原则。按照"集体参与+有主有次"形式放活使用权，探索了农房共建共享、房地置换、置产经营、抵押融资等途径，实现集体土地财产权益。

其次，浙江省义乌市作为丘陵地区典型代表，坚持以农村宅基地"三权分置"改革为主线，坚守三条底线根基，不断创新宅基地"三权分置"顶层设计。明确村集体经济组织行使宅基地集体所有权，拓展使用权的管理范围，维护乡村社会稳定，显化宅基地集体所有权权能。严格管控宅基地农户资格权的获取，对特殊群体(如当兵或初级士官、大中专院校学生、服刑人员)保留宅基地农户资格权做了详细说明。通过农房流转使用权，第三方发展民宿、乡村旅游等，有效盘活了农房的利用。同时助推农业项目落地，引导资本下乡发展"网红村"，为农民带来更多的收益。

再次，鹰潭市余江区作为平原地区的典型代表，建立宅基地资格权的重获机制。余江区明确宅基地集体所有权由村民委员会行使，并对本集体宅基地申请、退出、收回、处置、收益分配等事务实施管理。出台关于资格权认定的相关操作办法，并且对于退出宅基地的农民将保留 15 年回村建造房屋的资格。余江区通过宅基地入市、流转、租赁等多种形式放活宅基地和农房使用权；加之将农房的用途从单纯用于农民住房，逐步拓展多元化新产业新业态。

[①] 张军涛，游斌，翟婧彤. 农村宅基地"三权分置"的实现路径与制度价值——基于江西省余江区宅基地制度改革实践[J]. 学习与实践，2019(03)：47-56.

7.2 农村宅基地"三权分置"改革政策实施的现实问题

7.2.1 宅基地集体所有权权能难以显化

中国农村土地制度实行的农民集体所有制，有效保障了农民居住权益和农村社会的长期稳定，更是农村宅基地"三权分置"改革的制度基础。农村宅基地集体所有权包含了占有、处置、收益等权利，但在改革实践过程中发现所有权还存在诸多不足，主要表现在宅基地集体所有权虚化和村自治组织法律地位未明确。其一，宅基地集体所有权虚置。一是宅基地集体所有权主体法律缺位。在农村宅基地"三权分置"改革实践中，试点地区以村农民集体、村民委员会、村集体组织等主体来行使所有权权能，也会导致所有权主体多元化，不利于推进改革。二是宅基地集体所有权弱化。当委托代理关系发生时，所有权代理人未能按照委托人的约定行使权利，这就弱化了所有权[1]。同时在宅基地使用权流转过程中，私权逐渐强大并削弱公权，使用权在流转过程中由于利益驱使，集体所有权将进一步被弱化[2]。在改革实践中，由于监管的缺位，一些村委会代为行使宅基地所有权，实施征地和拆迁，将流转的宅基地变为建设用地，并且也不乏以盘活宅基地资源为名，违规开发利用宅基地，对农民利益造成损害。其二，村自治组织法律地位未明确。江西余江区成立村民事务委员会作为宅基地集体所有权主体，而四川泸县成立村集体资产公司管理开展宅基地退出工作。村民事务委员会和村集体资产公司作为自治组织，不属于村集体经济组织，在宅基地使用管理中容易产生法律风险，不能更好地发挥宅基地集体所有权作用[3]。如何把握村自治组织与村两委、集体经济组织的关系，如何在法律法规上明确做出村自治组织的相关规定，都是值得进一步研究的课题。

7.2.2 宅基地资格权的认定及保护比较模糊

宅基地制度改革从"两权"到"三权"，农户资格权是宅基地"三权"中新创设的独立权利类型，是连接宅基地所有权和使用权的纽带[4]。推进农村宅基地所有权、资格权、使用权的"三权分置"，关键是在维护所有权的基础上厘清资

---

[1] 韩文龙，谢璐. 宅基地"三权分置"的权能困境与实现[J]. 农业经济问题，2018(05)：60-68.
[2] 于水，王亚星，杜焱强. 农村空心化下宅基地三权分置的功能作用、潜在风险与制度建构[J]. 经济体制改革，2020(02)：80-87.
[3] 曾旭晖，郭晓鸣. 传统农区宅基地"三权分置"路径研究——基于江西省余江区和四川省泸县宅基地制度改革案例[J]. 农业经济问题，2019(06)：58-64.
[4] 胡大伟.宅基地"三权分置"的实施瓶颈与规范路径——基于杭州宅基地制度改革实践[J].湖南农业大学学报(社会科学版)，2020，21(01)：49-55.

格权[1]。对于农民来说，拥有宅基地会带来相关福利，比如住房安置、居家养老等[2]。宅基地农户资格权属于集体组织成员福利权，保障其公平获取宅基地权益。农村宅基地"三权分置"改革实践中保障宅基地农户资格权还面临着障碍，其主要表现在宅基地资格权创设依据不足、资格权分配难、村集体成员资格认定难、宅基地资格权彻底退出或放弃难、宅基地有偿使用费收取难等。

其一，宅基地资格权创设依据不足。在相关法律法规中基本没有对"资格权"的概念、范畴、主体等做出明确规定。对于资格权的界定只能从农村集体经济组织中的成员权找出相关的联系，但是成员权的范围具有宽泛性，不能与资格权相对应[3]。因此，资格权在法律上没有明确的概念导致资格权在改革实践中无法可依，阻碍了改革进程。其二，宅基地资格权分配难。在宅基地"三权分置"改革过程中，很多试点地区按照"一户一宅"进行宅基地分配，但是调研发现"一户多宅"的情况较为普遍，这造成宅基地农户资格权在分配时未核查具体情况而产生分配不公。同时历史原因形成超标的宅基地面积也很难认定其资格权归属。其三，村集体成员资格认定难。试点地区都出台了资格权认定相关办法，但对于如大学生、外嫁女、入赘男等特殊群体变更户籍的是否保留资格权，各地区规定有所不同。其四，宅基地资格权彻底退出或放弃难。农民在农村居住享有更多福利政策，生活成本更少低于城镇，同时农民普遍存在乡土情怀，因此，促使农民彻底退出宅基地资格权难度比较大。其五，宅基地有偿使用费收取难。传统上，农民宅基地都是无偿获得，一直没有缴纳过费用。如今要缴纳超占费，大部分农民无法理解，并且有抵触情绪，加上收取有偿使用费也缺少相应的法律法规支撑，因此收取有偿使用费难度很大。

7.2.3 宅基地使用权流转和盘活市场机制规范化不足

放活宅基地使用权主要是彰显宅基地的价值功能，引入市场化机制，通过资本与宅基地融合，提升宅基地要素配置率，促进农村产业发展。在农村宅基地"三权"中，具有稳定功能的所有权和具有保障功能的资格权都是服务于使用权，以使用权为中心，才能更好地实现宅基地权利的合理配置，实现改革政策目标[4]。宅基地"三权分置"改革中还存在宅基地使用权流转范围狭窄、宅基地交易市场不健全、宅基地使用权流转认识有偏差、试点举措难以形成规模效应等问题。其一，宅基地使用权流转范围狭窄。村域范围常住人口有限，仅仅将宅基地使用权流转限制在村域，很难发挥宅基地的资源价值。试点地区比如福建晋江

---

[1] 罗必良.农村宅基地制度改革：分置、开放与盘活[J].华中农业大学学报(社会科学版)，2021(01)：1-3.
[2] 姚树荣，熊雪锋. 宅基地权利分置的制度结构与农户福利[J]. 中国土地科学，2018，32(04)：16-23.
[3] 丁国民，龙圣锦. 乡村振兴战略背景下农村宅基地"三权分置"的障碍与破解[J]. 西北农林科技大学学报(社会科学版)，2019，19(01)：39-50.
[4] 江帆，李苑玉. 宅基地"三权分置"的利益衡量与权利配置——以使用权为中心[J]. 农村经济，2019(12)：57-65.

市、浙江义乌市、湖北宜城市等在放活宅基地使用权时，已将宅基地流转范围从乡镇扩大到整个县域，但由于县域宅基地流转市场需求仍旧较小，很难提升宅基地使用权价值。根据市场规律，市场越大，价值越大，因此宅基地使用范围可否进一步扩大到市级区域和省级区域，需要后续改革再深入研究。其二，宅基地交易市场不健全。试点地区重庆大足区建立了农村产权交易市场服务中心，四川泸县形成了城乡统一的建设用地市场，但是对于宅基地使用权进行市场化交易的机制还未形成，需要进一步试点。其三，宅基地使用权流转认识有偏差。一方面政府不重视宅基地制度改革，导致村委会对于改革重视程度不够，没有将其作为重要工作主抓，从而改革政策宣传也相应薄弱；另一方面大多数农民不能完全区分征地拆迁与宅基地"三权分置"改革的不同，加上农村城镇化背景下宅基地使用流转问题有可能成为一种"地方性共识"，极易滋生羊群行为[①]，导致农户对宅基地使用权流转问题产生认知偏差，出现盲目跟风和在决策后后悔等现象。其四，试点举措难以形成规模效应。改革实践过程中放活宅基地使用权的试点区域范围较小，大多选取个别乡镇实施改革试点，受限于地理位置和建设方式，社会资本参与度不高，产业发展受阻，很难形成规模效应[②]。

7.3 农村宅基地"三权分置"改革政策实施的绩效评价

农村宅基地集体所有权具有土地管理职能，通过对宅基地使用的管理，提高乡村治理能力，一方面实现宅基地规模化利用，实现乡村新业态发展；另一方面优化乡村建设布局，完善公共设施建设，美化乡村居住环境，繁荣乡村文化，推动实现产业兴旺、生态宜居、乡风文明。宅基地农户资格权具有福利保障功能，能够有效保障农民"户有所居"，推动实现"治理有效"；宅基地使用权具有财产收益功能，能够有效激活宅基地资源，发挥市场机制推动生产要素流入乡村，推动实现产业兴旺、生活富裕。根据上述简要分析，农村宅基地"三权分置"改革政策实施的绩效评价应源于产业兴旺、生态宜居、乡风文明、治理有效、生活富裕这五个方面的实际成效。

7.3.1 乡村产业发展稳中乏新

农村宅基地"三权分置"改革通过利用闲置或退出的宅基地，为农村产业发展提供建设用地支持。各地区通过乡村旅游、文创产业、林盘院落、现代农业等

---

① 杨卫忠.农村城镇化背景下宅基地使用权流转中农户羊群行为与后续效应研究[J].农业经济问题，2019(05)：73-84.
② 曾旭晖，郭晓鸣.传统农区宅基地"三权分置"路径研究——基于江西省余江区和四川省泸县宅基地制度改革案例[J].农业经济问题，2019(06)：58-66.

形式多元化放活宅基地和农房使用权，助推乡村产业兴旺发展。四川省蒲江县将闲置的川西林盘民宿院落开发形成创意院落和村镇博物院，扩大宣传力度，吸引更多游客前来观赏，增加农民的收益。四川省武胜县积极探索田园综合体，建立"休闲+观光+康养"三位一体产业模式，有效盘活乡村传统院落，发展乡村新产业。成都市郫都区战旗村利用退出宅基地入市有效激活宅基地资源，以乡村党建为引领，吸引外来投资，加快诸如农业、旅游等产业发展，实现了村域经济产值亿元级的目标。长春市九台区探索农村宅基地和房屋合理利用新途径，融合宅基地使用权与资金关系，通过农房抵押贷款的方式带动乡村产业振兴，为农民创造更多的收入。截至2020年，九台区已经办理1113宗抵押贷款业务，向农民发放抵押贷款1976万元[1]。充分利用增减挂钩政策，实现退出宅基地复垦耕地与建设用地指标调配，达到土地资源有效利用、农民收入持续增加的"双赢"效果。九台区其塔木镇有327宗闲置宅基地被列入增减挂钩项目，总面积达1095亩，现已全部复垦完毕，达到耕种条件[2]。虽然各地区通过宅基地"三权分置"改革带动了乡村产业发展，但是乡村产业发展的质量效应还存在诸多短板，主要表现在开办的企业创新能力不够、乡村旅游普遍存在同质化现象、农产品加工转化率较低、建设投入资金不足等。

7.3.2 乡村居住环境美中待补

闲置宅基地的错乱布局影响乡村整体规划，也影响乡村居住环境。通过宅基地共建共享、农房更新改造、集中居住等方式改善乡村居住环境，并对乡村基础配套设施投入更多资金，有效提升乡村宜居水平。四川泸县探索农村宅基地共建共享，改善农民居住环境。四川泸县谭坝村鼓励农民退出宅基地，以股份合作形式在第5、7村民小组创办康养小区，规划用地32亩，建设100个床位的营利性康养小区，并预留土地10亩，允许村民按规划，以独栋式一层或二层自费建设养老物业。通过利用退出的宅基地建设康养小区，该村以当地市场价格进行营利经营，有效改善了村庄居住环境[3]。福建晋江市在232个城中村实施组团式改造，结合新型城镇化建设共建成62个现代小区，安置面积达1182万平方米，在106个郊外村重点鼓励危旧房翻建。截至2018年7月底，全市累计批准宅基地1304宗，解决危旧房翻建1.117万栋，有效满足了2.57万户村民改善住房条件的需求。通过城中村改造、新建居住小区、集中建房等方式，晋江市显著改善了农民居住环境，农民居住舒适度大幅度得到提升。四川绵阳市游仙区在改革试点

---

[1] 长春市九台区顺利完成农村宅基地制度改革试点，http://www.jl.gov.cn/zw/yw/zwlb/sx/xs/202006/t20200629_7292858.html.
[2] 吉林省人民政府网. 长春市九台区顺利完成农村宅基地制度改革试点[EB/OL]. http://www.jl.gov.cn/zw/yw/zwlb/sx/xs/202006/t20200629_7292858.html，2020-06-29.
[3] 土地财产活起来 三农权益显出来——四川探索宅基地"三权分置"典型样本分析，http://www.lcrc.org.cn/xwzx/yjdt/201803/t20180321_43221.html.

中，街子镇清理土坯房 238 户，一户一宅需改造提升 15 户，一户多宅需拆除的 123 户，通过土坯房改造可整理集体建设用地 450 亩，新增产业发展用地指标 150 亩。截至 2019 年 3 月底，启动 3 个村，拆除房屋 42 户，建筑面积 5000 余平方米，恢复农业耕作用地 40 亩，为田园综合体建设创造了良好条件。江苏常州市武进区全面编制实施"多规合一"的村土地利用规划，实现土地利用规划从总体规划向详细型和实施型规划的本质转变。截至 2019 年 8 月，武进区已经建设农民自建区 19 个，实际建筑面积 129.8 万平方米[①]。各地区虽然通过土地利用规划、房屋改造、集中居住等方式改善了农民的居住环境，但是大部分农村还存在基础设施建设水平较低、村级管理维护资金不足、多元主体共同治理格局尚未形成等问题。

7.3.3 乡村文化繁荣低中有高

党的十九大明确提出要推动中华优秀传统文化创造性转化、创新性发展，明确要求加强宅基地用地布局规划，留住乡村风貌，开展田园建设示范。在农村宅基地"三权分置"改革过程中应积极保护传统建筑，留住更多具有乡村特色的记忆，努力助推实现乡风文明。全国范围很多农村都存在特色名居，比如山西的乔家大院、福建的客家土楼、广东开平的碉楼、安徽的西递宏村、贵州的千村苗寨、土家族的吊脚楼、云南傣族哈尼族的土掌房等。部分地区在宅基地"三权分置"实践中推动乡村文明繁荣，江西余江区从承担全国农村宅基地制度改革试点工作以来，注重传承保护具有文化价值的古建筑、老房子，留住乡愁，统筹推进"一改促六化"美丽乡村建设。余江区全面摸清了全区文物"家底"，截至 2017 年 3 月底，全区共登记不可移动文物 252 处[②]。余江区坚持"保护优先、修补第一"的原则开展修复文物工作，在强有力的保护措施下，具有余江农村历史痕迹和文化底蕴的一批古祠堂、书院、古民居得以保留下来，乡土气息和乡土味道浓厚，不仅保留了乡村风貌，还留住了青山绿水，让人们记住了乡愁。由于农村建房缺乏统一规划和建筑风格设计，大多数农村地域民居群落还缺乏鲜明特色和地域文化，因此有必要通过旧村改造、城乡建设用地增减挂钩、易地搬迁等方式，分类实施农村宅基地整治，形成一批体现地域文化特色民居群落[③]。

---

① 江苏省自然资源厅网. 常州市武进区以宅基地制度改革助推乡村振兴[EB/OL]. http://zrzy.jiangsu.gov.cn/xwzx/xxjl/2019/07/22182909291570.html, 2019-07-18.
② 江西余江县推进农村宅基地制度改革试点工作见闻，http://m.haiwainet.cn/middle/352345/2016/0814/content_30201738_1.html.
③ 付宗平. 乡村振兴框架下宅基地"三权分置"的内在要求与实现路径[J]. 农村经济，2019(07)：26-33.

7.3.4 乡村治理水平拔高受限

农村宅基地"三权分置"改革通过明晰农村集体经济组织对宅基地享有的占有、使用、收益、处分等权利，突显集体经济组织的主体地位。宅基地制度改革试点地区出台集体经济组织管理规定，明确其权利地位和管理范围，而且部分地区将村民事务理事会作为集体所有权主体，行使主体权利。江西余江区各村都建立了村民理事会，村民理事会对全村宅基地使用进行有效管理，处理宅基地资格认定或者流转过程中的纠纷问题，有效化解农民之间的矛盾，提升了乡村治理水平。有的试点地区还成立了村治理委员会或纠纷调解小组，定期对农民反映的土地问题、政策问题、利益问题等进行讨论并解决，有时更会为行动不便的老人入户答疑并解决难题，使基层治理能力进一步增强。但从各地调研发现，乡村治理水平存在以下问题：一是乡村治理机制不完善，村民参与率较低，处理事务效率较低；二是缺乏具有懂农业、爱农村、爱农民的青年基层干部；三是村干部干事迟疑、行动迟缓、侵害农民利益的现象时有发生。

7.3.5 农民财产收益持续有增

农村宅基地"三权分置"改革通过对盘活的宅基地进行再利用，充分发挥土地资产与资本属性，以出租、入股、合作、联营、抵押等多种形式吸引企业投资与社会资本，拓宽乡村振兴的资金来源[1]，一方面促进产业发展，为农民提供就业岗位，增加农民工资收益；另一方面允许宅基地入市形成建设用地，通过土地入股的方式将农民使用权转换为企业股权，使农民获得长期收益[2]。长春市九台区允许农民将闲置房屋和宅基地用于租赁或从事生产经营性活动，增加财产性收入。同时，向承租人核发《房屋及宅基地使用权租赁证书》，保障其合法使用权益。比如土们岭街道马鞍山村农民朱长伟将自家闲置的 120 平方米房屋和 270 平方米宅基地，以每年 8000 元租金租给了"羊村"饭店经营者关胜福，并与其签订了 20 年的租赁合同，前者一次性获得租金 16 万元。九台区自然资源局为后者核发了有效期长达 20 年的《房屋及宅基地使用权租赁证书》，使其可以放开手脚经营[3]。江西省全南县通过利用闲置农房进行流转，第三方利用农房开展村落民宿、餐饮服务等，给农民带来更多收益。截至 2019 年 8 月，全南县龙源坝镇雅溪村有 43 户农户的 110 间闲置农房参与了不同形式的流转，户均年增收达 11400 元。浙江省德清县积极落实宅基地抵押功能，鼓励出租和开发，多渠道

---

[1] 施梅. 土地管理法新修正：农村"三块地"改革的意义与乡村振兴[J]. 区域治理，2020(02)：43-45.
[2] 宅基地"三权分置"——义乌农村土地制度改革助力乡村振兴[N]. 浙江日报，2018-03-16(10).
[3] 吉林省人民政府. 长春市九台区顺利完成农村宅基地制度改革试点[EB/OL]. http://www.jl.gov.cn/zw/yw/zwlb/sx/xs/202006/t20200629_7292858.html，2020-06-29.

增加农民的收益，截至 2019 年 1 月，德清县通过利用闲置宅基地上千余宗，发展百余家民宿、文旅、产品加工等项目，很大程度提升了农民的收入。就目前试点地区改革情况来看，盘活闲置宅基地资源明显增加了农民的收入，但是增收程度还比较有限。因此，如何多元化利用宅基地资源进而大幅度提升农民收入还需要不断探索。

第 8 章　构建农村宅基地"三权分置"改革政策的风险防控研究

本章着重对农村宅基地"三权分置"改革政策风险防控进行系统、深入的分析。首先，通过梳理国外农村土地流转风险防控的相关制度，总结凝练值得借鉴的重要经验。其次，明晰农村宅基地"三权分置"改革政策风险防控的基本原则。再次，从建立风险管理的组织体系、评价体系、预警体系三个方面阐述农村宅基地"三权分置"改革政策风险防控体系构建的主要内容。最后，提出农村宅基地"三权分置"改革政策风险防控的具体举措。

8.1　国外农村土地流转风险防控的制度分析与经验启示

世界各国有不同的土地制度，不同的土地制度导致土地政策的差异，从而各国土地流转的方式也有所差异。但国外对土地流转风险防范的举措和经验值得我们学习借鉴，便于为我国农村宅基地"三权分置"改革政策风险防控提供经验支撑。

8.1.1　国外农村土地流转制度的研究成果比较

国外农村土地流转制度实施时间长，关于农村土地流转制度主要的研究在实地研究成果比较和影响因素两个方面[1]。

一是国外学者对部分国家土地流转制度的实地研究成果比较。Tom通过研究发现，埃及从 1952 年进行颁布《土地改革法》后，无地农民占比由 1950 年的 44%降到 1970 年的 33%，说明埃及土地改革通过流转使得地权趋于分散，促进小农经济的发展[2]。Terry 的研究发现在过去中欧国家的农业用地非常分散，由于土地市场自由化，企业和强有力的私人获得了额外的土地，得以集约化生产[3]。美国的土地交易流转主要形式是出租，流转土地的使用权和经营权[4]。21 世纪初

---

[1] 杜伟，黄敏，曹代学，等. 农村宅基地退出与补偿机制研究[M]. 北京：科学出版社，2015.
[2] Tom L. A history of landownership in modern Egypt 1800–1950[J]. International Affairs，1963，39(01)：125-126.
[3] Terry V D. Scenarios of central European land frag-mentation[J]. Land Use Policy，2003 (20)：149-158.
[4] Fornell C. The American customer satisfaction index：nature，purpose，and findings[J]. Journal of Marketing，1996，60(10)：7-18.

Joshua 等对斯洛伐克的土地制度改革实施情况进行了研究，斯洛伐克在推行土地所有制后土地交易并不活跃，截至 1997 年全国农村土地租赁比例仅占全国土地总量的 11%，土地交易程度远不及其他东欧国家，土地交易疲软直接导致斯洛伐克仍旧维持原先的小规模生产经营方式，土地规模经营效益始终难以体现[1]。

二是国外学者关于土地流转影响因素的研究成果。土地流转影响因素有几个方面影响，包括土地区位价值、市场开放程度、个人风险偏好、配套制度完善程度等。土地流转影响因素包含土地区位和土地特征[2]，土地流转市场机制完善程度越高，土地流转程度也就越高[3]；土地权属稳定性越高，越容易吸引土地所有者投资[4]；土地流转交易费用越低，土地流转速度也就越快[5]。在法律上明确土地权属并明确颁发土地产权证，有利于明晰土地产权，加速土地交易流转[6]。

8.1.2 国外农村土地流转风险防控的制度分析

1. 欧美部分国家土地流转风险防控的制度分析

美国作为世界经济强国，在农业方面拥有先进的生产技术和较高的机械化，其生产经营模式主要是家庭农场。实行土地流转的目的，一方面是为了扩大农业生产面积，实行集约化与规模化运行，优化生产方式，提高农业生产效率与竞争力；另一方面是为了保护生态环境，维护公共权益[7]。19 世纪，美国为了满足农村对土地流转的意愿，制定了《土地先购权法》、《宅地法》等一系列法案，通过法案明确土地的权属关系，同时避免土地流转过程中的侵权风险，保障土地所有者的合法权益。美国当时主要推出农用土地自由买卖和自由租赁两种方式，并通过市场来调节土地流转行为。买卖双方通过市场机制协商确定土地买卖和租赁的价格，流转过程中以农民的意愿为主，流转一般只转让经营权和使用权，所有权还是归属于农民。同时，美国联邦政府和州政府为了发挥政府在土地使用中的主体作用，规定政府有权对农业土地进行使用和管理，但征收农业土地首先应尊重土地所有者的意愿，与土地所有者达成赔偿协议后方能征收[8]。

---

[1] Joshua M D, Eleonora M, Anna B, et al. Price Repression in the Slovak Agricultural Land Market [J]. Land Use Policy, 2004(21): 59-69.
[2] Mykola M, Bugaienko O.The substantiation of urban habitats peer land exchange in Ukraine[J]. Geodesy and Cartography, 2016, 42(02): 53-57.
[3] Sherwood K, Chaney P. The resale of right to buy dwellings: a case study of migration and social change in rural England[J]. Journal of Rural Studies, 2000, 16(01): 79-94.
[4] Alchian A A, Demsetz H . The Property Right Paradigm [J], The Journal of Economic History, 1973, 33(01): 16-27.
[5] Bogaerts T, Williamson I P, Fendel E M. The role of land administration in the secession of central - European countries to European Union [J], Land Policy, 2002, 19(01): 29-46.
[6] Gorton M, Davidova S. The International Competitiveness of CEEC Agriculture [J]. The World Economy, 2001, 24(02): 185-200.
[7] 刘英. 美国土地流转制度研究[J]. 世界农业, 2015(08): 92-96, 101.
[8] 杨秉珣. 美国和日本的农用土地流转制度[J]. 世界农业, 2015(05): 44-46.

法国政府很早就意识到土地对农村发展的重要性，逐渐实施土地流转，并出台了《农业指导法》、《法国民法典》等相关政策。首先是鼓励到退休年龄的农场经营者主动退出土地，设置了"非退休金的补助金"，并给予一次性补贴。其次是建立了完善的农地流转中介组织。法国成立土地整治公司，其职责就是购买不利于规模化经营的土地，购买该类土地后进行综合整治，以一定的价格再卖给农场主，实施规模最大化经营[1]。再次是拥有完善的法律法规和政策保障，比如政府对于家庭成员联营土地和自发进行土地合并的给予税收优惠或减免。另外，法国还规定土地所有者不能弃耕或抛荒，土地一部分应用于农业生产。政府在土地流转过程中发挥积极作用，提高了土地流转率，进而避免流转过程中发生风险[2]。

2002年，俄罗斯颁布了《农用土地流转法》，法案明确规定外资只能用租用代替购买土地；给予地方政府权力，控制个人地块占有额，限制土地兼并；不限制俄罗斯公民、法人出售土地[3]。2005年《俄罗斯联邦土地法典》的修订确立了在土地的流转、开发等过程中国家的主体地位，明确了国家对土地开发进行监控、管理的权力。

2. 亚洲部分国家土地流转风险防控的制度分析

土地是日本发展农业的重要资源，从20世纪90年代，日本就相继出台实施《农业经营基础强化促进法》、《粮食、农业、农村基本法》等，形成了具有日本特色的农地流转制度，为农业规模化发展提供了土地支持[4]。日本在土地流转过程中加强配套制度建设，建立农民养老金制度，有效解决农民的后顾之忧，提高了农民投身农业生产的积极性。日本还设立了农地流转民间中介组织，这些组织的作用主要是协调土地所有者和政府的关系，加速农用地流转。再次是建立农业者认定制度，"认定农业者"一般是指在提高农业生产经营效率和扩大土地规模上有能力、有经验的农业生产经营者，由市町村进行认定，主要目的是增加农业生产经营者的收入，培养现代化农业科技人才[5]。

韩国是典型的土地私有制国家，韩国通过制定《开发促进法》来提高土地利用率，并且设立农地代耕制度，极大地拓宽了农业用地流转的边界。韩国对于农地的使用控制非常严格，农用地非极端情形不能变更性质，同时政府通过法律制度建设和严格的行政监管培育了良好的农地流转环境。韩国也注重农地流转制度及其配套机制的制定与使用，比如农地基金、农民退休支付计划等，保障农地流转的稳定性[6]。

---

[1] 王亚. 法国农地流转的经验借鉴[J]. 中国集体经济，2015(19)：162-164.
[2] 范怀超. 国外土地流转趋势及对我国的启示[J]. 经济地理，2010，30(03)：484-488，518.
[3] 肖辉忠. 俄罗斯农用土地私有化以及流转问题研究[J]. 俄罗斯东欧中亚研究，2015(01)：32-43，95-96.
[4] 杨秉珣. 美国和日本的农用土地流转制度[J]. 世界农业，2015(05)：44-46.
[5] 唐杰. 亚洲国家农地流转制度比较与分析[J]. 世界农业，2016(06)：86-88.
[6] 蔡保忠，曾福生. 亚洲部分国家农地流转制度比较及启示[J]. 世界农业，2015(08)：53-57.

越南在 1993 年出台的《土地法》规定农民拥有土地的流转权、交易权、出租权、继承权等多项权利。2004 年修订《土地法》，并明确农地流转过程中产权保护和法律支持，以此增加了农民的土地产权权利的权威性，防止侵权风险行为的发生[①]。

8.1.3 国外农村土地流转风险防控的经验启示

1. 建立健全法律法规是宅基地"三权分置"改革政策风险防控的前提

通过分析国外农村土地流转制度来看，建立健全法律法规是宅基地"三权分置"改革政策风险防控的前提。美国、法国、俄罗斯、日本、韩国、越南等国家能够有效推进农用地流转并规避各类风险，主要因为建立了相对完善的农用地流转法律法规和政策制度。明晰的宅基地各项权利是宅基地"三权分置"的基础，在法律上应明确宅基地"三权分置"的权属内涵，农户资格权的认定、取得、退出等应在政策文件上体现。同时，对于放活宅基地和房屋使用权能通过法律法规来规范土地流转市场，保证交易的公平性和合理性。这些法律法规的出台都会从制度层面消除宅基地"三权分置"改革政策风险的产生。

2. 维护农民各项利益是宅基地"三权分置"改革政策风险防控的保障

土地是农民生活生产的保障，两者有着密切的关系。在宅基地"三权分置"改革过程中，维护农民各项利益是农村宅基地"三权分置"改革政策风险防控的保障。各国为优先保护农民的合法权益，出台了各类政策，比如法国的《农业指导法》、日本的《粮食、农业、农村基本法》、俄罗斯的《俄罗斯联邦土地法典》等，都明确要尊重农民土地流转意愿，加强对保护农民各项权利的保障。在"三权分置"改革实施过程中，要避免产生寻租行为、越位行为、权利干涉等，明晰交易双方的各项权益，保证在信息对称的情况下交易，不能侵害农民的利益，对改革产生的红利尽可能向农民一方倾斜。

3. 规范市场流转机制是宅基地"三权分置"改革政策风险防控的关键

农村宅基地"三权分置"改革引入市场化机制，但市场化的发展会带来不确定性的变化，因此规范市场流转机制是宅基地"三权分置"改革政策风险防控的关键。国外部分国家能够高效推动土地流转，主要的原因有两个，一是建立了土地流转市场，比如日本建立了民间流转协会、法国建立土地整治公司等，这些土地流转市场充分发挥了配置资源的重要作用；二是建立了明确的规章制度，有法律政策可依，保障农民合法利益，因此完备的法律促进了土地快速流转。当前，

---

① 王丽娟，黄祖辉，顾益康，等. 典型国家(地区)农地流转的案例及其启示[J]. 中国农业资源与区划，2012，33(04)：47-53.

我国在进行宅基地"三权分置"改革时，首先应培育和建设专门的宅基地流转中介服务机构，建立委托代理机制，完善宅基地流转市场，保障宅基地资源要素有序合理地流动[①]。

8.2 农村宅基地"三权分置"改革政策风险防控的基本原则

风险防控应遵循风险管理的基本原则。在运用风险管理的方式规避宅基地"三权分置"改革政策风险，应当以防控成本最优为目标，以乡村振兴战略为导向，以社会公平效率为根本，以利益均衡共享为重点，兼顾"公平、效率、安全"，进而有效防范农村宅基地"三权分置"改革政策风险。

8.2.1 以防控成本最优为目标

风险管理的目标是防范风险，主要步骤是分析风险发生的概率，采取适当的措施阻止风险发生或降低风险发生率。现代风险管理注重强调提前规避风险管理，积极储备风险预警措施，始终坚持预防管理和应急管理相互结合的原则[②]。风险管理是一项系统工程，需要在风险事件发生前的每个阶段做出相对应的措施，这些措施的制定必定会产生一定的成本。农村宅基地"三权分置"改革政策风险进行防控产生的成本有直接成本和间接成本，直接成本包括风险管理人员的各类支出等，间接成本包括各类政府资源的消耗等。因此，在防范农村宅基地"三权分置"改革政策风险应以防控成本最优为目标，最大化降低风险防控成本，推动改革持续进行。

8.2.2 以乡村振兴战略为导向

深化农村宅基地"三权分置"改革是实施乡村振兴战略的内在要求。深化农村宅基地"三权分置"改革可以明晰宅基地产权，保障农民居住权利，有效盘活宅基地资源，提升农民财产性收入，带动农村的经济发展。同时，有必要改变各种发展因素的单向流动，促使城乡要素双向流动。深化农村宅基地"三权分置"改革可以通过有偿退出宅基地实现农村劳动力流向城镇，通过宅基地流转入市实现农村建设用地流入城镇，通过放活宅基地和房屋使用权实现城市资本要素流入农村，以资源要素在城乡之间的通畅流动，重塑城乡新关系，实现城乡融合发展。加强农村宅基地"三权分置"改革政策的风险防控，必须坚持以乡村振兴战

---

① 马喜珍.发达国家农村土地流转实施经验分析及借鉴[J].世界农业，2013(01)：44-47.
② 薛丽洋，梁佳.环境风险防控与应急管理[M].北京：中国环境科学出版社，2018.

略为导向,通过市场化的方式提升宅基地的经济价值,切实满足农民的利益诉求,减少改革风险的产生。不断坚持改革创新驱动,放活宅基地和房屋使用权,创新农村经济发展新业态,拓宽农村经济发展新路径,从而维护和稳定农村的各项事业发展。

8.2.3 以社会公平效率为根本

坚持和发展中国特色社会主义,就要高度重视和满足人民日益增长的公平正义需要,以恰当方式有效呈现公平正义这一社会主义制度的核心价值,体现社会主义制度的优越性[①]。社会资源是有限的,如何保证社会公平分配是至关重要的问题。由于社会弱势群体认知能力有限、法律意识薄弱等,其社会利益容易受到损害,因此政府在提升社会公平的过程中应适当倾斜社会弱势群体并保护其合法利益,同时在法律法规上给予相对弱势群体的保护[②]。我国从1962年实行宅基地"两权分离",有效保障了农民的居住权利;当前的宅基地"三权分置"改革正是对宅基地"两权分置"的修正和探索,为了更好地实现宅基地的保障功能和经济功能[③]。但在宅基地制度改革过程中,农民在整个改革趋势中一直处于弱势地位,信息获取能力和利益博弈能力都较弱,在土地增值收益分配中也处于劣势,各类土地权益未能得到保障。因此,宅基地"三权分置"改革政策的风险防控必须以社会公平效率为根本,切实保障农民的各项权利,有效维护农民的合理利益,从而提高宅基地资源的配置效率,实现帕累托最优。

8.2.4 以利益均衡共享为重点

人们都会追求自身利益最大化。在马克思设想的共产主义社会中,人的发展是自由而全面的发展,这种自由的发展应建立在城乡差距、阶级差距、不同类型劳动差距被消灭的基础上,并在此基础上实现人与人、人与自然均衡发展[④]。同样,共享也是中国特色社会主义的需要实现的目标,社会主义的发展成果应该人人享有。在宅基地制度改革过程中,涉及中央政府、地方政府、村集体、农民等利益主体,如何有效平衡各方利益是宅基地制度改革能否成功的关键。因此,必须以各方利益均衡共享为重点,充分平衡各利益主体的收益,才能助推改革目标的完成。

---

① 中共中央文献研究室.习近平谈治国理政[M].北京:外文出版社,2014.
② [美]约翰·罗尔斯.作为公平的正义:正义新论[M].姚大志译.北京:中国社会科学出版社,2011.
③ 江帆,李苑玉.宅基地"三权分置"的利益衡量与权利配置——以使用权为中心[J].农村经济,2019(12):57-65.
④ 赵峰.农村土地承包经营权流转风险防范研究[D].武汉:华中农业大学,2014.

8.3 农村宅基地"三权分置"改革政策风险防控的体系构建

8.3.1 建立风险管理组织体系

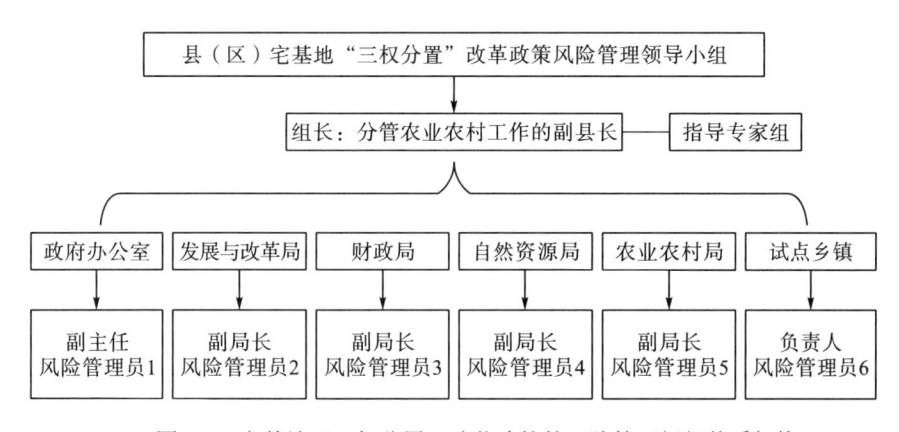

农村宅基地"三权分置"改革政策的风险管理组织是为了防范改革实践过程中风险事件的发生，减少风险带来的损失，确保改革顺利实现而建立的组织机构。

1. 风险管理组织体系架构

农村宅基地"三权分置"改革是在各个县(区)开展实施，在县(区)建立风险管理组织体系架构有利于控制风险的发生。宅基地"三权分置"改革政策的风险管理组织需要市级相关单位的指导，县级相关部门的支持，各级乡镇政府的协助。因此，宅基地"三权分置"改革政策需要建立风险管理组织体系架构。风险管理的组织机构一般是由政府领导，设立风险管理领导小组，领导小组组长由分管农业农村工作的副县长担任，小组成员单位有政府办公室、发展与改革局、财政局、自然资源局、农业农村局、试点乡镇，还包括了指导专家组，为风险应急管理决策提供技术咨询和技术指导(图8-1)。

图 8-1 宅基地"三权分置"改革政策的风险管理组织体系架构

2. 风险管理组织体系职能

农村宅基地"三权分置"改革政策风险管理组织体系的核心是明确各相关部门在风险管理过程中的职责，建立起"权责分明，信息畅通、运行有效"的组织体系。各组织机构的职能如下。

农村宅基地"三权分置"改革政策风险管理领导小组的总体职责是组织建立宅基地"三权分置"改革政策风险防范的实施方案；负责突发风险事件的处置。领导小组组长的职能首先是定期召开领导小组会议，了解和掌握宅基地"三权分置"改革政策风险的现状；其次针对出现的风险事件形成报告并向政府负责人汇报，并通过县（区）政府常务会议决策形成处理办法；再次是每年总结形成宅基地"三权分置"改革政策风险评估报告，向县（区）党委常委会汇报，常委会提出的建议纳入改革政策，使改革政策与实践相契合。

政府办公室副主任负责协调宅基地"三权分置"改革政策风险管理中的各项事宜，发挥好桥梁作用；政府办公室中的风险管理员负责领导小组的会议安排，撰写宅基地"三权分置"改革政策风险管理评估报告。

发展与改革局副局长负责掌握宅基地"三权分置"改革政策实施对农村经济发展情况，协同做好改革政策风险的防控；发展与改革局的风险管理员主要是统计农村宅基地资源的经济数据以及改革风险实地调研工作。

财政局副局长负责宅基地"三权分置"改革政策实施中对农民所得资金的监控，对于相关资金未到位情况定期汇报并及时处理；财政局的风险管理员主要是专项管理宅基地"三权分置"改革相关资金，做好资金流动的跟踪以及改革风险实地调查工作。

自然资源局副局长负责牵头制定宅基地"三权分置"改革政策风险监督评价机制，积极开展监督和评价，定期反馈宅基地"三权分置"改革的绩效情况；自然资源局的风险管理员主要是掌握国家出台的宅基地政策，分析各乡镇在改革实践过程中遇到的风险，形成风险分析报告及时汇报处理，并做好风险实地调研工作。

农业农村局副局长负责牵头制定宅基地"三权分置"改革政策风险日常管理制度，研究提出改革风险的防控举措，全面协调改革政策风险管理日常工作；农业农村局的风险管理员负责实施改革政策日常管理工作、分析改革政策风险的影响因素和改革风险实地调查工作。

试点乡镇负责人主要是推动宅基地"三权分置"改革，定期组织各村主要负责人了解和掌握改革情况，及时汇报改革过程中产生的风险问题；试点乡镇的风险管理员主要负责监测乡镇改革实践情况，宣传改革政策，讲解风险防范知识，增强农民风险防范能力。另外，协调做好各组织机构及各成员单位的风险管理员来本乡镇进行改革风险实地调查的工作。

指导专家组由高校、科研院所等研究农村土地管理方面的教授、研究员组成，主要对宅基地"三权分置"改革政策风险的防控提出切实可行的建议，并对政府关于改革风险形成的各项决策提供理论支持。

8.3.2 建立风险管理评价体系

风险评价是风险管理过程中十分重要的一环，通过风险评价能及时掌握风险事件发生的概率以及可能产生损失的程度，为后续制定风险防控举措提供参考依据。因此，建立风险管理评价体系有利于提升风险管理水平。建立宅基地"三权分置"改革政策风险管理评价体系可分四个步骤：一是制定政策风险的具体目标和评价重点；二是对可能存在的政策风险进行判断分析；三是揭示政策风险的特征，分析影响政策风险的因素；四是对政策风险程度进行分析，需要实际与理论相结合。

1. 政策风险指标体系的建立

建立政策风险指标体系是建立风险管理评价体系的基础。宅基地"三权分置"改革政策风险指标体系应建立在文献资料成果、政府土地管理部门征询、访谈农民、专家意见等基础上。首先，通过大量的文献资料研究成果中归纳、分析、总结出风险类型；其次，通过征询政府土地管理部门，了解改革实践发展情况，列举出可能的政策风险；再次，实地访谈农民对宅基地改革过程中的重点难点问题，梳理融入政策风险；最后，对于政策风险类型咨询专家学者，专家以深厚的理论知识确保政策风险类型的有效性。

2. 评估政策风险方法的选取

政府风险评估的常见方法有风险矩阵法和 Borda 序值法。风险矩阵法是通过分析判断风险发生的概率以及风险造成的损失大小两个方面来评估风险的方法[1]，其主要包括风险概率的界定、风险发生概率的分析、风险影响级别的确认，而 Borda 序值法主要是将风险按照重要程度来进行排序[2]。总体来说，在农村宅基地"三权分置"改革风险评估中采用风险矩阵法具有很高的科学性和可操作性。

3. 政策风险评价的实施

政策风险评价指标体系和评价方法确定后，风险管理者就可以对农村宅基地"三权分置"改革政策风险进行评价，确定风险的影响程度。政策风险评价后应对结果进行反馈，分析政策风险实际情况与风险管理预期目标产生偏差的原因，从而判断分析结果是由评估指标体系不完善还是风险管理举措不完善导致。风险管理者对差异结果进行调整，适当修正评估指标体系或者完善风险管理举措，使改革实践情况与风险防控措施更为贴切，为风险管理领导小组提供更具科学性和

---

[1] 李海凌，熊伟，项勇.风险矩阵的工程项目投标决策[J].商场现代化，2008(06)：64-65.
[2] 商迎秋.企业战略风险识别、评估与应对研究[M].北京：中国经济出版社，2018.

实用性的风险管理[①]。

8.3.3 建立风险管理预警体系

农村宅基地"三权分置"改革政策风险预警是对政策风险因素进行分析，确立预警区间，规范流程，制定应急预案，保证宅基地"三权分置"改革有条不紊。

1. 预警区间的确立

预警区间是根据风险偏好和风险承受度来确立的，一般根据风险值划分预警区间，将预警区域划分为绿色区、蓝色区、黄色区、橙色区和红色区（表8-1）。农村宅基地"三权分置"改革政策的风险管理组织应每年评估风险值，确立预警区域，采取合理的措施。

表8-1 农村宅基地"三权分置"改革政策风险的预警区间

综合风险值	0～0.2	0.2～0.4	0.4～0.6	0.6～0.8	0.8～1
风险等级	风险低	风险较低	风险中等	风险较高	风险高
预警区域	绿色区	蓝色区	黄色区	橙色区	红色区

2. 预警流程的明确

设置预警流程的目的是协调相关部门、明确分工职责，为形成预警体系奠定基础。明确预警流程有助于有效防控风险[②]。预警流程明确了在出现预警情况下，各单位应采取必要的工作流程。预警流程应是风险管理员定期收集风险信息，对风险内容进行评价，分析研判并确定风险预警区间，及时在农村宅基地"三权分置"改革政策风险管理领导小组会上汇报，做好预警防控。

3. 应急预案的制定

风险是一个量变到质变的过程，防微杜渐势在必行。应急预案是在风险评价后，对可能发生的风险事件制定相关措施或处置办法。农村宅基地"三权分置"改革政策风险管理领导小组应每年依据风险值来制定风险应急预案，确保风险应急预案遵循时效性、可操作性、目标性、科学性等原则。如果农村宅基地"三权分置"改革政策出现风险事件，经专家集中讨论并立即启动改革政策风险应急预案，采取果断措施，降低风险带来的损失。

---

① 张明. 城市土地整理风险管理研究[D]. 武汉：华中农业大学，2005.
② 商迎秋. 企业战略风险识别、评估与应对研究[M]. 北京：中国经济出版社，2018.

8.4　农村宅基地"三权分置"改革政策风险防控的具体措施

8.4.1　以强化风险管理为出发点细化风险防控举措

虽然任何一项改革工作都有风险，但要站在风险管理的高处去开展改革。宅基地"三权分置"改革要以强化风险管理为出发点细化风险防控举措，落实政策风险决策责任制，制定完整的风险管理实施方案，加强现代信息化风险防控手段。

1. 落实政策风险决策责任制

宅基地"三权分置"改革具有一定的风险性，因此地方政府实施宅基地"三权分置"相关改革政策决策工作必须建立在明确的责任权利关系上，要求决策者对其决策行为承担风险责任。宅基地"三权分置"改革政策制定应体现民主集中制原则，实现风险防范与实施政策相互协调。同时，对于政策是否出台落实，应提早委托高校及科研院所研究人员进行政策实施可行性分析和论证，在科学论证通过后，再颁布政策，力求降低农村宅基地"三权分置"改革政策风险。

2. 制定完整的风险管理实施方案

完整的风险管理实施方案是宅基地"三权分置"改革政策顺利实施的关键。风险管理实施方案是对宅基地"三权分置"改革过程中可能出现的风险进行科学计划安排，是风险管理的指导性文件。在风险管理实施方案进行过程中，各地区宅基地"三权分置"改革政策风险管理领导小组应结合政策实施的具体情况和客观环境，对实施方案进行修正和完善。风险管理实施方案有利于明确风险控制的目标，明晰领导小组成员单位的职能，保证改革政策实施在有序、科学、合理的状态下进行[①]。另外还应加强风险管理员培训，定期组织风险管理员学习研讨，提升风险管理员的风险意识。

3. 加强利用现代信息化风险防控手段

风险管理具有较强的实践性，伴随着风险管理的活动不断扩大，新型风险管理方式方法不断出现，风险管理员要增强学习意识，利用现代信息化手段，优化现阶段风险管理方法。利用遥感技术、地理信息系统等对宅基地使用状况实施动态监测，建立宅基地综合信息数据库，系统整合相关文字及图片等数据资料，通过互联网形成分布式的农村宅基地管理地理信息系统，实行动态管理机制，以此

---

① 张明. 城市土地整理风险管理研究[D]. 武汉：华中农业大学，2005.

提高宅基地监测数据的提取、核查、分析等能力，提升宅基地调查监测的现代化水平，防范宅基地改革风险。

8.4.2 以保障农民权益为切入点合理分配宅基地利益

农村宅基地"三权分置"改革政策风险防控应始终以保障农民权益为切入点，以此构建宅基地利益分配共享机制，构建规范科学的流转市场，适度拓宽流转范围，科学合理制定收益分配方式，保障农民各项权益。

1. 规范宅基地使用权流转市场

如果农村宅基地使用权流转市场不规范，就很难实施公平的权属交易，不规范的流转市场既会破坏正常的土地市场秩序，也会侵害农民的利益。因此，在改革实践过程中建立规范有效的宅基地使用权流转市场是保障农民利益的关键所在。首先，应从法律法规入手，规定宅基地使用权流转的合法性。其次，明确宅基地使用权流转交易机制，营造良好的流转环境，规范流转交易价格，形成"公开透明+自主交易"的交易体系[①]。再次，加强宅基地使用权流转市场流通管理，明确宅基地产权的归属；发展宅基地使用权流转市场中介组织，提供宅基地使用权交易服务。最后，完善宅基地使用权流转市场的监管机制，政府在宅基地使用权流转市场中应起到监管作用，对市场行为进行有效监管，防止违法行为发生；同时，积极发挥流转市场配置资源的主导作用，平衡交易主体关系，防止发生"市场失灵"的现象[②]。

2. 适度拓宽宅基地使用权流转范围和方式

农村宅基地使用权流转是为了将更多资本融入农村，发展农村产业，带动农民就业或创业，提升农民财产性收益，促进农村经济的发展。宅基地使用权流转建立在流转农民有合法稳定居所的基础上，需征得农民的同意。一方面拓宽宅基地使用权流转范围，打破宅基地使用权流转只在县域具有农村户籍流转的限制，应允许在市（州）内流转，加快促进宅基地使用权运用于农村第一、二、三产业的发展。另一方面，宅基地使用权通过出租、互换、抵押、入股等方式进行流转，实施"土地流转+市场资本+经营主体"模式，并实行县、乡、村三级流转服务制度，使流转过程有章可循，同时把宅基地流转记录归档，使流转结果有迹可循。引入市场资本，发展乡村民宿、康养产业、文化产业、旅游产业等。

---

① 张克俊, 付宗平. "三权分置"下适度放活宅基地使用权探析[J]. 农业经济问题, 2020(05): 28-38.
② 赵峰. 农村土地承包经营权流转风险防范研究[D]. 武汉: 华中农业大学, 2014.

3. 维护农民在宅基地使用权流转中的利益

当宅基地收益权显化经济价值时，村集体经济组织作为农村宅基地经营管理者，应合理分配宅基地各项收益，平衡农民、村集体组织和第三方的收益分配，要充分体现公平性，确保农民利益不受损。对于宅基地流转入市、宅基地有偿使用费等获得的宅基地增值收益，理应由各主体成员共享。首先，明确宅基地增值收益分配程序，宅基地增值收益分配方案应在村民大会上审议并经 2/3 的村民同意才能实施；其次，参照土地税费制度改革探索合理的增值收益测算模型，并根据宅基地的地理位置、市场价格、供求关系等将分配比例确定在合理的区间，避免分配比例过高或过低；再次，加强宅基地增值收益分配监管，一方面乡镇成立负责监管村集体资产的工作小组，定期对宅基地增值收益流向进行监管，另一方面要完善村级财务公开制度，对于村集体经济组织获取的宅基地收益，应用于村公共基础设施建设以及村貌改造，及时公布资金使用情况，防止村委会干部滥用职权，发生寻租行为[①]。

8.4.3 以严守耕地红线为结合点加强宅基地资源管理

土地是农业之本，耕地是社会生存和发展的基础。宅基地"三权分置"改革政策风险防控要以严守耕地红线为结合点加强宅基地资源利用，防范滥占侵占耕地，细化宅基地管理制度，完善监管和考核机制，确保实有耕地面积基本稳定。

1. 防范滥占侵占耕地

首先，明确禁止囤积宅基地，一方面规定农民根据户口依法取得宅基地资格权，保障农民宅基地成员权，同时针对超标宅基地实施自愿有偿退出机制；另一方面明确工商资本下乡使用宅基地的基本原则，对于违法占用耕地的责任主体追究法律责任。其次，建立农房违法占地执法适用办法，赋予政府对违法占用宅基地修建的房屋予以强制拆除的权利以及对违占者的罚款权。最后，通过建档立卡保护耕地，定期测绘耕地和宅基地面积，建立宅基地和耕地数据库，形成"测绘调节，管控有效"的格局。

2. 细化宅基地管理制度

首先，建立农村宅基地"三权分置"审批管理制度，宅基地农户资格权应经过多环节审批，乡镇政府核准后方可获得；对于愿意流转宅基地使用权的农民，应摸清农民流转的真实意愿，并经村集体开会讨论，而且出让者应在城市以购房或者在其他地方拥有相应的住宅。其次，构建完善的农村宅基地"三权分置"登

---

① 何鹏飞. 农村集体经营性建设用地入市增值收益分配研究——基于马克思地租理论视角[J]. 湖南广播电视大学学报，2020(02)：36-41.

记制度，登记农民的宅基地农户资格权和宅基地使用权，同时基于公平透明的原则对取得、变更、丧失等内容都应做好登记工作，切实保障农民的宅基地各项权利。另外，对于农民闲置宅基地退出复垦为耕地使用的，应根据村集体经济组织存储并按规定分配，充分保障各村耕地充足，促使耕地利用率最大化。

3. 完善监管和考核机制

首先，严格用地监管。第三方申请使用农民宅基地之前，应对第三方的经营范围、业绩数据、征信情况等进行核查，确保第三方经营行为可信。同时，加强耕地监管信息化建设，大力推广遥感监测技术，并利用互联网技术实现耕地数据可视化，实现动态监控。其次，增强公开透明度。地方政府要增强相关利益问题的透明度，增强农民和各个利益主体的知情度，保障宅基地使用的合法合理利用。再次，严格落实耕地保护问责机制。地方政府土地资源部门应肩负起耕地保护职责，制定相关政策文件实施监管，对乡镇政府实施耕地保护考核制度。如果发现基层政府对耕地保护有失职情况，必将根据严格的问责机制调查其行政责任。

8.4.4 以优化空间布局为着力点推动美丽乡村建设

优化空间布局有利于宅基地布局规范化，宅基地的合理布局推动美丽乡村建设，严格执行"一户一宅"，集约利用宅基地资源，合理规划村庄建议，为国家治理现代化夯实土地空间治理基础。为避免市场失灵的无序发展风险，应该强调通过规划引领农村宅基地的"三权分置"，促进宅基地使用权在规划引导下有序流转，切实维护村民和集体的公共利益[①]。

1. 严格执行"一户一宅"

首先，农民申请宅基地应按照"一户一宅，面积恒定"的原则进行分配，村集体经济组织出台以人口为基准核对宅基地使用面积，规定宅基地农户资格权人使用宅基地面积(包含院落坝、养殖地等)不超过 50 平方米。其次，引导农民节约集约利用宅基地，可实施节约集约用地有奖机制；详细调查农民超占宅基地的情况，对于超占的宅基地，按照当地物价标准收取有偿使用费。最后，严格界定宅基地农户资格权，明确规定获取宅基地农户资格权的适用条件，合理保留特殊群体(如大中专学生、退伍军人、服刑人员等)的宅基地农户资格权，保证获取宅基地农户资格权的公平、公正、公开。

---

① 张军涛，游斌，翟婧彤.农村宅基地"三权分置"的实现路径与制度价值——基于江西省余江区宅基地制度改革实践[J].学习与实践，2019(03)：47-56.

2. 集约利用宅基地资源

首先，允许乡镇、村在确保耕地质量和数量的前提下，优化调整基本农田布局，在乡镇范围内平衡并支持乡村振兴项目的快速发展。其次，加强宅基地利用的规划管理，通过制定市场化利用机制来规划方案，坚持集约用地的原则，严格管制用途。最后，对未来一定时期内使用宅基地必须符合乡村建设规划；宅基地资源位置的固定性和区位价值的差异性要求集体组织对农村宅基地的利用布局和结构设计做出合理的部署，从而达到宅基地资源利用最大化。

3. 合理规划村庄科学布局

首先，科学地制定村庄规划。遵循"保护优先，高效利用"的基本原则，对村庄里的农民住所、农民生产、农民休闲等统筹规划，明确村庄各区域的作用功能，完善村庄的规划管理权。其次，对宅基地实行总量和规划管制。对于不同区域实施不同的规划，保证规划的可操作性；充分了解农民居住意愿，鼓励农民相对集中居住。最后，建立乡村治理与政府权力约束机制，选拔政治素质高、熟悉基层事务的人员担任村委干部，加强农村基层管理制度建设；成立村庄规划管理小组，定期巡查村庄规划实施情况，确保村庄规划落到实处。

8.4.5 以稳定农村社会为根本点建立风险保障机制

稳定农村社会是农村土地制度改革核心所在，推动土地制度改革必须审慎稳妥。在实施宅基地"三权分置"改革的过程中，应始终以稳定农村社会为根本点建立风险保障机制。

1. 建立风险防控预警机制

一方面建立风险预警机制，首先以法律法规的形式设置风险预警机制，并建立产权纠纷解决机制；形成一整套完善的动态识别、度量、模拟以及应对风险的模式，建立相应指标体系和案例库，并及时进行监测和评估[1]。另一方面建立风险防控市场机制，一是建立农村宅基地使用权流转风险机制，指导工商资本和农民签订合同，合同中应有流转的风险保障以及违约责任等事项；二是设置宅基地入市流转的限定条件，制定合理的风险系数并进行评估，如果风险系数超出标准值，则不应批准流转入市。

2. 构建宅基地使用权流转纠纷问题化解机制

改革开放以来，国家安全问题愈加复杂和严峻，统筹发展和安全也是"十四

---

[1] 胡勇，周凯归，雷雨若. 城镇化进程中土地纠纷化解及其风险预警机制建构研究——基于社会燃烧理论的视角[J]. 农业现代化研究，2015(06)：969-972.

五"期间重要任务之一。在宅基地制度改革领域，同样需要贯彻落实国家总体安全观，促进和谐稳定发展，在推进农村土地制度改革中，要按照国家政策及相关指导意见，依法妥善处理宅基地集体所有权实现以及宅基地使用权在抵押担保、转让等过程中产生的纠纷，稳定推进农宅基地制度改革。随着土地流转的步伐不断加快，农村土地纠纷问题不断出现，必须要建立长效的纠纷问题化解机制。以村基层党组织、村集体经济组织、农村社区自治组织等主体共同组建农村宅基地使用权流转纠纷问题化解工作组，拓展农民在宅基地使用权流转的话语权，如遇宅基地使用权流转相关问题，及时上报并通过工作组调解并协商解决；如通过调解无法解决纠纷问题，应提请地方人民法院仲裁，处理纠纷问题。

3. 健全宅基地改革司法救助机制

国家层面高度重视建立司法救助机制，先后出台《关于加强和规范人民法院国家司法救助工作的意见》等一系列政策文件。首先，建立宅基地"三权分置"改革风险司法救助机制，当改革风险发生侵害农民利益并发生农村社会纠纷事件，政府应及时给农民提供法律援助，帮助农民维护自身利益，保障农村社会稳定。其次，健全宅基地补偿争议司法救济程序，可以遏制宅基地利益分享过程中的权力滥用，为农民提供更多的司法救济，确保农民的利益不受侵害。最后，防控风险应集合多方主体共同努力，逐渐形成政府、市场、村集体等多方主体共同协作的风险防控网，切实维护农民的利益，保障农村社会长期稳定。

第 9 章　构建农村宅基地"三权分置"改革政策的实现路径优化研究

基于前文对农村宅基地"三权分置"改革政策的理论分析、风险评估和政策绩效评估，本章重点阐述如何构建农村宅基地"三权分置"改革政策体系，从"产权化"落实宅基地集体所有权、"法制化"保障宅基地农户资格权、"多元化"放活宅基地和房屋使用权、"科学化"推进农村土地改革协同发展四个方面明晰具体的实现路径及优化举措。

9.1　"产权化"落实宅基地集体所有权

9.1.1　明确宅基地集体所有权的关键作用

农民与土地从古至今都有着密切的关联，土地是保障人民生活的关键，随着社会经济的加速发展以及农村土地制度改革的深入，农民的土地权益会受相应的影响。土地权益问题与经济发展的方方面面都息息相关，随着经济发展进程的逐步推进，农民土地权益的改善将最终落到实处。新中国成立至今，中国农民土地权益具有三方面的具体特征：一是农民土地权益完全依附于制度安排；二是农民土地权益服从于国家的经济发展战略目标；三是农民土地权益变化具有明显的阶段性特征。随着中国经济改革市场化进程的发展，农民土地权益状况将有所改善，但土地资源配置中利益分配的矛盾日益尖锐。

长期以来，中国特有的农村土地集体产权制度使农村土地资源配置既没有发挥市场机制的功能，又没有形成政府的合理干预。农村宅基地属性为建设用地，通过市场交易实现价值增值，会更少地受耕地保护、土地利用规划等制度约束。当前，农村集体建设用地的稀缺性逐步显现，它的市场价值因此不断提升，在这一过程中，各利益主体获取经济发展进程中土地资源增值利益的争抢将愈演愈烈，而农民手中的宅基地也将是随着经济发展进程而增值的一笔重要财产收入。中国农村宅基地庞大的用地总量以及大面积的低效使用表明农村宅基地资源利用率较低，但也说明宅基地资源还具有巨大的挖掘潜力，迫切需要通过引入市场机制来保障农民财产权，使其成为解决农民土地权益保障问题的突破口。

9.1.2 创新宅基地集体所有权的管理方式

1. 创新宅基地所有制度的代理机制

集体所有制本身需要强有力的监管体系和代理机制,任何集体代理人的行为特征、选择决策都会影响集体所有制的实行效率。要在现有的农村土地集体所有制框架下充分发挥制度约束效力,村集体经济组织作为一个委托人,管理本村集体宅基地使用情况需要同时委托多个代理人同时执行。这样的委托代理框架其实质比较简单。首先,村集体经济组织需要确定相应管理工作的代理人,其次,每个代理人都接受村集体的委托,最后,所有的代理人都接受了村集体赋予的相应管理任务,此时每个委托人就要决定自己的行为或者努力程度,代理人的管理绩效可以被观察到,并由此决定最终委托人也就是村集体对代理人付出劳动的支付情况。

村集体经济组织要最终落实和行使宅基地集体所有制的相关管理制度,发挥制度优势,必须充分考虑代理人的行为选择集,以便制定相应的制衡方案。参与阶段的具体情况可以借助信息经济学当中著名的个人化信息模型来做进一步分析。

基本假设如下:

(1) 代理人的努力程度 e 是可观测的;

(2) 代理结果具有不确定性:结果 x 是一个随机变量 $\{x_1 \cdots x_n\}$ 结果出现的概率 $p_i(x_i|e) \Sigma p_i(x_i|e) = 1$

(3) 村集体委托代理人的支付合约由代理结果决定,即:

$$e; w(x) = \{w(x_1 \cdots x_n)\}$$

(4) 村集体作为委托人,属于风险规避或中性类型,即:

$$B[x - w(x)], \ B' > 0, \ B'' \leq 0$$

(5) 代理人也同样属于风险规避或中性类型

$$U[w(x)] - v(e), \ U' > 0, \ U'' \leq 0; \ v' > 0, \ v'' > 0$$

由于道德风险的存在,代理人很可能采取不诚信的个人行为,试图以最低的努力程度换取最高的代理报酬,此时的行为可表示为一个最大化约束的求解条件,表示如下:

$$\max \Sigma \{p_i \cdot B[x - w(\mathrm{x})]\}$$

$$\text{s.t.} \ \Sigma p_i \cdot \{U[w(x)] - v(e)\} \geq \underline{U}$$

$B' > 0$, $B'' = 0$, B' 是个定值。同时, $U' > 0$, $U'' < 0$, 因为 $U' = B'/\lambda$, λ 表示收益变化率(即委托人收益/代理人收益),所以 U' 是定值, w 也是一个定值,

委托人的收益完全与结果 x 相关，承担全部风险。

另外一种情况是，$U'>0$，$U''=0$，U' 是个定值，$B'>0$，$B''<0$，因为 $U'=B'/\lambda$，所以 B' 是定值，$x-w(x)$ 也是一个定值，因此代理人承担全部风险。

埃奇沃思方盒图可以清楚地表达委托人确定激励相融的报酬支付关系。为了理解代理人的激励如何起作用，设想一个在直线 $f(w_1, w_2)$ 之上的合约是最优决策。对最好的结果予以相同的支付，对最坏的结果予以更多的支付。对于这样的合约，代理人没有足够的激励去努力工作。

从统计学的视角看，这种最佳的报酬激励方案应该具有单调似然比特征，这是一个强条件，根据一阶占优的假设：

$$\sum_{i=1}^{n} p_i^H < \sum_{i=1}^{n} p_i^L$$

当满足这一条件时，支付报酬 $w(x_i)$ 关于 i 递增形式上可以进一步得到：

$$u'[w(x_i)] = \frac{1}{\lambda + \mu\left(1 - \frac{p_i^L}{p_i^H}\right)}$$

进一步整理有：

$$w(x_i) = (u')^{-1}\left[\frac{1}{\lambda + \mu\left(1 - \frac{p_i^L}{p_i^H}\right)}\right]$$

容易看出，对于 $p_i^H = p_i^L$ 时的结果 x_i，有

$$w(x_i) = \frac{1}{\lambda}(u')^{-1} = \bar{w}$$

以此为参照，有：

$$\frac{p_i^L}{p_i^H} > 1 \rightarrow w(x_i) < \bar{w}$$

$$\frac{p_i^L}{p_i^H} < 1 \rightarrow w(x_i) > \bar{w}$$

显然，在报酬固定时，代理人选择不努力为其做最优选择，此时制度实施效果极差，而代理人承担了全部的恶果。如此，宅基地集体所有权制度委托代理失灵的最直接原因在于道德风险，道德风险增加了宅基地集体所有权制度的实施成本，也成为农村宅基地集体所有制缺乏实际约束效力的关键原因。在这种制度实施环境下，最优的代理人报酬支付模式应该是浮动式的，也就是根据制度执行的好坏或具体的落实执行情况来衡量报酬的多少，然而我国公务员工资制度过去较长一段时间内采取相对固定的模式。

2. 借鉴社会主义集体产权的经典管理经验

社会主义国家的产权制度基本上是相似的，但是各社会主义国家在具体事宜上的管理制度又不完全相同，尤其是在管理和监督权方面差异还是比较大。这种差异突出表现在组织结构的设计和安排上，这种产权制度可以看成集权式制度（图9-1）。

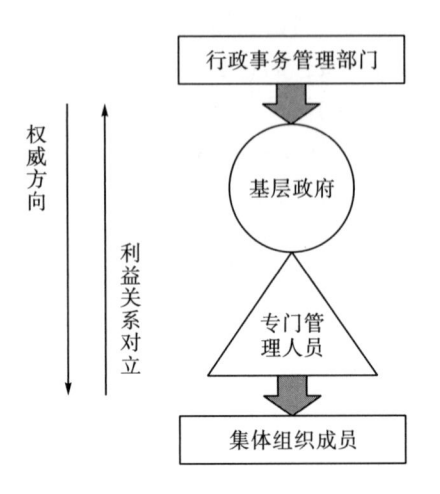

图 9-1 集体产权组织的管理模式

这种集权式的制度模式具有以下特点：①剩余索取权不可交换或转让。我国农村土地集体所有制的管理虽然也是社会主义的一种类似集权式的管理模式，但缺乏一个重要的角色——管理实体。传统意义上的农村集体经济组织在社会经济发展演化进程中已经不具备担任村集体行政实体的实质。②集体权利的利益索取和监督的要素统一，未发生"两权分离"，不会产生所谓的委托人与代理人的利益矛盾，可以避免制度运行和资源管理的低效率。但如果存在决策误差，或是决策取向偏离公众利益取向，这个高度统一的权利制度模式就会成为制度运行的致命缺点。我国农村宅基地集体产权制度监督和管理的主体长期统一，但随着农村经济社会的发展和农村宅基地本身利益结构的变异与显化，集体决策者偏离公众利益取向的风险加大，导致现阶段的农村集体产权制度出现了严重的缺陷。③在社会主义国家的产权制度中，一般的管理者和经营人员不能真正参与决策过程，信息的反馈相对滞后和被动，没有市场信息和利益主体的博弈优化，从而容易造成决策质量低下。

首先，我们来看南斯拉夫对社会主义集体产权制度安排的改善。1963年，南斯拉夫率先在宪法上停止使用集权的产权制度，以"社会所有制"取而代之。这个改革在国企中产生的效应最为明显，国企主要是调整企业自身的产权构架，将经营决策权从上级行政实体中分离出来，交由工人委员会行使(图 9-2)。这一产权变动对增强企业活力，提高企业自主权具有很大的推动作用。

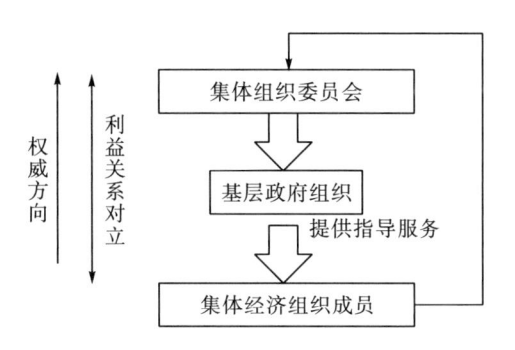

图 9-2 南斯拉夫方式的集体组织管理模式

我国农村土地集体所有制的改善能否将经营决策权归属于村民委员会行使，这一点值得商榷。原因在于，我国农村居民当中一直在农村从事农业生产活动的农民实际上并不多，大多数农民都过着城市、乡村的"两栖"生活，参加村民委员会的积极性不高，村民委员会成为行政实体的可能性不大。未来随着信息获取成本的降低，以及农村土地财产权利的释放，农民参加村民委员会的形式可以转化为非现场会议，或许能够进一步改善当前农村集体所有制的决策质量。因此，剩余索取权还是不可转让的。从这个意义上讲，"社会所有制"完全是象征意义上的。

其次，捷克斯洛伐克为了激励企业组织更加注重长远发展和克服集体自治过程中个别人员的过度自由处置权，根据具体国情，对集体组织的管理做了修改和完善(图 9-3)。

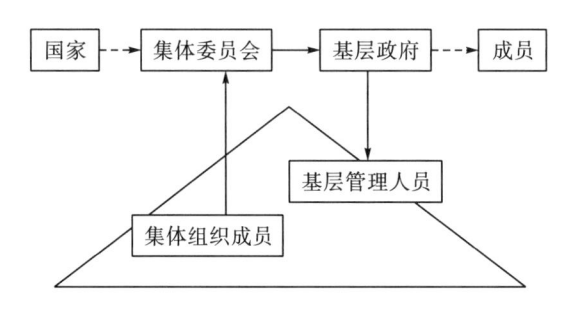

图 9-3 捷克斯洛伐克的集体组织管理方式

捷克斯洛伐克这种集体组织管理模式的改善，其实质是通过成立组织委员会增加集体组织经济活动的社会参与度，有利于增加组织决策的全局性和科学性，也更有利于对集体组织决策进行监督，限制集体组织领导人员过度自由的处置权和急功近利的行为。集体产权通过这种多元化、多角度的广泛社会参与，使集体产权的监督力度更加突出。在利益分配上，捷克斯洛伐克的集体产权制度管理改革仍然未能触动最为敏感的部分——利益分配。这也许是集体产权制度改革最大的难点。

概言之，社会主义国家关于集体组织产权结构的转型都无疑增加了对集体成员的刺激，从而有利于集体产权制度效率的提升。然而，大多数的社会主义国家都未能触碰关于集体组织剩余索取权的改革，也就是利益分配机制的改革，这是集体产权制度改革最难突破的地方。这一点与我国现阶段的农村集体所有制类似，农民虽然是农村集体成员，但不具有完备的土地利益分配的权利，分配制度仍然是由集体组织之外的组织，即国家决策部门具体定夺。因此，利益分配机制的科学性或许将成为国家农村宅基地改革政策制定的关键着力点。

9.1.3 提高宅基地集体所有权的产权效率

1. 集体所有制亟须落实产权保护

一般意义上的产权保护通常是产权受到侵犯或干扰时，对产权所有者的补偿。从法律上实现这种产权补偿一般有两种不同的形式：一种是法律赔偿，另一种是平衡赔偿。在这里需要再次运用柯斯定理：在双方正常交易过程中，当谈判费用超过预期目标费用时，谈判将不能正常进行，为了解决谈判问题促进正常交易，可通过法院来界定产权，交易双方对法院出具的产权结果必须采纳。显然，农村宅基地分配、使用、流转、退出等一系列过程的交易费用都不为零。现阶段的农村宅基地集体产权制度的产权规则是否足以应对这种交易费用客观存在，甚至更昂贵的状况呢？在全国大部分地区的实践证明，答案是否定的。这就意味着，农村宅基地集体产权制度的效率提升亟待完善产权规则。本书认为：首先要建立土地监管融资机制，一方面允许地方政府自主发行债券，募集更多的管理资金；另一方面出台政策积极引导社会资本投入农村违规建设用地的再利用，利用市场化模式推动乡村建设[①]。其次是完善宅基地登记制度，规范宅基地的获取、变更、使用等流程，对相关内容进行公开。再次是严格落实"一户一宅"制度，界定"一户一宅"政策边界。最后是明确宅基地使用制度的实施细则，为有效解决违规违占、违规违建、未批占地等问题，应赋予地方政府监管权和处罚权，并对妨碍地方政府实施监管的人员追究其法律责任。

2. 集体所有制需注重产权效率提升

结合当前我国农村宅基地集体产权制度的实践，提升我国农村宅基地集体所

---

① 黄敏, 丁娟. 我国农村宅基地使用过程中存在的问题及对策建议[J]. 西部经济管理论坛, 2015(02): 39-42.

有制产权效率的重点在于克服集体产权的外部性和决策过程中的道德风险。农村宅基地深化改革的最终目标在于资源配置的帕累托改进，为了追求这一结果，注重集体所有制产权效率的提升是必经之路。德姆塞茨研究了西方国家集团(公司)产权改革的具体路径(图 9-4)，他认为通过提升集体所有权的效率，社会成员将获得更多福利。

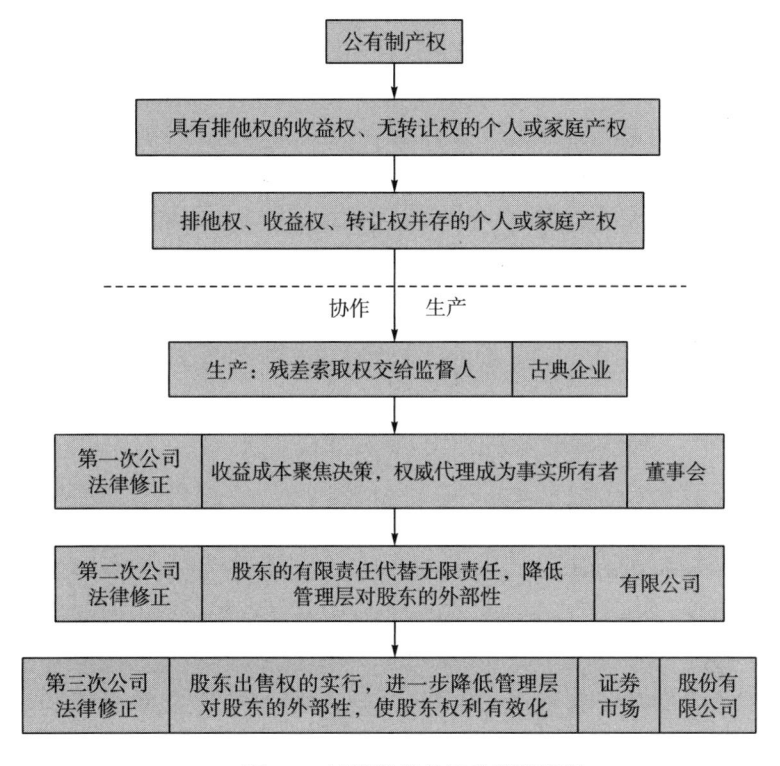

```
                        ┌──────────────┐
                        │   公有制产权   │
                        └──────┬───────┘
                               │
         ┌─────────────────────┴─────────────────────┐
         │ 具有排他权的收益权、无转让权的个人或家庭产权  │
         └─────────────────────┬─────────────────────┘
                               │
         ┌─────────────────────┴─────────────────────┐
         │ 排他权、收益权、转让权并存的个人或家庭产权   │
         └─────────────────────┬─────────────────────┘
                          协作  │  生产
         ┌─────────────────────┴───────┐  ┌─────────┐
         │ 生产：残差索取权交给监督人   │  │ 古典企业 │
         └─────────────────────┬───────┘  └─────────┘
┌────────┐ ┌──────────────────┴───────┐  ┌─────────┐
│第一次公司│ │收益成本聚焦决策，权威代理 │  │  董事会  │
│法律修正 │ │     成为事实所有者       │  │         │
└────────┘ └──────────────────┬───────┘  └─────────┘
┌────────┐ ┌──────────────────┴───────┐  ┌─────────┐
│第二次公司│ │股东的有限责任代替无限责任，│  │  有限公司│
│法律修正 │ │降低管理层对股东的外部性   │  │         │
└────────┘ └──────────────────┬───────┘  └─────────┘
┌────────┐ ┌──────────────────┴───────┐ ┌────┐┌────┐
│第三次公司│ │股东出售权的实行，进一步降低│ │证券││股份有│
│法律修正 │ │管理层对股东的外部性，使股东│ │市场││限公司│
│        │ │     权利有效化           │ │    ││    │
└────────┘ └──────────────────────────┘ └────┘└────┘
```

图 9-4　德姆塞茨产权改革演进图

农村宅基地集体所有制产权制度设计的初衷是保障所有集体成员的居住权益。事实上，这种制度最大的问题在于制度效率的发挥取决于每一个集体成员的活动状况，或者直观理解为每个集体成员是否愿意从集体福利最大化的视角考虑自己的用地行为。倘若每个集体成员都以集体福利最大化为目标进行决策，那么从集体成员自身来讲，就存在外部不经济效应。相反地，若每一个集体成员都以自身利益最大化为目标进行行为决策，那么从集体组织的角度，也存在外部不经济效应。这就是在集体所有制不完善的情况下，用于决策目标的差异导致的外部性。当集体成员都从自身的角度考虑，那么对集体财产的使用就会存在偷懒和搭便车的问题。客观地说，造成这种道德风险最根本的问题是集体财产的不可分性。只要难以观察到每个集体成员的具体用地情况，或者是缺乏切实可行的惩处机制，就无法实现对保全集体利益而牺牲个人利益的决策矛以奖励，也无法体现对那些损害集体利益而获取自身利益的个人决策进行惩罚。因此，对于集体所有的财产，集体产权的制度本身存在弊端，需要做出安排和创新。

一种做法是利用分权化的监督机制。利用制度的设计防范道德风险，在集体组织成员中，设计个别人员担任监督人，对其他成员的工作（活动）行为进行监督。用于农村宅基地的使用情况是可观测的，而且监督成本还比较低，由于监督人来自集体，且其倾向于回避监管中的违规行为，那么监管质量就会大打折扣。现阶段，农村宅基地集体制度由政府以及代理基层政府组织进行的制度创新存在两方面局限性：一方面是政府或者专家学者不能获取宅基地制度运行的所有信息，加大了决策或者政策设计的难度；另一方面是各改革主体在利益上还存在矛盾。因此，宅基地集体所有制产权功能亟待完善[①]，农村集体土地制度的创新改革既不能单方面依靠政府组织，也不能只有农民参与，应将以代表农民利益为主的制度创新纳入法制化的轨道。

9.2 "法制化"保障宅基地农户资格权

9.2.1 明晰宅基地农户资格权的认定弊端

1. 以户籍作为农户资格认定依据的弊端

如今，宅基地农户资格认定的主要依据仍然是以户籍为首要标准，然而户籍是随着人出生即给定的，也就说，农村集体内合法出生的每一位公民都具有获得农村户籍的先天性条件。事实上，并非所有事实上已经搬离农村集体的农民都会立刻失去农村集体成员身份，大多数农民会选择不登记、不退出集体成员资格。这部分人群是否还具有宅基地农户资格权？另外，对于本集体出嫁的女性，倘若其户籍仍然保留在原户籍所在的集体，是否应该保留其宅基地资格权？对于与本集体女性结婚的、户籍在本集体之外的男性，其经常居住地在本集体内，又是否应该赋予其本集体的宅基地农户资格权？

另一个问题是，现行以户籍为主要宅基地农户资格权利认定标准的原则不利于国家相关统计工作的展开。在统计措施上，农村人口的认定是独立于户籍记录工作的，更注重的是人口的实际经济生活状态，这样的处理情况更贴近农村经济发展的现实。这种统计认定方式可以成功规避户籍制度的弊端，充分反映农村人口的实际情况，农村宅基地发挥居住福利保障功能应该按照农村人口的实际需求而定，不应该受户籍登记的限制而过度赋予无需保障的农户宅基地使用资格权。

---
① 李泉.农村宅基地制度变迁70年历史回顾与前景展望[J].甘肃行政学院学报，2018(02)：114-125.

2. 以农户身份认定为依据均分宅基地的困局

资源的可持续发展强调的是人与自然系统的稳定与和谐，需要协调人与资源的关系。就宅基地利用而言，就是协调宅基地本身的承载能力、农村土地资源的整体缓冲力和恢复力，从而形成农村乃至城乡社会系统的生产力、需求力和控制力(图9-5)。

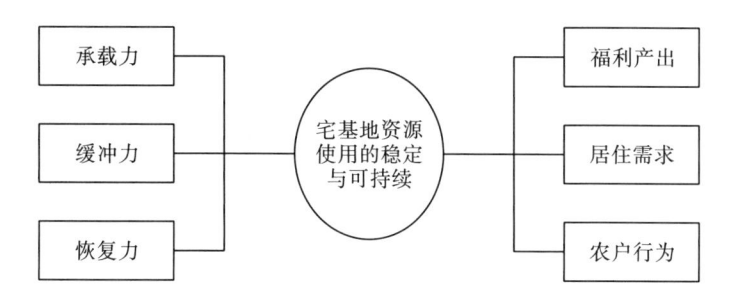

图 9-5　衡量农村宅基地可持续利用的要素关系

我国宅基地的使用随着农村社会对宅基地资源的不断索取，人地关系正处于一种表面的低层次和谐状态。宅基地利用强度与资源人口承载力的关系呈现为倒"U"形关系(图9-6)。

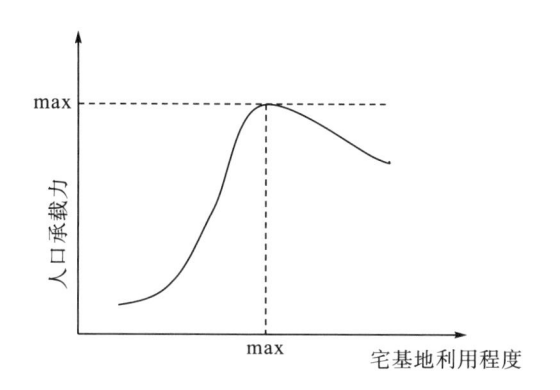

图 9-6　宅基地使用程度与人口承载力的关系

从图 9-6 可以看出，宅基地最大利用程度所对应的人口承载力，在到达最大承载力之前，随着宅基地资源利用程度的不断开发，宅基地的人口承载力是不断上升的，且上升的速度随着宅基地开发程度的增加而增加。然而，当人口承载力达到最大值时，如果宅基地的利用程度仍然继续增加，则宅基地人口承载力不但不会增加，反而会下降，这就使得宅基地呈现过度利用的状态。不可否认，由于人口因素、经济因素、社会因素等多方面驱动，当前我国农村宅基地的利用程度已经超过了最佳利用程度，其人口承载力正在下降。农村宅基地的制度改革正是基于此问题的一项政策调整，需要重新对农村宅基地的使用进行合理规划，重新考量当前多方面的影响因素，调整农村经济杠杆，考虑宅基地的承载力问题，使农村宅基地使用控制在可以持续利用的范围[①]。

3. 宅基地使用认定的个人利益与福利保障冲突

如今，我国农村普遍存在的"一户多宅"、超标违规占地的宅基地使用现状，充分印证了当前农户使用宅基地关注个人福利的客观事实，同时"空心村"造成的闲置浪费与农户宅基地分配份额紧张的矛盾，也进一步印证了当前农村宅基地已被过度使用，宅基地的节约集约利用亟待推动落实。从理论上分析，这种凭借集体成员权无偿获取宅基地使用权的分配方式与经济学上经典的牧场案例十分相似。牧场案例假设有一个有 n 个农户的村庄，每户家庭都能凭借其作为本集体成员的身份在本村内获取一处宅基地。用 g_i 表示第 i 户农户的宅基地面积，则该村集体的宅基地总面积：

$$G = g_1 + g_2 + \cdots g_n$$

假定农户超标占用宅基地的成本是每平方米 c 元，宅基地产生的社会安定效益为 $v(G)$，该效用函数是宅基地总面积 G 的函数。村内能够承载的最大宅基地面积为 G_{max}，宅基地产生的社会安定效益与宅基地总面积呈现为反向变动关系，原因在于，村庄宅基地面积过度将导致村内生活用地面积增加，相应减少生产和生态用地，从而降低生活质量、恶化生态环境，产生负面社会效益。用关系式表示为：

$$G < G_{max}, \rightarrow v(G) > 0$$
$$G > G_{max}, \rightarrow v(G) = 0$$

由于最初集体内宅基地指标比较充裕，增加少量宅基地对村民的生活质量不会产生太大影响，但宅基地数量不断增加将对村民的生活质量产生较大的影响，甚至产生负面影响，当宅基地数量增加到临界值 G_{max} 时，村内到宅基地承载数量达到极限。用关系式表示上述关系，即为：

$$G < G_{max}, \rightarrow v'(G) < 0, 且 v''(G) < 0$$

具体变化趋势如图 9-7 所示：

---

① 汪杨植，黄敏，杜伟. 深化农村宅基地"三权分置"改革的思考[J]. 农村经济，2019(07)：18-25.

第9章 构建农村宅基地"三权分置"改革政策的实现路径优化研究

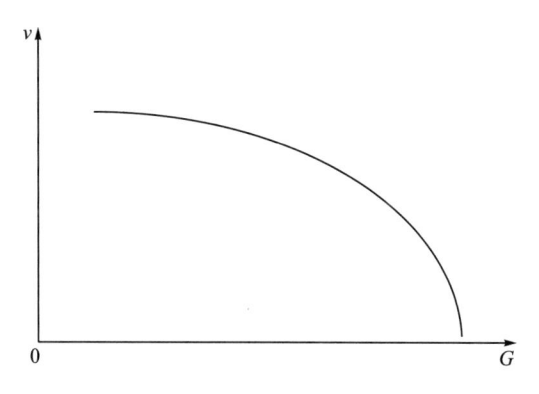

图 9-7 宅基地面积与社会效益的关系

在相关监督制度不严格的情况下，农户违规超标用地的法律成本较低。本集体农户在决定宅基地使用面积时，第 i 户农户的选择决策就是他的宅基地使用面积 g_i，其战略空间为 $[0, \infty)$，包含可以给农户带来正面居住效益的所有可能选择。$[0, G_{\max})$ 是该农村集体组织能够承载的宅基地面积取值范围。

第 i 户获得的居住效益为 $g_i v(g_1, \cdots, g_{i-1}, g_i, g_{i+1} \cdots g_n) - c(g_i - g_0)$；其中，$g_0$ 表示宅基地使用面积法律上限。

从博弈视角看，若 $(g_1^*, \cdots, g_n^*)$ 为纳什均衡，当其他农户选择宅基地面积 $(g_1^*, \cdots, g_{i-1}^*, g_{i+1}^*, \cdots, g_n^*)$ 时，第 i 户农户使用面积为 g_i^* 的宅基地必然满足使第 i 户农户获得居住效益最大化的条件。

按照最大化的求解原理，其一阶条件为：

$$v(g_i + g_{-i}^*) + g_i v'(g_i + g_{-i}^*) - c = 0$$

将最优解 g_i^* 代入上式，可进一步整理为：

$$v(G^*) + \frac{1}{n} G^* v'(G^*) - c = 0$$

式中，G^* 表示 $g_1^* + \cdots + g_n^*$。用 G^{**} 表示全村宅基地使用面积的最优选择。

从村集体的角度看，最优目标是由宅基地合理使用带来的稳定社会效益，其最大化条件表示为：

$$\max G \cdot v(G) - G \cdot c$$

容易得出村集体组织实现稳定社会效益最大化的一阶条件为：

$$v(G^{**}) + G^{**} v'(G^{**}) - c = 0$$

进一步比对，可以得出结论：$G^* > G^{**}$。也就是说，和村集体组织的最优条件相比，村民决定的宅基地使用面积大于纳什均衡所产生的宅基地使用面积。当农户只追求自身居住效益最大化时，显然村集体组织的宅基地资源被过度使用。

在村内宅基地过度使用的情况下，略微新增宅基地使用面积，村民获得的新增居住效益已经不足以弥补带来的损失。

以上虽然只是一个简单的纳什均衡模型，但是从我国长期实施的农村宅基地使用制度来看，凭借农户集体成员权无偿获取宅基地永久使用权的制度设计，其本身不符合资源稀缺条件下的资源配置原则。或许在这种以福利保障为初衷的制度设计中，当时并没有考虑村集体成员数量和结构的变化，同时也未能考虑农户使用宅基地支付能力的变化（主要是建房资金获取能力）。该制度延续至今，制度的外部性已经逐步外溢，在提倡保障本集体村民基本居住权益的框架下，事实上却面临着宅基地资源的过度使用，使其难以保障新生集体成员的居住权益，同时也难以对过度使用宅基地的现象形成约束。在资源浪费的同时，居民权益也未能得以有力保障，这是过去以福利体现形式为主的宅基地使用制度在当下已经不具备可持续性的重要原因。

9.2.2 探索宅基地农户资格权的运行机制

1. 宅基地改革试点中保障农户资格权的经验

农村宅基地农户资格权的保障是一个重要的问题，也是一个复杂的问题。迄今为止，我国在律法方面还没有相应的、权威的法律法规、规章和司法解释就农村宅基地农户资格权的保障做出明确规定，由此可见问题的复杂性和艰难性。在司法实践中，保障农民宅基地使用资格权利的做法也不尽相同。

在全国农村"三块地"制度改革试点中，一些试点的地方政府出台了相应的规章办法，但大多只是一些现有律法规定的简单汇总，涉及一些具体问题时，据此同样难以处理。目前，有关方面之所以没有明确如何保障农户宅基地资格权，并非没有注意到这一问题的迫切性，而是具体问题千差万别，诸多因素纠缠在一起，很难找到一个可以处理如此复杂问题的完善办法，只能根据具体情况进行处理。

各地在农村宅基地制度试点改革过程中，根据具体情况，在严格遵守"三条底线"原则的前提下，就农村宅基地的使用资格认定和保障方面取得了一些有效经验。一是按照"先易后难"的思路逐步推进工作，对历史遗留问题较少地先开展宅基地农户资格权保障工作，再根据探索出的模式解决老大难问题。二是出台宅基地农户资格权的相关文件，明确认定宅基地农户资格权的基本原则，规定特殊人群（如出嫁女、上门婿、军人、大学生等）资格认定；同时规范宅基地农户资格权的认定流程，集体讨论，认真审核，民主决策；实行农民住房保障的多种实现形式，明确申请宅基地的标准和条件。三是借助村庄议事会处理纷争，通过建立村庄议事会或村民事务理事会等组织协调乡村"熟人社会"中的土地管理问题，借助非正式制度有效处理一些争端。四是形成宅基地有偿使用制度，对实际使用宅基地面积超过规定范畴收取有偿使用费，各地根据当地经济发展情况制定相应标准。

2. 保障宅基地农户资格权的关键还在于权益分配

保障农户宅基地权益之所以实施难度大，归因于其特殊性。宅基地作为建设用地的价值远远高于农用地的价值，而每个农户的宅基地区位不同，获取的价值也不同。另一方面，农户自身对宅基地权利确权的认识还不够。之所以如此，还需要进一步探析农村宅基地与农村另一种主要土地资源——耕地的差异。近年来，国家对耕地资源保护的力度不断加大，以成都市为例，承包地确权后每年每亩有数百至上千元的耕地保护金，利益立刻体现，但宅基地确权后要进行流转在短时间内实现的难度仍然很大，宅基地的价值有多大、需要多长的时间才能体现出来，农民很难有明确的预期[①]。另外，现有的建设用地补偿标准较低，甚至低于农地补偿水平，低于房屋等地面附着物的补偿水平，因此相对宅基地确权，农民更加看重房屋的确权。

宅基地农户权利保障实施的另一个难点在于是肯定现状，承认宅基地农户资格的不对等，还是重新确立均等的宅基地农户资格权利。由于情况各异，各地在试点时提出的解决方法也各不相同。一些人主张尊重集体成员平等权利按人头均分，以实现起点公平。但也有人认为这种方法不合理，认为凡是祖辈留下来的、组内的其他成员认可，就应认可其相应的宅基地农户资格权，除开这些特殊情况，其余的就应该执行宅基地均分。还有一种观点认为，宅基地转变为一般集体建设用地进入流转程序时，只有30平方米的流转收益归个人所有，超出30平方米的流转收益就归集体所有。

宅基地与承包地不同，首先在于取得方式的复杂性。有的是祖辈传下来的，虽然不多但的确存在，有的是小城镇建设时花钱买下来的，农民更愿意在自家自留地上建房。加之既往时期宅基地监管薄弱、户籍管理失序等诸多因素导致的"一户多宅"情况普遍存在，更加剧了农村宅基地历史问题的复杂性。同时，建设用地的价值取决于其区位，缺乏公共设施的普通农村房屋没有多少现实的需求，除非处于城市郊区或是风景区。此外，建设用地不可能像农地调换那样随意调整，其价值的体现最终还是主要来自其对农户居住需求的满足。

所以在权益分配上，农民关心的更多是未来的预期收益。人均30平方米宅基地加其他建设用地面积的权利划分方式，正好反映了农民的这种观念。现存建设用地状态的使用权都可以尊重其实际的使用人，但在未来宅基地权属发生变动时，比如征用、参加土地综合整治、直接流转等，超过30平方米的收益就要交给集体分配，仍然是土地收益均分在发挥作用。在背后支持这一相对公平的农户宅基地资格权做法的，是在新一轮《中华人民共和国土地管理法》修订方案中有所体现的，在对宅基地在内的农村建设用地征用补偿时，补偿对象是所有权人。故此，这种利益的分配方式具有现实操作价值。

---

① 蔡昉，程显煜. 城乡一体化：成都统筹城乡综合配套改革研究[M]. 成都：四川人民出版社，2008.

9.2.3 优化宅基地农户资格权的实现路径

1. 固化成员权保障宅基地农户资格权

事实上，在农村集体成员权法律界定背景缺失的条件下，在国家提出保障农户宅基地资格权之前，有关问题就已经客观存在，各地也针对性地展开了一些实践探索。

成都市双流区在农村土地承包经营权改革的探索实践中，明确集体经济组织成员身份的重要性。双流区的主要做法是通过民意调查，核查村集体经济成员总体情况，组织村民召开村民大会对集体经济组织成员身份进行固化，保证在一定时间内保持不变。成都市大邑县雾山村在"三固化、两分离"的农村产权改革探索中，也就集体成员资格的固化问题做了实践探索。"三固化"是指将集体经济组织成员固化、人口固化、产权固化，直系亲属可以继承；将集体资产通过股权量化到户，村民可以从集体资产经营效益中分红。"两分离"是指集体经济组织管理和村民自治两者的职能和成员身份分离。

2. 完善居住保障措施维护宅基地农户资格权

建立宅基地功能价值补偿机制是为了保障农民的土地权益，为农民退出宅基地适应新的生活环境提供过渡，同时充分体现资源有偿使用的原则，以此激励政府、企业、农村集体和农民自主参与农村宅基地的退出整理工作，实现闲置宅基地的退出和农村建设用地的集约利用。前文关于宅基地功能价值补偿形式的论述提到，宅基地功能价值补偿方式应该在充分考虑基本国情的前提下，选择操作性较强的实施方式。本书认为农村宅基地的价值补偿方式不应采取一刀切的模式，可以允许各地结合当地的社会、经济、自然条件选择适当的补偿方式，鼓励政府、企业、农村集体组织、农民在彼此满意的情况下达成协议，并对其进行相应的备案和监督。

农村宅基地功能价值补偿的前提是资金的筹集。本书认为财政拨付的方式在农村宅基地退出与补偿的运行中不具备可持续性，开辟宅基地价值补偿的资金筹集渠道需要借助国家相关法律的权威力量，严格按照"谁受益，谁补偿"的原则，在宅基地再利用所产生的收益中按照一定的比例提取补偿资金。补偿资金由政府成立专门的农村宅基地整理机构组织管理，严格落实宅基地价值补偿资金的专款专用[1]，将补偿资金完全用于补给该地区宅基地退出的补偿费用支出。农村宅基地补偿资金经过整合后会变得相对集中，资金总量成倍增加，大大提高了资金运行的绩效。

---

[1] 杜伟，黄敏，曹代学，等. 农村宅基地退出与补偿机制研究[M]. 北京：科学出版社，2015.

农村宅基地价值补偿机制的配套制度设计内容较广，包括农村建设用地规划制度、农村土地产权登记制度、农村建设用地储备制度、新农村住房保障制度等。纳入农村储备建设用地的土地包括：农民自愿退出的土地，闲置较久的土地，不符合土地利用规划的、违规使用的土地。新农村住房保障制度应该纳入农村社会保障制度的基本范畴。国家不仅应投入大量资金修建城市居民保障性住房，也应重视农村保障住房的建设，为农村无劳动能力的个人和家庭提供福利住房，逐步将宅基地初始取得的资格权与其后的宅基地使用权的转让权相剥离，与此同时，构建居住保障的城乡联动机制，促进城镇和农村保障性住房一体化发展，让农民享有城市居民同样的住房保障[1]。

9.3 "多元化"放活宅基地和房屋使用权

9.3.1 激活宅基地和房屋使用权市场

1. 把握宅基地使用权市场化改革中的新特征

在市场经济条件下，农村宅基地作为一种稀缺的基本生活资源和劳动生产要素，倘若与其他生产要素相结合并合理利用，就能进一步激发宅基地资源的利用潜力，成为释放农村生产力的重要催化剂。适当放开农村宅基地和农户住房的使用权，积极发挥社会主义市场机制在农村宅基地和住房分配、调控中的作用，是解决农村宅基地和住房供求失衡的有效方法[2]。对于我国农村宅基地，一方面宅基地属于农村集体所有，另一方面宅基地的地理位置固定不变。这种特征使宅基地具有强烈的地域性特点，宅基地市场化程度也与周边环境、当地经济发展水平密切相关。在现阶段的农村宅基地试点改革过程中，城郊接合部和规划区域内的农村宅基地市场化改革效率和改革动力明显高于其他地区。同时，与城市住房用地市场类似，宅基地区域市场之间可能会存在影响，但这种影响较小，不同试点地区的宅基地入市的价格存在差异，国内难以形成统一的宅基地入市指导价格。由于这种地域特征，宅基地试点改革中市场化进程更多地表现为地方性市场，参与者相对较少，市场信息的获取比较困难，市场竞争力并不充分。区域之间的宅基地不具有替代性，使宅基地市场化改革的试点工作无法实现高效率，这也是宅基地试点改革成为"三块地"改革试点中最难啃的硬骨头的重要原因。

从市场供需的视角看，宅基地的供给具有异质性，具体表现在两个方面：一是宅基地供给弹性较小，宅基地首先属于自然资源，在严格实行耕地保护制

---

[1] 胡新艳，许金海，陈卓.中国农村宅基地制度改革的演进逻辑与未来走向[J].华中农业大学学报(社会科学版)，2021(01)：26-32，174.
[2] 吕青云，徐君花.全面把握"三权分置"深化农村宅基地制度改革的路径研究[J].山西农经，2021(05)：31-32，64.

度的政策背景下，农村宅基地的自然供给几乎没有弹性；二是农民退出原有的宅基地使用权，使其进入市场，但这种方式在缺乏确定性预期和价格指导以及完备的市场交易平台的条件下，并不能形成有效的供给激励。在宅基地的需求方面，要取得宅基地使用权都需要向相关部门或原宅基地使用权人缴纳一定数量的资金，其实就是一种隐形的市场交易价格，而宅基地供给几乎没有弹性的客观事实使许多新的集体成员获取宅基地使用权的难度增加。如果按照当下宅基地的供需现状估计，宅基地市场交易价格应该远远高于交易主体之间的现实成交价格。

从市场功能实现程度的视角看，宅基地是由"有价值的土地资本"和"无价值的土地物质"组成的，这既增加了宅基地的使用价值，又使宅基地具有了价值。实践证明，伴随中国社会经济的飞速发展，农村宅基地的行政划拨方式已经难以与之匹配，这种划拨方式不仅不能合理有效地实现资源配置，还容易造成宅基地资源的巨大浪费，全国"空心村"的例子比比皆是。从这一点来看，宅基地市场的发展符合当下农村社会经济发展的现实背景，也符合乡村振兴战略的部署安排。

从市场风险机制的视角看，土地市场风险机制是指土地市场上风险的产生及其对土地资源配置与效率的作用。土地市场的风险对防止决策失误和土地资源错误配置起到"防火墙"的作用，是土地资源合理配置的安全保障线。风险对土地市场具有二重影响，一方面促进土地经济主体实施风险约束机制，另一方面选择风险转移机制。农村宅基地的市场化交易限定于本集体经济组织范围内，这本身就是一种极其强化的市场风险规避机制，但与此同时也减缓了宅基地市场改革的进程，影响了宅基地资源配置效率的提升。

2. 明确宅基地使用权市场化改革的基本方向

第一，法律建设。按照当前乡村振兴战略的需求，农村宅基地市场化改革的法律建设主要包括集体产权制度方面的法律补充和金融抵押权方面的法律完善。首先，创新农村宅基地集体产权分割制度是破解当前农村宅基地使用权交易中诸多法律桎梏的有力措施。农村集体经济组织行使宅基地集体产权在法律上既算不上是法人所有权，也算不上是共同所有权，不能适用于民法通则中关于物权分割的实施细则，农户作为集体经济组织成员，在市场交易中的主体权益难以在法律上形成明确保障。因此，本书认为宅基地所有权不仅是法律上的概念，更重要的是发挥在经济上的服务功能。进一步深化农村宅基地市场改革首先应该在法律建设方面明确主体，通过落实农户集体成员的资格权，体现农户在农村集体中的主体地位，肯定农户在土地交易中享有收益权，从而扫清制度特殊性导致的障碍，使农村宅基地市场交易成为保障农民财产权利、推动农村土地集约优化利用的可靠途径。其次，完善土地使用权相关法律。如果限制宅基地抵押，必然限制了住宅贷款，不利于农村企业和个人融资。有学者认为需要对抵押主体进行明确，对宅基地作为抵押物单独抵押、期限限制等进行制度设计，进一步完善抵押程序和其他配套制度[①]。另外，《中华人民共和国担保法》明确要求办理抵押物登记，要注重抵押登记管理的规范性，规避登记混乱的局面。

第二，平台建设。目前，我国农村土地市场中的中介服务机制尚未完全建立，相应的中介机构也少之又少；其中，以"土流网"为代表的农村土地交易平台影响力有限，市场操作规定程度也尚待考察。未来，伴随城乡互动加强，城乡融合发展和乡村振兴建设需求的持续强化，对需要再利用的宅基地要依托产权交易平台入市流转，打通城市要素下乡的瓶颈，畅通城乡良性循环[②]。农村宅基地市场建设急需盘活农村宅基地资产，农村宅基地市场发展离不开中间服务平台，要加快建立村级闲置农房数据库，成立村级土地收储公司，促进农村土地要素流动，优化配置土地资源，促进乡村振兴[③]。因此，农村宅基地市场交易应该将农村土地交易中介服务机构的培育和管理工作提上日程。一是加强农村地价评估机构建设。农村地价评估机构不能完全照搬城市，农村地价评估机构人员应从有农村土地资源管理工作经验的人群中选拔，对评估人员进行专业化培训，提升专业技能；营造良好的市场经营环境，建立地价评估规范流程，设定科学有效的土地价格标准，明晰交易双方的权责。二是加强信息咨询中心建设。目前农村宅基地市场的尴尬现状是有价无市与有市无价并存，主要原因是没有信息咨询服务平台，农民没有渠道征询相关交易问题；信息咨询中心平台一方面可以解决农民交易中的困惑，另一方面可以作为第三方监督机构，主持双方进行土地交易活动，保证交易的公平性，维护双方的各项利益。三是加强物业管理平台建设。我国目前有大量农民长期不在农村居住，但是农民限于对土地的"情"而不愿意退出宅基地，这是导致农村宅基地粗放利用的根本原因。建立物业管理平台，农民将闲置的房屋交给物业管理公司进行管理，物业管理公司再将闲置房屋出租给第三方进行经营，第三方获取的收益按照一定比例分配给农民和物业管理公司，如此必将促进宅基地利用效率的提升。四是加强地产经纪平台的建设。随着城乡市场经济的深入发展，农村宅基地市场交易中的地产经纪也应该得到相应的发展，从而盘活农村宅基地沉睡资产，促进农民增收。

第三，体系建设。要完善农村宅基地土地交易市场体系，应从政策入手，开展土地交易市场建设的试点工作，由试点经验成果上升到政策文件。同时，农村宅基地市场体系的建设还需要城乡市场要素的多方面融合。包括农村宅基地在内的农村地产市场是严重滞后的，因此难以有效发挥资源配置的相应功能，资金、

---

① 杨雅婷，王娅荣."三权分置"下宅基地使用权抵押制度改革与法律构建[J].福建江夏学院学报，2021，11(02)：48-55.
② 范毅，通振远.合村并居助推乡村振兴亟须规范和创新[J].人民论坛，2020(22)：62-63.
③ 冯艺越，王文昌，丁一."三资"属性对农村闲置宅基地盘活意愿的影响[J].干旱区资源与环境，2021，35(08)：58-64.

技术、人员等市场要素如果不能流入农村土地交易市场，就不可能深化农村土地市场的发展。

9.3.2 落实宅基地金融服务改革

1.强化金融与土地市场改革的纽带关系

金融对土地市场的影响涉及方方面面，具体可以概括为以下几方面：其一，土地金融有助于活跃土地市场的发展。土地市场的发展与繁荣需要开发商和消费者广泛参与，而在市场主体缺乏必要资金保障的前提下，土地市场的供需必将受到制约[①]，因此土地金融的发展将推动更多的社会资本参与土地市场活动，增加土地资源的开发和利用。其二，土地金融有助于调节土地市场的供求关系。土地市场的均衡发展是任何一个国家或地区社会经济发展的目标，因此无论是土地供给滞后还是土地需求不足都不利于土地资源的优化配置和社会经济的可持续发展。

综上，金融对土地市场的影响关系存在必要的前向联系和后续效应。其前向联系主要在于土地金融通过抵押贷款、土地信托、土地保险以及土地证券等具体的金融衍生工具或资金运作形式调节土地开发与经营资金以及不动产消费与投资资金，以此分别影响土地市场的供给和需求两个层面。后续效应则是由土地市场的供给与需求变化所产生的，即在一定的市场条件和环境下，土地供给与需求变化后相应地会影响土地的价格水平。可见，土地价格水平的变化成为土地运作的核心。

2.规范金融促进农村土地市场改革的路径

农村金融在解决农村土地市场化问题方面还有很多开发空间，利用好农村金融能够有效促进农村资源要素流动，从而带动农村经济社会发展。

第一，构建农村金融法律体系。首先，国家层面应完善农村土地市场发展的相关法律制度，在金融服务农村土地市场的过程中，法律应确保土地市场交易的合法性和稳定性；其次，相关部门在执法过程中有相关法律作为依据，能够平衡农村金融服务机构和农民的利益[②]；最后，各试点地区可因地制宜地制定相关政策文件，指导开展农村金融服务土地市场相关工作。

第二，优化农村金融服务体系。首先，农村金融发展模式应不断更新，力求由单一化转变为多元化、多层次、多方面服务农村发展；其次，逐步开设适合农村发展的金融服务机构，实施资金投入，促进农产品加工、乡村旅游等产业发展；最后，积极开展宅基地抵押贷款，设计适合农民的小额贷款机制，有效降低信贷风险。

---

① 周建春.中国土地勘测规划院地政研究中心开放课题研究项目选编[M].北京：中国大地出版社，2007.
② 陈淑倩.精准扶贫背景下我国农村金融发展的途径分析[J].农业经济，2018(12)：91-93.

第三，积极开展金融服务创新。积极开展金融服务创新有利于农村经济发展，由于各地区农村资源要素拥有量不同，产业结构也有所不同，这决定了农村金融的运作方式、金融产品等必须调整，必须开展符合当地农村土地发展需求的金融创新。就金融产品而言，可以根据农村实际情况设定土地债券、农房债券等；就金融机制而言，可以依据"贷款、证券、保险、理财、基金"等多元组合方式形成多类型的金融机制[①]。

9.3.3 建立宅基地和房屋价格评估机制

1. 明确宅基地财产功能价值——基于 Black-Scholes 期权定价模型

Black-Scholes（布莱克-舒尔斯）定价模型满足以下基本假设：

① 资产价格 S_t 满足以下条件：

$$dS_t = S_t\mu_t dt + \sigma_t S_t d\hat{\omega}_t$$

式中，μ、σ 为常数。$\hat{\omega}$ 为概率空间 $(\Omega, \mathfrak{I}_t, P)$ 上的布朗运动。

② 资产市场允许卖空；

③ 没有交易费用或税收；

④ 资产都是无限可分的；

⑤ 资产在有限期内没有红利支付；

⑥ 不存在无风险套利机会；

⑦ 交易是连续的；

⑧ 无风险利率 r 为常数。

设 C_t 表示 t 时刻的期权价格，它是时间和资产价格的函数，即 $C_t = \Gamma(t, S_t)$，函数 $\Gamma(t, x)$ 在 $[0, T] \times [0, +\infty)$ 上具有二阶可微性，关于 t 有一阶连续偏导数，关于 x 有二阶连续有界偏导数，且满足终值条件：

$$C_T = \Gamma(T, S_t) = h(S_T)$$

则 $\Gamma(t, S)$ 是下列偏微分方程的解[②]：

$$\begin{cases} \dfrac{1}{2}\sigma^2 S^2 \Gamma_{22}(t, S) + rS\Gamma_2(t, S) + \Gamma_1(t, S) - r\Gamma(t, S) = 0 \\ \Gamma(T, S) = h(S) \end{cases}$$

用概率表示得出 Black-Scholes 公式：

$$\Gamma(t, S_t) = E_Q[e^{-\int_t^T r_s ds} h(S_T) | \mathfrak{I}_t]$$

---

① 王国刚. 从金融功能看融资、普惠和服务"三农"[J]. 中国农村经济，2018(03)：2-14.
② $\Gamma(t, S)$ 满足终值条件 $h(S_T)$ 自融资证券组合的现值。

对于看涨期权，$h(S) = (s-X)^+$。

$$\Gamma(t, S_t) = S_t N[d_1(S_t)] - Xe^{-r(T-t)} N[d_2(S_t)]^{①}$$

$$d_2(S_t) = \frac{1}{\sigma\sqrt{T-t}} \ln \frac{S_t}{Xe^{-r(T-t)}} - \frac{1}{2}\sigma\sqrt{T-t}$$

$$d_1(S_t) = d_2(S_t) + \sigma\sqrt{T-t}$$

这时，σ^2、r 变为：

$$\sum_t^2 = \frac{1}{T-t}\int_t^T \sigma_u^2 du$$

$$R_t = \frac{1}{T-t}\int_t^T r_u du$$

可以将宅基地看作是农民的标的资产，退出宅基地管理组织通过向农户支付一定金额的补偿（执行价格）获得宅基地的未来开发权，以宅基地未来开发价值作为回报（期权的回报）。假设宅基地未来收益回报服从几何布朗运动，于是将 Black-Scholes 期权定价模型运用到宅基地不确定价值估算当中，具备一定的科学性。

2. 评估宅基地上房屋价值——基于重置成本法

根据重置成本评估法的基本原理，将房屋评估价值用公式表示如下：

$$W = R - Y$$

式中，R 表示重新获得相同房屋的支付成本，即重置成本。Y 表示该房屋的贬值价值，包括房屋的实体性贬值（Y_1）、资本功能性贬值（Y_2）、经济性贬值（Y_3）三个主要贬值因素。

$$Y = Y_1 + Y_2 + Y_3$$

实体性贬值率（α）用公式表示为：

$$\alpha = Y_1 \times Y$$

在房屋资产的价值评估中，功能性贬值通常表示房屋设计理念落后导致的生活便利程度的效用贬值。经济性贬值的核算公式表示为：

$$Y_3 = (R - Y_1 - Y_2) \times \beta$$

式中，β 表示经济性贬值率，R 表示重置成本[②]。还有一种算法是以重置成本为计算基准，用公式表示为：

$$Y_3 = R \times \beta'$$

式中，β' 表示经济性贬值率，R 表示重置成本。

对农村宅基地上房屋价值做出准确评估除了需要选择科学合理的评估方法

---

① N 是标准正态分布函数，X 为执行价格，当系数依赖于时间参数时(不是随机变量)也同样成立。
② 这种核算方法的经济性贬值的基准是重置成本去掉实体性贬值和功能贬值后的余额。

外,还必须具备其他外部条件,其中最重要的前提便是房屋的产权认定。然而,由于历史原因和制度滞后,我国农村宅基地上的房屋的权属关系比较混乱,因此必须加快推进农村集体土地确权登记发证工作,厘清宅基地及地上房屋和附属建筑的权属关系,为农村房屋价值提供评估基础。

3. 构建农村宅基地价值评估制度的路径

理顺农村宅基地价值评估制度的实施机制是盘活农村宅基地资源的重要保证,也是最终建立城乡统筹的建设用地市场的重要环节,本书提出以下几点建议。

第一,规范农村宅基地价值评估的方法。目前,土地估计行业可执行的评估方法的选择空间较大,例如市场评估法、成本法、收益还原法、德尔菲法等。从评估结果来看,不同的估价方法计算出的地价也存在差异。因此,需要进一步规范农村宅基地价值评估的方法,一方面进一步完善土地估价师的从业准则,限制各类土地价格评估过程中估价师可以选择的估价方法,并根据方法的改进和土地类别的更新而不断更新准则的相关条款;另一方面努力克服现有地价估计方法的不足,不断完善现有地价评估方法体系。

第二,加强农村宅基地的地价管理。土地价格不同于一般商品的价格,任何国家和地区都不会任由市场完全操控地价,都会随时监控地价变化,适时采取强制手段进行地价管理。首先,为确保农村宅基地地价的科学性,土地资源管理部门应根据经济发展的实际情况定期修订基准地价,随时保证基准地价的基础参考价值。基准地价标准的优势在于显著提升了农户土地使用权的转让价格,体现了宅基地土地资源的稀缺性与产权转让的公平性,同时又显示了公益性用地与经营性用地的差异,兼顾了集体和政府的收益[①]。其次,依据《协议出让建设用地使用权规定》来确定出让价。对农村宅基地的协议出让价格监管有利于防止地方政府压价竞争,避免农民土地收益流失;有利于提高农村宅基地使用权出让的透明度,便于行政监管和社会监督;有利于新的土地使用者根据地价确定合理的投资方向,促进资源利用效率的提升。

第三,完善农村宅基地地价信息披露机制。农民作为未来农村建设用地市场的交易方,如果地价信息掌握不完全,将对农村建设用地市场交易的公平性埋下很大隐患,影响农村建设用地的可持续发展,因此必须构建统一的地价信息披露机制,为市场交易的双方提供公平的交易信息。首先,农村宅基地地价信息应该是农村建设用地地价管理系统的组成内容。农村宅基地的地价信息管理平台与国土资源信息化的建设规划协调统一。其次,提高地价信息管理系统的安全性。一方面,可以设置相关访问权限控制信息系统。设置用户权限可以有效避免无关用户访问数据库,降低数据库信息被破坏的概率;另一方面,借

[①] 刘庆乐.农户宅基地使用权退出价格形成机制探究[J].中国人口·资源与环境,2017,27(02):170-176.

助网络控制确保信息系统的安全性，同时应该及时做好数据备份工作，防止意外情况导致数据丢失。

9.3.4 完善宅基地有偿使用与退出资金的融资体系

1. 以保障农民的核心权益为前提实施闲置宅基地退出

第一，在农村宅基地退出与补偿过程中保障农民的政治权益。随着社会经济发展不断加快，农民政治权益的范围正在逐步扩大，不断渗透到农村基层政治民主的方方面面。农村宅基地退出补偿涉及的利益主体比较复杂，农民相对处于博弈劣势，容易产生土地权属争议和利益分配纠纷，农民的政治权益容易被忽视和侵犯。近年来，随着土地价值的逐步显现，农村土地纠纷案件发生的概率也不断攀升。因此，有效解决土地纠纷案件是保障农民政治权益的关键所在。

第二，在农村宅基地退出与补偿过程中保障农民的经济权益。在农村宅基地退出与补偿过程中保障农民的经济权益，首先应该考虑在现行农村宅基地使用权制度下，使用权原始取得的主体具有特定性，必须公平、公正地向农民供给替代原有宅基地居住保障功能的住房保障[①]。其次，宅基地流转与保障农民基本生存权并无本质矛盾，之所以限定农村宅基地自由流转，更多的是为了防止农村土地资源过度流失，农民失去居所，影响农村社会稳定。应在现行的流转限制制度基础上，适当考虑缓慢放开农村宅基地的市场交易，使市场的资源优化配置功能在农村宅基地利用上得到体现[②]。

第三，在农村宅基地退出与补偿过程中保障农民的社会权益。目前城乡社会保障体系尚未完全对接，农村社会保障体系有待完善，宅基地对农户仍发挥着重要的社会保障功能[③]。农民的社会权益主要包括劳动权、教育权、迁移权和社会保障权四个权益。劳动权是农民实现职业劳动的权利，教育权是农民接受国家文化教育的权利，迁移权是一种依照法律变换居所的资格权利，社会保障权是农民因年老、疾病、丧失劳动能力以及遇到其他困难时，可以根据国家制定的相关政策法律向政府申请提供基本生活保障或帮助的权利，这些政策法律组建起来的就是社会保障制度。在农村宅基地退出与补偿过程中，保障农民的社会权益可以从以下几个方面入手：①国家层面应深化农村社会保障制度改革，逐步建立统一、公平、科学的农村社会保障体系；②明确政府在保障农民权益上的制度供给主体地位和责任；③注重农村社会保障制度的系统性建设；④加强社会认知和立法建设，增强农民参保意识；⑤适当引入市场机制，完善和充实农村社会保障系统。

---

① 贺麟涵.彭州市葛仙山镇宅基地有偿退出案例研究[D].成都：电子科技大学，2018.
② 杜伟，黄敏，曹代学，等.农村宅基地退出与补偿机制研究[M].北京：科学出版社，2015.
③ 宋戈，徐四桂，高佳.土地发展权视角下东北粮食主产区农村宅基地退出补偿及增值收益分配研究[J].自然资源学报，2017，32(11)：1883-1891.

2. 健全农村宅基地退出再利用的实施机制

第一，以市场为导向，充分发挥农民自治改造的自主性。针对目前宅基地再利用整理项目中政府大包大揽的方式，建议在宅基地整理过程中，坚持以市场为导向，使村民充分参与宅基地整理，真正成为新农村建设的主人。同时，应该认识到土地综合整治项目实施后将产生具有较大经济效益的集体建设用地指标，但是项目前期的资金缺口问题困扰着项目的顺利实施，为此建议地方政府紧紧瞄准社会资本大市场，充分利用改革机遇，探索以集体建设用地使用权为抵押物，以市场化手段解决项目的资金瓶颈问题。通过成立农民自治委员会或土地整理专业合作社等形式的村民自主改造组织，解决项目推进中的各类诉求和矛盾问题。

第二，以监管为宗旨，积极发挥政府的引导、服务作用。农村宅基地再利用是一项系统性、复杂性工作，要进一步建立健全各级地方政府对项目的监管、服务和引导的工作机制。一是要加强对项目的全程监管。各级地方政府应做好对涉及拆旧农户的安置补偿工作，杜绝安置补偿不到位引发的不稳定因素；要加强对社会资金和投资企业用地的监管，包括土地用途、产业类型、规划条件等方面的监督和管理。二是充分发挥政府引导服务工作，积极探索引导金融资本、社会资本和农民自筹资金参与项目实施；各级地方政府应立足区情，充分研究把握试点政策，积极引导农民抱团发展，实现生产要素资源的整合，把资源优势转化为资本优势。三是建立并完善项目服务推进机制，开展项目主持工作协调会，研究解决土地综合整治实施主体、融资报审程序及资料、项目资金监管、建设用地指标保底收购等相关问题，真正做到各级管理部门协调联动，专人负责主动对接，上下协调合力攻坚。

第三，以创新为引擎，探索大城市近郊宅基地就地使用新模式。在农村宅基地再利用过程中，各级地方政府应以创新为引擎，积极探索大城市近郊区宅基地再利用新模式。首先可参照成都市新都区调研区域"院落整治"的模式，积极引导农民"以地生财"，农民不一定非要退出宅基地，可以通过土地整治实现宅基地再利用，让节约出来的宅基地充分发挥产业承载功能，从而保证农民的可持续收入能力；其次，发展现代化农业，建立现代农业化园区，形成城乡产业融合发展格局。在城乡统筹发展过程中应紧抓新农村综合体建设的机遇，以创新为引擎，积极探索大城市近郊宅基地节余指标就地使用模式，促进城镇要素向农村流入，带动农村产业发展，助力农村经济发展。

3. 多渠道解决宅基地有偿退出补偿资金的筹融资问题

第一，以社会资金为主体，缓解政府压力。在目前各级地方政府财政资金普遍紧缺的情况下，积极探索社会资金的引入是实现农村宅基地整理再利用的有效途径。在具体实施过程中，各级政府应给予企业投资宅基地再利用项目的政策支持，出台激励措施，进一步拓宽农村土地整理的投资渠道。同时，应积极探索筹集资金的渠道。一是积极探索并推行农村土地整理产业化模式，探索将农村宅基地整理节余指标由投资主体就地使用，发展农村产业，壮大农村经济发展实力，提高农民就地就业和收入保障。二是积极探索运用市场化机制，保障农村产业发展所需资金稳定。

第二，以可持续收入为前提，保障农民财产性权利。在城乡统筹发展过程中，各级地方政府应以可持续增收为前提，依据当地资源要素占有量，实施"新业态+综合体"模式，带动农村新型产业发展，实现农民增收致富。同时，积极探索农村产业向更广泛的领域进行新的发展，在项目引进的同时着力增加农民就业岗位，确保农民在失地后100%就业，实现农民收入多元化，包括集体建设用地流转收入、政策性补助资金，以及农民利用自建房进行商业化经营获取的财产性收入等[①]。

第三，以文明建设为目标，加强农民集中居住后的社区化管理。农民退出宅基地进入城镇生活后，存在居住环境与生活方式的巨大转变，会导致一些社会化问题出现。要改变这一现状问题，就必须实现对集中居住农民的社会管理创新，建议将集中居住后的农民纳入城镇社区化管理体系，成立社区服务中心，基本满足社区办公、教育培训、就业社会保障、医疗卫生、文化娱乐、商贸服务等多功能要求；同时相关政府部门应加强对集中居住区社区化管理的业务指导，确保农民集中居住后的各项权益得到保障。

9.4 "科学化"推进农村土地改革协同发展

9.4.1 推进农村土地确权登记夯实集体所有权

1. 农村土地确权登记制度对农村集体所有权的积极作用

农村土地确权登记制度对农村集体所有权的积极作用体现在两方面。一方面，有利于明晰农村现有产权关系，赋予土地使用权明确法律保护；另一方面，可以使政府准确掌握农村土地的权属资料与实际情况，为制定正确的农村土地制度改革实施方案做准备。农村宅基地的确权与登记正是赋予了农民参与农村经济市场化的权利，为盘活农村宅基地资源发挥积极作用。

第一，增强农村居民的土地产权意识。在城镇化建设和农村发展建设的现实背景下，农民要真正融入经济发展必须具备清晰的产权意识。权属登记的缺失使大多数农民对农村土地的产权关系模糊不清。确权证书对农民的作用犹如不动产权证对城市居民的作用，不仅能白纸黑字地告知土地的产权关系，还能直接保障

---

① 杜伟，黄敏，曹代学，等.农村宅基地退出与补偿机制研究[M].北京：科学出版社，2015.

农民土地权益。开展农村宅基地的确权登记颁证，一方面保证农民拥有土地和房屋所有权凭证；另一方面土地确权是盘活农村土地资源的前提，农民可以凭借产权证，以产权证为抵押，向银行或其他金融机构换取资金，实现农民的财产权利[①]。

第二，为违规、超标用地的处置提供依据。从2010年起国土资源部要求各地既要保证耕地资源的安全，也要保证城乡建设用地的需求。然而，由于新生代农民住房需求的演变，他们通常不愿在旧址建新房，更多考虑交通条件和生活的便利程度，农村新建住宅侵占农业用地的现象十分严重。农村宅基地违规、超标占地的同时，与之矛盾的是农村闲置住宅不断增加的现象。目前，由于农村人口外出务工，所以存在大量的闲置宅基地。由于对违规占地建房的处理法律缺乏现实操作性，农村宅基地违规、超标用地的不良势头一直难以遏制，农村土地确权登记应严格按照"一户一宅"的总体原则，对违规、超标用地不予以确权[②]。违规、超标宅基地不确权为回收处置违规用地提供了最直接的法律依据，便于政府执行对当事人的行政处罚，有利于遏制违规占地非法建房的不良势头，形成规范的用地管理机制。

第三，为农村宅基地的合法流转创造条件。诸多学者的调研结果也反映，农民宅基地流转的意愿越来越强烈，部分农村宅基地存在隐形流转。一方面，宅基地的价值无法通过合理的流转价格来体现。由于农村宅基地属于农民集体所有，农民只需凭借农村居民身份便可申请长期无偿使用，农民在出让宅基地时往往只考虑宅基地上的房屋建造成本，对土地价值毫无概念，现实流转过程中通常是随意定价，大部分区域农村宅基地的获得成本十分低廉，农民的土地权益受损。另一方面，在现实操作中，参与流转全过程的往往只有农民，村集体组织不仅丧失参与权，甚至连知情权都被忽略，房屋出售和出租的收益尽归农民个人所有。因此，合理流转农村宅基地有助于更好实现宅基地的财产功能价值。

2. 农村土地确权登记制度实施过程中的不足

土地确权是我国各级政府的重要职责，推进农村土地确权工作需要依据相应的法规和政策方能实施，各级政府需在把握中央政策规定的基础上，充分考虑当地的土地权属关系历史和社会经济发展需求，因地制宜地制定符合区域特征的具体工作方案，确保农村土地确权颁证工作的顺利实施。当前，全国农村土地确权登记制度还存在农村土地本身具有权属争议、争议地块的确权缺乏法律依据、全面展开农村土地确权的技术资源不足等问题。

第一，农村土地本身具有权属争议。在我国土地权属问题争议的案件当中，农村集体土地使用权之间的土地权属争议案件的发生率和累计处理率最高，农村

---
① 赖德华. 三千本房产证引发的宅基地产权制度思考[J]. 城乡建设，2006(02): 50-52.
② 田静婷，王东煜. 脱贫攻坚背景下宅基地退出中农民权益保障实证研究[J]. 法制与社会，2020(33): 121-122.

集体土地的权属是我国现阶段土地权属争议工作的重点。农村集体土地权属争议案件高发的原因包括历史原因、法律原因和认知原因。自新中国成立以来，我国农村土地的权属规定几经变迁，过去几十年国家关于农村土地管理方面的法律、法规及政策不完善，加上各地对土地政策的贯彻执行程度不一；特别是一些欠发达地区的乡村土地管理工作严重滞后，农民对土地政策认知程度低，对相关法律条款理解不深，甚至对法律表述存在误解。

第二，争议地块的确权缺乏法律依据。"农民集体"在法律上尚未明确内涵，且"集体"概念难以界定，具有极强的模糊性。依据法律定义，我国现有的农地产权主体是以国家代表全民实行所有权主体的地位，但从实际运行来看，"农民集体"的三种形式都为中央政府的中层或者基层政府行政机构，其所有权主体的委托代理关系明显。因此法律缺乏对农村集体土地权属关系的明确界定，在现实生活中难以为处理集体土地的权属争议问题提供法律依据。

第三，全面展开农村土地确权的技术资源不足。从现阶段全国农村土地确权工作的实践情况来看，农村土地的确权登记通常由县、市级自然资源管理部门制定统一的工作方案，具体由行政所属范围内的乡镇土地管理单位负责组织实施，乡镇土地管理单位再将任务布置到各村，由各村基层干部具体落实土地的确权工作。从工作开展的人员配备数量上，农村基层干部数量明显不足以充分开展土地的确权登记工作。同时，农村基层工作人员缺乏土地确权登记的专业技能和职业素养。土地确权登记工作人员需要具备较强理论知识和技术水平，但是培训这些工作人员往往需要资金支持。乡村基层政府缺乏相应的财力聘请专业的技术人员来操作土地的确权和登记，无法保障确权工作的质量，使群众对政府工作产生疑惑，阻碍确权工作的顺利实施。

3. 进一步完善农村土地确权登记制度

一是提高确权登记人员的整体素质和专业技能。确权登记工作是一项工作强度大、复杂程度高的工作，需要一批高素质的管理人员和具有专业技能素养的专业人员共同参与完成。对组织土地确权的工作人员进行培训，旨在提高工作人员之间的协调能力、增强团队合作意识，提升土地确权登记工作的实施效率。要定期对土地确权工作人员进行专业化培训，培训内容不仅包含理论知识的培训，还应该包括确权登记的工作方法和突发情况应对方式等，确保工作人员在确权登记中公平工作，及时关注农民情绪，又能帮助农民处理对政策的疑惑以及其他所关心的问题。

二是构建农村宅基地信息管理系统。运用土地管理信息系统的先进管理理念和技术条件构建农村宅基地管理系统[①]。随着农村土地确权登记工作以及宗地编

---

① 田静婷，王东煜. 脱贫攻坚背景下宅基地退出中农民权益保障实证研究[J]. 法制与社会，2020(33)：121-122.

制工作的逐步完成，土地资源的信息总量将成倍增加，传统的土地管理方式将面临巨大挑战，亟须构建一套能够满足土地资源信息管理新要求的现代化信息管理系统。构建农村宅基地信息管理系统是应用先进的科学技术和信息化工具，处理数量巨大、类型多样、不断变更的国土资源信息。

9.4.2 完善农村集体产权制度保障农户资格权

1.进一步优化城乡户籍管理制度为集体成员认定提供依据

结合当前中央对户籍制度改革的综合要求，本书针对农村宅基地退出问题提出以下几方面改革意见：首先是户籍制度改革应有助于增加农民收入，同时综合决策，阶段推进。引导农民进城落户，放宽城镇户口限制。其次是协同户籍改革和自然资源保护，鼓励退出宅基地的农民从事保护田林、保护木林等工作。最后是加快户籍制度的配套政策建设，对于大城市的户籍改革不但要着眼于高素质人才，而且要解决其他流动人口的福利问题，应加大社会保障资金投入，调整社会福利分配制度，公平赋予居住在大城市公民的权利。对于小城镇的户籍改革应着力于产业发展，优化空间布局，提升城市的吸引力，引导更多农民返乡就业或者创业。同时，合理整合各类资源，推进公共事业的发展，促进公共设施建设，引导更多的农民向小城镇聚集[①]。

2.进一步完善城乡就业体制为农村集体成员权退出提供生存保障

首先，建立农村劳动力市场。在市场平台提供更多的就业信息，保证农民能在市场平台查阅到相关信息；与企业对接用人需求，培训农民岗位所需技能，定向输送劳动力到企业。其次，调整农村人才结构，带动产业发展。加快城乡融合发展，使城镇与农村拥有承载不同层次人才的产业梯度。这样不但能解决本地年轻人就业，大中专毕业生就业，还会吸引城市劳动力和技术人员到村镇就业，形成有利于小城镇发展的人才机制。在具体措施上，可以双管齐下，一方面以市场需求为导向，通过职业教育，培养一批能在本地创业的人才，另一方面鼓励在外的有一定见识和技能者到农村及城镇创业，他们有别于当地农民视野的胆识、技能、信息和资金来源，将起到积极的示范和带动作用[②]。

3.拓展数据挖掘方法在宅基地制度评价与完善中的应用

借助统计学理论、人工智能等领域的研究成果构建关于农村宅基地管理技术方面的研究体系。当然，数据挖掘工具在农村宅基地研究领域的应用前提来自农村宅基地数据库的建立和完善，相信伴随国家对农村工作的高度重视，相关方面

---

① 黄敏.城乡一体化中农民劳动权益保障的研究[D].成都：四川师范大学，2010.
② 刘传江，郑凌云.城镇化与城乡可持续发展[M].北京：科学出版社，2004.

的统计调查工作将更加专业化、细化，农村统计数据库的建立健全工作将会有序加速推进，这就使数据挖掘方法在农村宅基地管理研究中的应用成为可能。一方面数据挖掘能够从目标集出发，实施数据挖掘和分析，通过得出的结论确定改革方向、提交政策参考等；另一方面数据挖掘的具体分析模型因具体问题而异。数据挖掘的本质是对数据建立模型，以获得更为简洁的表达或模式。

9.4.3 优化用地空间布局放活宅基地和房屋使用权

1. 以土地规划制度为指导开展农村宅基地退出工作

首先，重点整治城市边缘郊区建设用地混乱的现象。农村土地规划是国土空间规划的重要组成部分，是落实土地用途管制的基本依据[①]。长期以来，城乡土地利用规划存在差异，政府对农村土地利用规划重视程度不够，导致行政管理混乱，众多利益集团巧立名目在城市边缘地带违规占地用地，造成郊区无序建设现象严重，甚至一些品质优良的基本农田也在"农转非"的浪潮中消失。制定严格的郊区建设用地规划细则，明确区域土地规划部门的管理职责。其次，鼓励农民住宅相对集中建设。面对当前"城镇增人增地，农村减人不减地"的现象，必须对农村居民住房用地进行科学合理的规划，根据农村人口的实际减少情况缩减建设用地规模，避免农村建设用地浪费。全国各地可以根据区域农村人口居住的现实情况，在充分尊重自然条件、经济现状、土地禀赋、民风民俗的前提下，采取多元化的引导模式，促进农村居民点的相对集中，以及自然村落的撤并。再次，优先保障公共基础设施用地和生态用地。一方面，在村庄公共空间整治过程中，应严格执行"一户一宅，面积限定"用地原则。另一方面，对于农村土地整理和村庄规划管理，都应综合考量生态保护。

2. 以土地整理开发制度为依托推进农村宅基地退出工作

当前宅基地超占使用现象较为普遍，与此同时，农村建设用地结构不合理，"空心村"覆盖面逐步增加，农村土地闲置较为严重。根据已有的研究成果，到2030年，我国城市化率将达到60%以上[②]，理论上推测，未来我国农村人口规模不仅不会扩大，而且有逐步减少的趋势；同时农村居民的用地需求也应减少。通过土地整理开发有利于推动土地集约利用。由此可见，农村宅基地集约利用的潜力较大，土地整理开发过程中应该注意推进农村闲置土地和低效用地的清查工作，严格按照"一户一宅"的用地原则，鼓励有条件的农民退出宅基地；对长期闲置、居住成员全部死亡的、超标准占用的宅基地、占有农业用地修建的住宅用地等，一经查出，农村集体应该坚决收回，并上报相关职能部门，对违规行为进行处理。

---

① 龙禹.四川省农村宅基地和闲置住宅盘活利用对策建议[J].决策咨询，2020(06)：77-79.
② 沈建法.城市化与人口管理[M].北京：科学出版社，1999.

3. 以城乡建设用地增减挂钩制度为抓手优化利用退出宅基地

综合社会各界关于城乡土地增减挂钩政策的研究成果和学术观点，本书认为，应不断完善城乡土地增减挂钩制度，充分发挥其在农村土地改革方面的经济效益，并同时保障农民的土地权益可以从以下几面入手：一是引导城市远郊的农村集体建设用地复垦为耕地，基于公平议价的基础将集体建设用地由城市远郊转向城市近郊，实现耕地的"先补后占"，并能提升城市远郊农民财产性收益[①]。二是赋予退出宅基地的农民平等谈判权利。开展土地调整工作应严格遵循信息公开、先易后难、稳妥拆旧、及时补偿的原则。在农民退出宅基地时补偿应参照相关政策规定标准，并且再由双方协商确定最终补偿标准[②]。三是探索通过增减挂钩制度，引导工商资本下乡建立农村新型园区，带动农村经济的发展。

专栏：佛山市南海区宅基地盘活利用经验

一是探索集体经营性建设用地整备入市制度，推出了集体土地整备政策，通过成立区、镇两级土地整备中心，以收购或托管方式将符合入市条件的集体经营性建设用地进行整合清理、产业规划，以及前期开发等工作，整理后统一招商入市，实现集体土地统筹开发。

二是探索集体经营性建设用地产业载体政策，产业载体用地政策是指经认定的集体经营性建设用地出让用以商服、工矿仓储用途进行开发的，竣工验收后，可按规划、住建部门审定的房屋基本单元进行分割登记、分拆销售。

三是探索农村片区综合整治模式，对连片低效的集体土地划定片区范围，在片区内以土地置换为基本方式，通过土地利用总体规划和城乡规划的修改和报批、土地复垦、地类变更、土地权属调整等综合措施，重新调整与划分宗地，并重新确定集体土地的产权归属，统一进行土地前期整理和基础设施配套建设，从而推动集体土地的连片整合开发。

四是探索"租让并用"的多样化土地利用方式，国有土地市场多以出让方式为主，而开展集体经营性建设用地入市探索后，农村集体土地市场逐渐形成，其土地供应方式以租赁为主，两个市场同时并存，两种方式互为补充。

---

① 蔡继明.完善农村土地问题法律法规的若干意见[J].中国建设信息，2009(03)：26-29.
② 程春丽.农村宅基地退出补偿与利益机制构建探析[J].农村经济，2014(01)：16-17.

第10章　构建农村宅基地"三权分置"改革政策的配套保障

农村宅基地"三权分置"改革是宅基地资源再次优化配置的过程，很难简单地通过单项改革充分释放其资源活力。宅基地制度改革最终要实现的是宅基地的所有权、承包权、经营权的合理配置，农村集体、农户、社会主体三方对宅基地权利的最优化利用[1]。因此，此项改革的实施不仅要通过"产权化"落实宅基地所有权、"法制化"保障农户资格权、"多元化"放活宅基地和房屋使用权，同时还应推进配套制度改革。本章着重从三个方面提出构建宅基地"三权分置"改革的配套保障制度，一是"活力式"健全宅基地有偿使用制度和自愿有偿退出制度；二是"动力式"构建宅基地农户资格权登记制度和使用权流转制度；三是"引力式"推动户籍制度改革和社会保障制度改革。

10.1 "活力式"健全宅基地有偿使用制度和自愿有偿退出制度

10.1.1 建立健全宅基地有偿使用制度，优化宅基地利用

1. 明确宅基地有偿使用实施主体

现阶段试点地区探索实施宅基地有偿使用制度，但现行的《中华人民共和国土地管理法》没有确定该制度，因此需要从产权的视角去确立宅基地有偿使用的实施主体[2]。在农村基层治理过程中，村集体经济组织发挥着至关重要的作用，本书认为将村集体经济组织作为宅基地有偿使用的实施主体。在建立宅基地有偿使用制度之前，首先要核查本村宅基地使用情况，摸清本村超标准占用宅基地、违规使用宅基地、私下交易购买宅基地等具体情况，做好详细记录，积极宣传宅基地有偿使用制度的科学性。其次，在维护本村村民公平利益的情况下，按照乡镇政府指导、集体主导的基本原则，村集体经济组织成员通过议事会形式，商讨并制定相关实施方案，保证村集体经济组织成员的主体权利。例如，江西余江县

---
[1] 曹俐.三权分置视野下宅基地盘活路径分析[J].三峡大学学报(人文社会科学版)，2020，42(S1)：71-73.
[2] 刘圣欢，杨砚池.农村宅基地有偿使用的村民自治路径研究[J].华中师范大学学报(人文社会科学版)，2020，59(04)：60-67.

宅基地制度改革的重要经验正是建立和完善了村民事务理事会制度，使其在宅基地制度改革过程中发挥了重要作用，原因就在于村民事务理事会的治理层级与集体经济组织的土地产权层级实现了对等，也就是决策主体和收益主体的对等。单位层级对等有利于发挥激励机制，从而提高改革效率[①]。

2. 规定宅基地有偿使用的适用范围

宅基地有偿使用的对象不仅应包括村集体经济组织成员，而且应包括在本村拥有宅基地的非本村集体经济组织成员，产生这种情况主要是因为非本村集体经济组织成员通过合法途径取得或者分得宅基地。应按照"超占有偿，公平公正，依法管理"的原则收取有偿使用费，有偿使用的适用范围主要包括两方面。首先，对于集体经济组织成员收取范围。按照"一户一宅，法定面积"的标准核对使用宅基地，对于在1987年1月1日起施行《中华人民共和国土地管理法》后，存在的一户多宅、超占宅基地、宅基地性质改变等情况，收取宅基地有偿使用费。对于1987年1月1日前超占的宅基地，并且后期没有扩建违规占用宅基地，不收取有偿使用费。其次，鼓励非村集体经济组织成员自愿有偿退出宅基地[②]。

3. 强化宅基地有偿使用的资金管理

宅基地有偿使用费是农民因宅基地超过"一户一宅"用地标准而对超占部分缴纳的使用费，收取有偿使用费既是宅基地集体所有权实现的重要形式之一，也是对宅基地既往使用过程中违规行为的矫正，有利于强化宅基地的使用规范。因此，该收入属于农民集体共同的利益，任何人不得侵占、私吞宅基地有偿使用费，而且宅基地有偿使用费应用于农村基础设施建设、提升文化环境等村庄公共产品供给。首先，对于宅基地有偿使用费的收费标准可参考四川泸县的做法。超出规定面积的部分按照梯次分级收费，并根据不同区域设计相应的收费标准。其次，对于资金的管理，有偿使用费应纳入村级集体财产统一管理，村民委员会建立完善财务管理制度。再次，对于资金的使用，宅基地有偿使用费的用途为修缮公共设施、建设乡村文化馆、改善乡村环境等，并且对资金的使用情况应建立明细收支台账，定期公示，接受村民的监督，做好规范有序管理。

专栏：泸县宅基地有偿收费规定：

首先，新申请宅基地面积超出规定面积部分，扣除初次依法取得的合法面积，超占面积按每年20元/米^2(以下均为指导价)的标准收取，具体收取标准由村民会议或村民代表会议确定。其次，1987年1月1日施行《中华人民共和国土地管理法》后，超过规定每人使用宅基地的标准面积的农民收取宅基地有偿使用

---

① 钟荣桂, 吕萍. 江西余江宅基地制度改革试点经验与启示[J]. 经济体制改革, 2018(02): 13-18.
② 张慧慧. 论农村宅基地有偿使用制度的构建[D]. 苏州：苏州大学, 2019.

费。在城镇规划区外的，按以下标准逐年收取：超占 50 平方米(含 50 平方米)以下的按每年 5 元/米^{2}计费，超占 50~150 平方米(含 150 平方米)的按每年 10 元/米^{2}计费，超占 150 平方米以上的按每年 20 元/米^{2}计费；非本集体经济组织成员通过继承在农村占有和使用宅基地，在城镇规划区外的，按每年 5 元/米^{2}计费；以其他方式在农村占用和使用宅基地，在城镇规划区外的，按每年 20 元/米^{2}标准收取。城镇规划区内上浮 20%。再次，缺乏劳动能力、无生活来源、无法定赡养抚养义务人的"三无"老人，鳏寡孤独困难户等，确无能力缴纳宅基地有偿使用费的，由本人申请，经本集体经济组织讨论通过，报镇政府批准后，可以实行缓交、减交或免交。

10.1.2　完善宅基地自愿有偿退出制度，降低宅基地闲置率

1. 鼓励有条件的农民退出宅基地

在乡村振兴的大背景下，应遵循城乡人地关系变迁规律，宅基地退出应是一个自然而然的过程[①]。现阶段，各试点地区开展宅基地自愿有偿退出工作，形成了具有可推广的举措，但是实现大范围退出宅基地的难度非常大。农村宅基地退出应以保障农民利益为先，以增加农民收益为主，尊重农民的意愿。笔者通过实地调研认为，应当引导或鼓励以下几类符合条件的人群退出宅基地：一是在城镇有固定住所的农民；二是身份已转为城镇人口而且有稳定非农收入的农民；三是长期在城镇生活的农民；四是城镇规划区范围内的农民；五是缺乏劳动力的困难户，居住在较远山区、没有正常生活来源、交通道路设施落后、没有劳动能力或带有残疾的困难户，政府应积极实施易地搬迁，尽量通过集中居住方式解决困难户的居住问题。对于宅基地退出不能搞"进城运动"，应充分考虑农民的个体特征和偏好，针对具有不同特征的农民群体制定相应的政策[②]。要切实保障农民的居住权，保证农村社会的稳定。

2. 明确宅基地有偿退出的补偿标准

作为"理性经济人"的农户，经济利益永远是其选择的首要因素，合理科学的补偿是其顺畅退出宅基地的关键[③]。假如有足够的补偿，大部分的农民还是愿意退出闲置宅基地的，确立行之有效的宅基地退出补偿机制、获得绝大多数农民

---

① 张勇.农村宅基地有偿退出的政策与实践——基于 2015 年以来试点地区的比较分析[J].西北农林科技大学学报(社会科学版)，2019，19(02)：83-89.
② 郭贯成,戈楚婷.推拉理论视角下的农村宅基地退出机制研究——基于南京市栖霞区农户意愿调查[J].长江流域资源与环境，2017，26(06)：816-823.
③ 吕军书,张誉戈.供给侧结构改革视阈下农户宅基地有偿退出的实现路径——以"百村调查"为样本[J].经济体制改革，2017(01)：76-80.

的自发支持,是当下我国有效开展宅基地退出行动的前提[①]。试点地区对宅基地有偿退出的补偿标准各有不同,可参考江西余江区的成功做法[②]。构建宅基地有偿退出制度的关键在于保障退出资金。首先,应加大财政资金和金融机构对集体主导的宅基地退出扶持力度,拓宽集体筹集资金的渠道[③]。其次,通过引入市场机制,协调推进城乡建设用地增减挂钩、土地整治和农村危旧房改造等项目,利用制度设计构建各主体协同推动宅基地退出机制。另外,规范宅基地有偿退出程序。首先,农民自愿申请。在满足退出宅基地的基本条件下,农民提交相关证明材料(户口簿、身份证、土地权证、退出协议书)给村小组。其次,村小组负责核实。村小组通过查阅历史记载的土地资料核实农民提交材料的真实性,村小组核实完成后提交村委会进行核查。再次,乡镇审核。乡镇人民政府对村委会提交的结果进行审核。最后,县人民政府批准。县人民政府批准乡镇的方案,按照县人民政府的相关文件要求实施。

专栏:江西余江区明确宅基地退出补偿标准

对于闲置废弃的畜禽舍、违章建筑、院套用地,由农户无偿退出;对于退出部分多占宅基地的农户,根据房屋结构和质量按 20~50 元/米^2 补偿;对于退出全部宅基地的农户,补偿标准上浮 20%;对于非集体经济组织成员"多户一宅"的,若其他户有退出意愿,可按照 50 元/米^2 标准补偿给农户;对于常年在城镇工作生活、自愿放弃宅基地并进城购房的农户,可以在政府划定的县城优势地段选购房屋,同时享受政府 600~800 元/米^2 的房价补贴。在具体实施过程中,各村可根据本村实际,经村民理事会商讨确定住房补偿标准。

10.2 "动力式"构建宅基地农户资格权登记制度和使用权流转制度

10.2.1 建立宅基地农户资格权登记制度,保障农民居住权利

1. 明确将农户资格权纳入不动产登记

不动产登记是确认权利、保护权利的法定制度,对农户资格权登记是落实宅基地"三权分置"改革的内在要求。完善不动产登记制度能确保"资格权"属性

[①] 汪莉,尤佳.土地整治中宅基地的退出激励机制——以安徽省为例[J].政法论坛,2015,33(04):149-159.
[②] 江西余江土改创新链:2 万多宗宅基地如何有偿退出?http://www.21jingji.com/2017/9-14/4OMDEzNzlfMTQxNjk4OA_2.html.
[③] 刘俊杰,岳永兵,朱新华.农村宅基地制度改革的政策演变与实践探索[J].江南大学学报(人文社会科学版),2020,19(03):13-19.

表达，有利于夯实宅基地"三权分置"改革的产权基础[①]。对农户资格权进行不动产的确权登记，不仅可以为解决宅基地改革过程中的各类纠纷提供确权登记的凭证，化解农村社会矛盾，还能够加强集体经济组织和政府对宅基地的管理，进而确保宅基地制度改革高效推进[②]。

2. 明晰农户资格权人颁证范围

宅基地农户资格权证书应具备相应条件才能获取，因此在颁布宅基地农户资格权证书之前，应明确规定获取宅基地农户资格权的群体范围。具体包括具有本村户籍的村民，原户籍在本村的大专院校学生，原户籍在本村的现役、退伍的军人，原户籍在本村的服役期满人员，本村户籍的村民收养的子女以及法律、法规、政策规定的其他类型人员，各村也要根据具体情况来认定资格[③]。各村委会按照法定程序认定农户资格权后，由乡镇宅基地登记部门进行审核并报县农村宅基地资格权认定工作领导小组办公室备案，完成各项认定流程后，颁发统一的资格权不动产证书。同时，宅基地农户资格权不动产证书不但应记载资格权的基本信息，还应记载资格权人使用宅基地的情况。这也为各地区实现宅基地"三权分置"确权登记奠定基础。

3. 提高不动产登记水平和技术

在"互联网+"的指引下，大数据、人工智能、云计算等技术不断发展，各行各业也开始运用这些技术进行数据分析、数据挖掘和数据应用，这也为不动产登记带来了技术支持。基于乡村振兴战略和农村社会现实需求，宅基地农户资格权登记是一项系统工程，涉及各主体的利益，应从局部实践再到全国推广。利用信息化技术建立简易的宅基地农户资格权登记系统，为宅基地"三权分置"进行确权登记做好技术准备。另外，应当对宅基地农户资格权登记人员进行技术培训和指导，切实保证当前改革制度需要。农村宅基地农户资格权登记是一项创新的举措，不仅要在理论方面做好研究，而且要在实践中总结经验，这样才能形成宅基地农户资格权登记制度，更好地推动宅基地"三权分置"改革，壮大农村的经济发展[④]。

---

① 肖攀. 农村宅基地"三权分置"登记现状与思考[J]. 中国土地，2019(06)：41-43.
② 尹晓波. 宅基地"三权分置"中农户资格权法律问题研究[D]. 蚌埠：安徽财经大学，2020.
③ 张凤莹. 我国农村宅基地制度现存问题与改革路径研究[D]. 北京：首都经济贸易大学，2019.
④ 张浩，杨仕兵，尹晓波. "三权分置"背景下宅基地农户资格权问题研究[J]. 太原理工大学学报(社会科学版)，2019，37(06)：60-66.

10.2.2 推进宅基地使用权流转制度，提高农民的财产收入

1. 合理放宽宅基地使用权流转的适用范围

市场化方式推进宅基地使用权流转有助于维护农民利益和社会利益。对于农民利益来讲，适度放活宅基地使用权能够保证实现农民宅基地的财产权，增加农民的收益；对于社会利益来讲，一方面减少宅基地社会管理成本，另一方面避免宅基地私下违规交易而产生的道德风险；同时促进城市化进程，从而推进城乡融合发展。

首先，放开本村对跨村镇农民宅基地流转的限制。我国地域广阔，但发展不平衡、不充分，很多经济欠发达地区的农民赴经济发展水平较高的地区获取更多的就业机会和发展空间，在当地就业。由于农民务工收入与城市购房成本还存在一定的差距，因此就近在乡村区域购买或租住当地农民房屋成为跨区域异地就业农民的合理居住方式，这有利于宅基地资源配置效率的提升。

其次，有条件地放开本村对当地城镇居民宅基地流转的限制。宅基地使用权流转制度的完善是盘活利用闲置宅基地和农房的前提[1]，如果限制当地城镇居民进入宅基地流转市场，那么农民的财产价值不能得到最大化体现。本书认为，可通过土地用途管制、流转期限、流转面积限制来防范城市资本侵蚀农村土地市场，化解市场化带来的风险。同时，明确规定宅基地使用权流转的重点内容，对于已拥有本村宅基地的非村集体经济组织成员，鼓励其退出宅基地且禁止将所拥有的宅基地流转；通过流转形式获取宅基地的人员不能第二次流转宅基地；违规占有或没有产权的宅基地禁止流转[2]。

2. 建立健全宅基地使用权流转市场

随着城乡加速融合发展与大量农村劳动力进城落户，农村宅基地和房屋出现大量闲置，在宅基地使用上存在一户多宅、侵占耕地、未批先建、新建留旧等问题。因此，建立健全宅基地使用权流转市场有利于促进宅基地资源流动，提升宅基地资源利用率，激活宅基地的市场价值。首先，应建设宅基地使用权流转交易场所，制定完善的宅基地使用权流转交易规则，明确宅基地使用权交易流程。其次，成立宅基地市场价值评估机构，结合当地经济发展水平和资源禀赋差异，由评估机构对宅基地的市场价值进行科学评估，依据不同地理位置和用途规划来确定宅基地市场价值的最低指导价格[3]。再次，政府在市场配置资源中要发挥监管作用。政府应做好对宅基地使用权流转市场的监管，对违法违规交易行为进行严

---

[1] 许英.农村闲置宅基地和闲置住宅盘活利用的实践探索与政策启示[J].嘉兴学院学报，2021，33(04)：81-88.
[2] 汪杨植，黄敏，杜伟.深化农村宅基地"三权分置"改革的思考[J].农村经济，2019(07)：18-25.
[3] 张克俊，付宗平."三权分置"下适度放活宅基地使用权探析[J].农业经济问题，2020(05)：28-38.

厉惩处，持续维护公平、公正、公开的交易市场环境，保证宅基地使用权流转市场多样化发展。

10.3 "引力式"推动户籍制度改革和社会保障制度改革

10.3.1 促进户籍制度改革，提高宅基地利用效率

1.完善以居住证为载体的户籍制度改革

2015年10月，国务院出台《居住证暂行条例》，由此我国的户籍制度改革又开始了新的征程。目前《居住证暂行条例》中规定的流动人口权益和服务还不够完善，而且各地区在执行居住证的政策时操作办法各有不同，地方特色比较显著。居住证制度是维护流动人口利益的重要制度，因此需要在深化户籍制度的大背景下，通过对各地居住证制度的实践经验加以总结，形成一套完善的政策制度，消除流动人口和城乡居民在城市享受公共服务的差别，使居住证制度成为保障流动人口权益的普惠性制度。同时，还应建立和完善流动人口身份转换的有效机制，当流动人口在居住地达到一定年限后，为流动人口提供身份转换的机会和空间，从而实现流动人口市民化的梯度转化。综上，深化户籍制度改革应积极落实居住证制度，有序实现流动人口的市民化[①]。在农民市民化过程中要兼顾农民的实际发展需要，满足其住房的改善性需求，为加速实现乡村振兴打开城乡通道[②]。

2.户籍制度改革应积极保护农村户籍利益

农村户籍利益是涉及农村人口在就业、医疗、教育、养老等多方面的利益，这些利益都是政府给予农村人口的，有助于维护农村社会稳定。推动户籍制度改革应积极保护农村户籍利益。其一，农业专业人口自由选择户籍。对于拥有技能或长期在城市务工的农民应自行选择城镇户籍或农村户籍。其二，建立农村户籍权益退出和取得机制。鼓励在城镇有稳定住所的农业转移人口退出农村户籍，提供更多城市就业机会给农业转移人口；设计城镇户籍转为农村户籍的基本条件，可以从投资金额、居住年限、村镇审批等方面着手，科学设计制度允许符合条件的非农村户籍人口逐步转化为农村户籍人口[③]。

3.强化户籍制度的法制保障，优化配套制度政策

我国现阶段户籍制度的相关法律法规还不够完善，需要进一步强化户籍制度

---

① 李丹阳，汪勇. 新中国70年来户籍制度改革的演变历程、逻辑与趋向[J]. 中国人民公安大学学报(社会科学版)，2020, 36(03): 54-61.
② 郎闯. 盘活闲置宅基地的现实困境与路径选择[J].经济研究导刊, 2021(03): 25-27.
③ 张国胜，聂其辉. 乡村振兴视角下我国户籍制度的双向改革研究[J]. 云南民族大学学报(哲学社会科学版), 2019, 36 (04): 97-102.

的法制保障。全国人大或全国人大常委会应尽快建立《户籍法》《户籍管理条例》《农村集体经济组织法》及相关条例，建议将"户籍农民"转为"职业农民"，并以法律的形式规定农村和城镇公民应平等享有各类公共服务设施、公益事业服务以及获得平等的各类社会保障权利等[1]。另外，优化配套制度政策。改革推进以城市常住人口数量来实施财政分配以及设置政府机构配置；同时，建立城乡要素双向流动机制，形成户籍制度新发展格局[2]。

10.3.2 加快社会保障制度改革，强化农民各项权益

社会保障制度是关系国家稳定的核心制度。在乡村振兴和城乡融合发展的背景下，应加快社会保障制度改革，强化农民各项权益。积极完善养老、医疗、就业等各项制度，努力实现"城乡统筹、权益明晰、持续有效、公平公正"的社会保障体系发展目标。

1. 完善农村养老保障制度

现阶段我国农村人口老龄化日趋严重，完善农村养老保障制度势在必行。首先，积极推动农村养老保险立法工作，根据农民的诉求，广泛开展调研和论证，完善养老保险相关法律法规。同时，政府应在筹集养老资金、管理、运营、制度完善等方面发挥积极作用[3]。其次，建立完善的养老保障转移支付制度。对于经济欠发达地区加大资金扶持力度，不仅可以分散风险，还可以实现城乡统筹均衡发展[4]。再次，建立养老基金增利机制。积极探索个人账户养老金投入稳定的基金市场，力图达到保值增值的效果。最后，适当调整财政补贴的比例标准，各地区根据财政收支情况采取弹性补贴举措[5]。

2. 完善农村医疗保障制度

首先，各地政府应加大对农村基层卫生机构的投入，拓展多元化融资渠道；适当提高农村基层医疗卫生人员的工资待遇，提升现有基层医务人员的业务素质[6]。其次，吸引更多人才到农村基层医疗机构。鼓励医学类大学毕业生到基层医疗机构工作，通过制定福利政策吸引医学类大学毕业生到农村基层医疗卫生机构工作，比如服务一定年限可考聘到乡镇或者县级医疗机构，评定中高级职称必须有一定年限的农村基层医疗机构服务经历。最后，构建多元化的农村医疗保障

---

[1] 韩立达, 史敦友, 韩冬, 等. 农村土地制度和户籍制度系统联动改革：历程演进、内在逻辑与实施路径[J]. 中国土地科学, 2019, 33(04): 18-24.
[2] 赵军洁, 范毅. 改革开放以来户籍制度改革的历史考察和现实观照[J]. 经济学家, 2019(03): 71-80.
[3] 张婷, 王三秀. 新中国 70 年农村养老保险制度改革历程与基本经验[J]. 改革, 2019(08): 15-26.
[4] 王平达, 高鹏. 我国农村社会养老保险制度变迁研究[J]. 学术交流, 2020(02): 150-160.
[5] 李琼, 李湘玲. 城乡居民基本养老保险制度的巩固和完善[J]. 甘肃社会科学, 2018(05): 154-159.
[6] 白描. 乡村振兴背景下健康乡村建设的现状、问题及对策[J]. 农村经济, 2020(07): 119-126.

体系。一方面健全对经济困难农民的医疗救助，通过资助经济困难农民参加城乡居民基本医保、补助大病贫困患者的医疗费用或者实行减免、专家义诊等方式救助，保证医疗保障制度的公平性[①]；另外，对于农村经济困难的医疗弱势群体，政府应提高医疗救治保障支出的比例，突出保障对医疗弱势群体的支持。如果农村医疗支出导致县级财政负担过重，省级财政应采取转移支付给予补助，推动医疗救助的均衡化发展[②]。另一方面统筹各项保险，基于政府、市场及社会三方主体供给实现商业健康保险与基本医疗保险有机融合，实现功能互补，形成多元化融合的农村医疗保障体系，有效保障农民医疗服务。

3. 完善农村劳动力就业制度

随着城镇化步伐不断加快，大量农民进入城市获取就业机会，但由于机制体制不完善，许多农民工就业存在问题。探索农民进城就业与宅基地退出后的就业问题的解决路径，需要健全农户就业和培训服务体系，提高农户的就业技能，拓宽农户就业渠道，并针对农户就业建立专门的劳工介绍所，及时提供农户所需就业信息，协助农户尽快找到稳定合适的工作[③]。首先，建立农民工就业服务平台，为农民提供更多就业信息，及时处理农民工就业咨询问题。其次，基层地方政府加强对农民的培训力度。一方面主动对接用工企业，获取劳动力需求及岗位要求，做到定点输送劳动力；另一方面组织农民参加技能培训，邀请企业技术人员有针对性地对农民进行培训，督促农民掌握一项技能，这样能更好地与企业用工岗位匹配。另外，企业聘用农村劳动力应加强业务工作及道德素质的培训力度，减轻工作环境和社会环境给其带来的压力。再次，积极出台农民工返乡创业政策。其一，开展多层次创业教育培训。邀请高校、科研院所的专家对返乡农民工进行多层次教育培训，提升理论水平，增强风险意识。其二，建立创业融资渠道，将宅基地使用权抵押纳入融资担保范围，加大信贷支持力度。同时，引导村镇银行设立小额贷款，为农民工创业提供资金支持[④]。其三，政府建立创新创业园区、众创孵化园、工业园区等平台，为农民工返乡提供创业环境。其四，强化农民工子女教育保障。地方政府应继续扩大农村教育经费投入，积极为返乡农民工子女入学提供政策支持。

[①] 孟宏斌. 新中国成立 70 年来农村医疗保障制度变迁及其经验启示[J]. 中国农业大学学报(社会科学版), 2019, 36(05): 90-99.
[②] 任志江, 苏瑞珍. 农村医疗保障制度反贫困的传导机理、当前困境与对策创新[J]. 理论探索, 2019(01): 115-122.
[③] 朱新华, 陆思璇.风险认知、抗险能力与农户宅基地退出[J].资源科学, 2018, 40(04): 698-706.
[④] 林永民, 史孟君, 陈琳. 构建富民强村的返乡创业政策体系[J]. 前线, 2020(02): 58-60.

第 11 章　四川省泸县宅基地"三权分置"改革案例研究

中国农村宅基地制度作为中国特色土地制度的典型代表，在保障农民"住有所居"方面具有重要的意义。2018 年中央一号文件《中共中央　国务院关于实施乡村振兴战略的意见》提出"完善农民闲置宅基地和闲置农房政策，探索宅基地所有权、资格权、使用权"三权分置"。审慎推进农村宅基地"三权分置"改革，不仅有利于促进盘活农村庞大的宅基地资源，实现农民的财产权利，还有助于促进城乡统筹发展与乡村振兴战略的实施。

自 2015 年以来，四川省泸县便是宅基地制度改革试点县之一，在改革实践过程中积累了大量的改革经验与实践创新，因此本章以四川省泸县宅基地"三权分置"改革作为研究对象，将泸县宅基地"三权分置"改革的内在要求为分析基础，通过对其在宅基地"三权分置"改革试点中的主要举措与现实困境做出深入分析，提出泸县"三权分置"改革的推进路径，以期待为后续研究与政策制定提供经验借鉴与现实基础。

11.1　泸县基本情况

泸县隶属于四川省泸州市，位于四川省南部，地处长江、沱江交汇处，是西南出海大通道重要的桥头节点。泸县亦被称为"龙城"，是全国 100 个"千年古县"之一，更是有着"中国龙文化之乡"的美誉。泸县凭借两江交汇之利，历史上即为区域物资集散地和川南经济文化中心，宋明时期即是中国著名的 33 个商业都会之一[①]。泸县是成渝双城经济圈重要节点和川渝滇黔结合处的核心腹地，在地理位置上辐射四川、重庆、云南、贵州 30 多个大中城市和 2 亿多人口。

11.1.1　经济社会情况

泸县地处川南，是丘陵地区农业大县，全县面积 1525 平方公里，辖 19 个镇、1 个街道，251 个行政村、51 个社区。截至 2021 年，泸县总人口 107.4 万人，其中农村户籍人口 80.2 万人；耕地总面积 127.3 万亩，其中基本农田保护面

---

① 刘国强.中国酒城　魅力泸州[J].中国发展，2011，11(01)：77-81.

积 111.3 万亩，是四川省首批扩权强县试点县、西部百强县、全国平安建设先进县、国家卫生县城。

近年来，泸县按照"以园兴城、以城促园、三化联动、组团开发"的思路，着力建设国家高新区医药产业园、泸县经济开发区、泸县建筑产业园、泸县现代农业产业园。2020 年，泸县地区生产总值 393.9 亿元，增长 4.5%；规模以上工业增加值增长 5.9%，全社会固定资产投资增长 14.5%；社会消费品零售总额 134 亿元，增长-1.8%；地方一般公共预算收入 16.6 亿元，增长 4.5%；城镇居民人均可支配收入 38958 元，增长 6.2%；农村居民人均可支配收入 19885 元，增长 9%[①]。

2020 年，泸县农业现代化提质增效，粮食年产量达 54.3 万吨，生猪实现年出栏 90.9 万头，完成龙眼良种栽培 2800 亩，发展稻虾养殖 1 万亩。建设高标准农田 3.4 万亩，改造杂交水稻标准化制种基地 3 万亩。培育新型经营主体带头人 500 人、致富带头人 120 人，创建示范社省级 5 家、市级 7 家，新增"三品一标"农产品 5 个。成功承办全省再生稻观摩现场会、全市农民丰收节，获认世界晚熟龙眼优势区域中心，建成省级有机产品认证示范区。实现第一产业增加值 64.4 亿元，增长 5.8%[②]。

11.1.2 宅基地改革情况

2015 年，我国逐步深化农村土地制度改革，全国人大授权 33 个县(市、区)进行土地制度改革试点，具体包括农村土地征收、集体经营性建设用地入市、宅基地制度改革试点任务。泸县被确定为 15 个宅基地制度改革试点县之一，并于 2016 年将改革延伸到集体经营性建设用地入市改革和土地征收制度改革。2020 年，中央全面深化改革委员会第十四次会议审议通过了《深化农村宅基地制度改革试点方案》，该方案明确坚守"三条好底线"不突破，同时探索宅基地"三权分置"改革的有效路径与政策设计。泸州市泸县被列入这一轮宅基地"三权分置"改革的试点县。

截至目前，泸县现有宅基地 26.48 万户、26.88 万宗、面积 23.3 万亩；2021 年 1 月初，针对宅基地自愿退出再次摸底调查，自愿退出农村宅基地的有 1737 户，面积 411.94 亩(其中：一户一宅 851 户，204.94 亩，一户多宅 886 户，207 亩)。以下将以泸县的宅基地"三权分置"改革试点实践做法为重点，分析泸县宅基地"三权分置"改革的现实约束并对泸县改革试点工作有效推进路径提出建议。

---

① 数据来源：泸县人民政府门户网站 http://www.luxian.gov.cn/.
② 数据来源：《2020 年泸县人民政府工作报告》.

11.2 泸县宅基地"三权分置"改革内在要求

1978 年，中国农村开始实施家庭联产承包责任制后，农民可以根据市场或个人需求选择耕作品种，此后中国农村发生了翻天覆地的变化，农民收入水平得到了极大的提升。随着中国工业化与城镇化的不断推进，农村人口空心化以及经济结构发生巨变，农民走出农村，进入城市就业和定居已成为一种趋势，对我国农村发展产生了深远的影响。经济结构变迁与村庄转型发展对中国经过几千年沉淀的乡土社会产生了几乎不可逆的重大影响。农村宅基地是农民生产、生活不可或缺的重要组成部分，宅基地制度对农村发展、保障农民稳定生存至关重要，但是在农村产生巨大转变的社会背景下，宅基地制度与农村高速发展的现状已不适应。近些年来，泸县农村的经济结构、人口结构与村庄形态转变，均对宅基地制度提出了迫切的改革需求。

11.2.1 农村经济结构发生显著转变

当前泸县农村经济结构已然出现巨大的转变。泸县农村和农民在内推外拉的情况下，农民逐步"离土离乡"，逐步向城市与非农产业转移。在泸县农村农业人口人均耕地稀缺的背景下，随着泸县农业机械化与现代化水平的提高，农村劳动力逐渐被推出农村、推出土地。同时随着泸县第二产业与第三产业的持续发展，对劳动力资源的需求对农民形成了拉力，吸引农村劳动力离土离乡后进入第二、第三产业。泸县农村经济结构的显著转变，使离土离乡的农民对农村宅基地的需求下降，这对宅基地制度改革提出了内在的需求。

一是耕地资源稀缺背景下的农村劳动力外流。随着工业化与城镇化的不断推进，农村劳动力外流已经成为难以逆转的趋势。泸县作为四川省丘陵地区的农业大县，耕地资源稀缺，土地产出难以满足农村家庭的日常消费支出，农村人口寻求非农就业成为维持家庭生活的重要选择，劳动力外流的特征更加突出。整体上，全县实有耕地面积由 2009 年的 44297 公顷减少到 2019 年的 43813.3 公顷，并且农业人口数量从 2009 年的 980002 人降低到了 951998 人[①]。以此计算泸县 2009 年农业人口人均耕地面积 0.678 亩，2019 年农业人口人均耕地面积为 0.69 亩。虽然 10 年来，泸县农业人口人均耕地面积略微增加，但是仍远低同期四川省 1.2 亩的人均耕地面积与全国 1.5 亩的人均耕地面积，与世界人均耕地面积 3.1 亩的水平更是相差甚远(表 11-1)。

---

① 数据来源：《泸州市统计年鉴(2010—2020)》.

表 11-1　泸县农业人口人均耕地面积对比表

	2009 年	2019 年
泸县农业人口人均耕地面积/亩	0.678	0.69
四川省人均耕地面积/亩	—	1.2
全国人均耕地面积/亩	—	1.5
世界人均耕地面积/亩	—	3.1

此外泸县地处丘陵地区，耕地分布细碎，并且多分布在坡地上，耕地的品质较差，利用不便。细碎、小面积的耕地产出难以提升农村人口的生活水平，这样的耕地资源驱使着泸县的农业人口寻求非农就业，逐步外迁。2009 年泸县农村常住人口 62.45 万人，占农业人口的 63.7%；到 2019 年泸县农村常住人口为 48.21 万人，占农业人口的 50.6%，10 年间泸县农村常住人口减少了 14.24 万人[①]（表 11-2）。在农村人口持续外迁的背景下，泸县农村宅基地与农房出现闲置或是利用不足的情况日益突出。

表 11-2　泸县农村常住人口变化情况

	2009 年	2019 年
泸县农村常住人口/万人	62.45	48.21
占泸县农业人口比例/%	63.7	50.6

二是农业机械化与现代化水平提高。随着泸县农村劳动力非农就业水平的上升，农业用工的成本也被推高，从事农业生产的机会成本增加，诱使农业机械对农村劳动力的替代，农业机械化水平的提升，加剧了对农村劳动力的挤出效应。2009 年，泸县农用柴油使用量为 1863 吨；2019 年，农用柴油使用量增长至 2321 吨。同时，2009 年，泸县农村用电量为 12928 万千瓦时；2019 年，农村用电量增至 26493 万千瓦时[①]。农用柴油使用量增加了 24.58%，农村用电量增加了 90.21%（表 11-3）。总体而言泸县农业机械化与现代化水平在不断地上升，一方面农业机械的使用受农业用工成本上升与农业人口下降趋势的诱发，另一方面农业机械化水平的上升也挤压了从事农业生产的农民的生存空间。两方面均对泸县农业人口的就业选择与居住选择产生重要影响，加剧了泸县农村宅基地制度与泸县农村经济结构不适应的现状。

[①] 数据来源：泸州市统计局(编)，《泸州市统计年鉴(2010—2020)》，统计年鉴_统计数据_泸州市统计局(luzhou.gov.cn)。

表 11-3　泸县农业机械化水平变化情况

	2009 年	2019 年
泸县农用柴油使用量/吨	1863	2321
泸县农村用电量/万千瓦时	12928	26493

三是经济结构持续优化。地方经济政策导向对地方经济发展起着至关重要的作用，随着泸县经济政策的调整，其经济结构随之发生转变，并直接影响产业间的资源配置。在社会资源配置方面，泸县第一产业发展所需的资本、技术与劳动力等资源，在政策与市场的共同影响下开始向第二产业、第三产业转移。总体而言，对比 2009 年与 2019 年的数据，10 年间泸县三次产业产值不断增加，2009 年产业增加值分别为 269309 万元(一产)、538017 万元(二产)、264525 万元(三产)；2019 年产业增加值分别为 552961 万元(一产)、2066327 万元(二产)、1165177 万元(三产)，一产产值增加值远不如二产与三产(表 11-4)。2009 年产业比例分别为 25.1%(一产)、48.4%(二产)、26.5%(三产)；2019 年产业比例为 14.5%(一产)、54.7%(二产)、30.8%(三产)[①](图 11-1)。由此可见，从 2009 年到 2019 年，泸县一产所占比例降低了 10.6%，经济结构已然发生了巨大的变化。虽然，随着城镇化与工业化的推进，产业结构将不断优化，但是随着泸县产业结构的优化，二产、三产对一产在资本、技术、劳动力等方面的虹吸显著。现行宅基地制度的滞后发展，导致其与经济结构出现了某些不适应性，泸县经济结构的变化对宅基地制度改革提出了更高的要求。

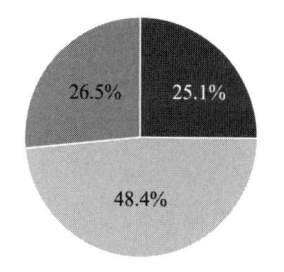

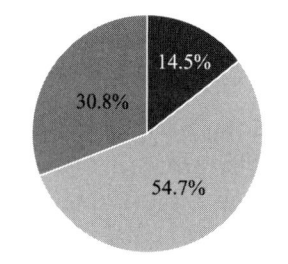

(a)2009年泸县产业占比　　(b)2019年泸县产业占比

图 11-1　泸县产业占比变化

① 数据来源：《泸州市统计年鉴(2010—2020)》.

表 11-4　泸县三大产业增加值变化情况

	2009 年	2019 年
泸县一产增加值/万元	269309	552961
泸县二产增加值/万元	538017	2066327
泸县三产增加值/万元	264525	1165177

四是农民的工资性收入上升。由上文可见，泸县农村常住人口在 10 年间出现明显下降，随着农民进入城镇，农村劳动力寻求农外就业比例上升，农民非农收入持续增加，其中主要体现在农民的工资性收入不断上升。2009 年，泸县农民的工资性收入为 2630.22 元；2019 年，农民的工资性收入为 7878 元，农民的工资性收入增加了近 2 倍。农民的工资性收入上升一定程度上说明了农民外出务工的比例在上升，也一定程度上能反映泸县宅基地的闲置情况。

11.2.2　农村宅基地价值逐步显化

宅基地制度变革的内在需求还取决于农村宅基地价值逐渐显化。在 2015 年的全国集体经营性建设用地入市改革试点工作中，部分试点地区通过土地整理等项目将农村宅基地整理后形成集体建设用地指标入市交易，为农村带来了新的发展契机，宅基地价值逐步显化。但是究其根本，还是城市建设对土地的需求不断上升促使宅基地制度变革，城市化需要农村在土地供给方面做出更大支撑。随着国家乡村振兴战略的实施，中国农村面貌日新月异，在城市化持续推进的基础上，农村的发展机会也在不断增加，农村对土地的需求也日益上升。城市与农村两个发展单元对建设用地的需求上升，共同促使农村的宅基地价值提高。

一是城市建设要求优化城乡建设用地配置。根据数据显示，2009 年泸县城镇化率为 28.82%；2019 年城镇化率为 43.30%，10 年间城镇化率增长了 14.48%[①]。2019 年泸县城镇化率比四川省城镇化率低 10.49%，比全国城镇化率低 17.30%。由此可见，泸县的城镇化尚存在较大的增长空间。泸县农村建设用地资源是满足城镇化建设用地需求的重要基础，通过宅基地制度改革进一步整合农村闲置宅基地资源，成为满足城市建设用地需求的现实选择。城镇化对建设用地资源的需求直接提高了农村宅基地的价值。二是农业发展出现新形态。如上文所述，随着泸县农村机械化水平的不断提高，土地适度规模化水平不断提升，农作物产业链加工、包装与物流等农业服务环节的发展，农业产业化发展对农村设施用地与建设用地提出了更高的需求。三是农村出现新产业与新业态。乡村振兴战略的推进打破了消费者对农村面貌的固有印象，消费者对乡村旅游、乡村休闲等乡村人文与

---
① 数据来源：《泸州市统计年鉴(2010—2020)》。

风貌的消费需求不断上升，农村第三产业开始展露并迅速发展，民宿旅游、农事体验、康养医疗、研学教育等新业态与新产业的出现，提升了农村建设用地资源需求，促使宅基地的价值不断增加。随着乡村的不断发展，乡村出现了新的发展机遇，但是要将这些机遇充分地发挥，则需要与之配套的建设用地供给，农村宅基地是农村集体建设用地的重要组成部分，其价值将在乡村发展中得到显化与提高。

11.2.3 城镇化进程加快

城镇化的推进不仅改变了城郊村庄与集镇的生产生活方式，还吸引了大量的农村居民迁入城镇，寻找工作机会与改善生活条件，城镇化导致农业人口离开土地与农业生产，逐步以新的城镇居民身份开始生活，并在城镇定居。农村宅基地与房屋成为新城镇居民的一处农村房产与情感寄托，其生产生活功能逐渐丧失，农村宅基地与房屋闲置导致宅基地的利用率逐渐下降。随着大量农民进城务工，尤其是他们的后代在城市获得工作机会后，逐步在城市落户、购房、定居，农民市民化的速度不断提升。完成市民化进程的农民在依法继承宅基地地上房屋财产后，其在城市定居的现状决定了宅基地与农房将会出现闲置，这样的城镇化趋势在客观上将加速泸县农村宅基地制度改革进程。

总之，国家经济体制改革与经济转型导致农民与土地和村庄的黏性降低，也导致农业生产方式与市场消费需求的改变，也使农民对耕地与宅基地的认识发生巨大改变。随着改革进程的不断推进，农民代际间的认知差异也将对宅基地制度改革产生巨大影响，农民的乡土情结决定了宅基地制度改革应以审慎的态度渐次推进，但伴随着他们的后代脱离土地与农村的意愿逐步增强，非农就业安家的趋势也将直接影响宅基地制度改革的节奏与速度。泸县农村经济、人口、社会、产业结构的变化均对宅基地制度改革提出了内在需求。此次改革为泸县激活农村闲置宅基地，为泸县乡村振兴提供了有力抓手，为促进城乡资源双向流动提供了新的契机。此外，泸县宅基地"三权分置"改革应根据内在需求，重点关注宅基地"三权"的权利界限与权能、闲置宅基地多元利用、宅基地合理退出机制建立以及宅基地相关历史遗留问题解决等方面，以改革保障农民宅基地权利，盘活农村闲置资产。

11.3 泸县宅基地"三权分置"改革主要举措

2015 年，泸县被确定为全国 33 个农村土地制度改革试点县(区、市)之一，2016 年 9 月，又新增农村土地征收、集体经营性建设用地入市两项试点，统筹推进农村土地制度改革三项试点[①]。在改革之初，泸县结合城乡地籍整合试点，全面办理宅基地使用权证，逐步建立起宅基地台账，清楚掌握了全县 3.9 万宗、3.2 万亩闲置宅基地与 4.6 万栋闲置农房的基本情况。在宅基地制度改革过程中，泸县制定了宅基地制度改革 "总量管控、规划引领，取得无偿、跨区有偿，超占有偿、节约有奖，退出有偿、县域调剂，层级管理、村民自治"五项原则，在宅基地权益保障与取得、退出安置、有偿使用、入市交易等方面做出了有益探索与创新，为其他地区推进宅基地"三权分置"改革提供了极具借鉴价值的参考案例。

11.3.1 改革宅基地权益保障与取得方式

泸县宅基地"三权分置"改革自 2015 年开始，已逐步建立起较为完善的政策体系，在宅基地权益保障与取得方式上做出了突破。在此次宅基地"三权分置"改革推进过程中，泸县在明确宅基地"三权"权能界限以及农户无偿取得、有偿使用的宅基地取得方式等方面做出了重要探索。

一是实行"以人定面积"的宅基地取得制度。泸县在改革中坚持"一户一宅"与"户有所居"的原则，严格执行"以人定面积"，村民申请使用宅基地严格按照人口核定使用面积，不受分户影响。对退出老宅基地新建住宅的，在尊重农民意愿的前提下，原则上要求向集中新村聚居，并按照每人生活居住地 30 平方米，附属设施用地 20 平方米的标准审批。同时对于新批宅基地的申请，以户籍人口为单位，3 人户以下按照 3 人，4 人户按 4 人，5 人户以上按照 5 人审批宅基地面积。符合法定面积标准的，村民依法无偿取得宅基地使用权；对于超出规定面积的部分实行有偿使用。

二是确定成员资格权认定办法。农村宅基地所有权归集体所有，是集体资产的重要组成部分。因此，泸县在宅基地资格权认定过程中，将集体经济组织作为宅基地资格权的认定主体，以集体经济组织成员为基础确定宅基地资格权，首先以集体在籍农村户口为认定原则，以一人只能在一处享有宅基地资格权为认定标准；其次以长期生活居住于集体经济组织且另无所居等特殊人员为补充，完善宅基地资格权认定；最后设置特殊资格权，为集体经济发展吸引人才。此外，泸县为保障因各种原因离开农村的原集体经济组织成员，保留其宅基地资格权，为离土离乡的农民设置了一道安全阀。

三是解决了分户家庭宅基地取得难题。村民因各种原因分家分户，需要另行申请使用宅基地建房的，也按照"以人定面积"执行，在原住房宅基地已经使用的面积与原户籍人口按规定应当使用面积的总和扣减后有节余的，分出户按其节

[①] 刘探宙，杨德才.农村三项土地制度改革的推进模式与叠加效应研究——基于泸县的实证研究[J].农村经济，2018(08)：12-17.

余面积进行申请使用。如果节余面积不够修建住房，或者是没有节余的，可以按照分出户的人口核定使用面积，其新增加的面积价格按照宅基地退出节余指标基准地价 180 元/米^2，由村集体经济组织一次性收取占用国家土地资源建设用地复垦费[①]。

11.3.2 建立宅基地有偿使用与退出制度

在过去的几十年中，为了保障农村人口的基本居住需求，宅基地利用处于无序的状态，超占乱占、超面积使用、分散修建、私下交易的情况普遍存在。泸县为解决超占、多占问题，坚持"超占有偿，节约有奖"的原则，由村集体经济组织自治，县级有关部门执法监督，建立起激励为主、惩罚为辅的宅基地有偿使用制度。

一是"超占有偿，节约有奖"。凡是超占面积 50 平方米以内的，每年向集体经济组织缴纳每平方米 5 元的有偿使用费；超占 50 平方米及以上、100 平方米以内的，每年缴纳每平方米 10 元的有偿使用费。超占 100 平方米及以上的，原则上强制拆除。对实际占有宅基地面积低于法定面积的，根据农户意愿，可以选择一次性奖励(100 元/米^2)或者保留用地权。

二是宅基地有偿使用费由集体经济组织支配使用。通过宅基地制度改革，宅基地使用费统一由集体经济组织进行收取，并且规定只能将其用于村内基础设施建设、公益设施建设与活动开展以及村内其他公共事务。通过明确集体经济组织关于宅基地有偿使用费的收取与使用的权利，重新树立了集体经济组织在农村宅基地管理中的主体地位，确保其有效实现宅基地所有权。

三是建立宅基地有偿退出机制。泸县在长期的实践中建立了一套"农民自愿申请—村组核查—镇(街道)审核，村实施—县人民政府批准"的宅基地退出程序。泸县宅基地有偿退出补偿分为两类：第一类是对于合规建房的有偿退出，按照建筑结构的不同给予每平方米 300～450 元的补偿；第二类是超占、一户多宅的"多宅"部分等违法超占乱占的房屋，按照建筑结构的不同给予每平方米 60～100 元的补偿。并且，对于宅基地有偿退出的标准，本村集体可在征得当地镇政府同意并备案的情况下，按照村集体经济内部实际情况进行合理的调整，赋予了集体经济组织更强的主体权利。

11.3.3 建立宅基地市场化指标交易机制

泸县在宅基地"三权分置"改革试点中，将宅基地制度改革与集体经营性建设用地入市有效衔接，打通了宅基地与集体建设用地指标调整的相关障碍。具体

---
① 泸县人民政府，2017：《泸县农村宅基地使用和管理试行办法》(泸县府发[2017]64号)。

做法如下：一是保留有偿退出人群的资格权。泸县实施宅基地有偿退出后，农户在住有所居的前提下，除了承诺放弃宅基地使用权且农转非的人群，其他人群将在集体经济组织在给予宅基地退出补助、房屋残值补偿的基础上，保留其宅基地资格权，并报镇级人民政府和县自然资源和规划局备案。二是探索有偿退出与入市有效衔接。泸县将农户自愿腾退的宅基地，经过复垦整治、县镇验收之后转化成集体建设用地指标，集体在保留自用部分后，将节余指标入市公开交易流转，对于无人竞买的指标，由县级政府给予保底收储。同时，泸县农业农村局相关部门为加强宅改与入市的衔接，经过规划布局、指标调整、补偿安置、行政审批，可以把节余指标转化为集体经营性建设用地，凭证入市出让[1]。截至2021年3月，泸县全县已腾退宅基地1万亩，正在腾退的有8000亩，通过宅基地"三权分置"改革取得了耕地总量不减少、发展用地有保障、跨区流转能增值的良好效果。

案例一

天兴镇田坝村，第一期宅基地有偿退出125户，其中空闲宅基地61处，复垦耕地面积113.38亩，腾退出等量建设用地指标，中心村建设用去10.88亩，其中8.34亩用于修建农房、文化广场、党群活动中心以及多功能房，2.46亩转化为集体经营性建设用地入市后修建经营性幼儿园，净节余102.5亩，县政府以12万元/亩的价格给予全部收储。到中心村居住的有41户，其余户通过进城购房等途径实现住有所居，没有农转非且获得放弃宅基地保使用权补偿的保留宅基地资格权，随时可重回农村有偿取得宅基地使用权。

11.3.4 建立宅基地与房屋多元利用模式

泸县在宅基地与房屋利用方面，因地制宜地探索出多元利用模式。

一是"共建共享"模式。允许农户以合法的宅基地使用权与第三方资本合作，通过农户与第三方资本协商、集体经济组织监证、村委会同意等程序，将附带协议和方案报经镇级人民政府审批，县级主管部门备案后，双方共建共享居住、商住和经营性用房。建成后，通过分割登记的方式，给共建双方确权颁证，并按农民分摊的住房建筑面积确定宅基地使用权面积，将农民经营性用房和出资方房屋分摊面积确权为一定年限的集体经营性建设用地使用权。村集体收取公共设施发展资金，镇政府收取调节金。一方面让无力自我改善居住条件的农户获得借力改善居住条件机会；另一方面也为第三方资本获得农村房屋提供了一条有效路径。在试点中，谭坝村已有5户成功实施了该模式，目前正在持续深入探索。

---

[1] 曾旭晖，郭晓鸣.传统农区宅基地"三权分置"路径研究——基于江西省余江区和四川省泸县宅基地制度改革案例[J].农业经济问题，2019(06)：58-66.

案例二

谭坝村第 1 村民小组的何某，以 100 平方米的宅基地使用面积，与村股份合作社共建共享了建筑面积 200 平方米的房屋，总投资 22 万元，国家危房改造资金投入 3.2 万元，村股份合作社投入 18.8 万元。何某享有 50 平方米宅基地使用权和底层 90 平方米的住房所有权(10 平方米为楼道)。村股份合作社享有 50 平方米 70 年的宅基地使用权和二层 90 平方米的房屋所有权。

二是"置产经营"模式。允许农民一户或多户在住有所居的前提下，自愿退出宅基地并将原宅基地复垦，经镇、县验收后，农户可自我或联合申报"置产经营"，经村委会同意、镇级人民政府审批，以户内合法宅基地面积为基础，按照用途管制要求异地布局，转变宅基地性质，自主联合发展房地产、别墅大院、私人会所开发等禁止项目之外的产业；也允许农户将腾退的宅基地使用权以入股等方式自主招引业主经营，按照协议获得股份分红。在试点中，泸县北部田园综合体康养小区已实践这一模式，农户以腾退的宅基地指标入股参与康养小区的开发和经营。

案例三

喻寺镇谭坝村以村股份合作社为经营实施主体，允许项目资金、社会资本和农户宅基地使用权，通过折价入股、保底分红，合作开发经营谭坝康养小区。项目规划占地 32 亩，计划投资 600 万元，建设相对独立的小栋公寓和多层集中的大栋公寓，提供床位 100 张，打造养老、居家养老、客家养老相结合的盈利性康养小区。先期借助入股的 350 万元扶贫项目资金，启动第一期康养项目，建成综合楼 800 平方米，可提供 50 张床位。第二期将吸纳住有所居的农户自愿腾退宅基地，以合法宅基地面积的建设用地指标入股康养项目，提供 50 张床位。

三是"房地置换"模式。2019 年，针对贫困户有偿退出后的住房保障问题，由镇、村主导，统规统建安康公寓。在尊重贫困户意愿的基础上，在腾退原宅后，给予贫困户房屋残值补偿。贫困户以宅基地使用权置换新居，拎包入住安康公寓。如个人需要房屋产权的，缴纳 1 万元以内的设施配套费即可办理；不办理房屋产权的，无须缴纳任何费用，享有长期居住权，房屋产权归属村集体经济组织，同时保留贫困户的宅基地资格权，贫困户可随时退出安康公寓，并另行选址自建。在试点中，全县共有 882 户贫困户(其中：一般贫困户 586 户，占 66%；非建档立卡贫困户 296 户，占 34%)，共计 2087 人腾退原宅，置换到安康公寓康养、兴业。

案例四

嘉明镇在狮子山村，统规统建安康公寓，37户愿意易地搬迁的贫困户签订《自愿拆除旧房申请书》、《房屋拆迁复垦协议》，有偿退出宅基地，拎包免费入住，产权归集体所有。对符合低保条件的，全部纳入兜底保障；在实施中，宅基地有偿退出房屋残值等补助约119万元，宅基地复垦费约22万元，公寓建设配套资金约372万元，合计投资约513万元。退出的28亩节余建设用地指标收入336万元，农村危房改造专项资金每户2.5万元、总计92.5万元，资金来源总计428.5万元，缺口仅有84.5万元，财政扶贫压力明显减轻。

除了以上三种典型模式，泸县进一步对农民农房交易行为加强规范。在城镇规划区外，在农村集体经济组织成员户有所居的前提下，允许农户作为住房转让主体、集体经济组织作为宅基地使用权转让主体，将其合法的闲置住房连同所在的宅基地使用权向社会自然人或机构法人以一定年限转让，向县内具有宅基地资格权且无宅基地或者已退出原有宅基地的人员无限期转让。受让人依法取得的宅基地使用权为用益物权，经登记生效，可进一步流转，也可担保融资。在实践中，县级相关部门协调农行、农商行、其他商业银行等金融机构创新金融产品，增加农民宅基地及住房抵押贷款业务；市、县财政注资1000万元，设立风险补偿基金，共同化解抵押贷款风险，增强农村产权流动性。试点中，农民申请农房及宅基地使用权抵押贷款89笔，获得贷款1429万元。截至2019年，全县共有234户农户实现宅基地及农房抵押贷款4197万元。

通过建立健全农房所有权及宅基地使用权转让办法，泸县把农民自发的交易行为规范化、合法化，经由资源的市场配置，让闲置农房及宅基地使用权具有更多盘活增值空间，让不同层次群体对生产、生活需求具有更多的选择途径，达到了建设用地不增加、个性需求有满足的良好效果。

11.3.5 创新宅基地管理模式

宅基地是集体经济组织的重要资产，因此宅基地的所有权归集体，属于集体成员的共有财产，涉及宅基地占有、使用、收益、处分的权利，必须依法在自治的规则内进行[①]。泸县在这一轮宅基地"三权分置"改革试点中积极创新管理模式，强化集体经济组织对宅基地的管理权能：一是建立民主管理机制，行使自治权利。在试点中，泸县在251个行政村组建集体土地使用和管理委员会、集体土地使用和管理矛盾纠纷调解站，选举产生集体土地使用和管理村民议事会。村民小组组建集体土地使用和管理户代表会等，夯实基层治理基础，健全民主议事机构。这些机构按照民主管理章程管理农用地、宅基地、集体经营性建设用地。其

---

① 付宗平.乡村振兴框架下宅基地"三权分置"的内在要求与实现路径[J].农村经济, 2019(07): 26-33.

次，建立和完善《集体土地使用和管理村民自治章程》，建立完善议事规则、工作规范、分配制度等制度体系，规范村民自治，共同维护和管理集体土地。二是量化管控宅基地规模。泸县依托 2016 年"二调"变更数据和城乡地籍信息整合成果，封顶固化村、组宅基地使用权总量，测定村、组宅基地分配和发展用地最低保有量，落实村、组管控责任，确保总量不增加、底线有保障。三是编制村级规划，优化调整用地布局。编制村庄建设、土地利用、生态保护、产业发展"多规合一"的村级规划，允许村、组在基本农田总量不减少、质量不降低的前提下，优化调整生产、生活、生态空间布局。四是重新树立集体经济组织在宅基地管理中的主体地位。泸县明确集体经济组织作为宅基地分配主体，节约有奖的奖励主体，超占有偿的收费主体，有偿退出的实施主体，腾退节余建设用地指标调剂或转化入市的实施主体[①]。宅基地资格权认定与使用权放活等各项决定，都应由集体经济组织内部民主表决通过，并且都需要集体经济组织审核通过。

11.4　泸县宅基地"三权分置"改革制度创新

泸县宅基地制度改革时间较长，在长期的实践中，对宅基地制度的历史遗留问题以及与时代发展不相适应的相关问题方面，探索出了一条独具特色的泸县宅基地制度改革之路，形成一系列可参考、能推广的宅基地改革创新经验。

11.4.1　以人定面积为基础的宅基地无偿取得制度

首先，坚持以人定面积的宅基地分配原则。从泸县此次试点改革取得的经验来看，泸县以人定面积、以户申请宅基地的做法，一方面便于与后期宅基地资格权人认定奠定基础，落实了集体成员住有所居与宅基地的基本权利；另一方面也促进了宅基地的集约使用。其次，在试点中更加强调宅基地资格权人的集体经济组织成员属性，资格权认定对象不仅包含本集体经济组织成员，还包括村内居住的非集体经济组织成员、离开农村的原集体经济组织成员，充分体现了农村宅基地的居住保障功能。最后，对已分户家庭的宅基地取得突破了宅基地取得的无偿性。泸县坚持以人定面积的原则，以原户籍人口作为宅基地面积参考，除规定内的面积之外，超出部分需一次性缴纳宅基地有偿使用费。

11.4.2　以集约利用为导向的有偿使用制度

泸县在充分显化宅基地所有权方面，在政策制定上做了精心的安排。首先，

---

① 王冬银.宅基地"三权分置"的实践探索与风险防控——基于西南地区的试点调研[J].中国土地，2018(09)：27-29.

在有偿使用方面，建立起一套奖惩结合的激励政策。对于超占宅基地的，坚持"超占有偿"的原则，分级收取有偿使用费的做法，在实践中更为合理。对于大面积超占的宅基地，则按政策要求拆除。对于宅基地实际面积低于法定面积，坚持"节约有奖"的原则，按节约面积给予奖励。激励为主、惩罚为辅的宅基地使用制度，不仅有效解决了泸县历史遗留的宅基地超占问题，而且对新增宅基地做出了正向激励，促进了新增宅基地的集约化利用。其次，在有偿使用资金支配上，赋予了集体经济组织更强的权利。在实践中，由集体经济组织统一收取、分配与利用有偿使用资金。在宅基地管理过程中，集体经济组织发挥了更强的主体作用，激发了集体经济组织的主观能动性，有效解决了集体经济组织所有权虚置、旁落的问题。

11.4.3 以入市交易为核心的宅基地价值显化制度

闲置宅基地的有效利用方式是多元的，但是整理转化为集体建设用地指标入市是宅基地价值显化最为直接与有效的一种形式。泸县在有偿腾退宅基地后，将整理后的宅基地转化为集体建设用地指标，在优先保障村庄发展的前提下，将节余集体建设用地入市交易。一方面满足了城乡统筹发展的要求，为泸县城镇化快速发展提供了建设用地指标，有利于释放泸县城镇化的潜力。另一方面，弥补了宅基地有偿退出补偿资金以及农村新居建设所需的资金缺口，极大地缓解了地方财政压力。同时，将节余的建设用地以市场化的方式入市交易，引入市场竞争机制，有利于农村集体建设用地资源的合理定价，有利于农村宅基地价值的显化，也有利于农村土地资源的合理配置。

11.4.4 以提升效率为导向的宅基地多元利用制度

泸县在试点过程中，在放活宅基地使用权方面做出了诸多的探索，包括"共建共享、置产经营、房地置换"，实现了宅基地多元化利用制度。此外针对农村自发进行的宅基地与房屋的交易行为，制定了更为规范、合法的政策措施，有效纾解了农村宅基地与房屋无序流转的情况。一方面，多元化的闲置宅基地与房屋利用方式满足了不同主体对宅基地利用的需求，显化了宅基地与房屋的财产价值和资产价值，使农民能够在保证宅基地不新增、个性化需求得以满足的情况下，可持续地享受宅基地与房屋所带来的收益与好处。另一方面，多元化的利用方式也为市场主体进入农村宅基地市场提供了更多的选择，第三方业主可以更低的成本参与闲置宅基地与房屋的开发。多元化的利用方式同时节约了政府腾退成本，节约了市场主体的开发成本，保障农民的宅基地使用权得以充分显化的目标，实现了三方共赢。

11.4.5 以规范管理为目的的宅基地基层治理制度

在泸县宅基地"三权分置"改革中，不容忽视的是宅基地基层自治制度对宅基地制度改革的推动作用。长期以来，宅基地管理是以一种自上而下的管理方式进行，虽然耗费了大量的管理资金与管理成本，但是宅基地超占乱占、一户多宅等乱象屡禁不止。泸县在试点中，明确了宅基地所有权归集体，属于集体成员共同财产，涉及宅基地占有、使用、收益、处分权利，都必须在自治规则内进行。并以总量管控与村内自治相结合的方式，规范宅基地管理，由县政府固化村组宅基地使用权总量并规定宅基地最低保有量，管控宅基地总量；由村、组集体经济组织通过民主自治程序，管理村内宅基地的分配、有偿使用标准、资金利用方式等。以自下而上的宅基地管理方式构建"县级政府+乡镇政府+集体经济组织"的复合式管理架构，由集体经济组织根据村内实际情况制定民主管理程序，行使宅基地所有权人相关权利，落实宅基地所有权。

11.5 泸县宅基地"三权分置"改革现实约束

泸县的宅基地改革实践为全省乃至全国宅基地"三权分置"改革积累了宝贵的经验，也为中央修订相关法律提供了实践依据。对于农村超占乱占、一户多宅等问题，泸县在实践中制定了明确的处理办法，但是在改革推进过程中，"三权分置"的实现形式也存在政策精神与传统习惯冲突的现实问题，宅基地改革的实践需求与政策供给不匹配等问题，改革推进依旧面临较强的现实约束。

11.5.1 宅基地所有权显化困难

一是农村宅基地自治组织法律地位不明确。虽然《中华人民共和国土地管理法》对集体土地所有权主体以及集体土地经营管理主体做出了明确的规定，但是目前尚无法律法规对集体这一概念进行界定，存在"三权分置"下的集体土地所有权落实风险[①]。泸县在实际试点过程中也存在农村宅基地自治组织法律地位不清晰的现实问题。尽管全县251个行政村均设立村级土地自治组织，但是这些土地自治组织不同于村两委与村集体经济组织，并不具备行政与经济上的法律主体地位，在宅基地管理方面的权利与义务并不清晰，长期看来，仍然有机构虚设、资源浪费的风险。并且，在长期的土地治理过程中，这些非正式组织的法律地位模糊，在未来治理过程中不可避免地面临较大的法律风险，能否持续发挥作用尚

[①] 叶剑锋，吴宇哲.宅基地制度改革的风险与规避——义乌市"三权分置"的实践[J].浙江工商大学学报，2018，4(06)：88-99.

难以判断。

二是宅基地基层治理组织关系易混乱。如上文所言，泸县在全县均建立了村级土地管理自治组织，全县村级层面同时存在村两委、村集体经济组织以及新型农村自治组织(如泸县的村级土地管理自治组织)等组织，在村党支部书记"三个一肩挑"的现实情况下，这些村级自治组织核心管理人员会出现极大的重叠，如何处理好这些组织的关系，进而使其各司其职，能够各自有条不紊地发挥宅基地管理、收益分配、财务管理等功能，是彰显泸县农村宅基地所有权的首要问题。

三是宅基地有偿使用费收取存在现实与执法障碍。在宅基地"三权分置"改革试点中，有偿使用收费是针对宅基地超占、一户多宅等历史乱象治理以及促进农村土地集约利用的创新举措，同时也是显化宅基地集体所有权的重要措施。一方面，长期以来农村宅基地无偿取得、无偿使用的制度理念已经深入人心，在泸县宅基地"三权分置"改革的实践层面，村级组织收取超占、一户多宅农户的有偿使用费难度较大。即便泸县在部分试点村落实施了宅基地"无偿取得，超占有偿"的政策，但是如果有偿使用的政策在实施过程中不能有效落实，那显化宅基地集体所有权的目标恐难以实现。另一方面，宅基地有偿使用收费在法律层面缺乏法律依据，并没有相应法律法规的有效支撑。在泸县的实践过程中，农村宅基地使用权人如出现拒缴的行为，集体经济组织、村级土地管理自治组织或是相关执法部门均缺乏执法依据，也难以通过法律手段维护宅基地权利人的权利。

四是宅基地有偿退出资金来源单一。当前泸县宅基地有偿退出资金主要来自两部分，一部分来自土地整理后，将宅基地转化成为集体经营性建设用地指标入市交易所获的资金。这个过程会存在一定的时间差，在这段时间，农民会出现旧房已拆，新房未建的困境。这部分成本往往资金规模较大，一般集体经济组织难以承担。另一部分来自泸县地方财政资金的垫付，而一旦社会经济出现波动，土地指标的稀缺性将会遭受极大冲击，土地价格下降将导致泸县地方财政出现巨大的资金缺口。总而言之，泸县在宅基地有偿退出过程中，集体经济体组织虽然是宅基地的所有权主体，但缺乏足够的经济实力介入宅基地有偿退出机制的建立与实践过程。在集体经济组织难以解决补偿资金的情况下，如果缺乏强有力的地方财政资金支撑，则实现泸县农村宅基地所有权就面临困难。

此外，泸县在宅基地改革试点过程中，节余的土地指标入市交易所得资金在完成对农户的补偿后，泸县政府以及村集体会收取一定比例的服务费(例如土地调节金)。但是不同的宅基地分属于不同的集体经济组织，不同的集体经济组织空间区位条件不同，土地入市价格也不同，导致土地增值空间存在潜在差异。泸县政府如何有效地根据不同情况调整费用比例，平衡利益差异，同时实现对宅基地有偿退出多元主体的有效激励，是宅基地所有权显化必须面对的棘手问题。

11.5.2　农户资格权实现面临约束

一是宅基地资格权人认定困难。泸县对宅基地资格权认定的基础是以集体在籍成员为基础的农业常住人口，但是依旧存在两大现实问题：一是特殊人群资格权认定困难。比如历史上常住于当地农村的农民，在当地已经修建住房但是并非当地集体经济组织成员，而且在当地拥有耕地承包权与经营权。这部分人资格权不明，容易引起纠纷，以及社会不稳定。二是泸县农村对外开放的趋势已不可逆转，随着时代的发展，在泸县农村因婚嫁、求学、参军、返乡创业、新村民下乡造成的迁出与迁入会愈发频繁，这样的变化必将导致宅基地资格权变动。宅基地资格全认定绕不开集体经济组织成员，但是集体经济组织成员的动态变化机制尚未完善，这将导致宅基地资格权人固化，不利于泸县城乡一体化发展，难以有效实现城乡资源的双向流动。

二是宅基地完全退出困难。在泸县当前的试点过程中，全县已经腾退宅基地1万亩，正在腾退 8000 亩，宅基地能"退得出"已基本实现，但由于试点时间相对较短，后续仍有诸多问题亟待探索和解决。例如，已经腾退宅基地的农户是否需要同时退出宅基地资格权与使用权？已退出宅基地但是并未放弃集体经济组织成员身份的农民是否能够再次取得宅基地资格权？在实践过程中，农村宅基地的保障功能能否成为进城农民的返乡退路，在较长时间内保留这类人群的宅基地资格权？这些宅基地资格权退出的相关问题，仍需在后续的试点中持续探索。

11.5.3　宅基地使用权放活存在制约

一是宅基地使用权流转困难。国家相关政策与法律规定农村宅基地使用权流转仅限于村集体内部农户之间，但是随着泸县城乡融合与产业融合的不断推进，泸县对宅基地流转范围做出了重大突破。泸县 2016 年发布的《泸县农村宅基地使用和管理试行办法》第十一条提到，"村民住宅在县域内农村集体户中交易、出租等流转，必须经村民小组同意后，在泸县农村产权交易服务中心进行"，但是即便是将宅基地流转范围扩大至县域范围，宅基地使用权受让人依旧限制于农村集体户。相对经济实力更强的城市居民依旧不准流转农村宅基地，泸县的农村宅基地使用权流转仍然存在着市场容量不足、缺乏活力的困境。长期以来对农村宅基地使用权流转的种种限制，使得宅基地使用权的价值难以充分显化，已经难以契合当下泸县现实改革的需要。

二是现行宅基地面积标准难以满足农户生产性需求。泸县对宅基地规定面积为生活面积每人不超过 30 平方米，生产附属设施用地面积每人不超过 20 平方米，共计 50 平方米，但泸县是传统农区、农业大县，农民的生产结构复杂，现行的宅基地面积标准难以适应农村实际的生产情况，尤其是生产附属设施用地面积已远不能满足农户农机具停放、畜禽养殖，农产品晾晒等生产性用地需求。能否由集体利用闲置集体建设用地资源（如腾退的宅基地、闲置的宅基地等用地）统一满足农户生产用地需求，亦应纳入考虑范围。

三是宅基地融资功能尚未充分发挥。农村宅基地的资产属性与财产价值不仅能通过入市流转与有偿使用来体现，也可以通过抵押融资来实现。如前文所言，虽然泸县在农村宅基地及住房抵押融资方面有所突破，但是农村宅基地以及住房抵押融资权利的实现在实践中依旧困难重重，金融机构愿意参与宅基地抵押融资的动力主要来自县级政府的引导及其信用背书，金融机构自身参与的积极性并不高。宅基地抵押权能的缺失严重制约农村宅基地财产价值的实现，这将极大地影响期望对农村进行产业开发的社会资本。

11.6 泸县宅基地"三权分置"改革推进路径

农村宅基地制度是我国社会主义制度下一项特殊的制度安排，也是我国农村居民重要的居住保障，宅基地"三权分置"改革的推进则是顺应了我国农村发展的规律，是乡村振兴战略的重要抓手。农村宅基地"三权分置"改革的实施对于促进农民增收，激活农村闲置资源，加速城镇化与促进城乡要素双向流动具有重要意义。基于当前泸县农村宅基地改革试点的实践探索，本书提出以下四项宅基地制度改革的推进路径。

11.6.1 加快推进宅基地摸底清查工作

泸县地处川南丘陵地区，耕地细碎化程度严重，农村宅基地也随耕地零散分布于各地，全面掌握全县宅基地基本情况，对泸县各级政府而言，都是一个较大的挑战。全面清晰地掌握宅基地的基本情况是相关部门制定有效政策措施的重要依据与坚实基础，也是宅基地"三权分置"改革试点工作首要的基础性工作，应重点聚焦于以下三点开展宅基地摸底清查工作。

一是全方位摸清宅基地利用现状。全面摸清宅基地利用现状是泸县推进宅基地"三权分置"改革的重要基础性工作，有利于县级相关部门强化对宅基地现状的认知，直接影响农村空间结构优化以及后续试点政策的制定。首先，要摸清泸县现存宅基地的数量、面积、边界、分布情况以及使用权人等相关信息，以此为基础建立宅基地数字化管理平台，探索构建宅基地数字化管理机制。其次，要摸清农村居民对宅基地利用的现状与意向。以摸底清查为契机，掌握农村当前宅基地居住时长、出租、流转等情况；摸清农民对集中居住、有偿退出、有偿使用、自主开发等未来宅基地利用的意向。最后，要摸清宅基地相关历史遗留问题。泸县在此次改革试点中的一个重点任务就是要对历史遗留问题进行调查，并分类解决，全面掌握泸县全境农村宅基地一户多宅、超占乱占、私下交易、违建乱建、非农村居民建房等历史遗留问题现状。

二是结合村级组织与第三方社会力量完成宅基地摸底清查工作。通过政府采购第三方服务的方式，筛选专业知识扎实的第三方社会力量加入宅基地摸底清查工作(如第三方测绘企业、大中专院校、科研院所等第三方社会力量)，负责宅基地数字化平台建设、意愿调查问卷设计、现状情况分析等工作。同时，村级组织作为最了解基层工作与村内情况的基层组织，在村内事务与政策实践中有着其他组织难以比肩的优势。要充分发挥村级组织清晰掌握村内情况的优势与组织协调能力，在宅基地摸底清查工作中与第三方社会力量紧密合作，共同完成宅基地摸底清查工作。

三是加强摸底清查工作的资金与组织保障。宅基地摸底清查工作是宅基地改革的一项重要的基础性工作，因此应在资金与组织上加以保障。整合各类财政涉农资金与宅基地"三权分置"改革专项资金，为宅基地摸底清查工作加以资金保障。此外，应在泸县宅基地"三权分置"改革领导小组的领导下，组织农业农村局、规划和自然资源局、住房和城乡建设局等县级部门以及乡镇、村级主要宅基地负责人员，建立宅基地摸底清查临时工作小组，为宅基地摸底清查工作加以组织保障，全面保障宅基地摸底清查工作的顺利推进。

11.6.2 强化村集体所有权主体地位

宅基地集体所有权的有效落实是宅基地"三权分置"改革的逻辑起点[①]。要实现宅基地"三权分置"改革目标，化解宅基地集体所有权虚化、弱化的问题，就要提升村集体经济组织的自治能力，充分发挥村集体在宅基地"三权分置"改革中的主导作用，保障村集体经济组织对宅基地分配、处置、收益分配、监督的权利。明确集体在宅基地管理中的主体地位，要从以下几个方面入手：一是强化村集体经济组织在宅基地审批过程中的主体作用。当前，农村宅基地审批的权利已经由县级相关部门下放至乡镇有关部门，但是村集体经济组织作为宅基地所有权人，在宅基地新批过程中的主体地位尚未充分体现。在实践过程中，可在不突破现有制度的前提下，逐步扩大村集体经济组织的宅基地分配权利。在政策制定与实践过程中，应明确村集体经济组织作为宅基地所有权人的主体地位，指导其尽快建立宅基地民主管理程序，并规定新的宅基地申请需求均应首先通过村集体经济组织成员民主议事程序，通过后方可提交乡镇相关部门审批。乡镇部门应在不违反相关规定的基础上，充分尊重村集体经济组织民主决策的结果，进行宅基

---

① 胡大伟.宅基地"三权分置"的实施瓶颈与规范路径——基于杭州宅基地制度改革实践[J].湖南农业大学学报(社会科学版)，2020，21(01)：49-55.

地审批。二是明确村级宅基地自治组织的定位。如上文分析，泸县在全县 251 个行政村都建立了村级宅基地自治组织，但是在实际操作过程中，村级自治组织在人员构成与组织架构上与村两委有所重合。在改革试点过程中，要通过厘清村级宅基地自治组织的组织架构与议事程序，明确村级宅基地自治组织的定位与职责界限，以保障其发挥宅基地民主管理的功能。三是强化村集体监督管理权能。现行法律将宅基地监督执法权集中在县级以上政府，镇、村、组监督执法权力缺失，尤其是作为宅基地所有权人的村集体经济组织，在宅基地违法行为中的监督执法权能并未得到完全显现，处于有责无权、无力制止的尴尬地位。在试点中探索打通村集体经济组织对宅基地违法行为的直报通道，采取执法人员整村负责制的方式，强化对宅基地违法行为的监督处罚。此外可赋予村集体经济组织更强的宅基地监督管理权限，对于农村宅基地违规违法行为，一方面由县级有关执法部门按相关法律规定进行行政处罚；另一方面可按照村集体经济组织民主管理规定，在后续宅基地相关事务中加以惩罚性限制。

11.6.3　探索宅基地资格权实现方式

宅基地资格权是农民作为集体经济组织成员的基本权利，具有一定的成员权属性，但是与集体经济组织成员权不能完全等同。在泸县的改革试点过程中，县农业农村局出台了泸县宅基地资格权认定办法，但是还不足以涵盖农村宅基地复杂的情况。保障宅基地资格权可以从以下几方面进行思考：一是完善农户宅基地资格权取得与管理方式。充分考虑户籍性质、集体经济组织成员等因素，在尊重历史传统的前提下，由各个村集体经济组织通过民主自治程序制定本村宅基地资格权认定办法。加速推动农村"房地一体"的不动产权登记工作，依法将宅基地的资格权落实在每个农户，为宅基地资格权按取得、实现、灭失全过程管理奠定基础。二是探索建立完善的宅基地特殊资格权制度。随着城乡融合与乡村振兴战略的不断推进，城乡要素双向流动通道将不断拓展，农村新村民、新乡贤、业主开发商等主体将不断进入农村，参与农村产业开发。借助此次试点的先行优势，可适时地建立完善的宅基地特殊资格权制度，通过基层民主自治程序确定特殊资格权认定对象与认定程序。特殊资格权赋予对象应以新乡贤、下乡创业人才、下乡专业人才等参与乡村开发、对本村发展具有突出贡献的主体为主，赋予其申请流转闲置农房、重建改建农房、村内事务议事等方面的权利，以吸引城市人才、资本、技术等生产要素涌入农村。三是完善宅基地资格权灭失与再取得制度。一方面，宅基地资格权灭失包含自然灭失与自愿灭失两大类型，在这两种情形中，自愿灭失在实践中最为复杂，也是最难以认定的一种情形。建立宅基地资格权人动态管理机制，并建立宅基地资格权管理台账，在资格权自然灭失与自愿灭失后，动态调整宅基地资格权人台账。另一方面，探索建立宅基地资格权的再取得制度。宅基地的保障属性决定了宅基地的管理与国有土地的管理存在较大差异，宅基地是农村居民的一道安全阀，所以在宅基地资格权人自愿丧失宅基地资格权后，应按实际情况设置安全期，允许丧失宅基地资格权的农户在一定的期限和条件下重新取得资格权，充分发挥宅基地的保障性作用。

11.6.4 活化宅基地使用权利用方式

宅基地使用权权能的显化是宅基地"三权分置"改革的重要内容，也是激活乡村发展潜力的重要抓手。宅基地使用权的多元有效利用是宅基地资产属性与财产功能显化的重要途径。一是要合理利用节余集体建设用地指标。当前宅基地的流转对象较少，流转范围较小，类似于泸县这一类传统农业生产地区对于宅基地节余指标的市场容量较小，通过利用节余指标入市交易的现实需求并不明显，因此应通过宅基地"三权分置"改革试点工作，将重心落在改善农村居住条件与优化农村土地空间布局上，首先应优先满足农户的居住需求，并按照"留白机制"的原则，预留部分未来新增人口的住房需求；其次是将节余的宅基地指标转变为建设用地指标，完善村庄内部的基础设施、公共服务设施以及产业发展的用地需求；最后将节余的宅基地指标入市交易。二是拓宽宅基地有偿退出资金的来源渠道。如上文所述，当前泸县宅基地有偿退出的资金大多来自县级财政垫付，这样的方式对县级财政的资金实力有更高的要求，然而宅基地有偿退出的资金不应该也无必要由财政完全承担，而应由宅基地所有权人筹资解决。拓宽宅基地有偿退出的资金来源渠道，探索建立政府部门牵头、村集体经济自主筹资的筹资机制，通过国有平台借资、盘活利用方垫资、金融机构融资、集体经济组织出资、集体经济组织成员集资等多种渠道筹集退出资金，推动宅基地有偿自愿退出。三是建立宅基地有偿退出利益分享机制。宅基地"三权分置"改革将激活农村宅基地资源，逐渐显化其价值。但是当前宅基地有偿退出的实现形式还比较单一，大多以一次性给付货币的形式实现。宅基地的有偿退出应避免以单一的货币形式支付，要建立起多元化、持续性的有偿退出机制。例如增加其后代宅基地使用指标、赋予城市优先购房资格、在利用退出宅基地发展产业中赋予其获取股份分红的权利等方式，保障农户在中长期内能够持续的享受宅基地所带来的好处与效益，充分保障农民权益。

第12章　眉山市彭山区宅基地"三权分置"改革案例研究

农村宅基地制度改革对于充分保障农民权益、全面推进乡村振兴和加快农业农村现代化具有重要意义。2021年中央一号文件明确指出要"加强宅基地管理，稳慎推进农村宅基地制度改革试点，探索宅基地所有权、资格权、使用权分置有效实现形式。规范开展房地一体宅基地日常登记颁证工作"。眉山市彭山区作为全国第二批农村改革试验区，全国新一轮农村宅基地制度改革试点区，通过探索宅基地"三权分置"、实施宅基地自愿有偿退出、创新宅基地管理等途径，稳慎推进农村宅基地制度改革试点工作。在前期试点阶段，彭山区选定锦江社区（原永泉村）、公义镇新桥村、公义镇五马村、观音街道果园村、谢家街道邓庙村、江口街道永丰村6个村作为农村宅基地制度改革先行试点村，探索盘活闲置宅基地推动产业发展、助力乡村振兴的经验。

12.1　彭山区基本情况

眉山市彭山区位于成都平原经济圈核心层，被列为全国第二批农村改革试验区、全国农村"两权"抵押贷款试点区、全国新一轮农村宅基地制度改革试点区以及四川省城乡融合改革试验区。农业农村改革发展成效显著，宅基地制度改革也取得阶段性成果。

12.1.1　区域自然经济概况

彭山区隶属于四川省眉山市，因"中国长寿之乡""江口沉银遗址"等标签而闻名。当地区位优势显著，北临成都，南接眉山，地处天府新区核心区域，是成德眉资(成都、德阳、眉山、资阳)同城化、成渝地区双城经济圈的重要组成部分。全区面积465平方公里，辖5个街道3个乡镇[①]，常住人口34.58万，其中农村户籍人口19.39万，城镇化率达58.3%。

2020年，彭山区地区生产总值为183.39亿元，比上年增长4.5%，比2015年增加68.77亿元。经济发展质量稳步提高，第三产业增加值增速实现"三连

[①] 青龙街道、锦江镇由天府新区眉山管委会代管。

冠"。全区三次产业结构从 2015 年的 11.3∶53.1∶35.6 调整到 2020 年的 9.7∶45∶45.3，结构更趋合理。2020 年，第一产业增加值实现 17.8 亿元，增速 5.5%[①]；第二产业增加值实现 82.51 亿元、增长 3.6%，第三产业增加值实现 83.08 亿元、增长 5.3%，第一、第二、第三产业增长速均居全市第一。城乡居民人均可支配收入分别为 40016 元、21944 元，同比增长 5.9%、8.7%[②]。

12.1.2 农业发展概况

彭山区农用地面积 53.41 万亩，其中耕地面积 29.86 万亩，农村土地承包经营权确权登记 100%。截至目前，全区累计流转土地 17.12 万亩，流转率 70%，流转 1400 余宗，其中 50 亩以内的占 30%，50 亩至 100 亩的占 60%，100 亩以上的占 10%，分布合理，规模适中，与现有生产能力水平实现较好衔接。全区形成了 70%的现代农业与 30%的小农经济有机结合的发展模式[③]。此外，彭山区探索建立新型职业农民培养机制，截至 2021 年 3 月，累计培养职业农民 962 人，认定 160 人[④]，推动农民身份从传统化向职业化转变，实现新型职业农民领办的家庭农场 70 余家，家庭农场人均可支配收入突破 2.5 万元[⑤]。

12.1.3 宅基地制度改革基本情况

2020 年 9 月，彭山区被列为深化农村宅基地制度改革试点区，彭山区立即组建了宅基地制度改革领导小组，成立改革推进专班。2021 年 2 月，彭山区研究制定的试点区实施方案经省委、省政府审定后，报中央农办、农业农村部备案。各村也在多方指导下完成了村级实施方案。在基础工作方面，彭山区现已开展试点村外业测绘及摸底调查工作，并对宅基地和农房进行了确权登记颁证；村规划编制也在同步进行，现已完成新桥村、马林村连片规划，其余试点村的村规划正在报批备案过程中。彭山区作为全国农村"两权"抵押贷款试点区，农村承包土地的经营权和农民住房财产权财产价值得到有效释放，截至 2020 年底，累计发放"两权"抵押贷款 2154 笔、10.45 亿元。

2019 年，彭山区共有农村集体建设用地 7.24 万亩，其中宅基地总量 5.48 万宗，4.94 万亩，户均宅基地面积 600.82 平方米。根据彭山区首批 6 个试点村的摸底调查数据，锦江社区(原永泉村)共有宅基地 185 宗，157 亩，闲置宅基地 23 宗；公义镇新桥村共有宅基地 926 宗，658 亩，闲置宅基地 46 宗；公义镇五马

---

① 数据来源：谋划乡村振兴新图景 争创省级乡村振兴先进县 http：//www.scps.gov.cn/info/1017/76866.htm.
② 数据来源：眉山市彭山区第二届人民代表大会第九次会议上政府工作报告(2020). http：//www.scps.gov.cn/info/3351/73619.htm.
③ 林冬生.构建农业农村发展用地保障机制助推乡村振兴的彭山经验[J].四川农业科技，2021(01)：9-12.
④ 数据来源：新型职业农民春耕忙 当好乡村振兴"生力军"http：//www.scps.gov.cn/info/ 1017/72332.htm.
⑤ 数据由眉山市彭山区农业农村局提供.

村共有宅基地 824 宗，652 亩，闲置宅基地 32 宗；谢家街道邓庙村共有宅基地 1167 宗，730 亩，闲置宅基地 178 宗；观音街道镇果园村共有宅基地 1062 宗，843 亩，闲置宅基地 298 宗；江口街道永丰村共有宅基地 1100 宗，944 亩，闲置宅基地 147 宗；累计 6 个试点村共涉及农户 7136 户，20034 人，宅基地 5264 宗，3984 亩，其中闲置宅基地 724 宗[①]。

12.2 彭山区宅基地"三权分置"改革重要基础

彭山区拥有优越的自然环境和突出的区位优势，在乡村振兴、城乡融合等政策红利的带动下，农业农村相关改革集成发展速度较快，成效突出，为农村宅基地制度改革奠定了坚实基础。

12.2.1 地理区位优势显著

彭山区位于成都平原核心地带，北靠天府新区，属于典型的近郊区县。在成德眉资同城化发展战略部署中，彭山区是眉山融入成都的桥头堡，区位优势明显。全区面积较小，境内以丘陵、平原地形为主，岷江由北向南纵贯境内，构成中部冲积平原，中部为开阔的平坝区，占总面积的 32%[②]。在此独特优势的自然基础上，当地农业发展基础具有明显优势，承包地流转率高，规模经营面积占比大，现代化农业发展程度较高，形成宅基地闲置浪费与产业发展用地需求难以满足的突出矛盾，对探索都市近郊区的宅基地制度改革极具代表性。

12.2.2 多项政策红利带动

自十九大以来，彭山区抓住乡村振兴战略机遇，加快农村产业发展，积极培养新型经营主体，改善农村人居环境，统筹城乡发展，将宅基地制度改革作为实施乡村振兴战略的重要突破口。同时，在区位上，彭山紧邻成都，在成渝地区双城经济圈建设中处于重要位置，成德眉资同城化的迅速发展对彭山能够产生有效的辐射带动；并且，来自区域间的协同合作对推动成渝地区统筹发展、深化川渝协作、促进区域共同发展具有重要意义。彭山区把握当下政策机遇，在区域协调发展中发现农村改革的关键机遇，共同作用于推进农村宅基地制度改革，释放乡村振兴活力。

---

① 数据由眉山市彭山区农业农村局提供.
② 彭山区人民政府官网.彭山概况 http://www.scps.gov.cn/info/1011/15990.htm.

12.2.3 农村改革集成发展

彭山区是全国第二批农村改革试验区、全国农村"两权"抵押贷款试点区、全国深化农村宅基地制度改革试点区，先后承担国、省改革试点任务 16 项，已搭建起较为完善的农业农村改革框架。由彭山区创新探索的农村土地流转"三级土地预推—资质审查前置—平台公开交易—风险应急处理"四步机制、"农民流转有收益、业主投资有收益、政府服务保权益"三方受益土地规范流转经验在全国交流[1]，写入全国人大《农村土地承包法》修正案；"两权"抵押融资改革经验为《农村土地承包法》《农村金融法》立法提供了重要参考；农村产权流转交易服务标准化试点通过国家考核，成为全国、四川省标准化体系建设样板；综合深入的农村各项改革为彭山区农村宅基地制度改革奠定了坚实的基础。

12.2.4 改革需求亟待满足

彭山区农户对宅基地制度改革的需求强烈，对确权赋能的需求表现强烈。随着城镇化的发展，许多村民选择外出务工，购买商品房并居住在城镇，农村房屋常年闲置，无法盘活利用。对村集体来说也意味着土地资源的浪费，在此情况下，定居城市的农户有偿退出宅基地的需求明显增加。在住房保障方面，受集体建设用地限制，对于村里的无房户也难以规划出建设用地用于新建农房。为实现"户有所居"、农村社会平等有序发展，彭山区宅基地改革必须将解决农村宅基地超占面积、一户多宅等历史遗留问题与申请宅基地无地可批的矛盾纳入重点关注问题，改善集体土地资源以及农房主人资产浪费的现状，确保农户权益实现。在产业方面，依托得天独厚的自然条件和区位优势，彭山区乡村产业发展迅速，村集体建设用地资源已无法满足新产业、新业态用地需求，宅基地的粗放使用与产业用地紧张的矛盾日益突显，亟须整合村集体土地资源，拓宽村集体经济的发展道路。在村规划方面，村庄布局散乱、规划与村庄发展不适应已是不可回避的问题，尤其是村级建制调整改革后，村规划明显滞后，规划缺乏深度，村集体土地价值无法最大化显现，村民对美丽宜居乡村的要求日益突显，土地规划布局面临更高的要求。在住房环境方面，村民生活水平的提升需要村庄形态优化跟进。土地的低效利用导致村庄风貌差异大、设施落后等问题突出，亟待优化配置改善农户居住条件并提升集体土地利用效率。

---

[1] 黎亮，邦平.眉山市彭山区：用创新精神凝聚动能 以开放之姿拥抱世界 [N]. 四川日报，2019-09-16.

12.3 彭山区宅基地"三权分置"改革主要举措

彭山区实施宅基地制度改革的举措主要分为两方面,一方面通过组建专业团队、统筹制度设计、强化机制以保障改革有序开展。另一方面通过落实摸底调查、有序编制村规划、完善"三权分置"、自愿有偿退出、搭建数据管理平台、处理历史遗留问题等系列任务举措,逐步推进改革进程。

12.3.1 试点工作组织

1. 组建专业团队

人员保障是改革工作中的必备条件,为改革提供动力支撑。彭山区改革试点工作汇集了全区各领域骨干力量,组建"推进专班+顾问专家+智库+镇村干部"的多元化团队确保各项改革举措横向协同推进。一方面,在全区抽调 10 余名专业人员组建改革试点推进专班,由经验丰富的本区专家顾问在改革过程中出谋划策。另一方面,彭山区与省内高校、科研机构农村土地制度领域的专家学者长期合作,充分整合多方力量共同形成宅基地制度改革的智力支持。在纵向联合方面,各试点村成立了村宅基地民主管理领导小组,与区、镇(街道)两级负责团队共同组成三级宅基地改革队伍,三级队伍形成合力,汇总在改革过程中遇到的具体问题,及时分析研判,确保改革任务顺利推进;并且,在试点村建立区级负责同志包村、区宅改办 2 名人员驻村、镇村两级工作领导小组的多层次推进队伍。

2. 统筹制度设计

系统的制度设计是改革的重要保障,为改革执行提供科学指导。彭山区在深入贯彻中央文件精神和指示要求下,基于实际情况,以先行构建制度体系为抓手,让宅基地改革有据可依。区级负责部门通过调研收集基础信息,在综合实际情况的基础上,与顾问多次商议讨论,组织专业团队草拟形成初稿,并拟出征求意见稿,征求相关部门意见,签署意见后再提交宅基地制度改革领导小组会议审议。基于严谨细致的编制工作,彭山区最终确立以宅基地"三权分置"为 1 个总揽,以"三权分置"、使用权流转、有偿退出和整理、建设用地入市、抵押贷款以及民主管理为 6 大板块,梳理计划出台制度、办法 26 个,探索建立了"1+6+N"制度体系,初步完成了彭山宅基地制度体系设计。彭山区至今已出台第一批制度,包含《眉山市彭山区农村宅基地所有权、资格权、使用权分置暂行办法》《眉山市彭山区农村宅基地资格权认定暂行办法》《眉山市彭山区农村宅基地使用权自愿有偿退出管理暂行办法》《眉山市彭山区农村宅基地有偿使用指导意见(试行)》等 14 个制度办法(表 12-1),并将在后续实践中持续检验,逐步补充出台后续配套制度。

彭山区制度体系的建立秉持科学性、专业性、完整性、实用性的导向。制度编制坚持以中央、省、市宅基地制度改革精神为指导,根据相关法律法规并结合彭山区实际情况制定,体现了制度设计的科学性。制度多次组织专家及各相关部门负责人进行讨论,征求"两代表""一委员"等多方意见,提交宅基地制度改革领导小组会议审议,体现了制度设计的专业性。彭山区宅基地制度改革包含 6 大板块,涉及过程中的主要环节,有效规避了制度不完整导致的风险漏洞,体现了制度设计的完整性。制度明确客观标准及各主体职责分工,并附含协议书、审批表、范本合同系列材料,便于各级主体参照执行,体现了制度设计的实用性。目前彭山区农村宅基地制度机制逐步完善,日常管理更加规范。

表 12-1　眉山市彭山区宅基地制度改革出台的第一批制度文件

类别	制度文件
"三权分置"	《眉山市彭山区农村宅基地所有权、资格权、使用权分置暂行办法》
	《眉山市彭山区农村宅基地资格权认定暂行办法》
	《眉山市彭山区农村宅基地使用权和房屋所有权不动产登记暂行办法》
使用权流转	《眉山市彭山区农村宅基地使用权流转暂行办法》
有偿退出和整理	《眉山市彭山区农村集体建设用地使用权和房屋所有权不动产登记》
	《眉山市彭山区农村宅基地使用权自愿有偿退出管理暂行办法》
	《眉山市彭山区关于编制村规划的意见》
	《眉山市彭山区农村集体建设用地整理暂行办法》
建设用地入市	《眉山市彭山区农村集体经营性建设用地入市暂行办法》
宅基地民主管理	《眉山市彭山区农村宅基地有偿使用指导意见(试行)》
	《农村宅基地增值收益分配管理指导意见(试行)》
	《眉山市彭山区农村宅基地民主管理暂行办法》
	《眉山市彭山区农村宅基地纠纷调解指导意见(试行)》
其他	《眉山市彭山区农村宅基地历史遗留问题处理暂行办法》

3. 强化机制

彭山区在改革过程中建立了四项机制,为探索改革路径提供了支撑框架。一是建立三级联动机制,区、镇(街道)、村(社区)三级宅基地改革队伍形成合力,汇总在改革过程中遇到的具体问题,及时分析研判,确保改革任务顺利推进。二是建立日常监管机制,由区领导包村,强化监管、及时纠偏,坚持风险可控,确保改革试点稳慎推进。三是建立目标考核机制，将改革任务纳入年终目标考核，建立督察制度，每季度通报、半年总结，确保改革任务落地生根。四是建立信息管理机制，对改革试点推进中的资料、信息，严格规范管理，形成工作简报和经验做法。

12.3.2 试点任务开展举措

1. 落实摸底调查

面对宅基地基数不清的实际情况，彭山区开展宅基地制度改革的首要任务正是实事求是地厘清家底，摸清农村宅基地的基础情况与需求。区镇村组干部及第三方测绘公司专业工作人员一同入户摸底调查，清晰地统计村民权益情况。通过开展权籍调查工作，逐户对宅基地及地上建筑物、构筑物等进行测量，同时通过逐户访问，收集农户参与宅基地制度改革的意愿。查清不动产单元的权属状况、界址、用途、四至等内容，确保不动产单元权属清晰、界址清楚、面积准确、空间相对位置关系明确[①]。通过摸底调查，试点村对每一户农户建立了单独的档案袋，各组建立了一本摸底台账底册、一本资格权登记簿以及一本使用权登记簿，对基础信息进行了准确的收集与整理。

2. 有序编制村规划

四川省乡镇行政区划和村级建制调整改革"后半篇"文章工作推进会明确提出"加快补齐乡村规划编制短板，强化规划引领"的总体要求，打破村庄行政规划，统筹划分经济片区，连片编制"多规合一"的实用性村规划。合理编制村规划才能够高效配置资源，优化空间布局，补齐农村基础设施和公共服务设施短板，有效保护农民权益，保障各类产业项目建设用地需求，从而实现壮大集体经济，推动美丽乡村建设。彭山区在"因地制宜、节约集约"的导向下，坚持"上下位规划相衔接、适度集中、多规合一、体现特色、注重实用、充分尊重农民意愿"六大原则，于 2019 年率先启动了新桥村、马林村连片规划的编制工作，2020 年又启动 4 个试点村庄的规划编制工作。

在编制过程中，第一是开展资料收集工作，编制人员现场踏勘，实地走访，开展座谈会和院坝会，倾听村组农户发展意愿，充分了解村民诉求，充分考虑本地自然生态、资源禀赋、环境承载力、用地适宜性等因素，全面掌握基础信息和发展设想。第二是在整合国土空间调查、产权制度改革等前期成果资料的基础上，开展 5 个村的村规划编制，重点对闲置宅基地及农房进行统计，结合改革方向进行合理布局和设计，科学确定包括宅基地在内的集体建设用地的规模及范

[①] 闫晶. 面向不动产单元的惯性测量系统初始对准技术研究[D]. 南京：东南大学，2017.

围，落实"一户一宅"。在编制村规划过程中，彭山区尤其注重探索规划"留白"机制，预留一定的宅基地资源为未来人口提供住房保障，留存出足够的发展空间用于满足后续农村户籍人口和消费人口增长而产生的经济发展需求。彭山区《眉山市彭山区关于编制村规划的意见》提到，在村规划中预留不超过5%的建设用地机动指标，并在符合相关规定的前提下明确机动指标的使用规则。第三，对村规划进行编制后，并于审批前在村内公示，接受农户意见反馈，然后在专家评审后，交由区自然资源和规划局审查并签署意见，通过后报市自然资源规划局审查、省级部门备案。

3. 完善"三权分置"

彭山区在宅基地制度改革试点以来，积极探索农村宅基地所有权、资格权、使用权"三权分置"，在先行试点中探索"三权同确、三证同颁"的作法，以破解宅基地权属关系不清和集体所有意识淡化等难题，有力维护了集体经济组织和农民合法权益。截至目前，全区已颁发集体土地所有权《不动产权证书》40本、《农村宅基地资格权证书》7000余本和"房地一体"《不动产权证书》7000余本。

为落实宅基地的"三权分置"，彭山区以明晰权属为基本导向，通过多种途径和举措，实现了三权证书的有序发放。

一是通过确认宅基地所有权，让集体权利显现化。为强化集体所有权在宅基地权利体系中的基础性地位，彭山区重点围绕权籍调查、主体明确、管理显化三方面，明晰宅基地所有权具体归属，以村民小组为单位颁发集体土地所有权《不动产权证书》。①做实权籍调查。由区自然资源和规划局负责统筹协调、政策技术指导，委托相关单位进行外业测绘，结合第三次全国土地调查数据，逐户开展测量和权属调查，摸清集体土地规模、布局、利用等情况。②落实所有权人，将每一地块所有权落实到具体集体层级上，明确责任主体。③规范行使行为，显化农村集体经济组织作为宅基地所有权人行使分配、调整和监督管理的权利，由村宅基地民主管理领导小组对集体资源进行规范化管理，稳妥有序地处置历史遗留问题，调解矛盾纠纷。

二是通过确认宅基地资格权，让农户权益明晰化。为解决宅基地资格权认定标准模糊、填补认定程序缺失的空白，彭山区出台认定办法，明晰资格权认定标准和认定程序，确立宣传动员、组织讨论、入户登记、公示公告、资格确认、造册上报、颁发证书、建立台账的"八步工作法"，保障集体经济组织成员家庭作为资格权人依法享有的在一定条件下无偿使用宅基地建设农房用于居住的资格权益。①广泛宣传动员，村级组织召开资格权认定动员会，听取村民代表意见，细化资格认定条件，形成资格权认定村级办法，以资格权认定办法为标准逐户登记公示，切实保障村民知情权、参与权、监督权。②严格认定颁证，由农村集体经济组织召开村民小组全体和户代表会议，形成资格权决议名单，经公示无异议后及时造册上报镇政府，审核无误后颁发证书。③强化动态管理，以村民小组为单位，建立资格权登记簿，实行动态化管理，为保障农户居住权奠定了基础。

三是通过确认宅基地使用权，让产权资源赋能化。为维护农民合法权益、有效盘活闲置资源，为促进城乡融合发展奠定产权基础，彭山区扎实开展宅基地"房地一体"确权登记颁证工作。①明确确权标准，出台《眉山市彭山区农村宅基地使用权和房屋所有权不动产登记暂行办法》，规范农村宅基地使用权和房屋所有权不动产登记行为。②聚焦落实赋权，扎实开展"房地一体"的权籍调查，强化政策宣传，争取群众支持，有序对农村宅基地以户为不动产单元进行确权登记，做到应确尽确。③探索流转路径，出台《眉山市彭山区农村宅基地使用权流转暂行办法》，规定宅基地使用权流转必须通过区农村产权流转交易服务中心，在限定流转期限、用途、范围等具体前提下，明确不同流转方式的规范行为。

4. 自愿有偿退出

对闲置农房实行有偿退出是盘活农村土地资源，节约集约利用土地资源的有效实现方式，有利于促进农村产业发展和乡村振兴。彭山区在改革中出台了《眉山市彭山区农村宅基地使用权自愿有偿退出管理暂行办法》，对有偿退出的各方面内容提供指导，根据区、镇（街道）指导意见，村制定有偿退出实施方案便于执行。

一是明确前提。在宅基地及农房产权清晰，四至界线明确，无争议的前提下有偿退出，另外其集体经济组织成员的身份不变，作为集体经济组织成员应享有的其他权利不变。为保障"户有所居"，办法明确规定农村宅基地使用权退出的农户必须在城镇购买了商品住房或拥有其他住房。

二是明确有偿退出范围。"一户一宅"面积超标准部分、本集体经济组织成员因买卖、继承房屋形成"一户多宅"、非本集体经济组织成员因合法继承房屋占用农村宅基地的、村民进城落户，自愿有偿退出宅基地的及其他审核同意有偿退出的均可以参与有偿退出。

三是明确退出类型。有偿退出分为永久性退出和有期限退出。永久性退出宅基地后，农户的资格权随之丧失；有期限退出宅基地的，在退出期限内农户不得再申请宅基地；退出期满后，自动恢复申请宅基地的资格；并明确规定有期限退出的年限至少40年。

四是明确退出程序。第一，自愿退出宅基地使用权的农户和自愿退出继承使用农村宅基地的其他成员，持材料向所在农村集体经济组织（村民小组）提出申请，申请材料包含《农村宅基地使用权自愿有偿退出申请表》、《不动产权证书》或区自然资源和规划局出具的《农村宅基地使用权和房屋所有权证明》、居民户口簿及家庭成员身份证（复印件），在城市或集镇拥有商品住房或其他住房的应提供《不动产权证书》或《国有土地使用证》和《房屋所有权证》，或其他合法证明及其他应提供的文件资料。第二，所在农村集体经济组织收到申请后，实地确认宅基地使用权面积、房屋所有权面积，清点地面构筑物、附着物，填写《眉山市彭山区农村宅基地使用权自愿有偿退出地上房屋及构筑物、附着物登记表》；并与退出宅基地使用权的农户确认补偿价格，草拟《农村宅基地使用权自愿有偿退出补偿协议书》。第三，经村民小组会议三分之二以上成员或村民小组代表三分之二以上成员讨论同意，并形成会议决议，经村民委员会审查，报镇人民政府(街道办事处)审批，并报区农业农村局和区自然资源和规划局备案。第四，所在农村集体经济组织(村民小组)与申请人正式签订《农村宅基地使用权自愿有偿退出补偿协议书》，并进行公示。第五，按协议约定支付补偿款，退出人向所在农村集体经济组织移交宅基地不动产证件和地上房屋及构筑物、附着物。

五是明确退出补偿。根据砖混结构房屋、砖瓦结构房屋以及棚房的分类，不同的房屋结构设定不一样的房屋补偿标准。另外，在构筑物方面，依据围墙、院坝、粪池、水井等分别制定了相应补偿标准。在附着物方面，对柑橘类、落叶果树类、葡萄、桑树、竹林等分别制定了补偿标准。对自愿永久退出和暂时退出的农户分别进行补偿[①]。

六是明确有偿退出后续管理。有偿退出后由镇人民政府(街道办事处)负责，按农村土地综合整治等政策组织复垦、整治，区自然资源和规划局按规定组织验收。土地复耕后交由村集体经济组织安排使用。因农村宅基地复垦还耕形成的节余集体建设用地指标，可在全区范围内按规定流转使用。

5. 搭建数据管理平台

为破解传统管理手段难以满足当前管理需求的现实问题，进一步改善为农服务的效率，彭山区建立宅基地数据管理平台，建立过程主要包含信息整合、建库制图、建设管理等关键步骤。

一是收集调查数据，夯实建库基础。充分利用第三次国土调查、村庄规划、地籍调查、集体土地所有权登记、房地一体不动产确权登记等数据成果，对已有数据进行整理、甄别、利用，加强信息衔接，以填平补齐方式完成基础信息调查。

二是梳理利用数据，制成图库资料。对宅基地基础数据进行梳理分析，建立集影像、图形、权属、利用现状为一体，包含宅基地权利人、地类、四至方位、宗地面积、房屋建筑面积等信息在内的覆盖区域范围的农村宅基地数据库；在农村宅基地数据库基础上，结合卫星相片、航空相片、行政区划图等图件资料编制宅基地台账，绘制宅基地现状图，撰写文字报告，对文字、图件、簿册和数据等成果进行规范化整理。在农村宅基地使用现状图上用不同的颜色标注便于查找，

---

①数据由眉山市彭山区农业农村局提供.

形成一张准确的、具有操作性、指导性的农民宅基地使用现状图，并结合宅基地摸底台账等形成权属明晰的管理资料。

三是整合分析数据，建立信息系统。通过建立结构统一的宅基地管理信息系统，有效推动部门协同在线办公，实现资源信息实时有效共享。在宅基地建房审批方面，推行宅基地和农民建房审批一体化办理，实现宅基地审批管理与农房建设等工作的有序衔接。一方面专门建立一个窗口负责对外的联办制度和审批管理台账。另一方面，在建房流程中结合系统管理使用和审批建设"五到场"，利用踏勘到场、放线到场、巡察到场、验收到场以及常态监督到场与系统管理共同管理。在相关业务方面，逐步完善宅基地审批、流转、自愿有偿退出、有偿使用等功能开发，对权属清晰、权能完整的宅基地及农房，助力推进盘活利用，激发乡村振兴的活力。彭山区利用大数据方式建立宅基地的管理交易平台是农业农村现代化的有益探索，有效实现了技术化管理，促进农村宅基地使用权流转交易更加高效、规范。

6. 处理历史遗留问题

2011 年，国土资源部、中央农村工作领导小组办公室、财政部、农业部四部门联合印发《关于农村集体土地确权登记发证的若干意见》，对面积超标、非本农民集体成员占用、权属来源证明缺乏等宅基地历史遗留问题，区分不同主体和历史阶段，在宅基地确权登记发证工作中分类处理[①]。

彭山区对处理宅基地历史遗留问题，坚持"尊重历史、客观公正、面积法定、让利于民"的原则，依法、民主、妥善化解。一是识别问题。按照建房时间的历史阶段，判断其农房是否符合规范，彭山区根据不同的情况对问题类型进行划分，主要有"一户多宅"、超占面积、违法建设、私下交易、无地建房等五种类型。二是建立台账规范管理。对历史遗留问题，各村建立了八类台账，包括对各类历史遗留问题的农户统计信息。三是分批次化解。通过摸清历史遗留问题的类型及其成因，研究有效解决办法，包括依法处置化解、规划引导化解、内部转让化解、有偿使用化解、有偿退出化解多种途径。对于超占的面积实行分档缴纳有偿使用费，并制定了缴费办法，推进宅基地超占使用从永久无偿向分类有期有偿转变，有效开拓了节约集约利用农村宅基地的新途径。

[①] 中华人民共和国农业农村部官方网站. 对十三届全国人大三次会议第 8378 号建议的答复. http://www.moa.gov.cn/govpublic/NCJJTZ/202009/t20200916_6352213.htm.

12.4 彭山区宅基地"三权分置"改革典型模式

彭山区在宅基地制度改革过程中结合试点村的具体特点，在新桥村实施了新村聚居与产业引进共同发展的宅基地制度改革模式，有效探索了宅基地等集体土地高效利用集约发展，将宅基地融入乡村振兴的有效实行路径。彭山区在邓庙村尝试处理历史遗留问题的改革模式，积极寻找宅基地民主管理的实现方式。在锦江镇余家沟，彭山区创新采用"企业+集体+农户"共建共享模式，初步建立了农村生活、生产、生态有机结合的宅基地改革渠道。

12.4.1 新村聚居与产业引进模式，初步建立发展型宅基地制度改革路径

公义镇新桥村位于彭山区西北部，全村面积 6.5 平方公里，辖 7 个村民小组，现有总户数 1145 户，总人口 3270 人，2020 年农村居民人均可支配收入 1.9 万元[1]。区域耕地面积 2395 亩，宅基地 926 宗、658 亩，其中闲置宅基地 46 宗，"一户多宅"10 户。新桥村在宅基地改革过程中牢牢坚守农户的主体地位，构建科学的组织管理机制，通过优化村庄布局和土地综合整理等有效举措，切实改善了居住条件，推动了产业发展，优化了人地关系，壮大了集体经济。

1. 突出农户主体地位，激发内生动力

一是摸清农户实际情况。新桥村对 1145 家农户开展入户登记，准确核实宅基地基础信息，了解农户需求与有偿退出意愿。二是征求农户个人意见。新桥村定期召开会议，讨论制定实施方案和执行标准，消除农户顾虑。三是保障农户切身利益。通过对农户完成资格权和"房地一体"确权颁证，厘清权属关系。允许农户在有房可住的前提下有偿退出，实现户有所居与盘活利用同步推进。四是带动农户参与发展。宅基地制度改革关乎农户的切身利益。在改革过程中，需要坚持突出农户的主体地位，强化村集体自主规划、自主分配、自主处置和自主管理能力，激发农民自主管理农村土地的主动性[2]。积极构建乡村文旅产业项目主体、集体经济组织和农户"三方"共建、共营、共享模式，动员农户主动、深层次、多维度参与产业发展。强化产权参与，突出产业参与，促进农户形成"财产性+经营性+工资性"的复合型收入结构，推动农民增收致富。

---

[1] 数据由彭山区农业农村局提供.
[2] 柯惆祖. 农村宅基地改革的浙江探索[J]. 今日浙江，2020(02): 38-39.

2. 构建组织管理机制，确保协调推进

新桥村宅基地改革以构建组织管理为前提，一是组建专业团队。在内部执行上，纵向成立区、镇、村三级工作领导小组，形成三级联动机制，横向强化部门深入合作，实现有效配合。在外部指导上，邀请科研院所的专业团队全程跟踪指导。二是制定工作计划。根据工作目标，制定调查摸底、宣传动员、出台制度、确权颁证、编制规划、盘活利用、规范管理等系列工作推进安排，并明确分工责任。三是落实阶段验收。建立工作台账，定期召开推进总结会议，及时总结问题，集中讨论解决方案，确保有序推动与风险有效防控。

3. 重塑村庄规划布局，优化人地关系

为改善原始闲置农房分散破旧、管理不规范的情况，新桥村推动统筹规划，重塑村庄风貌。一是因地制宜，出台结合"多规合一"的村级规划。利用宅基地腾退和新村聚居点建设同步双向推进村庄风貌形态重塑。二是落实农地复垦，促进规模利用。坚持"宜耕则耕、宜林则林、宜水则水"原则，恢复打造标准化的农地，将闲置宅基地复垦后的79.2亩耕地交由村集体持有，发展适度规模农业，促进农业景观化和村庄景区化。三是升级新村聚居，打造美丽宜居乡村。按照"适度聚居、集约用地、保留特色"原则，新桥村新建21栋农民聚居小区，建设"古堰新桥"新型社区综合服务中心，这些小区水电气网配套完善，还布局有菜园满足日常生活需要。现已完成94户、191人的安置，农户生活品质明显提升。

4. 突破产业用地瓶颈，释放发展活力

新桥村依托优越的自然环境和区位优势，果蔬种植和农旅三产等主导产业基础发展良好。为适应产业升级转型和现代农业、乡村旅游、民宿康养等新业态发展迅速的新要求，新桥村着力解决新产业、新业态用地供给不足与村宅基地闲置超占的突出矛盾。一是鼓励闲置宅基地有偿退出。新桥村有序推进宅基地有偿退出，现已复垦退出宅基地122宗，复垦总面积79.2亩，节余宅基地48.1亩。二是有序整合指标。按照村级规划，集体收储建设用地，整合节约利用。三是规范集体建设用地管理。细化用地审批标准，建设高效农业基地、冷链物流仓储、康养民宿项目等新产业、新业态。

5. 发展壮大集体经济，积累持续动能

新桥村将村集体作为农民利益代表主体，整合资源主体和项目承载主体，对内组织动员农民、管理资源资产，对外联系投资企业。该村集体经营性收入由2018年的0.8万元快速增长到2020年的40万元，增幅高达49倍。一是规范村集体经济管理。新桥村先行开展清产核资、成员界定、股份量化等工作，成

立了组级股份经济合作社和村级股份经济合作联合社,强化了村集体发展主体意识和市场运营能力。二是升级现有项目,引进新增项目。新桥村通过统筹规范管理产业用地,成功引进何家院子民宿、幸福时光农场等 6 个项目,总投资额达 500 万元。三是吸纳留存新型经营主体。通过引进一批新村民下乡发展现代农业,新桥村已吸引 20 余名职业农民留村发展。为壮大集体经济、乡村振兴积累持续动能。

在摸清家底、明确农户意愿和村集体发展前景规划的基础上,新桥村统筹当地农业产业布局,坚定走第一、第三产业综合发展道路,发展新产业、新业态,创新性打造多样特色的消费场景,初步探索了宅基地制度改革与村庄优化、产业升级和集体经济再造、群众增收致富互促并进的发展型改革路径。为实施乡村振兴战略提供了坚实基础。

12.4.2　宅基地民主管理模式,有效处理历史遗留问题

邓庙村位于彭山区西北,以丘陵地形为主,全村面积 11.78 平方公里,辖 10 个村民小组,现有农户数 1255 户,户籍人口 3294 人,耕地面积 4717 亩,宅基地 1167 宗、730 亩,其中闲置宅基地 178 宗,一户多宅 20 户。2020 年农村居民人均可支配收入 1.9 万元。邓庙村是彭山区实施宅基地改革过程中处理历史遗留问题的典型村落,通过深入了解房地情况,梳理历史遗留问题,分类分批化解,有效推进了宅基地民主管理的改革进程。

1. 扎实基础工作,摸清农房情况

准确把握基础数据是妥善化解历史遗留问题的先决条件。镇村组工作人员联合专业测绘人员入户走访进行摸底调查,逐项填写农村宅基地摸底调查表,逐户汇集农户信息,以户为单位建立农户档案,以村民小组为单位汇总制定摸底台账,以村为单位建立历史遗留问题解决的八类台账,针对农户具体情况分类梳理问题。经验表明,入户摸底调查对于宅基地制度改革具有举足轻重的作用,应该充分认识到收集基础数据、准确识别问题是化解问题的首要前提。

2. 强化组织协调,四级联动推进

邓庙村在处理历史遗留问题中注重组织建设,一是建立四级联动机制,区委书记、镇党委书记、村支部书记和集体经济组织负责人形成合力,确保改革任务顺利推进。二是建立推进专班,在试点村建立区级负责同志包村、区宅改办 2 名人员驻村、村镇两级工作领导小组的推进队伍。三是组建"农户+村镇干部+专班人员+本土专家"的协作团队。强化组织保障,高效协作联动是妥善化解历史遗留问题的有力保障。

3. 深化村民自治，集中民主决策

邓庙村在宅基地制度改革推进过程中充分发挥基层民主力量，强化参与力，凝聚自治力。村镇干部向农户广泛宣传政策信息，充分征求村组干部等群众意见，形成解决历史遗留问题的初步方案。通过召开村民代表大会，村集体将宅基地制度改革讨论决定写进村规民约，并制定《谢家街道邓庙村宅基地历史遗留问题处理办法》《谢家街道邓庙村闲置宅基地自愿有偿退出实施办法》《谢家街道邓庙村农村宅基地有偿使用实施办法》等规范文本。彭山区宅基地制度改革充分体现了村民自治的力量，突显出民主决策符合民意、贴近实际的优势。坚持民主主体，发挥民主力量是妥善化解历史遗留问题的持续动力。

4. 归纳梳理问题，分类对应施策

邓庙村在推进宅基地制度改革过程中，为规范宅基地管理，在本村梳理出了一户多宅、超占面积、私下交易、无地建房等类型的历史遗留问题。

一是"一户多宅"。经调查摸底，邓庙村共有"一户多宅"19户，全部属于建新未拆旧类型，未通过继承、赠予、买卖等合法途径取得。目前已依法拆除旧宅并复耕4户，15户正在处置。以邓庙村6组村民万某为例，建新房后将旧房继续使用，用于堆放生产资料和家庭养殖。通过村组干部的多次政策宣传，万某综合考虑自家具体情况，决定主动申请有偿退出，经村、组审核、村民代表大会表决，按有偿退出房屋补偿标准的60%给予补偿，村集体有效集约、节约利用土地资源。

二是超占面积。邓庙村共有超占面积13户，目前已按照规定标准分阶梯收取有偿使用费用4户，还有9户正在处理。在执行过程中，村集体讨论制定了邓庙村宅基地有偿使用管理办法，超占50平方米内的每年每平方米缴纳有偿使用费2元，50平方米至100平方米内的每年每平方米缴纳有偿使用费3元，超占100平方米以上的每年每平方米缴纳有偿使用费4元。为提升缴纳率，邓庙村一方面实行多种方式缴费，另一方面对不愿缴纳的农户实行先行扣除村股份分配等方式执行。以邓庙村3组村民江某为例，户籍人口6人，2009年申报在宅基地周边修建生产养殖用房500平方米用于养牛，之后因养殖亏损改为农家乐。邓庙村借宅基地制度改革契机，经第三方统一测量，江某实际宅基地面积为632.45平方米，无偿使用户内宅基地面积420平方米，超占212.45平方米。邓庙村集体经济组织于2021年起每年向江某收取宅基地有偿使用费849.8元。

三是私下交易。根据摸底结果，邓庙村非集体经济成员私下购房的有28户。其中原户籍地拥有长期固定住所的彝族"村民"占多数，通过村庄规划优化布局或规范程序的处置办法，目前已处置2户，正在处置6户，即将处置20户。以邓庙村5组非本集体经济组织成员罗某为例，罗某于2015年购买邓庙村

5组村民柴某房屋165.59平方米，因罗某目前已回原户籍地长期居住，在邓庙村所购房屋属于长期闲置状态。村上组织村民会议决定对此情况实施宅基地有偿退出，罗某与邓庙村集体经济组织签署宅基地有偿退出协议，有效化解罗某在非户籍地集体经济组织购房矛盾。

四是无地建房。邓庙村共有无房户9户，拟采取在集中规划区选址统规自建、依法转让本集体经济组织成员的宅基地使用权、建廉租房保障无房户居住三种方式供农户根据自身情况择优选择。以邓庙村7组村民柴某为例，其家庭人口4人，因长期举家外出务工，家中房屋无人居住，2008年农房垮塌。经村民代表大会表决，对本集体经济组织无房且户籍在本村人员颁发农村宅基地资格权证，柴某的建房权益得到明确保障。根据邓庙村农村宅基地改革相关规定，采取在安置点统规自建或在原基重建，按照人均30平方米规划，本集体经济组织对安置点基础设施进行打造，如柴某等无房户和有意愿在安置点统规自建的村民，可以在规范要求下充分保障"户有所居"。

邓庙村现已梳理有历史遗留问题的农户70户，已处理完成10户，正在处理32户，即将处置28户。经验表明，分类梳理问题，对应施策是妥善化解历史遗留问题的有效途径。

5. 逐步持续化解，加强规范管理

一是统筹持续化解。在处置过程中培养耐心、信心和决心，采取"循序渐进、先易后难、以点带面"的工作思路，逐步化解。在执行过程中，强化典型案例引导作用。区指导组与村组开展案例分析，对实际问题进行集中讨论，在处理过程中，对观望农户解决遗留问题既产生一定示范、激励作用，对工作人员又是一个化解问题、积累经验的过程，为后续工作增加动力。二是加强规范管理。在处理过程中，应注重锁定历史遗留问题总数，有效防范历史遗留问题新增的风险，这样才有利于推进历史遗留问题化解由难转易。另外，严禁借助处理历史遗留问题将"小产权房"合法化，要坚持解决问题而不是制造新的问题，不断强化农房的规范化管理。彭山区经验表明，逐步持续化解，加强规范管理是妥善化解农村宅基地历史遗留问题的发展方向。

宅基地的民主管理是彭山区宅基地制度改革的重要探索，邓庙村的历史遗留问题尤为复杂突出，在宅基地制度改革历程中，邓庙村在摸清实际情况基础上直面历史遗留问题，对具体问题进行梳理分类，初步探索了处理宅基地历史遗留问题的规范路径，为后期统筹区域发展释放了束缚条件，为推动宅基地规范管理提供了宝贵经验。

12.4.3 "企业+集体+农户"共建共享共赢模式，积极促进城乡融合发展

锦江镇余家沟是眉山天府新区锦江镇锦江社区（原永泉村）的一个自然村落，坐落在锦江河畔，紧邻古镇黄龙溪，地处彭祖山风景名胜区内，也位于中法农业科技园项目辐射区域。余家沟地形为浅丘地貌，属于典型的川西平原林盘聚落民居，拥有优越的区位条件和突出的生态环境优势。余家沟有农户 201 户 533 人，宅基地 185 宗、157 亩，其中闲置宅基地 23 宗。当地农户对集体经济发展的愿望强烈，村集体经济组织积极寻求突破，一方面通过集体产权制度改革、引入社会资本、盘活闲置宅基地。另一方面通过资源优势互补，构建紧密的利益联结机制，让农民共享全产业链增值收益。

在宅基地制度改革系列工作推动下，余家沟形成了新产业新业态与当地集体、农民共建、共享、共赢新示范。

一是业态共建，创新农村集体经济组织运行机制。为有序推进集体产权制度改革，当地成立了永泉村股份经济合作联合社，以村集体经济组织为主体，深化农村集体产权制度改革。在围绕壮大集体经济、探索宅基地"三权分置"、构建乡村治理体系等方面进行协同改革。在宅基地制度改革的机遇下，当地探索了集体经济新的运行机制，依托企业的资金优势和当地的生态环境优势，通过盘活闲置宅基地，由农户、集体与企业共同打造乡村旅游新业态。目前，村集体经济组织已与中法农业科技园业主方合作，共同打造"田园春光"乡村旅游项目。

二是生态共享，践行绿水青山就是金山银山理念。余家沟通过编制村规划，优化村庄布局，有限有序放活闲置集体建设用地，突出农村土地农村用，支持乡村发展新产业、新业态。为满足农户既想盘活利用自家宅基地，又想留在当地发展的意愿，村集体经济组织自筹资金，在项目区内规划村民聚居点，建设安居房，设计了在流转期内以宅基地使用权置换安居房居住权的全新路径。此举既实现了节约集约利用建设用地的目的，又保障了农民户有所居。同时，留在当地发展的农户将继续经营承包地和林地，用于发展农、林产业和乡村生活体验等特色旅游项目；村集体与业主方商定，每年支付集体经济组织生态有偿使用费 10 万元，逐步实现把绿水青山变成金山银山。

三是发展共赢，走实城乡融合推动乡村振兴之路。在"田园春光"项目区，业主利用宅基地原址打造精品民宿，对标高档消费群体；农户利用自家农房或安居房，发展经济型民宿，对标中低档消费群体；村集体经济组织利用当地优越的自然条件，发展休闲旅游、农事体验等特色旅游项目，实行差异化业态经营，分享项目带来的人气，实现农民、集体和项目共荣共生错位发展。永泉村集体经济组织在改革中实现了全新的转变，探索出多条发展壮大集体经济的有效路径，打

通了人口、资源等要素在城乡间自由流动的通道，引入项目带来了社会资金，发展了新产业、新业态，盘活了农村闲置资产资源，道路、水电气讯等基础设施得到了全面改善，乡村发展有了产业支撑。目前，余家沟盘活闲置宅基地，"企业+集体+农户"共建共享共赢发展休闲旅游、特色民宿、乡村生活体验业态已初具模型，凭借优越的区位条件和得天独厚的生态环境，将迎来全新的发展机遇，为发展壮大集体经济、释放乡村振兴活力探索出一条有效路径。

余家沟的宅基地制度改革通过创新农村集体经济组织运行机制，有效保障了村民权益。通过编制村规划，激发集体土地价值。推动农民、村集体和当地引进项目共建共享，为促进城乡融合发展，提升集体经济发展水平摸索出有效路径。

12.5 彭山区宅基地"三权分置"改革重要经验

彭山区经过宅基地制度改革的实践探索，在工作举措、工作思路等方面提供了重要经验，为后续改革推进优化以及进一步统筹开展乡村振兴工作提供了宝贵经验。

12.5.1 以厘清家底为前提夯实改革坚实基础

在试点工作中，彭山区以宅基地基础信息调查作为前期基础工作中的重中之重，充分利用国土空间规划、第三次全国土地调查、"房地一体"确权登记颁证、集体资产清产核资等成果资料，结合实际开展宅基地补充调查，全面摸清县域农村宅基地数量、布局、权属、利用状况等基础信息，收集村组宅基地相关数据，结合各村情况，分派驻村人员专项跟踪指导。彭山区经验表明，实事求是厘清基本情况是宅基地制度改革的前提，需要综合统计现有的各类数据，对统计的数据和信息需要入户实地测量和收集，在摸清农户基础情况与需求的前提下，才能针对具体情况有效施策。

12.5.2 以因地制宜为原则分类探索多元模式

彭山区宅基地制度改革有效实施了分类推进与分批推进。一是分类推进。各个村庄资源禀赋、发展基础各有不同，如平原近郊农村往往产业发展基础好，村集体经济发展基础好，而距城较远的丘陵地区传统农村往往更依托自然生态环境，产业发展较为薄弱。彭山区在改革进程中深入发掘各试点村的特点，因地制宜地分类施策，采取多途径多模式探索改革路径，引导宅基地腾退后的盘活利用。二是分批推进。对于可利用的土地资源，彭山区先行开发基础条件成熟的项目，在开发过程中积累经验。对于区位条件较差、地块分散的宅基地资源可以实现区内转移，腾退后集中使用，一体开发，先打造出有影响力的、规模效益好的项目，再依托前期项目积累的经验，以点带面，尝试多模式开发。彭山区的经验表明，在统筹推进的原则下，宅基地制度改革应该具体分析各村发展特点，因地制宜采取分类型、分批次的推进方式。

12.5.3　以制度集成为核心系统推进改革举措

制度集成是宅基地制度改革的重中之重，也是有序推进改革的有力保障。彭山区在深化宅基地制度改革试点工作中尤为注重制度集成，以规范的制度体系保障宅基地制度改革的顺利推进。对于构建制度体系的重点工作，彭山区采取了分批发布并在实践中持续完善的操作方式。目前，全区已出台第一批共 14 个指导性文件，包括《眉山市彭山区农村宅基地所有权、资格权、使用权分置暂行办法》《眉山市彭山区农村宅基地资格权认定暂行办法》《眉山市彭山区农村宅基地使用权自愿有偿退出管理暂行办法》，确立了宅基地"三权分置"的重要地位，并对资格权的认定标准、认定程序，以及退出的范围、对象、条件、程序、补偿及后续管理做了明确规定。并且，彭山区通过对制度体系分批次进行逐步完善，第一，有效宣传了宅基地管理的原则并向镇村及农户传达了改革的指导思想。第二，明确规定了区级统一的参考执行标准，形成科学有效的制度保障，在此基础上各村可根据具体情况进一步完善，形成适用度更高、可操作性更强的执行办法。第三，规范的制度增加了各级部门之间的有效沟通，降低了商议及签订契约的各项成本。

12.5.4　以集体经济为关键全面促进村级活力

农村集体经济组织是农村宅基地的所有权人，集体土地资源的高效利用是村级主体的管理方向。彭山区注重推进集体产权制度改革，构建农村集体经济组织运行机制，通过成立村级股份经济合作联合社，围绕深化农村集体产权制度改革，充分发挥村集体经济组织的管理功能。彭山区经验表明，在开展宅基地制度改革的过程中，应关注村集体利益，关注房与地的关系，地与人的关系以及宅基地制度改革与农村耕地制度改革的关系，强化集体管理力量，切实保障集体土地所有权人的权益。坚持村集体为自主管理主体，逐步培育村级能人与管理团队，带动村级管理规范有序发展。努力实现将农村集体建设用地资源留存在村内发展，促进农民收入持续增加，壮大集体经济，保障农村集体的长期发展。

12.5.5　以信息技术为重点提升宅基地管理效能

宅基地制度改革面临着农村地域范围广，农户数量多、每户人口数量不一、房屋宅基地面积差异等复杂多样的实际情况。另外，各村的管理人员数量有限且实际工作任务较多，传统的管理方式已不适应宅基地需要持续、科学、高效的管理趋势。在农业农村现代化的发展趋势下，以搭建数据化管理平台为举措，利用数据管理平台，将大数据技术应用于宅基地管理，能够使宅基地管理更高效、更专业。彭山区经验表明，农村宅基地制度改革应该注重利用科技管理方式，积极与专业技术服务单位合作，建设可供多方联合使用的数据库，并基于数据监测管理，在后期及时掌握宅基地变动信息，通过分析判断采取相应的配套支持，进一步规范农村宅基地日常管理，助推农业农村现代化建设。

12.6 彭山区宅基地"三权分置"改革对策建议

彭山区通过宅基地制度改革实践贡献出了极具价值的经验，另外，在后续发展中还需要进一步深化统筹协调机制，坚持长期持续发展，深入开发盘活路径，同时坚持长期风险防范。

12.6.1 深化统筹协调机制

改革需要发挥统筹联动的力量。一是统筹联动农村各项改革工作。宅基地制度改革是农村改革的重要部分，在乡村振兴的过程中需要统筹改革力量，将农村宅基地制度改革与农村多项改革有效衔接，将宅基地与现代农业相结合，与"两权"抵押相结合，与培养新型职业农民相结合，互相融合，相互推进，共同助力乡村振兴。二是统筹联动人员分工，在具体工作操作中，政府内部应该继续完善相关负责部门的联动工作机制，加强合作协作。继续加强多方主体的紧密联系，将农户、政府、集体、金融机构、新型职业农民等主体形成合力，发挥其特色优势职能，共同服务于宅基地制度改革的各项环节。三是统筹各项资源之间的联动，协调各村资源整体协同发展，尽量突显各村特色，避免同质化发展形成恶性竞争，造成资源的浪费。四是把握外部机遇。彭山区力争打造建设成眉（成都、眉山）同城率先突破区，深化同城化体制机制改革，全域融入成眉同城发展，形成规划同编、交通同网、产业协作、城市认同、文旅融合、环境友好、民生同质的同城化发展模式，实现从"交界结合"到"全域融合"[①]。资源的协同聚集能够为宅基地制度改革及乡村振兴吸引更多外来力量，进一步促进城乡发展融合，创造更加美好的生活环境。

---

① 眉山市彭山区第二届人民代表大会第九次会议上政府工作报告(2020).http：//www.scps.gov.cn/info/3351/73619.htm.

12.6.2 坚持长期持续发展

改革不是一蹴而就，而是长期的历程，因此应树立长远的发展视野，耐心梳理宅基地制度改革问题。一是保障农户居住权益，改善居住环境。持续完善入户道路、水电气设施、无害化卫生厕所、污水管道及垃圾处理等基础设施，培养农户垃圾分类的意识和清扫村域垃圾的主动性和积极性。通过逐步改善人居环境，促进村容村貌整洁，由"保障户有所居"的基本要求向建设村容整洁的美好乡村迈进。二是在引进项目带动发展过程中，要考虑项目的可持续性和带动性。如果项目频繁更换，不仅是对村集体管理人员工作内容的消耗，更是对土地资源价值的漠视，不利于土地价值的增值，且耗费了开发时机。三是当前彭山区宅基地制度改革处于初期的试点推进阶段，目前仅在 6 个村进行试点，尚未在全区开展，因此在后期全面推进改革过程中要注重全区整体推进的标准和步伐，沉着应对可能遇到的特殊情况。

12.6.3 深入开发盘活路径

宅基地改革是乡村振兴的重要举措。为全面释放乡村活力，应该积极引入社会资本进入农村，发展一批符合乡村特点的新产业、新业态。一是引进特色优势产业项目。尤其注重聚焦彭山农业产业发展关联性较强的上下游产业，利用其现代农业优势，打造绿色农产品加工制造基地。此举既有利于带动农户兼业，增加农民收入，又有利于农村产业升级。二是加强文旅开发。彭山区历史文化悠久，旅游资源多元丰富，应在改革中深入发掘各村特色历史文化，例如：利用彭山的红色文化，将乡村振兴融入红色教育；利用忠孝文化，开发国学教育等新业态场景，带动集体建设用地的高附加值开发。利用彭祖长寿文化，打造康养产业链，多渠道创新养老模式，例如利用闲置宅基地及农房开发租住居家养老，同时可带动周边的餐饮、垂钓及各项文化娱乐活动，形成第三产业融合发展。

12.6.4 坚持长效风险防控

宅基地制度改革在探索过程中需要更加注重风险防控。第一是坚守保障底线。宅基地自愿有偿退出必须以有效保障"户有所居"为基本前提，既要坚持防范违规建房审批，控制增量，又要确保农户的基本居住权益得到有效保障。第二是重视"中部塌陷"的风险。彭山区相比周边区县经济体量较小，发展基础较为薄弱，与周边区县发展存在一定差距，可能存在"中部塌陷"的风险，对此可以从乡村经济发展寻找突破口，一方面利用发展现代农业、智慧农业等引进上下游规模化企业入驻，带动区域经济发展总量；另一方面需要优化农村营商环境，依托优越的环境及交通等基础设施，引进农家餐饮住宿、农家康养、乡土创意设计等中小型市场主体入驻，促进个体经济落地生根；另外积极培养本土人才并引进新村民，聚集乡村人气。通过上述举措，大力发展乡村经济，促进城乡融合发展，共同助力区域综合发展。第三是重视农户权益受损风险，在宅基地制度改革过程中，要切实保障农户利益，农户的所有权、资格权和使用权应该切实具备效力，防范流转过程中的各类风险漏洞，加强后续流动过程中的监管力度，为后续所有权和使用权赋予流动保障。第四是重视社会资本退出风险。目前，彭山区农村宅基地有偿退出的补偿资金由村集体经济组织自筹，而自筹资金主要来自引进项目的投资。尽管引入社会资本创新了资金的供给方式，解决了发展启动资金不足的难题，但是在项目实施过程中，受各种不可预见因素影响，也存在撤资风险，如果当地规划已根据之前的项目定稿，一旦投资方放弃投资，将使改革后续工作陷入困境。对此，在实际工作过程中，既要根据村规划持续加强乡村基础设施配套建设，减少项目主体的后顾之忧，还要加强与项目主体的沟通联系，稳定长期合作关系，做好项目撤资风险保障工作及解决方案，便于及时处理，确保宅基地有偿退出之后，项目入驻的后续工作连贯、有效开展。

第13章 成都市郫都区宅基地"三权分置"改革案例研究

近年来,在城镇化与工业化的双重推动下,大量农民脱离原有生产环境向城镇转移,城市建设用地资源急剧紧缺与农村宅基地大量闲置现象共生发展,在一定程度造成农村面临"缺地"又"荒地"、农民"弃房"不"弃地"的发展双重障碍[1]。要想高效合理地配置农村土地资源要素,成功破解农村宅基地权利资产化、资金化难题,让农民能够充分享受土地增值收益,需要以农村宅基地"三权分置"改革作为破解难题的抓手,根据发展实际需求深入地研究农村宅基地"三权分置"改革的现实可复制、具体可落地地区案例及需要防范的潜在风险。

成都市郫都区作为全国首批33个农村土地征收、集体经营性建设用地入市、宅基地制度改革试点区(县、市)之一,改革基础牢固、经验丰富,其深化农村土地制度改革,集体经营性建设用地入市改革试点经验被《民法总则》《中共中央 国务院关于建立健全城乡融合发展体制机制和政策体系的意见》吸纳,这在一定程度上表明郫都区宅基地"三权分置"改革具有较强典型带动效用[2]。本章以郫都区宅基地"三权分置"改革为案例,以期可复制、可推广的经验做法冲破部分地区在宅基地"三权分置"改革上观念、举措的障碍,进一步推动宅基地"三权分置"改革工作。

13.1 郫都区基本情况介绍

郫都区隶属于四川省成都市,位于成都市西北方向,面积437平方公里,辖7个街道和3个镇、155个村(社区),户籍人口65.5万人,常住人口108万人,耕地面积20485公顷,宅基地面积7万余亩[3]。郫都区多年来承担着全国众多改革创新试点任务,具有丰富的改革试点经验,在开展宅基地"三权分置"改革试点工作时能够充分借鉴以往改革经验,从整体性、系统性把握农村宅基地"三权分置"改革工作。

---

[1] 曾旭晖,郭晓鸣.传统农区宅基地"三权分置"路径研究——基于江西省余江区和四川省泸县宅基地制度改革案例[J].农业经济问题,2019,4(06):58-66.
[2] 农村集体经营性建设用地使用权抵押贷款试点扩大至33个县市区,http://www.gov.cn/xinwen/2017-11/24/content_5241862.htm.
[3] 数据来源:郫都区农业农村与林业局.

13.1.1 经济水平稳步提升

郫都区整体经济实力较强,为宅基地"三权分置"改革奠定了丰厚的物质基础。党的十八大以来,郫都区经济发展迅速,截至 2020 年末,郫都区地区生产总值达到 655.6 亿元,按可比价格计算,比 2019 年增长 3.5%;一、二、三产业增加值分别同比增长 0.5%、5.9%、1.8%,规模以上工业增加值同比增长 7.2%,三次产业结构优化为 4.5∶34.6∶60.9。农村居民人均可支配收入达 30897 元,城乡居民收入比降低至 1.6∶1,土地产出率亩均约 2 万元,农业劳动生产率人均约 4.8 万元,城镇、农村居民人均可支配收入分别同比增长 5.5%、8.2%,均高于地区生产总值增速(表 13-1)[①]。

表 13-1　2012～2020 年郫都区地区生产总值与农村居民人均可支配收入

年份	农村居民人均可支配收入/元	农村居民人均可支配收入增速	地区生产总值/亿元	地区生产总值增速(按可比价格)
2012 年	12595	13.4%	325.59	13.2%
2013 年	14132	12.2%	360.23	10.2%
2014 年	15701	11.1%	396.66	9.7%
2015 年	20400	9.0%	426.0	8.5%
2016 年	22134	8.5%	462.7	8.1%
2017 年	24060	8.7%	525.0	8.0%
2018 年	26081	8.4%	580.2	7.8%
2019 年	28559	9.5%	631.9	8.0%
2020 年	30897	8.2%	655.6	3.5%

13.1.2 城镇化率不断提高

郫都区作为大城市郊区,在功能、经济、建设、环境等方面与成都市中心城区有着密切的联系,虹吸效应下,农村人口不断向城镇集中,城镇化率不断提高。一方面,大城市郊区农村基于区位优势,非农就业机会丰富,农户在理性思维计算之下,逐渐向非农就业方式转移,农户持续向城镇集中;另一方面,原本在农村居住的农户,虽然已经在城镇购房、生活居住,在趋利思维与惯性作用下,大部分农户并不会将户口迁移,而是将农村的宅基地、农房依旧保留着(表 13-2)。

---

① 《2021 年成都市郫都区政府工作报告(全文)》, http://wap.pidu.gov.cn/pidu/c125556/2021-03/12/content_cc759f671ab04ef1ae426284ad9e83b1.shtml。

表 13-2　郫都区 2016～2020 年城镇化率[①]

年份	城镇户籍人口/万人	户籍人口/万人	户籍城镇率/%	城镇化率/%
2015 年	29.33	55.86	52.51	**
2016 年	28.66	57.52	49.83	68.1
2017 年	31.23	60.10	51.96	70.8
2018 年	34.17	63.29	53.99	72.5
2019 年	36.40	65.49	55.58	74.3
2020 年	40.35	67.34	59.92	76.4

13.1.3　宅基地改革基础牢固

宅基地制度改革与农村产权制度、农村集体经济密切相关，必须作为一个整体来把握，而不能彼此孤立看待。因此探索"三权分置"的实现形式需要以深化农村产权制度、农村集体经济改革认知为前提。郫都区宅基地和农房改革探索大致可以追溯至 2004 年，十余年来，郫都区始终立足现实、尊重历史、分类推进。

郫都区从 2007 年开始牢牢把握全国统筹城乡综合配套改革试验区建设的重大机遇，积极推动城乡经济社会协调发展，2020 年初，成都西部片区被列为国家城乡融合发展试验区，郫都区是其重要区域之一。历经十余年的改革，郫都区现已全面完成区域内集体土地所有权、集体建设用地使用权（含宅基地使用权）、农村土地承包经营权、林权、农村房屋所有权等各类农村产权确权颁证，发放证书 38 万余本；完成全区集体经济组织股份化改革，赋码颁证 1541 本。同时，围绕破解城乡融合发展中"人、地、钱"瓶颈，在促进要素有序流动上先行先试，郫都区已累计完成集体经营性建设用地入市 87 宗，总面积 1984 亩。

在成为全国首批 33 个农村土地制度改革授权试点地区之一后，郫都区便积极探索如何通过提高土地效益、增强集体经济实力达到农民富裕的改革目标。在此期间，郫都区针对农村住房财产权抵押累计办理 55 宗、2.5 万平方米、抵押金额 5652 万元，累计自愿有偿退出宅基地 873 户、854 宗、641 亩，累计审批立项农民集中建房项目 171 个、安置农民 78694 人，累计收取有偿使用费约 128 万元[②]。

2017 年，郫都区根据国土资源部统筹推进农村土地三项改革试点工作的具体要求，将三项试点与相关改革、地方经济社会发展统筹起来，进一步开展了农

---

① 数据来源：据 2016—2020 年成都市郫都区国民经济和社会发展统计公报整理而成.
② 数据来源：郫都区农业农村和林业局.

村宅基地制度改革试点[①]。形成了《成都市郫都区落实农村宅基地集体所有权指导意见(试行)》、《成都市郫都区农村宅基地有偿使用指导意见(试行)》等数个政策文件,有效推进宅基地制度科学管理,促进闲置宅基地及农房的高效利用,对显化宅基地财产价值具有重要的实践意义。截至2021年5月,郫都区通过宅基地摸底调查,厘清共有宅基地面积7.5万亩、9.3万宗,户均面积达411.5平方米,从宅基地使用情况来看,一户多宅的情况约占3%,闲置约占2%,流转约占4%[②]。

13.2 郫都区宅基地"三权分置"改革的举措

2018年,在系统性地总结农村土地征收、集体经营性建设用地入市、宅基地制度改革等多项试点经验之后,中共中央、国务院印发了《中共中央 国务院关于实施乡村振兴战略的意见》提出"探索宅基地所有权、资格权、使用权的'三权分置'"。郫都区有效利用确权试点成果、集体经营性建设用地入市试点经验,拉开了宅基地"三权分置"改革试点的实践帷幕。

13.2.1 建立宅基地改革组织保障

建立高效的宅基地改革组织保障有利于保证宅基地"三权分置"改革工作的制度化、规范化,通过加强试点对象、经费等工作的规划保障进一步提高改革试点的统筹协调能力。

人员是宅基地改革的动力支撑。为高效推动"三权分置"改革,郫都区成立了农村宅基地改革领导小组,宅基地改革领导小组包括13个部门与各街道(镇)领导,小组办公室设在区农业农村局,承担领导小组日常工作,办公室成员由区内相关部门抽调精干力量组成工作专班。此外划定宅基地改革主要职责,规定由领导小组统筹全区农村宅基地改革工作,负责研究部署重要工作,协调解决重大问题,督促各部门、各街道做好改革工作,通过划定工作职责做到"三权分置"改革试点工作谁主管就由谁牵头、谁负责。

经费是宅基地改革的有利保证。为保障宅基地改革有序、持续推进,郫都区制定了农村宅基地改革资金预算方案。由郫都区财政局做好宅基地改革资金保障工作,在充分有效发挥资金效益的同时加强资金监管,并将宅基地改革资金根据年度目标任务列入年度预算,为宅基地改革做好经费保障。

[①] 国土资源部深化统筹推进农村土地制度改革三项试点座谈会在陕召开, http://www.xinhuanet.com//expo/2017-09/11/c_129701073.htm?from=singlemessage.
[②] 数据来源:郫都区农业农村和林业局.

13.2.2 完善宅基地"三权分置"权益

郫都区在宅基地制度改革试点以来，积极探索农村宅基地"三权分置"路径，通过出台《成都市郫都区农村宅基地"三权分置"不动产登记实施细则》《成都市郫都区落实农村宅基地集体所有权指导意见(试行)》《成都市郫都区农村住房及宅基地流转管理暂行办法(试行)》等系列文件有效保障宅基地"三权分置"权益。

1. 落实所有权

宅基地属于农民集体所有，农村宅基地所有权是农村集体经济组织依法拥有对本集体经济组织农户宅基地占有权、管理权、特定收益权和处置权。郫都区通过出台《成都市郫都区落实农村宅基地集体所有权指导意见(试行)》积极探索宅基地集体所有权的有效实现形式和方法路径，形成既体现集体优越性又调动个人积极性的宅基地管理新机制，对推动农村宅基地制度改革具有重要意义。

一是做实宅基地集体所有权主体地位。一方面，郫都区通过组建和完善股份经济合作社、股份经济合作联合社，全面完成了区域内的社、村级集体经济组织登记赋码，进一步明确了集体经济组织特别法人地位。另一方面，郫都区通过建立健全农村宅基地管理议事决策、服务群众、矛盾纠纷调处等多层次、多方位的机制，进一步推动农村宅基地管理的民主决策、民主管理、民主监督，发挥集体经济组织对宅基地的民主管理作用。

二是明晰宅基地集体所有权占有权能。一方面，郫都区将集体建设用地和宅基地所有权逐步逐一登记至集体经济组织名下，由集体经济组织统一管理；另一方面，通过严格控制违法新增宅基地来强化集体所有土地实际支配、管控的权利。

三是释放宅基地集体所有权收益权能。在保障"户有所居"的前提下，郫都区积极探索农村集体经济组织主导下的宅基地有偿使用费收取制度，进一步鼓励集体经济组织在充分发挥集体效能的情形下有效开展宅基地市场化流转交易居间服务工作，并收取有偿服务费，充分释放宅基地集体所有权收益权能。

2. 保障资格权

宅基地资格权是农户基于集体成员身份，对农村集体所有的宅基地享有占有、使用的身份权利[①]。郫都区将宅基地资格权看作是农户申请、分配取得宅基地使用权的前提条件，具有一定的身份属性。利用属性的不同既能够有效规避村集体与农户因"所有权"模糊概念引发的不必要的纠纷，同时也能够有效实行

---

① 宋绍繁,刁其怀.宅基地三权分置不动产登记问题的法理思考[J].资源与人居环境, 2019(01): 6-9.

"增人不增地、减人不减地"的政策，减少没有宅基地资格条件的新增人口或非本集体成员围绕"使用权"申请产生的纠纷。

因此在具体改革实践中，郫都区是按照"公正公平、民主界定、依法取得"的原则，以农村集体经济组织成员身份为基础，引导村、组集体经济组织讨论形成宅基地资格权认定办法，完善宅基地资格权认定条件、认定程序、监管规则等制度。探索建立农村宅基地资格权管理台账，充分保障农村宅基地资格权。如战旗村作为郫都区农村宅基地制度改革先行先试区，在郫都区"三权分置"改革的过程中积极发力，根据郫都区的"三权分置"改革文件精神，结合战旗村实际，先一步出台郫都区村级层面的集体经济组织成员资格认定办法，对于成员资格的取得、资格的保留、资格的丧失都做了明确的规定。

3. 盘活使用权

宅基地使用权是指权利人依法对分置后的宅基地享有占有、使用、收益和一定条件下处分的权利。郫都区通过《成都市郫都区农村住房及宅基地流转管理暂行办法(试行)》等文件，通过有效利用转让、出租、抵押三种方式实现农村住房及其宅基地使用权的适当放活。

一是审慎探索流转路径。许多地区的宅基地使用权流转被限制在本集体经济组织内部狭小的交易范围内，不能完全显化宅基地的经济价值，其真实的市场价值难以实现[1]。郫都区规定在农村宅基地使用权及其住房所有权转让时，该集体经济组织及其成员在同等条件下具有优先受让权，扩大农村住房所有权及其宅基地使用权限定转让范围、规定了转让用途，确保农村住房所有权及其宅基地的转让能够在确保转让双方利益的前提下发挥其最大经济效用。二是规范宅基地使用权流转流程，郫都区制定了农村住房及所占宅基地使用权流转办理程序规范流转程序，具体流程如图 13-1 所示。三是明确流转管理责任分工，郫都区农业农村局、郫都区规划和自然资源局加强业务指导；镇人民政府(街道办事处)、各村集体组织负责本辖区内农村住房及所占宅基地使用权的流转具体工作；村集体经济组织或村委会负责对辖区内农村住房的违规建设行为进行巡查、制止、报告。镇人民政府(街道办事处)和相关职能部门负责对农村住房的违规建设进行查处。

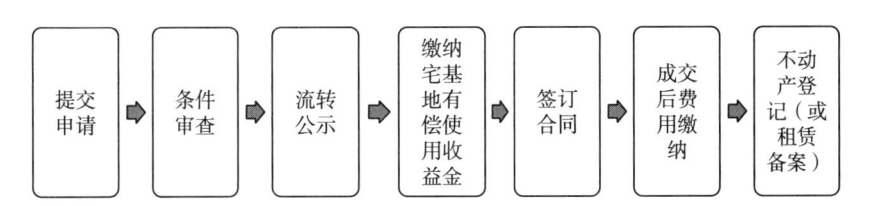

提交申请 → 条件审查 → 流转公示 → 缴纳宅基地有偿使用收益金 → 签订合同 → 成交后费用缴纳 → 不动产登记(或租赁备案)

图 13-1 郫都区农村住房及所占宅基地使用权流转程序

[1] 张克俊，付宗平."三权分置"下适度放活宅基地使用权探析[J].农业经济问题，2020(05)：28-38.

13.2.3 利用数据赋能摸清家底

郫都区在宅基地"三权分置"改革试点中充分利用互联网、大数据等技术对乡村资源数据赋能,初步实现了宅基地和农房建设管理信息化、数字化、智能化[①]。一是通过开展基础数据摸底调查、数据库建设和系统平台搭建等前期工作,建设了空天地一体化"数字农房+"全新管理试点体系。二是针对宅基地数字化管理应用需求,整合共享自然资源、规划、农业、金融等多部门相关数据,建设宅基地三维立体一张图,实现宅基地现状、规划、产业分布、农户信息、用地指标、监督管理的数据集聚与分析。

13.2.4 合理引导农户适度集中

推进农民适度集中居住是推动农村宅基地高效利用、改善农民生产生活条件、解决村居散乱等突出问题的重要举措。郫都区在宅基地"三权分置"改革试点中注重管控基础设施规划,引导农户适度集中提高宅基地利用效率,通过前置建设农村基础设施和公共服务配套,逐步引导农村居民适度集中居住。一是利用规划引导农户集中居住。根据国土空间总体规划农村居民点布局和建设用地管控的要求,从村庄规划发力合理确定集中居住点位和规模,通过统筹农村新型社区、基础设施和公共设施建设节约集约用地等方式合理规划村庄布局,引导农民在符合规划的前提下合理选址建房。二是做好农村基础设施建设配套。郫都区各相关部门需要根据各自职责完善农民集中居住区水、电、路、气、讯、污水、垃圾等农村基础设施配套建设,为农村居民相对集中居住打好基础,并且要求原则上 20 户及其以上的新建集中居住区全部实现供水、供气和污水集中处理,为集中居住区农户创造了良好的生活居住条件。

13.2.5 探索宅基地有偿退出制度

郫都区以农村集体经济组织为主导,对一定时期内农村宅基地需求和历史原因形成的一户多宅、超标准占用、非本集体经济组织成员继承等情况开展调查,结合本地宅基地资源存量情况及历史形成原因,通过出台《成都市郫都区农村住房及宅基地使用权流转暂行办法》、《郫都区农村农民住房财产权抵押登记暂行管理办法》等政策文件,综合考虑有偿退出的具体用途、使用年限、产业带动情况,探索因地制宜确定宅基地有偿退出的标准和方式。

---

① 郫都:以融合共享内生型之路通往乡村振兴广阔天地, https://cbgc.scol.com.cn/news/1617371。

一是制定农村宅基地基准地价。郫都区落实允许进城落户农民依法自愿有偿退出宅基地，探索暂时退出、永久退出等实施办法和补偿政策，多渠道筹集退出资金。针对不同的流转方式、使用年限和位置区域，郫都区稳妥推进宅基地基准地价制订工作，科学合理地评估宅基地和农民房屋价格，制定了覆盖全区的农村宅基地基准地价，为农村宅基地有偿利用、有偿退出奠定了重要基础。二是依托水源生态保护项目，郫都区探索了水源保护地农民宅基地自愿有偿退出的实施路径，进一步推动农户自主、自愿由农村向城镇转移。

13.2.6 建立宅基地利益共享机制

宅基地"三权分置"改革切实关系农户、集体、社会资本等各方利益，需要多方位的主体参与，因此郫都区在宅基地"三权分置"改革工作中尊重多方利益主体，力求改革试点让农户、国有公司、村集体经济组织、社会资本等多方主体共同参与、共同受益。一是鼓励农户将宅基地使用权、房屋及附属物所有权作价入股，积极参与原有的宅基地、农房经营，根据农户在入股初期签订合同的股权数量、比例、收益分红等保障农户的股权权益，落实入股农民在宅基地流转、产业经营等方面收益，构建利益共同体。二是积极鼓励区级国有公司、村集体经济组织、社会资本等主体参与推动农民适度集中居住，盘活闲置农村宅基地，建立多方利益共享机制。鼓励金融机构针对农民建房开展业务，探索信用贷、宅基地或集建地抵押贷等方式为农村居民建房提供资金支持。

13.2.7 建立宅基地监管机制

郫都区通过出台《成都市郫都区农村住房建设管理办法(试行)》建立了郫都区农村住房建设监督管理三级体系，如图 13-2 所示；出台《成都市郫都区农村新批宅基地办法(试行)》建立了郫都区新批宅基地监督管理三级体系，如图 13-3 所示。

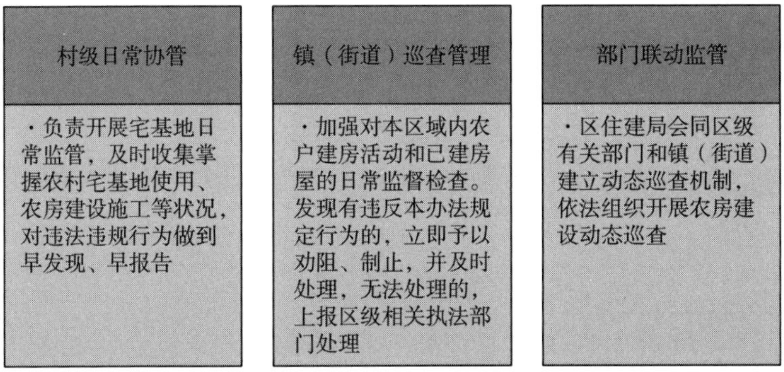

图 13-2 郫都区农村住房建设监督管理三级体系

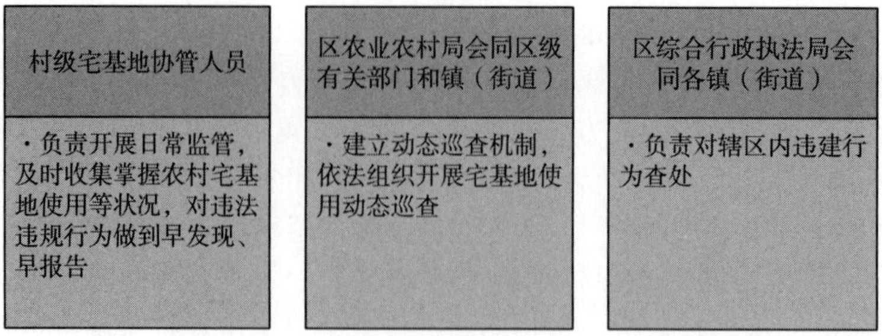

村级宅基地协管人员	区农业农村局会同区级有关部门和镇（街道）	区综合行政执法局会同各镇（街道）
·负责开展日常监管，及时收集掌握农村宅基地使用等状况，对违法违规行为做到早发现、早报告	·建立动态巡查机制，依法组织开展宅基地使用动态巡查	·负责对辖区内违建行为查处

图 13-3　郫都区新批宅基地监督管理三级体系

13.3　宅基地"三权分置"改革的典型案例

2018 年，习近平总书记来到率先推行农村集体产权制度改革的郫都区战旗村考察，强调城市与乡村要同步发展[①]。战旗村作为郫都区农村宅基地制度改革先行先试区，有较强的"三权分置"改革试点代表性，在此将战旗村作为郫都区"三权分置"改革试点的典型案例进行分析，进一步说明战旗村先行先试区的示范、突破和带动作用。

战旗村是改革开放后郫都区首批发展集体经济的村镇之一。为壮大集体经济组织经济实力，增加农户收入，在 2015 年，战旗村把握住经营性建设用地的入市契机，将原有的闲置、低效经营性建设用地入市交易，截至 2020 年，全村面积 5.36 平方公里，耕地 5441.5 亩，辖 16 个村民小组，1445 户 4493 人。2019 年，村集体资产达 7010 万元，集体经济收入 621 万元，村民人均可支配收入 3.24 万元（表 13-3）[②]。

表 13-3　战旗村 2018~2020 年村集体经济发展情况

年限	村集体资产/万元	集体收入/万元
2017 年	4700	462
2018 年	5600	520
2019 年	7010	621
2020 年	7264	571

[①] 习近平在四川战旗村强调：城市与乡村要同步发展，https://baijiahao.baidu.com/s?id=15922069636652645608&wfr=spider&for=pc.
[②] 全国先进基层党组织战旗村党委："火车头"动力十足，继续走好乡村振兴之路，https://baijiahao.baidu.com/s?id=1703989898174801071&wfr=spider&for=pc.

13.3.1 战旗村农村宅基地"三权分置"发展历程

作为全国乡村振兴示范村、全国文明村、全国科技示范村，战旗村创先意识强、改革经验丰富，深入实施农村集体产权制度、耕地保护补偿制度、农地流转履约保证保险制度、集体资产股份制、农村产权交易等多项改革[①]。宅基地制度改革作为一项整体而非孤立的改革，与农村产权制度、农村集体经济密切，战旗村多年的创先、领先经验具有较强的示范带动性。

2003年，战旗村抓住幸福美丽新村建设、城乡一体化发展等政策的契机，盘活受资源、市场和政策等影响关停的乡镇企业闲置集体经营性建设用地，探索推行土地集中管理，升级产业发展结构，增强集体经济实力。

在2006年四川被列为城乡建设用地增减挂钩试点省份以后，战旗村积极争取土地增减挂钩试点在村落地，并且通过"农地集中""拆院并院"整理集中了440.8亩土地，其中215亩用来新修社区，225.8亩用于置换资金，挂钩到城市使用208亩建设用地，实现土地收益1.3亿元[②]。

2015年初，全国人大常委会正式授权全国33个县（市、区）开展农村土地制度改革三项试点工作，郫都区被确定为集体经营性建设用地入市改革试点。同年9月，战旗村率先破解集体经营性建设用地使用权入市难题，敲下四川省农村集体经营性建设用地入市"第一槌"[③]，成功出让13.44亩土地，成交总额达到705.97万元，在扣除土地整治成本和入市成本之后按照5∶3∶2的比例进行了分配，50%用作村集体的发展资金，30%用作公益性支出，剩下的20%以现金方式发放给了村民[④]。

2020年，战旗村结合村集体实际，率先出台本村集体经济组织成员资格认定办法，对成员资格的取得、资格的保留、资格的丧失做了明确规定。

13.3.2 战旗村农村宅基地"三权分置"主要做法

郫都区"三权分置"改革试点工作开展以后，战旗村作为郫都区宅基地使用权流转的试点村，通过陆续出台《战旗村集体经济组织成员身份界定办法（草案）》、《战旗村宅基地改革试点办法（草案）》等村层面草案、办法，摸清宅基地底数，结合村庄规划科学调整产业布局，积极探索宅基地有偿使用和退出机制。

---

① 侯尧.战旗村振兴的"八字诀"[J].中国领导科学，2020(05)：110-112.
② 村集体资产近亿，年收入超500万——战旗的村庄经营之道，https://szb.farmer.com.cn/2021/20210208/20210208_004/20210208_004_1.htm.
③ 农村集体土地改革"第一槌"——四川首宗集体经营性建设用地入市成交，https://epaper.gmw.cn/gmrb/html/2015-10/12/nw.D110000gmrb_20151012_5-03.htm.
④ 张惠强.农村集体经营性建设用地入市意见需尽快出台[J].宏观经济管理，2020(09)：54-59.

战旗村利用郫都区宅基地摸底工作，同区农业农村和林业局工作人员对辖区内院落、宅基地、房屋、人口分布等情况进行摸底调查，调查摸排出战旗村总户数 1445 户，农村宅基地总面积 729.86 亩，683 宗，并建立宅基地台账[①]。

战旗村根据郫都区"三权分置"改革相关文件制定了《郫都区战旗村宅基地改革方案(草案)》，在郫都区、唐昌镇"三权分置"改革政策框架内以充分尊重农户意愿作为基准，严格落实宅基地集体所有权，一定程度上保障了该村宅基地农户资格权和农民房屋财产权，有效放活了宅基地和农民房屋使用权。战旗村在改革中坚持不论宅基地如何流转，都不改变农户家庭作为集体经济组织成员的宅基地使用资格。

战旗村在《成都市郫都区落实农村宅基地集体所有权指导意见(试行)》、《成都市郫都区农村住房及宅基地使用权流转暂行办法》等文件的指导下，积极探索宅基地所有权、资格权、使用权"三权分置"，落实宅基地集体所有权，保障宅基地农户资格权和农民房屋财产权，适度放活宅基地和农民房屋使用权。根据郫都区"三权分置"改革试点的要求，结合村集体实际，率先推出了《战旗村集体经济组织成员身份界定办法(草案)》。战旗村的农村宅基地资格权认定既遵循了郫都区、唐昌镇宅基地改革工作的实际需要，又兼顾了公平合理原则，将户籍关系作为该村宅基地资格权的主要依据。战旗村综合考虑土地承包、居住、义务履行等情况，一方面对因政策移民居住在战旗村的农户，结合实际居住情况，赋予资格权。另一方面预留新增人口宅基地用地，保障新增人口宅基地用地申请需求，拓展了郫都区"三权分置"改革试点，丰富了郫都区"三权分置"改革试点内容，完善改革制度设计。

作为郫都区农村宅基地制度改革先行先试区，战旗村已经全面实现集中居住，并不存在一户多宅与超占乱占的问题。2020 年 6 月，根据《成都市郫都区人民政府关于同意唐昌镇村(社区)建制调整改革方案的批复》，战旗村和金星村合并。对合并以后战旗村存在的一户多宅、超占乱占等历史遗留问题，战旗村通过完善宅基地权益保障和取得方式合理进行处置。战旗村出台资格权认定方案，处置了婚嫁、移居、新居民人口的资格权问题，对超标准占用宅基地和一户多宅等情况，探索实行有偿使用模式。

13.3.3　战旗村农村宅基地"三权分置"重要经验

作为郫都区农村宅基地制度改革先行先试区，战旗村在"三权分置"改革中积累了一些颇有借鉴意义的重要经验。

坚持方案先行。战旗村在"三权分置"改革的过程中坚持方案先行，在多层次、全方位了解农户的想法后结合顶层政策设计，先定"规矩"后干事。这些

---

① 数据来源：郫都区农业农村与林业局.

"规矩"的确定需要群众共同商议,有了"规矩"大家就共同遵守,依规行事[①]。通过方案切实解决农户在"三权分置"改革试点中面临的突出问题,战旗村的"三权分置"改革决策、措施都能够切合农户的宅基地诉求,不断增加农户的获得感。

坚守土地集体所有。农村集体所有制是社会主义公有制的重要形式,是实现农民共同富裕的制度保障。战旗村在宅基地"三权分置"改革过程中坚守公有制共同发展,统一规划集中资源发展,通过集体经济方式实现共同富裕,不断发展升级村级集体企业,建立村集体合作社,确保土地集体所有、集体经营性建设用地"租得出去也拿得回来"的改革路线;由此让村集体经济组织作为土地所有权的主体,与投资者充分合作,对开发形成的商铺等物业承担管理和服务职责,从中取得相关收益,促进农户就业[②]。

坚持发挥集体统筹能力。战旗村在"三权分置"改革试点工作中坚持充分发挥集体统筹能力,在组织治理宅基地的过程中,宅基地改革方案由农户民主决策制定,在满足农户利益的同时也符合了战旗村的发展现状和发展需要。通过村集体经济组织统筹使用宅基地,既提高了宅基地利用效率,又增加了宅基地流转收益,而节余的建设用地一方面可以满足战旗村产业发展所需,另一方面通过将节余的建设用地指标入市交易,推动了战旗村的宅基地资产化,为后续发展提供了资金支持。

13.4 郫都区宅基地"三权分置"改革的创新

郫都区通过宅基地"三权分置"改革试点为其他地区提供了一批可复制、能落地的宅基地"三权分置"创新经验。

13.4.1 注重以利益均衡构建可持续发展机制

宅基地"三权分置"改革试点是一个持续性的工作,在不断地拓展改革主体、尽可能兼顾各主体的利益,推动各主体间达到利益均衡的情形下,"三权分置"改革越能持续地推进。郫都区在宅基地"三权分置"改革试点中构建了以农民为受益主体、集体经济组织统筹增值收益调节金、政府收取增值收益调节金、市场主体放大经营收益的宅基地流转收益多元主体共享创新机制,兼顾了农户、集体、社会资本等多方利益,深化了宅基地"三权分置"改革流转收益共享机制。

[①] 郫都区战旗村:"坝坝会"中感党恩,"龙门阵"里集共识,https://baijiahao.baidu.com/s?id=1705973618599357186&wfr=spider&for=pc.
[②] 成都市郫都区战旗村 土地制度改革经验与启示,https://epaper.scdaily.cn/shtml/scrb/20190214/210319.shtml.

13.4.2 注重以试点引领加快推广宅基地制度改革

郫都区在宅基地"三权分置"改革试点中注重在试点区域分类开展农村宅基地基础数据调查、建房审批监管、农村宅基地使用权流转、闲置农房盘活等方面探索，全面掌握试点区域农村宅基地现状、推广宅基地制度改革的情况。一是确定唐昌镇战旗村、安德街道安龙村和广福村、友爱镇石羊村、德源街道东林村作为农村宅基地制度改革先行先试区。二是在战旗村、安龙村启动农村宅基地数字化管理试点。从唐昌镇战旗村、柏木村、钓鱼村，安德街道广福村的宅基地试点改革工作梳理出目前宅基地制度改革面临的资格权认定、宅基地民主管理等 12 类问题，开展农村宅基地数字化管理试点，进一步摸清宅基地基础数据，获取宅基地利用现状等属性。三是确定唐昌镇先锋村作为郫都区宅基地改革推进解决历史遗留问题的试点村。郫都区通过试点以点带面，总结宅基地"三权分置"经验并进一步在全区范围内推广，充分发挥示范引领与辐射带动作用，集中优势力量破解发展困境，为其他街道(镇)提供经验借鉴。

13.4.3 注重以统筹协调提高宅基地改革系统性

农村宅基地"三权分置"改革系统性强，郫都区在宅基地"三权分置"改革试点中注重统筹协调以提高宅基地改革系统性，将宅基地改革与经营性建设用地入市、农村土地征收、集体产权制度改革等多项改革结合，一定程度上推动了宅基地"三权分置"改革的不断深入，使"三权分置"改革试点迸发出更大的改革潜能。郫都区通过落实相关改革配套管理办法做好顶层设计，以《深化农村宅基地制度改革 推进美丽乡村建设总则(试行)》为引领，制定《成都市郫都区关于以基础设施为引领加快推动农民逐步适应集中居住的指导意见(试行)》等"1+N"系列政策文件，保证宅基地改革有据可依，从而确保宅基地试点工作有序开展(表 13-4)。郫都区结合城乡融合试验，探索宅基地部分退出、整体退出的差异化路径和补偿政策，试点"农民公寓"等多种方式保障农民住房，切实保障农民居住权，完善了"托底保障"机制，高效推动了宅基地"三权分置"改革与农业农村各项改革相互衔接，提高了宅基地"三权分置"改革系统性。

表 13-4　郫都区成都市郫都区宅基地改革"1+N"系列政策文件[①]

类别	政策文件名称
总则	《深化农村宅基地制度改革 推进美丽乡村建设总则(试行)》
"三权分置"	《成都市郫都区落实农村宅基地集体所有权指导意见(试行)》
	《成都市郫都区农村住房及宅基地使用权流转暂行办法》
	《成都市郫都区农村宅基地"三权分置"不动产登记实施细则》
	《成都市郫都区农村宅基地流转集体收益及分配指导意见(试行)》
宅基地使用权抵押制度	《郫都区农村农民住房财产权抵押登记暂行管理办法》
宅基地管理制度	《成都市郫都区农村新批宅基地指导意见(试行)》
	《成都市郫都区农村住房建设指导意见 (试行)》
	《成都市郫都区关于落实村庄规划促进乡村振兴的指导意见》
	《成都市郫都区关于以基础设施为引领加快推动农民逐步适应集中居住的指导意见(试行)》
宅基地监管机制	《成都市郫都区农村宅基地监管细则》

13.4.4　注重以平台搭建推动宅基地数据集成管理

郫都区持续深化宅基地和农房数字融合改革试点工作，通过对宅基地数字系统定期维护，按时收集和上报宅基地基础数据、地理数据、交易数据等，辅助推动郫都区宅基地数据集成管理。一方面，积极搭建数字乡村大数据应用平台。郫都区通过数字农房推动宅基地数据集成管理，形成宅基地信息"一张图"，打造数字乡村大数据应用平台，有利于实现乡村治理数字化、智能化，助力数字乡村建设，此外建设宅基地三维立体一张图与管理审批平台，也可以为建设全国统一的农村宅基地管理信息平台积累经验。另一方面，搭建产权交易平台为宅基地流转提供中介服务。郫都区在 2017 年挂牌成立成都农交所郫都农村产权交易有限公司，通过搭建统一规范的农村产权交易平台，为郫都区的农村住房和宅基地、集体经营性建设用地等各类农村产权交易提供信息发布、交易鉴证及政策咨询等中介服务，有利于台账管理农村宅基地产权交易的宅基地权利人、地类、宗地面积、房屋建筑面积以及审批、流转、执法等基础数据。

---

① 资料来源：郫都区农业农村与林业局.

13.4.5 注重以价值转化推动自然资源活化

郫都区作为成都最大饮用水源地,承担着主城区 83%的生活用水,全区约有 8700 余个川西林盘、9 个国家 A 级旅游景区、6 个生态湿地公园,自然资源丰富。郫都区注重以价值转化推动林盘、土地、湿地等自然资源活化。

首先,郫都区选择条件较成熟的村,结合文化遗产保护利用和乡村建设等工作,对林盘、土地、湿地等自然资源进行确权颁证,赋予自然资产"资本权能",在统筹林盘各类用地的基础上,推进适度集中居住、基础设施提升、公共服务有效配套等。其次,通过加强政策引导和规划约束,积极引入社会资本,鼓励国有公司、集体经济组织等按市场化原则积极开展合作。最后通过租用方式流转宅基地、林地和农用地以及闲置房屋,明确"项目基本租金+每月 3%营业额"的分红模式,实现了以村集体为单位的生态环境入股收益。打通并拓宽了生态价值向经济价值转化的通道,推动了土地溢价、资产增值,形成"保护—开发—收益"的良性循环,真正将生态资源转化为生态资本。

13.5 郫都区宅基地"三权分置"改革的问题制约

郫都区在宅基地"三权分置"改革试点工作中积极破冰,从"三权分置"桎梏深处寻找切入点,将全面部署和试点带动相结合,有序推进"三权分置"改革,但面对充满系统性、复杂性的"三权分置"改革工作,郫都区仍然面临着改革制约,需要坚持长期试点并注重风险防范。

13.5.1 部分基层组织管理能力薄弱

宅基地处置权是指农村集体作为宅基地所有权人通过划拨、调整、收回等方式处置农村宅基地的权利,落实集体所有权的前提是清晰地认定集体经济组织成员。作为集体建设用地类型之一的宅基地,其所有权属于集体,从产权制度的角度而言,所有权的实现有助于保障农户居住权,但是制度只能引导和规范现实,难以有效限制人们利用宅基地的方式。郫都区在开展宅基地"三权分置"改革以后,明确了宅基地所有权、资格权与使用权的归属,但是在实际的操作过程中,往往由于现实制约,集体所有权虚置的情况仍然存在。

宅基地所有权归集体所有,集体作为一个比较抽象的概念,往往都是需要通过具体的组织来执行。良好的组织形态和运行机制关系着宅基地的处置、管理和收益等集体所有权能的顺利实现[①]。在郫都区宅基地"三权分置"改革试点中，部分村集体经济组织的管理能力较为薄弱，在实施处置、管理和收益权能的时候，没有彰显宅基地集体所有权。究其根本，一方面郫都区存在部分村集体管理人员既没有充分地了解宅基地"三权分置"，另一方面是部分集体经济管理人员的管理能力相对薄弱，不能稳妥有效地推进"三权分置"改革试点工作。

13.5.2 宅基地有偿使用机制尚未建立

在农村宅基地改革实践中，实施有偿选位，针对超面积占用宅基地收取使用费是宅基地集约节约治理的创新举措[①]，也是让市场在宅基地资源配置中发挥决定性作用的重要体现，然而郫都区在宅基地"三权分置"改革试点中针对有偿使用的机制还未建立。一方面表现在宅基地有偿使用标准尚未出台，主要制约表现为宅基地有偿使用标准面对不同区位、地形、大小等宅基地差异，不具有普遍适用性；另一方面表现在农民免费配置宅基地的制度理念已深入人心，镇、村两级开展宅基地有偿使用费用的收取工作具有一定的难度，同时面对农户拒不缴纳的情况，目前执法部门尚未有执法依据。

13.5.3 宅基地使用权流转的范围较小

按照市场规律，在宅基地使用权的公开处置过程中，流转市场越大，价值越高[②]。作为"三权分置"改革试点区，郫都区制定了宅基地"三权分置"农房转让试点小区清单，将农村住房所有权及其宅基地使用权转让范围限定为城镇规划区外已建成的村民集中居住区域住房，包括纳入共享田园试点改革的唐昌镇战旗村、先锋村和安德街道棋田村、安龙村、广福村的散居农村住房及友爱镇农科村。同时郫都区对宅基地的使用权限定了转让范围、规定了转让用途，因此市场化还没有充分体现，要让市场价格体现宅基地实际价值，还需要更大的市场空间。

13.5.4 部分农户宅基地资格权认定有障碍

近年来郫都区城镇化发展迅速，2020年末户籍人口67.34万人，其中，城镇人口40.35万人，户籍城镇率将近60%，城乡之间人口流动频繁[③]。农村集体经济组织成员的流动性较大，且移居搬迁、结婚离婚、生老病死、求学参军等会让农村集体成员发生变化，对农户资格权的认定提出挑战。一是郫都区宅基地农户

[①] 胡大伟.宅基地"三权分置"的实施瓶颈与规范路径——基于杭州宅基地制度改革实践[J].湖南农业大学学报(社会科学版)，2020，21(01)：49-55.
[②] 周江梅.农村宅基地"三权分置"制度改革探索与深化路径[J].现代经济探讨，2019(11)：117-125.
[③] 2020年郫都区国民经济和社会发展统计公报，http://gk.chengdu.gov.cn/govInfo/detail.action?id=3018467&tn=2.

资格认定的主要依据是以户籍为首要标准，尽管人的一生是动态的、不稳定的，但户籍的认定是伴随着自然人的出生给定的。已经完成农房与宅基地确权颁证的农户，随时间的流逝，在大城市虹吸效应影响下，部分在城市落户，完成了市民化。这部分人群在此次宅基地"三权分置"改革中是否依旧保留或赋予其资格权难以界定。二是对于一些婚嫁、移居、新居民的人口，也未明确规定是否赋予其本集体的宅基地农户资格权。

13.5.5　部分宅基地历史遗留问题尚未解决

随着社会经济的发展，宅基地生活功能正在逐渐向资本功能转变，由于农民获得宅基地的成本极低，在较大的利益空间和已建设房屋的既定事实激励下，郫都区盘活利用农村宅基地和闲置住宅还面临解决农民"一户多宅"、宅基地使用权面积超占多占等历史问题。

一是宅基地和农房利用效率较低。一方面是存在"一户多宅"导致的宅基地利用效率较低。《中华人民共和国土地管理法》规定农村村民一户只能拥有一处宅基地，由于之前的宅基地管理制度不完善，郫都区的农村宅基地是农民根据自己的需求申请宅基地来建房，因此存在一户多宅现象。另一方面，郫都区农村地区人均农房房屋面积较大，作为大城市郊区，郫都区农村居民在城市购房的比例较高，致使宅基地的利用效率相对较低。

二是存在宅基地超占乱占问题。由于此前各级政府并未明确农民使用宅基地的面积标准，郫都区也未明确农民使用宅基地的面积标准，因此农户宅基地都是根据自己的需求申请宅基地其面积。《中华人民共和国土地管理法》规定农户宅基地的面积不得超过省、自治区、直辖市规定的标准，四川省规定宅基地的使用面积标准为每人 20~30 米^2，基于此，郫都区在 2020 年对宅基地进行统计时发现存在少数宅基地面积超标准的农户。

13.6　郫都区宅基地"三权分置"改革的建议

根据前文对郫都区宅基地"三权分置"改革现状和问题制约的思考，现针对郫都区宅基地"三权分置"改革优化路径提出几点建议。

13.6.1　增强基础组织管理能力

宅基地集体所有权的有效落实是推动宅基地"三权分置"改革的逻辑起点，有效落实宅基地集体所有权可化解宅基地集体所有权"虚化""弱化"的问题[1]，因此需要充分发挥村集体在宅基地管理中的主导作用，有效激发村集体的宅基地处置权能。

郫都区宅基地"三权分置"改革需要进一步赋予村集体、农民更丰富的宅基地利用权能，但现有的村集体治理能力与宅基地"三权分置"改革要求还存在一定差距，需要不断完善村集体的决策运行程序，加强村集体经济组织的领导班子建设，通过选拔具有政治意识、专业管理才能和了解宅基地"三权分置"改革的人才，明确宅基地"三权分置"改革的分工和具体的责任，确保每项规章政策要落实到位。同时，要不断加大对村集体经济干部的培训力度，提升集体经济干部的综合素质和丰富其专业知识，进而促进其在宅基地开发利用中真正发挥村集体产权组织的作用。

13.6.2 制定宅基地有偿使用制度和收益管理办法

郫都区在未来的宅基地制度改革中要以改革魄力克服向下阻力，以农村集体经济组织为主导，根据认真调查所掌握的一定时期内农村宅基地需求和历史遗留问题，制定出确切的宅基地有偿使用范围、标准，建立收缴、使用、管理等配置制度。

一方面，可以根据宅基地有基数面积、地形地貌等因地制宜出台宅基地有偿使用制度和收益管理办法，积极出台宅基地有偿使用费收取标准，并允许街道（镇）在规定界限内进行浮动，加强对有偿使用收益和转让收益的收缴及使用的管理。另一方面，目前郫都区及村集体对于有偿使用费收取缺乏惩罚措施，应在制定有偿使用收费标准中明确惩罚措施。此外还可以对超标准使用宅基地的农户，按类型、分年限逐年递进收取有偿使用费；对跨区域有偿使用宅基地的，根据同区域入市地块地价确定有偿使用标准[2]。可借鉴义乌市改革经验，明确界定农村宅基地超标准占用有偿使用标准。如《义乌市农村宅基地超标准占用有偿使用细则（试行）》规定：本村集体经济组织成员合法取得的宅基地，在户控制面积内的，不收取宅基地有偿使用费；超过按户控制面积的，每年每平方米按农村宅基地基准地价的 0.15% 为基础价格，以 36 平方米为一档，超占面积在 36 平方米（含）以内的按基础价格收取，每增加 36 平方米，收费标准按基础价格提高 20% 累进计收，但收费标准提高不超过基础价格的 60%。

---

[1] 靳相木，王海燕，王永梅，等.宅基地"三权分置"的逻辑起点、政策要义及入法路径[J].中国土地科学，2019，33(05)：9-14.
[2] 曾旭晖，郭晓鸣.传统农区宅基地"三权分置"路径研究——基于江西省余江区和四川省泸县宅基地制度改革案例[J].农业经济问题，2019，4(06)：58-66.

13.6.3 适度扩大宅基地使用权流转范围与对象

有限的受让主体之间的交易并不能完全显化宅基地的经济价值,其真实的市场价值难以实现[①],因此可以根据郫都区宅基地改革的具体实践情况,适度地扩大宅基地使用权流转范围、对象有利于提高宅基地经济价值。一方面建议在原有宅基地"三权分置"农房转让试点小区清单的基础上增添部分地区,适度扩大农村宅基地使用权流转范围。在一定范围内允许宅基地跨村、跨镇(街道)有效配置,推动要素进一步聚集,在为农户增添新收入途径的同时也有利于实现农村宅基地的用益物权。另一方面可以审慎地研究在一定条件制约的情况下,扩大宅基地使用权流转对象。此外对于闲置宅基地,也应该从顶层设计考虑,如果超过了一定期限就自动收归集体所有。

13.6.4 出台农户宅基地资格权界定办法

一是对"户"的认定要以依法取得土地承包经营权的家庭承包户为对象,对农村居民户中每位成员都应该实行双重认定,即既要取得所在村、组农村集体经济组织的户籍,也要获得农村集体经济组织成员的身份。二是郫都区农村宅基地资格权认定要在兼顾公平合理的同时遵循区、镇宅基地改革工作实际需要,充分合理地运用农村集体产权制度改革过程中对股东(农村集体经济组织成员)身份界定的基本成果,在将户籍作为认定集体经济成员、宅基地资格权一大依据的同时综合考虑土地承包、福利享受、居住以及义务履行等方面的情况。比如在其他农村集体经济组织已经依法取得宅基地的农户,由于其户籍已经外迁,在原村庄居住时间少,因此建议依照实际情况,审慎、动态调整其宅基地资格权。三是对郫都区农村宅基地资格权的赋予对象要实行动态管理。按照村民依法自治的原则每年调整一次。对于新增成员资格的认定和原成员资格的丧失,村集体经济组织应按照村民委员会组织法的相关规定,通过村民(代表)会议依法予以认定。

13.6.5 审慎探索解决宅基地历史遗留问题

历史遗留问题往往形成时间长、户数多、成因复杂,可能涉及多层面的政策调整,要梳理和处置历史遗留问题需要开展大量工作,因此郫都区在处理宅基地历史遗留问题的时候要稳慎探索。一是建立宅基地历史遗留问题纠纷处理机制,抽调专人、专程负责宅基地历史遗留问题,保障工作的顺利开展。二是要依法保障每一位农户的权益。在认真核查土地权属、当地规划、农户建房关键时间节点

---

① 耿卓.宅基地"三权分置"改革的基本遵循及其贯彻[J].法学杂志,2019,40(04):34-44.

等情况的基础上，针对存在的违规违建、一户多宅等问题分门别类解决。三是要刚性执法。充分结合第三次国土调查数据、宅基地使用权确权登记颁证等情况，对"一户多宅"采取强制拆除、有偿收回，对不合法乱建住房坚决予以拆除，在考虑农民承受能力的前提下对超占面积宅基地实行阶梯式有偿使用收费。此外，也可充分利用农民公寓等方式探索解决宅基地历史遗留问题。

参 考 文 献

艾希.2015.农村宅基地闲置原因及对策研究[J].中国人口·资源与环境，25(S1)：74-77.

白描.2020.乡村振兴背景下健康乡村建设的现状、问题及对策[J].农村经济，(07)：119-126.

毕云龙,王冬银,蒙达,等.2018.农村土地制度改革三项试点工作的成效与思考——以浙江省义乌市、德清县为例[J].国土资源情报，(07)：28-33.

布坎南.1994.民主财政论[M].穆怀朋译.北京：商务印书馆.

蔡保忠,曾福生.2015.亚洲部分国家农地流转制度比较及启示[J].世界农业，(08)：53-57.

蔡昉,程显煜.2008.城乡一体化：成都统筹城乡综合配套改革研究[M].成都：四川人民出版社.

蔡继明.2009.完善农村土地问题法律法规的若干意见[J].中国建设信息，(03)：26-29.

蔡继明,李蒙蒙.2019.中国城乡融合发展的制度障碍及政策建议[J].河北学刊，39(04)：139-145.

蔡继明,李新恺.2019.深化土地和户籍改革 推进城乡融合发展[J].人民论坛，(24)：114-115.

操小娟,徐妹,杜丹宁.2019.乡村振兴战略下农村宅基地"三权分置"的法律制度构建[J].浙江大学学报(人文社会科学版)，49(06)：167-181.

曹俐.2020.三权分置视野下宅基地盘活路径分析[J].三峡大学学报(人文社会科学版)，42(S1)：71-73.

曹扬.2019.我国农村土地改革实践研究[D].北京：北京交通大学.

陈楚.2017.农村土地承包经营权流转问题及对策研究[D].湘潭：湖南科技大学.

陈广华,罗亚文.2019.乡村振兴背景下宅基地资格权研究[J].安徽大学学报(哲学社会科学版)，43(05)：122-128.

陈广华,罗亚文.2019.宅基地"三权分置"之法教义学分析——基于试点地区改革模式研究[J].农村经济，(02)：23-30.

陈红霞,赵振宇,赖园园.2020.宅基地"三权分置"的实践困境与政策改进[J].上海国土资源，41(03)：58-62.

陈基伟.2020.乡村振兴背景下宅基地集体所有权落实评析[J].科学发展，(09)：71-74.

陈书荣,陈宇,肖君.2019.以宅基地"三权分置"助推乡村振兴[J].南方国土资源，(01)：14-18.

陈淑倩.2018.精准扶贫背景下我国农村金融发展的途径分析[J].农业经济，(12)：91-93.

陈卫华,吕萍.2019.产粮核心区农村土地三项改革：经验、难题与破解——以河南长垣为例[J].农村经济，(09)：50-56.

陈小君.2019.宅基地使用权的制度困局与破解之维[J].法学研究，41(03)：48-72.

陈晓军,郑财贵,牛德利.2019."三权分置"视角下的农村宅基地制度改革思考——以重庆市大足区为例[J].国土与自然资源研究，(05)：34-38.

陈耀东.2019.宅基地"三权分置"的法理解析与立法回应[J].广东社会科学，(01)：223-230,256.

陈兆玮.2016.马克思产权理论与科斯产权理论的比较[D].郑州：河南财经政法大学.

陈振,罗遥,欧名豪.2018.宅基地"三权分置"：基本内涵、功能价值与实现路径[J].农村经济，(11)：40-46.

程春丽.2014.农村宅基地退出补偿与利益机制构建探析[J].农村经济，(01)：16-17.

程秀建.2018.宅基地资格权的权属定位与法律制度供给[J].政治与法律，(08)：29-41.

崔希福.2008.唯物史观视野中的"制度"——兼评新制度经济学的制度范畴[J].河北经贸大学学报(综合版)，(02)：5-8, 11.

党国英.1998.论农村集体产权[J].中国农村观察，(04)：1-22.

[美]道格拉斯·诺思.1991.经济史中的结构与变迁[M].陈郁，罗华平等译.上海：上海三联书店,上海人民出版社.

刁其怀.2012.新中国成立后农村房屋与宅基地制度的历史变迁[J].中国房地产，(06)：66-76.

丁关良.2008.1949年以来中国农村宅基地制度的演变[J].湖南农业大学学报(社会科学版)，9(04)：9-21.

丁国民，龙圣锦.2019.乡村振兴战略背景下农村宅基地"三权分置"的障碍与破解[J].西北农林科技大学学报(社会科学版)，19(01)：39-50.

丁延武.2019.西部农村集体产权制度改革的特征与经验[J].四川农业科技，(11)：5-8.

董藩.2010.土地经济学[M].北京：北京师范大学出版社.

董若愚，方辉振.2015.保留进城落户农民"三权"会生发多大的利益矛盾?[J].中共南京市委党校学报，(04)：41-47.

董新辉.2018.宅基地使用权流转制度的困境、出路与重塑[J].学术交流，(09)：104-111.

董新辉.2019.新中国70年宅基地使用权流转：制度变迁、现实困境、改革方向[J].中国农村经济，(06)：2-27.

董新辉.2020.宅基地"三权分置"改革的路径选择：变"政策主导"为"法律主治"[J].贵州师范大学学报(社会科学版)，(04)：149-160.

杜伟，黄敏.2018.关于乡村振兴战略背景下农村土地制度改革的思考[J].四川师范大学学报，(01)：12-15.

杜伟，黄敏，曹代学，等.2015.农村宅基地退出与补偿机制研究[M].北京：科学出版社.

杜焱强，王亚星，陈利根.2020.中国宅基地制度变迁：历史演变、多重逻辑与变迁特征[J].经济社会体制比较，(05)：90-99.

段凡.2015.建国初期私权利的历史变化与现实启示[J].上海大学学报(社会科学版)，32(03)：107-117.

范宏波.2007.建立所有权、占有权双重结构的实证思考[J].政府法制，(3上)：28-30.

范怀超.2010.国外土地流转趋势及对我国的启示[J].经济地理，30(03)：484-488，518.

范毅，通振远.2020.合村并居助推乡村振兴亟须规范和创新[J].人民论坛，(22)：62-63.

方文.2020.农村宅基地"三权分置"实践运行需要明晰的几个问题[J].浙江科技学院学报，32(02)：96-102.

方行明，魏静，郭丽丽.2017.可持续发展理论的反思与重构[J].经济学家，(03)：24-31.

房建恩.2019.乡村振兴背景下宅基地"三权分置"的功能检视与实现路径[J].中国土地科学，33(05)：23-29.

冯艺越，王文昌，丁一.2021."三资"属性对农村闲置宅基地盘活意愿的影响[J].干旱区资源与环境，35(08)：58-64.

付长宇.2013.沈阳市政府绩效管理研究[D].大连：辽宁师范大学.

付宗平.2019.乡村振兴框架下宅基地"三权分置"的内在要求与实现路径[J].农村经济，(07)：26-33.

高飞.2020.农村宅基地"三权分置"政策入法的公法基础——以《土地管理法》第62条之解读为线索[J].云南社会科学，(02)：95-103，187.

高圣平. 2019.宅基地制度改革与民法典物权编编纂——兼评《民法典物权编(草案二次审议稿)》[J]. 法学评论, 37(04)：108-117.

高圣平. 2019.宅基地制度改革政策的演进与走向[J].中国人民大学学报, 33(01)：23-33.

高云虹. 2006 ."科斯定理"与科斯理论的核心思想——读"社会成本问题"[J]. 兰州商学院学报, (01)：18-22.

耿卓. 2019.宅基地"三权分置"改革的基本遵循及其贯彻[J].法学杂志, 40(04)：34-44.

苟正金.2017.我国宅基地制度变革的道路选择与反思[J].江汉论坛, (04)：140-144.

管洪彦.2021.宅基地"三权分置"的权利结构与立法表达[J].政法论丛, (03)：149-160.

郭贯成, 戈楚婷. 2017.推拉理论视角下的农村宅基地退出机制研究——基于南京市栖霞区农户意愿调查[J].长江流域资源与环境, 26(06)：816-823.

郭贯成, 李学增, 王茜月. 2019.新中国成立70年宅基地制度变迁、困境与展望:一个分析框架[J].中国土地科学, 33(12)：1-9.

郭新力.2007.中国农地产权制度研究[D].武汉：华中农业大学.

国家统计局农业统计司.1984.1949-1984年中国农业的光辉成就[M].北京：中国统计出版社.

韩长赋. 2019.中国农村土地制度改革[J].农业经济问题, (01)：4-16.

韩俊. 2015.农村土地制度改革须守住三条底线[N].人民日报, 2015-01-29(007).

韩立达, 王艳西, 韩冬. 2018.农村宅基地"三权分置"：内在要求、权利性质与实现形式[J].农业经济问题, (07)：36-45.

韩立达, 史敦友, 韩冬, 等. 2019.农村土地制度和户籍制度系统联动改革：历程演进、内在逻辑与实施路径[J]. 中国土地科学, 33(04)：18-24.

韩楠.2018.论农村宅基地使用权继承制度改革的风险防范[J].农业经济, (12)：79-80.

韩松. 2019.宅基地立法政策与宅基地使用权制度改革[J].法学研究, 41(06)：70-92.

韩文龙, 谢璐. 2018.宅基地"三权分置"的权能困境与实现[J].农业经济问题, (05)：60-69.

韩文龙, 朱杰. 2020.宅基地使用权抵押贷款：实践模式与治理机制[J].社会科学研究, (06)：38-46.

何静. 2021."三权分置"下看农村宅基地流转[J].当代县域经济, (02)：59-61.

何鹏飞. 2020.农村集体经营性建设用地入市增值收益分配研究——基于马克思地租理论视角[J].湖南广播电视大学学报, (02)：36-41.

贺鲲鹏. 2020.论农村宅基地"三权分置"改革的必要性与实现路径[J].农业经济, (08)：86-87.

贺麟涵. 2018.彭州市葛仙山镇宅基地有偿退出案例研究[D].成都：电子科技大学.

侯尧. 2020.战旗村振兴的"八字诀"[J].中国领导科学, (05)：110-112.

胡大伟. 2020.宅基地"三权分置"的实施瓶颈与规范路径——基于杭州宅基地制度改革实践[J].湖南农业大学学报(社会科学版), 21(01)：49-55.

胡新艳, 罗明忠, 张彤. 2019.权能拓展、交易赋权与适度管制——中国农村宅基地制度的回顾与展望[J]. 农业经济问题, (02)：73-81.

胡新艳, 许金海, 陈卓. 2021.中国农村宅基地制度改革的演进逻辑与未来走向[J].华中农业大学学报(社会科学版), (01)：26-32, 174.

参考文献

胡勇,周凯归,雷雨若.2015.城镇化进程中土地纠纷化解及其风险预警机制建构研究——基于社会燃烧理论的视角[J].农业现代化研究,(06):969-972.

黄道霞,余展,王西玉.1992.建国以来农业合作化史料汇编[M].北京:中共中央党校出版社.

黄国勇.2019.对广西北流市农村宅基地制度改革的思考[J].南方国土资源,(03):24-27.

黄佳.2019.鹰潭市余江区农村宅基地制度改革问题研究[D].南昌:江西财经大学.

黄敏.2010.城乡一体化中农民劳动权益保障的研究[D].成都:四川师范大学.

黄敏,丁娟.2015.我国农村宅基地使用过程中存在的问题及对策建议[J].西部经济管理论坛,(02):39-42.

黄善明.2010.市场经济条件下农村宅基地制度的改革思考[J].农村经济,(05):12-15.

贾凌民.2013.政府公共政策绩效评估研究[J].中国行政管理,(03):20-23.

江帆,李苑玉.2019.宅基地"三权分置"的利益衡量与权利配置——以使用权为中心[J].农村经济,(12):57-65.

江雪,熊健.2019.探索宅基地"三权分置"的实现路径及现实困境[J].皖西学院学报,35(02):102-105.

姜爱林,陈海秋.2007.新中国50多年来宅基地立法的历史沿革[J].重庆工商大学学报(社会科学版),24(2):91-95.

姜楠.2019.宅基地"三权"分置的法构造及其实现路径[J].南京农业大学学报(社会科学版),19(03):105-116,159.

靳相木,王海燕,王永梅,等.2019.宅基地"三权分置"的逻辑起点、政策要义及入法路径[J].中国土地科学,33(05):9-14.

瞿理铜,朱道林.2015.基于功能变迁视角的宅基地管理制度研究[J].国家行政学院学报,(05):99-103.

[美]柯斯.1994.财产权利与制度变迁[M].刘守英译.上海:上海三联书店.

柯俪祖.2020.农村宅基地改革的浙江探索[J].今日浙江,(02):38-39.

赖德华.2006.三千本房产证引发的宅基地产权制度思考[J].城乡建设,(02):50-52.

兰玲,高鑫.2012.现代产权理论研究述评[J].内蒙古民族大学学报(社会科学版),38(02):42-46.

郎闯.2021.盘活闲置宅基地的现实困境与路径选择[J].经济研究导刊,(03):25-27.

黎亮,邦平.2019.眉山市彭山区:用创新精神凝聚动能 以开放之姿拥抱世界[N].四川日报,2019-09-16.

李川.2017.泸县农村宅基地制度改革效果评价[D].成都:四川农业大学.

李丹阳,汪勇.2020.新中国70年来户籍制度改革的演变历程、逻辑与趋向[J].中国人民公安大学学报(社会科学版),36(03):54-61.

李芳,张英洪.2008.中国农地制度变迁考察——以土地财产权为视角[J].社会科学辑刊,(02):31-33.

李国祥.2020.全面把握"三权分置"深化农村宅基地制度改革[J].中国党政干部论坛,(08):63-66,1.

李海凌,熊伟,项勇.2008.风险矩阵的工程项目投标决策[J].商场现代化,(06):64-65.

李厚喜,苏礼华.2011.推动当前中国农村土地制度改革的政策建议[J].地方财政研究,(01):56-59.

李怀.2020.传统农区宅基地"三权分置"的权能实现与推进路径[J].新视野,(02):54-61.

李怀,陈享光.2020.乡村振兴背景下宅基地"三权分置"的权能实现与深化路径[J].西北农林科技大学学报(社会科学版),20(06):28-34.

李江涛,熊柴,蔡继明.2020.开启城乡土地产权同权化和资源配置市场化改革新里程[J].管理世界,36(06):93-

105，247.

李丽，吕晓，张全景.2020."三权分置"背景下宅基地使用权流转的法学视角再审视[J].中国土地科学，34(03)：16-23.

李琳，郭志京，张毅，等.2019.宅基地"三权分置"的法律表达[J].中国土地科学，33(07)：19-25.

李宁，陈利根，龙开胜.2014.农村宅基地产权制度研究——不完全产权与主体行为关系的分析视角[J].公共管理学报，11(01)：39-54，139.

李萍，田世野.2020.论马克思产权思想与我国农村产权改革的深化[J].马克思主义研究，(06)：61-71，155-156.

李谦.2021.宅基地"三权分置"的改革动能及法律表达[J].西安财经大学学报，34(02)：111-119.

李琼，李湘玲.2018.城乡居民基本养老保险制度的巩固和完善[J].甘肃社会科学，(05)：154-159.

李泉.2018.农村宅基地制度变迁70年历史回顾与前景展望[J].甘肃行政学院学报，(02)：114-125，128.

李维莉.2008.农地流转中的农民土地权益流失[D].重庆：西南大学.

李兴宇.2020.宅基地"三权分置"中的"使用权"：试点样本与法律设计[J].新疆社会科学，(04)：69-77，147.

梁发超，林彩云.2021.经济发达地区宅基地有偿退出的运行机制、模式比较与路径优化[J].中国农村观察，(03)：34-47.

林超，陈泓冰.2014.农村宅基地流转制度改革风险评估研究[J].经济体制改革，(04)：90-94.

林冬生.2021.构建农业农村发展用地保障机制助推乡村振兴的彭山经验[J].四川农业科技，(01)：9-12.

林木顺.2006.西方现代产权理论与我国经济体制改革[J].中南民族大学学报(人文社会科学版)，(05)：139-141.

林宣佐，王光滨，郑桐桐，等.2020.农村宅基地"三权分置"的实现模式及保障措施分析[J].农业经济，(11)：94-96.

林永民，史孟君，陈琳.2020.构建富民强村的返乡创业政策体系[J].前线，(02)：58-60.

刘炳福.2005.论马克思按生产要素分配理论及其现实意义[J].唐山师范学院学报，(03)：45-47，61.

刘炳辉，姚安泽.2009.制度视角下的意识形态创新[J].厦门理工学院学报，17(01)：64-68，73.

刘传江，郑凌云.2004.城镇化与城乡可持续发展[M].北京：科学出版社.

刘峰铭.2018.重大行政决策后评估的理论探讨和制度建构[J].湖北社会科学，(05)：30-37.

刘国栋.2019.论宅基地三权分置政策中农户资格权的法律表达[J].法律科学(西北政法大学学报)，37(01)：192-200.

刘国栋.2019.农村宅基地"三权分置"政策的立法表达——以"民法典物权编"的编纂为中心[J].西南政法大学学报，21(02)：17-28.

刘国栋，蔡立东.2020.农村宅基地权利制度的演进逻辑与未来走向[J].南京农业大学学报(社会科学版)，20(06)：115-124.

刘国强.2011.中国酒城 魅力泸州[J].中国发展，11(01)：77-81.

刘恒科.2020.宅基地"三权分置"的理论阐释与法律构造[J].华中科技大学学报(社会科学版)，34(04)：104-114.

刘江涛.2016.城市边缘区土地利用规制：缘起·失灵·改进[M].长春：吉林出版集团有限责任公司.

刘俊杰，岳永兵，朱新华.2020.农村宅基地制度改革的政策演变与实践探索[J].江南大学学报(人文社会科学版)，19(03)：13-19.

刘俊杰，朱新华，岳永兵. 2020.深化农村宅基地制度改革亟须解决的几个问题——河南长垣改革试点观察[J].农村经营管理，(01)：23-24.

刘庆乐. 2017.农户宅基地使用权退出价格形成机制探究[J].中国人口·资源与环境，27(02)：170-176.

刘锐. 2018.乡村振兴战略框架下的宅基地制度改革[J]. 理论与改革，(03)：72-80.

刘锐，贺雪峰. 2018.从嵌入式治理到分类管理：宅基地制度变迁回顾与展望[J]. 四川大学学报(哲学社会科学版)，(03)：47-56.

刘圣欢，杨砚池. 2018.农村宅基地"三权分置"的权利结构与实施路径——基于大理市银桥镇农村宅基地制度改革试点[J]. 华中师范大学学报(人文社会科学版)，57(05)：45-54.

刘圣欢，杨砚池. 2020.农村宅基地有偿使用的村民自治路径研究[J]. 华中师范大学学报(人文社会科学版)，59(04)：60-67.

刘诗白. 2009.论中国的社会主义产权改革[J]. 经济学动态，(07)：27-31.

刘守英. 2018.城乡中国的土地问题[J]. 北京大学学报(哲学社会科学版)，55(03)：79-93.

刘守英，熊雪锋. 2018.我国乡村振兴战略的实施与制度供给[J]. 政治经济学评论，(04)：80-96.

刘守英，熊雪锋. 2019.产权与管制——中国宅基地制度演进与改革[J]. 中国经济问题，(06)：17-27.

刘双良. 2012.中国住房政策风险评估与防范治理[M]. 天津：天津人民出版社.

刘双良. 2018.宅基地"三权分置"的权能构造及实现路径[J]. 甘肃社会科学，(05)：228-235.

刘双良. 2021.宅基地"三权分置"助推乡村振兴的多重逻辑与实现进路.贵州社会科学，(03)：146-152.

刘双良，秦玉莹. 2019.宅基地"三权分置"政策的议程设置与推进路径——基于多源流理论模型视角的分析[J].西北农林科技大学学报(社会科学版)，19(01)：60-68.

刘双良，张佳. 2019.基于政策范式理论的农村宅基地制度变迁研究[J]. 理论观察，(03)：60-63.

刘双良，秦玉莹. 2020. "三权分置"背景下宅基地流转风险防范——基于物权视角的分析[J]. 农业经济，(04)：95-97.

刘探宙，杨德才. 2018.农村三项土地制度改革的推进模式与叠加效应研究——基于泸县的实证研究[J].农村经济，(08)：12-17.

刘同山. 2018.农村宅基地制度改革：演进、成就与挑战[J]. 农林经济管理学报，17(06)：707-716.

刘卫柏，李中. 2019.宅基地制度改革的政策演变、模式比较与路径选择[J]. 中国行政管理，(09)：152-154.

刘晓清，毕如田，高艳. 2011.基于GIS的半山丘陵区农村居民点空间布局及优化分析[J]. 经济地理，(05)：822-831.

刘晓永，邹伦承. 2011.政府经济政策评估刍议[J]. 湖南财政经济学院学报，27(02)：49-51.

刘亚伟. 2017.蓟县农村宅基地退出机制研究——基于四个村的调查[D]. 天津：天津工业大学.

刘英. 2015.美国土地流转制度研究[J]. 世界农业，(08)：92-96，101.

刘宇晗，刘明. 2019.宅基地"三权分置"改革中资格权和使用权分置的法律构造[J]. 河南社会科学，27(08)：80-86.

刘正刚. 2003.马克思的产权理论探索[J]. 四川教育学院学报，(07)：31-33.

龙开胜. 2016.宅基地使用权制度改革的现实逻辑与路径选择[J]. 社会科学家，(02)：10-15.

龙禹.2020.四川省农村宅基地和闲置住宅盘活利用对策建议[J].决策咨询,（06）：77-79.

卢江,钱泓澎.2019.制度变迁视角下宅基地使用权流转市场研究——基于义乌市宅基地"三权分置"改革实践[J].财经论丛,（11）：102-112.

卢向虎,秦富.2007.试论我国农村宅基地产权的特征和法律定位[J].重庆交通大学学报(社会科学版),（06）：28-30,37.

陆铭,贾宁,郑怡林.2021.有效利用农村宅基地——基于山西省吕梁市调研的理论和政策分析[J].农业经济问题,（04）：13-24.

吕军书,时丕彬.2017.风险防范视角下农村宅基地继承制度改革的价值、困境与破局[J].理论与改革,（04）：12-19.

吕军书,张誉戈.2017.供给侧结构改革视阈下农户宅基地有偿退出的实现路径——以"百村调查"为样本[J].经济体制改革,（01）：76-80.

吕军书,张硕.2020.宅基地"三权分置"的法律内涵、价值与实现路径[J].农业经济,（06）：92-94.

吕青云,徐君花.2021.全面把握"三权分置"深化农村宅基地制度改革的路径研究[J].山西农经,（05）：31-32,64.

罗必良.2021.农村宅基地制度改革：分置、开放与盘活[J].华中农业大学学报(社会科学版),（01）：1-3.

罗端.2020.彭山春耕新图景——现代农业背后的"高精尖"[N].眉山日报,2020-04-03.

罗瑞芳,王丹丹.2020."三权分置"视域下宅基地产权主体制度的法律构造[J].天津法学,36(02)：28-34.

[美]诺思.1991.经济史中的结构与变迁[M].陈郁,罗华平,等译.上海：上海三联书店.

马克思,恩格斯.1972.马克思恩格斯全集（第二十三卷）[M].中共中央马克思、恩格斯、列宁、斯大林著作编译局译.北京：人民出版社.

马克思,恩格斯.1960.马克思恩格斯全集（第三卷）[M].中共中央马克思、恩格斯、列宁、斯大林著作编译局译.北京：人民出版社.

马克思,恩格斯.1972.马克思恩格斯全集（第二十六卷）[M].中共中央马克思、恩格斯、列宁、斯大林著作编译局译.北京：人民出版社.

马克思,恩格斯.1972.马克思恩格斯选集（第二卷）[M].中共中央马克思、恩格斯、列宁、斯大林著作编译局译.北京：人民出版社.

马喜珍.2013.发达国家农村土地流转实施经验分析及借鉴[J].世界农业,（01）：44-47.

毛劲歌,刘伟.2008.公共政策执行中的政府绩效评估探析[J].湖南大学学报(社会科学版),（05）：68-71.

梅扬.2018.论重大行政决策风险评估制度[J].甘肃政法学院学报,（04）：147-156.

孟宏斌.2019.新中国成立70年来农村医疗保障制度变迁及其经验启示[J].中国农业大学学报(社会科学版),36(05)：90-99.

孟秀伶,李国强.2020.论宅基地"三权分置"中资格权的法律意蕴[J].长春理工大学学报(社会科学版),33(05)：32-36.

牛星.2020."三权分置"视角下宅基地使用权放活的多主体联动机制——基于上海市L村的试点案例[J].华东理工大学学报(社会科学版),35(05)：85-95.

参考文献

潘家华, 单菁菁.2018.城市蓝皮书：中国城市发展报告 NO.11[M].北京：社会科学文献出版社.

潘竟虎, 靳学涛, 韩文超, 等. 2011.甘谷县农村居民点景观格局与空间分布特征[J]. 西北大学学报(自然科学版), (01)：127-133.

齐培松, 蔡天文. 2018.喜人的"晋江模式"——福建省晋江市推进农村宅基地制度改革试点的经验[J]. 国土资源通讯, (10)：33-34.

钱泓澎, 易龙飞. 2019.宅基地使用权流转市场：形成、发展与交易成本[J]. 中国国土资源经济, 32(07)：70-78.

钱亚梅. 2008.风险社会的责任担当问题[D]. 上海：复旦大学.

乔陆印, 刘彦随. 2019.新时期乡村振兴战略与农村宅基地制度改革[J]. 地理研究, 38(03)：655-666.

秦玉莹. 2021.宅基地"三权分置"中"农户资格权"的建构——基于"身份权"的视角[J].贵州社会科学, (03)：153-158.

屈兴锋. 2006.新制度经济学产权界定理论演进研究[D]. 长沙：湖南大学.

任志江, 苏瑞珍. 2019.农村医疗保障制度反贫困的传导机理、当前困境与对策创新[J]. 理论探索, (01)：115-122.

阮伟雄, 谭锦群. 1997.在马克思的地价公式中引入时间参数[J]. 中山大学学报(自然科学版), (S1)：67-69.

商迎秋. 2018.企业战略风险识别、评估与应对研究[M].北京：中国经济出版社.

上海社会科学院政府绩效评估中心. 2016.公共政策绩效评估理论与实践[M]. 上海：上海社会科学院出版社.

邵辉, 赵庆贤, 林娜. 2010.风险管理原理与方法[M]. 北京：中国石化出版社.

邵书峰. 2011.农民住房选择与乡村空间布局演变[J]. 南阳师范学院学报, (04)：20-23.

申建平.2020.宅基地"资格权"的法理阐释, 中国社会科学网-中国社会科学报, 2020年4月9日

沈建法. 1999.城市化与人口管理[M]. 北京：科学出版社.

施梅. 2020.土地管理法新修正：农村"三块地"改革的意义与乡村振兴[J]. 区域治理, (02)：43-45.

石诗源, 鲍志良, 张小林. 2010.村域农村居民点景观格局及其影响因素分析[J]. 中国农学通报, (08)：290-293.

时磊. 2020.农村宅基地盘活利用政策的优化路径研究——基于 2013-2020 年国家层面政策文本分析[J].新疆农垦经济, (07)：39-46.

史敬棠, 张凛, 周清和. 1959.中国农业合作化运动史料(下)[M]. 北京：三联书店.

束邱恺, 郑扶军. 2019.农村宅基地"三权分置"潜在问题及对策建议——以台州市为例[J]. 浙江国土资源, (09)：44-47.

四川省泸县人民政府.2020.泸县：做活宅改文章促振兴[J].农村经营管理, (01)：20-22.

宋戈, 徐四桂, 高佳. 2017.土地发展权视角下东北粮食主产区农村宅基地退出补偿及增值收益分配研究[J].自然资源学报, 32(11)：1883-1891.

宋绍繁, 刁其怀. 2019.宅基地三权分置不动产登记问题的法理思考[J].资源与人居环境, (01)：6-9.

宋志红. 2018.宅基地"三权分置"的法律内涵和制度设计[J]. 法学评论, 36(04)：142-153.

宋志红. 2021.宅基地资格权：内涵、实践探索与制度构建[J].法学评论, 39(01)：78-93.

隋福民. 2009.农村土地制度读本[M]. 青岛：青岛出版社.

孙建伟. 2019.宅基地"三权分置"中资格权、使用权定性辨析——兼与席志国副教授商榷[J]. 政治与法律, (01)：125-139.

孙星.2007.风险管理[M].北京：经济管理出版社.

谭向阳.2013.我国集体林权制度改革问题研究[D].武汉：中南民族大学.

唐杰.2016.亚洲国家农地流转制度比较与分析[J].世界农业，(06)：86-88.

陶通艾，王家乾.2019.湄潭"收，分，腾，转"唤醒沉睡农房[J].农村工作通讯，761(21)：22-23.

滕明杰.2009.交易费用视角下企业技术创新主体地位研究[J].山东社会科学，(12)：123-125.

田静婷，王东煜.2020.脱贫攻坚背景下宅基地退出中农民权益保障实证研究[J].法制与社会，(33)：121-122.

田逸飘，廖望科.2020."三权分置"背景下农村宅基地相关主体性关系变化与重构[J].农业经济，(03)：89-91.

汪莉，尤佳.2015.土地整治中宅基地的退出激励机制——以安徽省为例[J].政法论坛，33(04)：149-159.

汪明进，赵兴泉，黄娟.2019.农村宅基地"三权分置"改革的经验与启示——基于浙江省义乌市的实践视角[J].世界农业，(08)：104-108.

汪杨植，黄敏，杜伟.2019.深化农村宅基地"三权分置"改革的思考[J].农村经济，(07)：18-25.

王爱学，赵定涛.2007.西方公共产品理论回顾与前瞻[J].江淮论坛，(04)：38-43.

王冬银.2018.宅基地"三权分置"的实践探索与风险防控——基于西南地区的试点调研[J].中国土地，(09)：27-29.

王国刚.2018.从金融功能看融资、普惠和服务"三农"[J].中国农村经济，(03)：2-14.

王弘扬.2017.风险治理在邻避冲突治理中的应用[D].济南：山东大学.

王景新.2001.中国农村土地制度的世纪变革[M].北京：中国经济出版社.

王磊.2007.公共产品第三部门供给的国内外研究文献综述[J].中国石油大学学报(社会科学版)，(02)：45-48.

王磊.2007.公共产品供给主体及边界确定的交易费用经济学分析——兼论我国公共产品供给过程中交易费用的计量[J].财经问题研究，(04)：64-71.

王磊.2014.论我国户籍制度的改革[D].重庆：西南政法大学.

王丽娟，黄祖辉，顾益康，等.2012.典型国家(地区)农地流转的案例及其启示[J].中国农业资源与区划，33(04)：47-53.

王留彦.2011.宅基地使用权与房屋继承权的冲突探析[J].改革与战略，27(10)：41-44.

王璐，罗赤.2012.从农业生产的变革看农村空间布局的变化[J].城市发展研究，(12)：108-111.

王平达，高鹏.2020.我国农村社会养老保险制度变迁研究[J].学术交流，(02)：150-160.

王蔷，郭晓鸣.2020.乡村转型下的农村宅基地制度改革[J].华南农业大学学报(社会科学版)，19(05)：39-46.

王三兴.2006.论新制度学派产权理论与马克思产权理论的异同[J].石家庄经济学院学报，(03)：348-351.

王书军.2009.中国农村公共产品供给主体及其供给行为研究[D].武汉：华中科技大学.

王旭东.2010.农村宅基地产权的外部性及解决[J].城乡建设，(06)：55-56.

王旭东.2010.中国农村宅基地制度研究[D].北京：财政部财政科学研究所.

王亚.2015.法国农地流转的经验借鉴[J].中国集体经济，(19)：162-164.

魏后凯，刘同山.2016.农村宅基地退出的政策演变、模式比较及制度安排[J].东岳论丛，37(09)：15-23.

温世扬，梅维佳.2018.宅基地"三权分置"的法律意蕴与制度实现[J].法学，(09)：53-61.

吴迪，韩凌月.2020.宅基地制度在我国的运行困境与宅基地"三权分置"的选择[J].河南财经政法大学学报，

参考文献

35(03)：26-33.

吴丽, 梁皓, 霍荣棉.2020.制度信任框架下宅基地"三权分置"改革制度风险研究[J].中国土地科学, 34(06)：41-47.

吴明发, 严金明, 蓝秀琳, 等.2018.基于模糊综合评价模型的农村宅基地流转风险评价[J].生态经济, (01)：94-97.

吴易风.2008.马克思的产权理论——纪念《资本论》第一卷出版140周年[J].福建论坛(人文社会科学版), (01)：64-69.

吴振球.2007.马克思产权理论与西方产权理论比较研究[J].现代经济探讨, (08)：55-58.

夏丹波.2020.贵州盘活农村宅基地研究——以全国33个试点改革为参照[J].理论与当代, (10)：38-42.

夏松洁, 黄明儒.2019.农村宅基地"三权分置"改革的政策阐析与立法完善——基于中央农村工作会议精神的思考[J].中南民族大学学报(人文社会科学版), 39(05)：162-166.

夏柱智.2020.有限市场：宅基地财产化改革的制度实践及解释[J].农村经济, (03)：34-40.

向超, 温涛, 任秋雨.2021."目标-工具"视角下宅基地"三权分置"研究——基于政策文本的内容分析和定量分析[J].云南社会科学, (02)：136-144.

肖辉忠.2015.俄罗斯农用土地私有化以及流转问题研究[J].俄罗斯东欧中亚研究, (01)：32-43, 95-96.

肖攀.2019.农村宅基地"三权分置"登记现状与思考[J].中国土地, (06)：41-43.

谢非.2013.风险管理原理与方法[M].重庆：重庆大学出版社.

邢乐勤.2003.20世纪50年代中国农业合作化运动研究[M].杭州：浙江大学出版社.

熊贤培.2015.群体性事件处置中的政府决策风险[J].武汉理工大学学报(社会科学版), (02)：153-157.

徐大伟.2015.新制度经济学[M].北京：清华大学出版社.

徐轶博.2021.农村宅基地使用权流转问题探索[J].山西农经, (11)：85-87.

徐珍源, 孔祥智.2009.改革开放30年来农村宅基地制度变迁、评价及展望[J].价格月刊, (08)：3-6.

徐忠国, 卓跃飞, 吴次芳, 等.2018.农村宅基地三权分置的经济解释与法理演绎[J].中国土地科学, (08)：16-22.

许英.2021.农村闲置宅基地和闲置住宅盘活利用的实践探索与政策启示[J].嘉兴学院学报, 33(04)：81-88.

薛丽洋, 梁佳.2018.环境风险防控与应急管理[M].北京：中国环境科学出版社.

薛明珠.2018.乡村振兴进程中潜在风险防范机制建设[J].哈尔滨工业大学学报(社会科学版), 20(04)：55-60.

雪克来提·肖开提, 迪力沙提·亚库甫.2019.乡村振兴战略导向下的宅基地"三权分置"制度改革[J].新疆师范大学学报(哲学社会科学版), 40(05)：131-137.

闫晶.2017.面向不动产单元的惯性测量系统初始对准技术研究[D].南京：东南大学.

严婕.2020."三权分置"下宅基地使用权法律问题研究[D].上海：华东政法大学.

严金明, 陈昊, 夏方舟.2018.深化农村"三块地"改革：问题、要义和取向[J].改革, (05)：48-55.

严金明, 迪力沙提, 夏方舟.2019.乡村振兴战略实施与宅基地"三权分置"改革的深化[J].改革, (01)：5-18.

严金明, 李储, 夏方舟.2020.深化土地要素市场化改革的战略思考[J].改革, (10)：19-32.

杨秉珣.2015.美国和日本的农用土地流转制度[J].世界农业, (05)：44-46.

杨成虎.2010.我国政策评估研究中的若干问题初探[J].北京科技大学学报(社会科学版), 26(01)：60-64.

杨红朝.2019.论"三权"分置下农村宅基地使用权的转让[J].安徽农业科学，47(05)：257-260.

杨嘉铭.2020.宅基地所有权权能实现问题研究[J].理论观察，(05)：121-123.

杨丽霞，苑韶峰，李胜男.2018.共享发展视野下农村宅基地入市增值收益的均衡分配[J].理论探索，(01)：92-97.

杨璐璐.2016.产权保护视野的农村宅基地制度演进[J].重庆社会科学，(11)：29-37.

杨璐璐.2017.农村宅基地制度面临的挑战与改革出路——基于产权完善的收益共享机制构建[J].南京社会科学，(11)：17-22.

杨书萍.2020."三权分置"下农村宅基地流转的困境与出路[J].农业经济，(01)：99-101.

杨遂全.2020.论宅基地资格权确权及其法理依据——以财产属性为视角[J].中国土地科学，34(06)：35-40.

杨卫忠.2019.农村城镇化背景下宅基地使用权流转中农户羊群行为与后续效应研究[J].农业经济问题，(05)：73-84.

杨秀琴.2020.盘活农村闲置宅基地的机制设计[J].农业开发与装备，(11)：46-49.

杨学伟.2019.广东省湛江市坡头区农村宅基地流转模式研究[D].北京：中国地质大学(北京).

杨雅婷，王娅荣.2021."三权分置"下宅基地使用权抵押制度改革与法律构建[J].福建江夏学院学报，11(02)：48-55.

杨玉珍.2015.需求诱致和体制约束下我国土地制度创新路径——兼论试点市的土地制度创新行为[J].现代经济探讨，(04)：34-38.

姚树荣，熊雪锋.2018.宅基地权利分置的制度结构与农户福利[J].中国土地科学，32(04)：16-23.

姚雪，王年.2020.功能论视阈下宅基地三权分置的法构造[J].湖北经济学院学报(人文社会科学版)，17(12)：68-72.

叶红玲.2018."宅改"造就新农村——大理、义乌宅基地制度改革试点探析[J].中国土地，(5)：4-12.

叶红玲.2018.大都市近郊的乡村形态——上海松江农村土地制度改革试点思考[J].中国土地，7：10-15.

叶剑玲.2013.传承与创新：中国农村土地制度变革的现实困境与路向抉择[J].学习与实践，(11)：61-68.

叶剑锋，吴宇哲.2018.宅基地制度改革的风险与规避——义乌市"三权分置"的实践[J].浙江工商大学学报，4(06)：88-99.

尹晓波.2020.宅基地"三权分置"中农户资格权法律问题研究[D].蚌埠：安徽财经大学.

尹晓波，朱永倩.2019.宅基地"三权分置"的权利表达与实施路径[J].绵阳师范学院学报，38(07)：36-40.

于恩锋.2017.马克思理论在我国农村土地流转环境建设中的应用[J].乐山师范学院学报，32(02)：81-86.

余丽.2018.宅基地"三权分置"——义乌农村土地制度改革助力乡村振兴[N].浙江日报，2018-03-16(10).

于水，王亚星，杜焱强.2020.农村空心化下宅基地三权分置的功能作用、潜在风险与制度建构[J].经济体制改革，(02)：80-87.

喻文莉，陈利根.2009.农村宅基地使用权制度嬗变的历史考察[J].中国土地科学，23(08)：46-50.

袁庆明.2014.新制度经济学教程[M].北京：中国发展出版社.

[美]约翰·罗尔斯.2011.作为公平的正义：正义新论[M].姚大志译.北京：中国社会科学出版社.

岳红强，张罡.2018.农村宅基地"三权分置"的法律表达[J].北京科技大学学报(社会科学版)，34(06)：103-110.

岳永兵.2018.宅基地"三权分置"：一个引入配给权的分析框架[J].中国国土资源经济，(01)：34-38.

参考文献

岳永兵.2019.多元价值视阈下宅基地价格构成、影响因素计量与调控[D].北京：中国地质大学(北京).

曾芳芳，朱朝枝，赖世力.2014.法理视角下宅基地使用权制度演进及其启示[J].福建论坛(人文社会科学版)，(08)：12-16.

曾旭晖，郭晓鸣.2019.传统农区宅基地"三权分置"路径研究——基于江西省余江区和四川省泸县宅基地制度改革案例[J].农业经济问题，4(06)：58-66.

张波.2016.农村土地制度改革背景下宅基地使用权申请取得制度的改革与完善[J].中国农业资源与区划，(03)：148-155.

张凤莹.2019.我国农村宅基地制度现存问题与改革路径研究[D].北京：首都经济贸易大学.

张国胜，聂其辉.2019.乡村振兴视角下我国户籍制度的双向改革研究[J].云南民族大学学报(哲学社会科学版)，36(04)：97-102.

张汉飞，石霞.2010.我国现行农村宅基地制度及创新[J].农业经济问题，31(12)：89-92.

张浩，杨仕兵，尹晓波.2019."三权分置"背景下宅基地农户资格权问题研究[J].太原理工大学学报(社会科学版)，37(06)：60-66.

张合林，王亚辉.2019.放活宅基地使用权的理论逻辑与实现机制研究[J].山西农经，(03)：23-24.

张合林，祝茜茜.2020.放活我国农村宅基地使用权的实现机制研究[J].改革与战略，36(09)：83-91.

张惠强.2020.农村集体经营性建设用地入市意见需尽快出台[J].宏观经济管理，(09)：54-59.

张慧慧.2019.论农村宅基地有偿使用制度的构建[D].苏州：苏州大学.

张靖.2017.盘活利用农村空闲宅基地的几点思考——以天津市蓟州区为例[J].中国土地，(06)：13-15.

张军涛，张世政.2019.农民特性、政策工具与宅基地功能——基于江西余江宅基地制度改革的分析[J].农村经济，(05)：29-36.

张军涛，游斌，翟婧彤.2019.农村宅基地"三权分置"的实现路径与制度价值——基于江西省余江区宅基地制度改革实践[J].学习与实践，(03)：47-56.

张克俊，付宗平.2017.基于功能变迁的宅基地制度改革探索[J].社会科学研究，(06)：47-53.

张克俊，付宗平.2020."三权分置"下适度放活宅基地使用权探析[J].农业经济问题，(05)：28-38.

张力，王年.2019."三权分置"路径下农村宅基地资格权的制度表达[J].农业经济问题，(04)：18-27.

张明.2005.城市土地整理风险管理研究[D].武汉：华中农业大学.

张少停.2018.国家管制视角下农村集体土地产权制度改革研究[D].太原：山西大学.

张婷，王三秀.2019.新中国70年农村养老保险制度改革历程与基本经验[J].改革，(08)：15-26.

张文木.2011.中国社会主义道路的基本经验[J].马克思主义研究，(07)：126-131.

张文贤.2012.中国产权改革的顶层设计和产权理论的学术前沿——刘诗白经济思想研究之二[J].经济学家，(07)：5-11.

张希坡，韩延龙.1992.中国革命法制史[M].北京：中国社会科学出版社.

张小敏.2015.马克思和科斯产权思想的比较研究[D].无锡：江南大学.

张秀智，丁锐.2009.经济欠发达与偏远农村地区宅基地退出机制分析：案例研究[J].中国农村观察，(06)：23-30.

张义博.2017.我国农村宅基地制度变迁研究[J].宏观经济研究，(04)：35-42,54.

张勇.2019.农村宅基地有偿退出的政策与实践——基于2015年以来试点地区的比较分析[J].西北农林科技大学学报(社会科学版),19(02):83-89.

张勇.2019.乡村振兴背景下农村宅基地盘活利用问题研究[J].中州学刊,(06):37-42.

张勇.2020.宅基地"三权分置"改革:"三权"关系、政策内涵及实现路径[J].西北农林科技大学学报(社会科学版),20(02):61-68.

张勇.2020.乡村振兴战略下闲置宅基地盘活利用的现实障碍与破解路径[J].河海大学学报(哲学社会科学版),22(05):61-67,108.

张勇,周丽.2021.农村宅基地多元盘活利用中的农民权益实现[J].中州学刊,(04):41-47.

张勇,周丽,李银.2020.宅基地"三权分置"改革的政策与实践[J].江南大学学报(人文社会科学版),19(05):60-67.

张宇,郭小雨,赵帅.2020.和林格尔与义乌宅基地制度改革对比分析[J].中国土地,(02):40-42.

张雨榴,杨雨濛,严金明.2020.福利多元主义视角下宅基地资格权的性质与实现路径——以北京市魏善庄镇试点为例[J].中国土地科学,34(01):17-24.

赵峰.2014.农村土地承包经营权流转风险防范研究[D].武汉:华中农业大学.

赵婧.2020.自然资源部通报 2019年耕地保护督察有关情况[EB/OL]. http://www.mnr.gov.cn/dt/ywbb/202001/t20200120_2498385.html,2020-01-20/2020-03-20.

赵军洁,范毅.2019.改革开放以来户籍制度改革的历史考察和现实观照[J].经济学家,(03):71-80.

赵艳霞,李莹莹.2018.乡村振兴中宅基地"三权分置"的内生变革与路径研究[J].财经理论研究,(05):1-8.

赵艳霞,李莹莹.2020.宅基地"三权分置"改革实践村庄分异的实证研究——以天津蓟县宅基地改革试点为例[J].农村经济与科技,31(02):273-275.

郑风田.2018.让宅基地"三权分置"改革成为乡村振兴新抓手[J].人民论坛,(10):75-78.

郑艳.2010.厦门市农村土地流转状况及问题研究[D].福州:福建农林大学.

中共中央文献研究室.2014.习近平谈治国理政[M].北京:外文出版社.

钟荣桂,吕萍.2018.江西余江宅基地制度改革试点经验与启示[J].经济体制改革,(03):13-18.

钟文颢.2019.共享农庄土地利用规制研究[D].海口:海南大学.

周建春.2007.中国土地勘测规划院地政研究中心开放课题研究项目选编[M].北京:中国大地出版社.

周建国.2010.农村耕地非法转为宅基地的问题与对策[J].贵州农业科学,38(02):183-188.

周江梅.2019.农村宅基地"三权分置"制度改革探索与深化路径[J].现代经济探讨,(11):117-125.

周江梅,黄启才.2019.改革开放40年农户宅基地管理制度变迁及思考[J].经济问题,(02):69-75.

周江梅,黄启才,曾玉荣.2020."三权分置"背景下农户宅基地使用权流转的改革思考[J].重庆社会科学,(01):28-37.

朱明芬.2018.农村宅基地产权权能拓展与规范研究——基于浙江义乌宅基地"三权分置"的改革实践[J].浙江农业学报,30(11):1972-1980.

朱明明.2012.山东省工业发展与资源环境的耦合研究[D].济南:山东师范大学.

朱向阳.2020.论宅基地"三权分置"下的农户资格权[J].湖北经济学院学报(人文社会科学版),17(11):89-92.

朱新华. 2012.农村宅基地制度创新与理论解释——江苏省江都市的实证研究[J]. 中国人口·资源与环境，22(03)：19-25.

朱新华，陆思璇. 2018.风险认知、抗险能力与农户宅基地退出[J].资源科学，40(04)：698-706.

祝坤艳. 2016.经济新常态下我国粮食安全问题及发展研究[J].中国农业资源与区划，37(04)：209-213.

Alchian A A，Demsetz H . 1973.The Property Right Paradigm [J].The Journal of Economic History，33(01)：16-27.

Alchian A A，Allen W R. 1977.Exchange and Production Competition，Coordination，and Control，(2nd ed)[M]. Belmont，Calif.：Wadsworth，130.

Bogaerts T，Williamson I P, Fendel E M. 2002.The role of land administration in the secession of central - European countries to European Union [J].Land Policy，19(01)：29-46.

Fornell C. 1996.The American Customer Satisfaction Index：Nature，Purpose，and Findings[J]. Journal of Marketing，60(10)：7-18.

Gorton M，Davidova S. 2001.The International Competitiveness of CEEC Agriculture [J]. The World Economy. 24(02)：185-200.

Joshua M D，Eleonora M，Anna B，et al. 2004.Price Repression in the Slovak Agricultural Land Market [J]. Land Use Policy，(21)：59-69.

Mykola M，Bugaienko O. 2016.The substantiation of urban habitats peer land exchange in Ukraine[J]. Geodesy and Cartography，42(02)：53-57.

Sherwood K，Chaney P. 2000.The resale of right to buy dwellings：a case study of migration and social change in rural England[J]. Journal of Rural Studies，16(01)：79-94.

Terry V D. 2003.Scenarios of Central European Land Frag-mentation[J]. Land Use Policy，(20)：149-158.

Tom L.1963.A History of Landownership in Modern Egypt 1800-1950[J]. International Affairs，39(01)：125-126.

附录　课题组获采用刊发的部分建议报告

建议报告一：双循环新发展格局背景下深化农村宅基地"三权分置"改革的建议①

成都师范学院杜伟在主持的国家社科基金项目"农村宅基地'三权分置'改革的政策评估与优化研究"阶段性成果中提出，深化宅基地"三权分置"改革，有利于优化农村土地资源配置，促进城乡资源要素流动，培育农村发展新动能，是深入实施乡村振兴战略的重要抓手、构建双循环新发展格局的内在要求。课题组在系统研究的基础上，提出了双循环新发展格局背景下破解农村宅基地"三权分置"现实困境、优化农村宅基地"三权分置"改革路径的建议。

一、深刻认识双循环新发展格局背景下农村宅基地"三权分置"改革的重要意义

（一）深化农村宅基地"三权分置"改革是构建双循环新发展格局的内在要求。双循环新发展格局是党中央面对外部环境日趋复杂和全球经济不确定性而提出的重大发展战略，其重点在于"内循环"，关键在于充分激发内需潜能。我国是农业大国，农民财产性收入占总收入的比重不足 3%，增加农民财产性收入是扩大城乡居民消费的主要路径。深化农村宅基地"三权分置"改革可以明晰宅基地产权，赋予农民财产权益，通过放活宅基地和房屋使用权，盘活闲置宅基地，增加农民财产性收入，激活农村消费潜力。

（二）深化农村宅基地"三权分置"改革是构建双循环新发展格局的重要保证。构建双循环新发展格局势必须以推动资源要素自由流动为目标，构建更加完善的市场化配置机制，以土地要素流动破除城乡二元土地市场结构，以劳动力要素流动缩小城乡贫富差距，以资本要素流动推动实体经济发展，以技术要素流动实现产业升级。推动资源要素自由流动的核心要义是城乡要素双向循环流动。深化宅基地"三权分置"改革，可以通过有偿退出宅基地实现农村劳动力流向城镇，通过宅基地流转入市实现农村建设用地流入城镇，通过放活宅基地和房屋使用权实现城市资本要素流入农村，以资源要素在城乡之间的通畅流动，重塑城乡新关系，实现城乡融合发展。

---

① 全国哲学社会科学规划办公室《成果要报》录用刊发。

二、努力破解双循环新发展格局背景下农村宅基地"三权分置"改革的现实困境

(一)农村宅基地权利界定与保障难。一是现行宅基地权利规定分散于《中华人民共和国宪法》《中华人民共和国土地管理法》《中华人民共和国民法典》等法律规范,法律制度供给不足,从根本上无法全面保障农村宅基地所有权的正常、有序运行,农村集体土地所有权面临实践中的主体多元难题,存在"虚化"和"弱化"问题。二是宅基地资格权创设存在法理困境、法律依据不足,尚无法规对农户资格权的概念、范畴、主体等作出明确规定,对农村特殊群体的资格权难以认定并保障。三是农民享有宅基地处分权能的问题存疑,现行法律对宅基地处分权能的规定模糊,导致宅基地"三权分置"的权能分配和权利架构存在困难。

(二)农村宅基地使用权流转机制建设难。一是宅基地使用权流转范围有限,数量庞大的闲置宅基地沉睡在村集体的狭小范围,无法最大程度地盘活,特别是偏远农村的大量闲置宅基地难以激活。二是宅基地使用权流转市场不健全,交易规则不明晰,市场化交易机制未形成,由于交易成本高且交易后的宅基地用途受限,农民通过宅基地流转可获得的财产性收益有限。三是各级政府对宅基地"三权分置"改革宣传不到位,农民对宅基地使用权流转认识有偏差,存在非理性认识。

(三)耕地保护红线面临突破的风险。从 2019 年自然资源部督察耕地保护的情况来看,为提高供地率和闲置土地处置比例,一些地方存在弄虚作假和处置不实行为,出现耕地依然被圈占、闲置浪费的现象。放活宅基地使用权促使社会资本下乡,但是现行防范机制不健全,极易发生违法违规占用耕地并将其变成非农建设用地,改变耕地性质,导致耕地流失。

(四)农村宅基地"三权分置"改革潜在风险防控难。地方政府、所有权人、资格权人、使用权人等不同主体所处立场不同,各自利益诉求、行为决策与"三权分置"改革政策初衷存在较大差异,导致改革实践中配套实施细则不具体,存在耕地保护红线突破、乡村建设规划失控、农民利益受损和纠纷频发等潜在风险,加强风险防控与管理的任务艰巨。

三、积极完善双循环新发展格局背景下农村宅基地"三权分置"的改革路径

(一)以细化宅基地"三权"为出发点,落实改革制度基础。一是加强顶层设计,及时修改《中华人民共和国土地管理法》《中华人民共和国民法典》等法律法规,增加宅基地资格权的具体条款,明确宅基地处分权的具体内容,细化配套政策和实施细则,理清"三权"关系,优化权能结构,以保障农民的居住权和收益权为前提,充分发挥农村集体对宅基地所有权的落实和行使,通过物权化方

式保护社会主体的宅基地使用权。二是落实宅基地集体所有权，明确农村集体的宅基地分配权、宅基地使用监督权、闲置宅基地托管或回收权、闲置宅基地整理开发权等所有权权能，创新管理方式，提高产权效率。三是在法律规范上创设宅基地资格权，以保障农民的居住权和收益权为核心，完善农户资格权的权能配置，严格农民集体成员权和宅基地资格权的登记制度，探索宅基地农户资格权退出和重获机制。四是放活宅基地和房屋使用权，既明确农户对宅基地的占有、使用、收益和一定程度的处分权，又保障社会主体对宅基地的占有、使用、收益、抵押、出资、流转等权能。五是以市场化改革为导向，完善农村宅基地使用权流转市场；以金融服务为抓手，健全农村宅基地使用权流转的筹融资渠道；以创新发展为引擎，健全农村宅基地退出再利用的实施机制；以严格监管为宗旨，建立宅基地使用权流转的风险防控机制。

（二）以完善体制机制为切入点，推进宅基地合法有序流转。一是构建公开化、透明化、便捷化的宅基地使用权交易平台，完善流转交易规则，加强宅基地使用权流转管理。二是适度拓宽宅基地使用权流转范围和方式，尝试多渠道的宅基地权能转换方式，推进宅基地使用权通过出租、互换、抵押、入股等方式，采用"土地流转+土地托管+市场资本"等模式有序流转。三是加强宅基地增值收益分配监管，平衡农民、村集体组织和第三方之间的增值收益分配，以农民权益保障推进闲置宅基地流转。

（三）以防范耕地红线突破为根本点，加强宅基地使用管理。一是严格宅基地使用监管，完善宅基地登记和审批制度，严格执行"一户一宅"，建立农房违法占地执法适用办法，防范以宅基地滥占侵占耕地。二是通过建档立卡保护耕地，定期测绘各类农地面积，形成"测绘调节，管控有效"的格局，运用数字化、规范化和空间可视化巡查执法"一张图"，实现统一上图入库。三是加强考核问责，构建"政府主导、农民参与"的耕地保护考核机制。

（四）以优化基层治理体系为着力点，化解宅基地矛盾纠纷。一是以乡土中国的特质为基础，将宅基地"三权分置"改革纳入乡村治理体系与社区治理体系建设，促进农村基层治理的民主决策、民主管理、民主监督，健全农村土地管理的议事决策机制、民主监督机制、财产管理机制、服务群众机制。二是清晰界定村集体经济组织或者村民委员会、村内各集体经济组织或者村民小组、乡镇集体经济组织的各自权利，完善宅基地使用管理的矛盾纠纷调处机制，构建政府、市场与集体组织三方联动的风险防范网，运用法治思维和法治方式化解宅基地纠纷。三是加强农村土地利用、乡村建设规划与管理，探索城乡一体化规划建设，合理规划村庄布局，优化村庄功能，统筹安排村域生产、生活、生态空间。妥善处理农民宅基地资格权、社会主体宅基地使用权与集体宅基地所有权之间的关系，既要防止因集体的强势推进造成农民权利受损，也要消除集体和农民宅基地权利对社会主体宅基地使用权取得和行使的忧虑。

（五）以乡村振兴发展为支撑点，推进农村改革协同联动。一是提升农村宅基地"三权分置"改革的系统性和协同性，以农村土地确权登记制度落实宅基地集体所有权，以完善城乡户籍制度保障宅基地农户资格权，以城乡建设用地增减挂钩制度放活宅基地和房屋使用权。二是完善农村宅基地"三权分置"改革的配套体制体系建设，优化宅基地自愿有偿退出制度、抵押担保制度、取得置换制度、民主管理制度等，强化不同制度间的一致性与协调性。三是强化乡村振兴、农业农村优先发展的衔接机制，坚持"产业发展""农民致富""农村美丽"等多项原则，协调"政府管制+市场主体""基层治理+农民自治""乡村振兴+城乡发展"等多重关系，统筹"公平+效率""稳定+发展""限制+放活"等多维目标，最大限度释放改革红利。

建议报告二：优化农村闲置宅基地自愿有偿退出机制的建议[①]

四川师范大学郑涛、杜伟完成的国家社科基金项目阶段性成果提出，探索农村宅基地自愿有偿退出机制是全国新一轮农村土地制度三大改革的重要内容之一，推进农村闲置宅基地自愿退出与优化利用，有利于深入推进农业供给侧结构性改革，加快培育农业农村发展新动能。

一、优化农村闲置宅基地自愿有偿退出机制的意义重大

农村土地资源优化利用问题是当前治国理政的难点和热点，事关经济社会发展、农业安全、社会稳定和生态环境等重大问题。随着城镇化、工业化的加速推进，大量农民进城落户或搬迁集中居住导致原有宅基地闲置，土地资源浪费严重。根据中国科学院地理科学与资源研究所发布的研究报告，目前我国农村宅基地有15%闲置，闲置宅基地面积超过全国耕地总面积的十八分之一。

农村宅基地制度改革是全国新一轮农村土地制度三大改革的重要内容之一，优化农村闲置宅基地自愿有偿退出机制是加强农村土地资源优化利用、推进农业现代化和新型城镇化的重大需求，对于深入推进农业供给侧结构性改革、加快培育农业农村发展新动能具有重要意义：一是依托城乡建设用地增减挂钩项目，利用所退出宅基地以及所形成的复垦建设用地指标，可以加强城乡基础设施建设，改善城乡生产生活环境；二是利用所退出宅基地以及所形成的复垦建设用地指标，可以建设农产品加工园区、特色产业园区、农业科技园区等，推动农村新产业新业态培育；三是对所退出宅基地进行整治复垦，与承包地一并流转给专业化

[①] 全国哲学社会科学规划办公室《成果要报》录用刊发。

农业经营公司，可以将分散土地集中连片，进行规模化种植与经营，促进现代农业发展；四是对边远山区"生态移民"后腾退的宅基地整治恢复为山林，可以改变频繁发生地质灾害的状况，加强生态环境保护和水土流失防治；五是对腾退宅基地农民的集中居住点加强统一规划，明确特色定位，可以推进宜居宜业特色村镇建设，大力发展休闲、康养、乡村旅游等产业，拓宽农民收入来源。

二、优化农村闲置宅基地自愿有偿退出机制的建议

1. 明确农村闲置宅基地自愿有偿退出的指导思想

应当坚守"农民利益不受损"这一改革底线，以推进农村土地节约集约使用为根本，以"管住总量、严控增量、盘活存量"为思路，以"法定无偿、节约有奖、超占有偿、退出补偿"为原则，完善宅基地使用管理制度和自愿有偿退出机制，推进宅基地优化利用与新型城镇化、承包地退出、幸福美丽新村建设、农村新产业新业态培育和农村新型集体经济发展的深度结合。

2. 分类实施农村闲置宅基地自愿有偿退出的两种模式

一是"批量退出"模式。这是以土地项目牵头的规模较大的宅基地退出形式。目前国内较为常见的宅基地"批量退出"主要是依托增减挂钩、农村土地整治来实现。畅通宅基地"批量退出"渠道，应当以土地整治为平台，以增减挂钩为抓手，重点完善项目规划管控、拓展项目资金筹集渠道、优化项目收益分配机制，盘活农村建设用地存量，破解"保发展与保资源"的难题。

二是"零散退出"模式。这是农民在获得合理补偿的前提下，主动申请退出所使用宅基地的退出模式，是"积少成多、化零为整"的关键途径，是农村落实节约集约用地制度的重点攻坚方向。畅通宅基地"零散退出"渠道，应当依靠村干部和农民群众的深度参与，开展扎实工作，树立节约集约用地意识，完善退出资格审查、补偿协商、补偿资金来源、退地储备等方面的具体实施细则。

3. 着力聚焦农村闲置宅基地退出补偿的三个关键环节

一是聚焦农村宅基地自愿退出的补偿范围。严格按照"节约集约用地"、"房地一体"、"房随地走"原则确定补偿范围，具体应当包括宅基地补偿和房屋拆迁补偿两个部分。①对于合法使用的退出宅基地，其补偿内容包括：保障功能价值、生产要素功能价值、财产功能价值；对违规、超标用地依法无偿回收整顿；对于长期闲置的宅基地，弄清闲置宅基地的权属关系，考虑继承权和重复划拨问题，采取部分补偿原则。②对合法使用宅基地上建造的房屋拆除补偿包括：因退出宅基地而造成的搬迁和临时安置的补偿以及因退出宅基地而造成的其他经济损失补偿。

二是聚焦农村宅基地自愿退出的补偿标准。鼓励制定"级差性"的补偿标准，最大限度发挥补偿的激励作用。确定宅基地退出补偿标准的总体原则是不低于同一区域相同性质土地价格的标准，同时考虑宅基地增值收益。①对于退出旧宅基地又获批新宅基地的农民只提供一定金额过渡补偿；②对于退出旧宅基地后直接迁入新建社区的农民，按照宅基地估定价格进行补偿，如果新入住住宅面积低于规定标准，对差额面积进行补偿；③对于接受一次性货币补偿的农民，按照宅基地和房屋估定价格或同一地段商品房重置价格进行补偿；④对于接受分期补偿的农民，按照其退出宅基地在集体资产中所占的"股份"，享受年度分红。

三是聚焦农村宅基地自愿退出的补偿资金。①拓展农村宅基地退出补偿资金的给付主体，引入市场机制构建宅基地退出补偿资金的内生循环体系，缓解政府财政资金压力；②丰富退地补偿金的融资渠道，根据经济发展水平、生态保护目标、规划要求、群众特征等因素，因地制宜地选择融资模式；③创新退地补偿金的管理模式，严格执行补偿资金预算与审查制度，鼓励公众参与监督。

4. 重点解决农村闲置宅基地退出过程的三大突出问题

一是重点解决退出宅基地收储问题。按照"先易后难"、"循序渐进"思路，稳妥推进宅基地收储工作。在收储达到一定规模时，可盘活利用、统一建设、实施复垦。对于收储腾挪出的用地指标，在保障本集体配套基础设施建设用地的前提下，可通过"有偿选位"的方式重新分配到农户手中；也可借助城乡建设用地增减挂钩，将多余的用地指标用于支持城乡统筹用地需求。

二是重点解决退出宅基地再利用问题。按照"先规划、后建设"思路，积极推进农村宅基地退出再利用。一方面，尽快修订完善县域乡村建设规划和镇、乡、村庄规划，在乡镇土地利用总体规划控制下，探索编制村土地利用规划，强化规划约束力和引领作用。另一方面，规范宅基地再利用流程，推进土地利用规划数据库建设，将各项宅基地再利用项目"上图入库"，加强实施动态监督。

三是重点解决宅基地退出的配套支持问题。加强城乡就业创业服务体系建设，鼓励农村劳动力创业，扩大农民工参加城镇社会保障覆盖面，将进城落户的农业转移人口完全纳入城镇社会保障体系，逐步实现基本公共服务全覆盖，吸引有能力在城镇稳定就业和生活的常住人口有序实现市民化，促进农村闲置宅基地自愿退出。

建议报告三：全面建立农村土地资源高效利用制度的建议[①]

党的十九届四中全会强调，实行最严格的生态环境保护制度，全面建立资源高效利用制度。四川师范大学黄敏、郑涛完成的国家社科基金项目"农村宅基地'三权分置'改革的政策评估与优化研究"阶段性成果提出，农村土地资源优化利用是当前治国理政的难点和热点，事关经济社会发展、农业安全、社会稳定和生态环境等重大问题；必须把农村土地资源高效利用的制度体系建设摆在更加突出的位置，推动乡村治理体系和治理能力现代化。课题组就全面建立农村土地资源高效利用制度提出了具体建议。

一、坚持和完善农村土地集体所有权制度，构建职责明确、依法行政的农村基层治理体系

农村土地集体所有制是植根中国大地、深得人民拥护的制度体系，具有强大的生命力和巨大的资源配置优越性。构建农村土地资源高效利用制度，必须准确把握农村土地资源高效利用的关键和根本，着眼于激发农村基本经营制度效率，确保农业农村优先发展；着眼于完善和加强农村土地法律法规，确保农民各项权益得到更好保障；着眼于提高农村基层组织治理能力，确保农村经济社会发展更具活力。

（一）激发农村基本经营制度效率，彰显集体所有权制度自信

在落实集体所有权、稳定农户承包权、放活土地经营权的基础上，加快农村组织形式和农业经营方式创新，在守正中创新、在创新中守正，进一步贯彻绿色发展理念，创造产销结合的新型交易平台，发展和推广农业生产新业态，以此展示以集体所有制为基础的农村基本经营制度的持续魅力。

（二）完善农村土地管理法律法规，维护集体产权制度权威

将农村土地制度律法建设重点过渡到"三权分置"制度体系构建上，以降低农村土地资源配置交易成本为目标，以明晰农村集体产权归属、赋予农民更多财产权利为重点，完善农村土地管理制度的配套法律法规体系。

[①] 全国哲学社会科学规划办公室《成果要报》录用刊发。

二、构建农村土地资源高效利用制度与生态保护制度的融合机制

划定耕地红线和永久基本农田工作的顺利实施，推动了农村土地资源的高效利用与生态保护，但农村土地资源利用与生态保护的矛盾仍然突出，耕地占优补劣、基本农田上山下河的现象仍然存在。农村土地资源高效利用与生态保护是统一的有机整体，必须加大耕地资源数量和质量保护力度，加快农业绿色生产制度建设，加紧农民绿色生活治理攻坚，打好农村土地资源高效利用与生态保护相融合的重大战役。

（一）强化耕地数量与质量保护的双控行动，确保各项耕地保护政策精准发力

严格落实耕地保护红线、环境质量底线、资源利用上线和环境准入负面清单，加大土地资源生态系统保护修复力度，建立工业和城镇污染向农村转移的防控机制。推进农村土地污染治理，加强污染土壤生态修复综合治理，开展耕地重金属污染治理试点，探索将城乡建设用地增减挂钩收益按一定比例用于土壤修复的多渠道投入机制。

（二）建立绿色生产制度，协同推动农业现代化、农地资源利用高效化、生态保护常态化

实施质量兴农和绿色兴农战略，全面建立农业绿色生产评价体系、政策体系、工作体系和考核体系，推进农业由增产导向转向提质导向。建立农业绿色循环低碳生产制度，完善秸秆和畜禽粪污等农业副产物资源化利用制度，探索区域农业循环利用机制，推广农业循环发展模式。加强农业投入品和农产品质量安全追溯体系建设，加强产地环境保护，健全农业投入品减量使用制度，完善废旧地膜和包装废弃物等回收处理制度，实现"两减三基本"目标。健全创新驱动与约束激励机制，完善农业生态补贴制度，建立绿色农业标准体系和农业资源环境生态监测预警体系。

（三）引导农民绿色生活，构建人地资源和谐共生的生态安全格局

加快推进农村生活垃圾治理和分类，全面推行"户集、村收、镇运、县处理"城乡环卫一体化模式。贯彻落实农村生活污水治理行动方案，大力实施农村生活污水治理千村示范工程，制定实施全省农村生活污水处理专项规划，总结推广适用于不同地区的农村生活污水治理模式。以乡镇政府驻地和人口规模较大的中心村为重点，分类确定排放标准，建立激励约束机制。

三、加快农村土地资源集约使用制度建设步伐，构建流通成本低、经营效率高的土地资源配置体系

（一）构建复合型农地适度规模经营制度体系，提高土地产出率、资源利用率

1. 坚决破除妨碍农地资源高效利用的体制机制弊端，使农地流转制度更加成熟更加定型。推动承包地经营权规范、畅通流转，带动小农户发展适度规模经营。建立闲散农地收储机构，鼓励本集体农地"集中连片"流转，使适度规模经营与农村劳动力转移、农业科技进步、农业社会化服务水平相适应。

2. 发展主体多元化的农地适度规模经营模式，激励工商资本和小农户经营主体各展其长。加快培育家庭农场、专业大户、农民合作社、农业产业化龙头企业等新型农业经营主体，让愿意经营和有能力经营农地的"新农民"有更好的发展空间，切实保障农地经营者的土地权益。

3. 完善工商资本下乡的资源利用上限和环境准入审查制度，探索建立资源使用收益分配制度，形成互惠互利、成果共享的长效机制。探索统分结合双层经营的多种有效实现形式，建立完善农村土地"三权分置"和股权量化制度，让"资源变资产、资金变股金、农民变股民"，增加农民财产性收入，优化农民收入结构。鼓励工商资本下乡、引入农业技术创新和开拓农产品市场的同时，建立资格审查、项目审批和风险保障金制度，使资本、技术、企业家等外部要素接受相应契约约束。

（二）落实宅基地资源有偿使用与退出制度，积极防范"三权分置"的制度风险挑战

1. 保障农民宅基地资格权与构建农村住房保障制度双管齐下。在充分尊重宅基地形成历史和乡村民俗的情况下，按照宅基地使用权取得的不同时间和方式，固化宅基地使用资格的认定，并给予律法保护。探索保障农民居住权益的替代制度，逐步形成城乡住房融合统一路径，建立以保障功能为主的农村保障性住房。

2. 分类、分区域适度放宽宅基地和房屋使用权流转管制，推广闲置宅基地有偿退出制度。按照不同区域的经济社会发展水平选择差异化的闲置宅基地退出模式，形成宅基地集约利用新格局。完全放开本村宅基地使用权对跨村镇农户流转限制，有条件放开本村宅基地使用权对城镇居民流转限制。

3. 加快构建宅基地和房屋价格评估机制和切实可行的农村宅基地金融服务体系。根据农村宅基地产权属性和"房地一体"原则，引入多种评估方法精准测算宅基地价值，建立科学的宅基地价值补偿体系。完善宅基地使用权在占有、使用、收益三方面的权利律法内容，为农房转卖、抵押、继承等交易提供依据，提升农房和宅基地融资功能。

(三)完善农村集体经营性建设用地市场制度,确保用地市场供给自主有序、配置集约高效

1. 与新型城镇化发展规划高度衔接,农村集体经营性建设用地入市需强化省级层面土地利用调控,落实土地利用规划目标,统筹城镇化用地与农村集体经营性建设用地的调控和引导。

2. 整合零星地块注重提升利用效能,可以出台《农村集体建设用地零星地块整合实施办法》,具体规定面积标准、整合程序、整合定价、成本分摊等事宜,最大限度保证可操作性。

3. 强化入市合同机制倒逼用地单位精拿细用,集体经营性建设用地入市合同需明晰受让双方权责,对受让方违反合同约定的情形,采取合适的方式收回再挂牌,对用地企业形成集约高效用地的倒逼机制。

建议报告四:农村宅基地"三权分置"改革急需破解的三大困难与建议[①]

近期召开的中央经济工作会议提出,我国经济面临需求收缩、供给冲击和预期转弱三重压力,宏观政策要稳健有效,结构政策要畅通国民经济循环,区域政策要增强发展平衡性协调性,社会政策要兜住兜牢民生底线。农业农村在稳定经济社会发展大局中具有"压舱石"作用。农村集体建设用地的80%是宅基地,宅基地"三权分置"改革是农地制度改革的最重要内容和最重大举措,是优化乡村治理、盘活闲置用地、提升集体收益、增加农民收入、畅通城乡循环、激发内需潜能、兜牢民生底线的重要抓手,有助于推动农业高质高效、乡村宜居宜业、农民富裕富足。由于宅基地"三权分置"是全新改革举措,许多法理与理论问题尚在探索。成都师范学院杜伟等在对宅基地"三权分置"改革试点情况进行全面调研分析的基础上提出,当前宅基地"三权分置"改革面临所有权落实、资格权保障、使用权流转方面的三大困难急需破解,必须完善体制机制、优化改革举措,充实宅基地所有权权能,完善宅基地资格权立法,推进宅基地使用权流转,促进农村各项改革协同。

一、宅基地"三权分置"改革急需破解三大困难

农村宅基地承载着重要的政治功能、社会功能和经济功能,涉及农村安定和政权稳定,始终是农地制度改革中最为复杂、最为审慎的领域。2015年,按照党中央、国务院部署,全国15个县(市、区)启动宅基地制度改革试点,2017年

[①] 《教育部简报(高校智库专刊)》刊发。

扩大至 33 个县(市、区)。2018 年中央 1 号文件提出，探索宅基地所有权、资格权、使用权"三权分置"。2019 年中央 1 号文件要求，稳慎推进宅基地制度改革，拓展改革试点，丰富试点内容，完善制度设计。2020 年中央 1 号文件强调，以探索宅基地"三权分置"为重点，进一步深化宅基地制度改革试点。2020 年 4 月，中共中央、国务院印发《关于构建更加完善的要素市场化配置体制机制的意见》，要求深化农村宅基地制度改革试点。同年 6 月，中央全面深化改革委员会审议通过《深化农村宅基地制度改革试点方案》，强调积极探索宅基地"三权分置"的路径和办法，将宅基地制度改革试点范围扩大到 104 个县(市、区)和 3 个地级市。2021 年中央 1 号文件强调，探索宅基地"三权分置"的有效实现形式。

传统宅基地制度的特征是"集体所有、成员使用，一户一宅、限定面积，无偿取得、长期占有，规划管控、内部流转"，目的在于保障农村"户有所居、民不失所"，强调宅基地的政治功能和社会功能，但导致资源配置粗放、闲置浪费严重、村集体和农户的财产权益均不能有效保障。宅基地"三权分置"改革是要坚持集体所有权不动摇，以突显资格权落实居住保障功能，以放活使用权实现土地资源配置优化和财产价值显化。但从全国改革试点情况来看，目前还面临三大困难急需破解。

(一)宅基地所有权落实困难。一是宅基地所有权实现不完整。根据《中华人民共和国宪法》《中华人民共和国民法典》《中华人民共和国土地管理法》相关条款，宅基地所有权包括占有、使用、收益和处分四项基本权能，但宅基地无偿无限期使用制度固化了宅基地是个人私产的认识，严重影响村集体收益、处分权能实现。二是宅基地管理机制执行不到位。宅基地肩负多元功能，涉及多方利益，宅基地所有权权能模糊导致村集体无法实现监督、收回的衍生权能，"部省指导、市县主导、乡镇主责、村级主体"的宅基地管理机制在基层执行不足、效能衰减，"地尽其利""地利共享"的农地制度改革原则无法有效落实。

(二)宅基地资格权保障困难。一是宅基地资格权界定难。资格权旨在体现农户身份权利和财产权利，2018 年中央一号文件才首次提出，作为一种新型权利在法律上还没有明确界定，缺乏法理依据。二是宅基地资格权实现难。资格权的实现形式包括取得、有限流转、退出、保留、空间置换、收益等，由于立法空白，资格权可否有限流转、退出后保留、空间置换、异地申请等还不明确、无法实现。三是宅基地有偿使用费收取难。探索宅基地有偿使用制度是全国宅基地制度改革试点的重要内容，但"无偿取得、长期占有"的制度安排导致"一户多宅""超标多占"情况普遍存在，在"额定无偿、超占有偿"的改革试点中，农户对超占面积缴纳有偿使用费普遍抵触。

(三)宅基地使用权流转困难。一是宅基地使用权权能不完整。《中华人民共和国民法典》《中华人民共和国物权法》《中华人民共和国土地管理法》等规定农户对宅基地使用权享有占有和使用权能，但没有明确是否具备城镇建设用地拥有的收益和处分权能。二是宅基地使用权流转范围狭窄。目前宅基地使用权流转按政策规定只能在村集体内部进行，存在常住人口有限、市场容量不足的困境，数量庞大的闲置宅基地无法盘活。三是宅基地使用权流转机制不完善。宅基地使用权规范流转的制度保障不足，交易规则不明晰，交易机制未形成，导致流转形式单一、效率不高。

二、破解宅基地"三权分置"改革三大难题的对策建议

破解宅基地"三权分置"改革的三大难题，必须坚持系统观念、稳慎推进，形成层次分明、结构合理的产权格局，推动宅基地制度更加健全、利用更加有效、管理更加规范，实现农村稳定、社会公平、经济效益之间的平衡。

（一）充实宅基地所有权权能。一是明确宅基地所有权权能内涵。扩权赋能，明确村集体的宅基地占有、使用、收益和处分的基本权能，赋予其监督、收回的衍生权能，强化村集体的宅基地管理职能，完善民主管理体系。二是强化宅基地有偿使用制度和收回制度。对"一户多宅""超标多占"的超占面积收费，收回闲置宅基地和非本集体成员非法占有的宅基地，是宅基地所有权权能的体现，要予以保障。

（二）完善宅基地资格权立法。一是明确宅基地资格权权能内涵。资格权是宅基地社会保障功能的重要载体，必须通过立法保障，赋予资格权的取得、占有、收益和处分权能。二是明确宅基地资格权取得标准。明确取得宅基地资格的条件和机制，落实"一户一宅、核定面积"的取得方式，兼顾特殊群体的资格权获取，确立资格权登记制度。三是完善宅基地资格权退出机制。江西余江、安徽金寨等对退出宅基地进城购房的农户给予购房补贴，宁夏平罗等允许农村老人自愿退出宅基地置换养老服务；也可以完善宅基地退出前置条件，退出宅基地后可保留资格权，重回集体时通过审批后可有偿使用宅基地。

（三）推进宅基地使用权流转。一是充实宅基地使用权权能。在现有法规已确定占有和使用两项权能基础上，明确宅基地使用权的收益和处分两项基本权能。二是优化宅基地使用权流转方式。对浙江德清、湖南浏阳等地试点形成的转让、互换、出租、赠与、抵押和入股等流转方式予以确认，完善交易平台，优化交易机制。三是扩大宅基地使用权流转范围。在符合规划和用途管制的前提下，允许流转范围从村镇扩大到市（州），开展跨市（州）节余指标交易，借助区域资源禀赋，带动新产业新业态发展。

（四）促进农村各项改革协同。一是推进宅基地"三权分置"配套制度同步建设。优化农村土地确权登记制度，为宅基地合法流转创造条件；优化农村土地规划制度，确保"多规合一、规划管控"；优化农村土地整理制度，推进宅基地集约节约利用。二是加强宅基地"三权分置"风险研判与防范。统筹发展和安全的

关系，防范宅基地"三权分置"的耕地红线突破风险、乡村规划失控风险、生态环境破坏风险、农村集体弱化风险、农民权益受损风险，筑牢农村安全屏障。三是推进宅基地"三权分置"与其他农村改革协同联动。统筹"政府管治+集体治理+市场配置""乡村振兴+城市发展""福利保障+资产盘活"等多元关系，兼顾"公平+效率""保障+发展"等多维目标，优化城乡对接的户籍、就业、教育、医疗、养老等制度，推进各项改革在政策取向上相互配合、在实现过程中相互促进、在实践成效上相得益彰。

建议报告五：农村宅基地"三权分置"改革的泸县经验与建议[①]

农村宅基地"三权分置"改革是盘活闲置低效用地、提升集体组织收益、增加农民收入、激发内需潜能的重要抓手，是全面推进乡村振兴、加快农业农村现代化、构建新发展格局的重要保障。四川省泸县作为首批全国农村宅基地制度改革试点地区，抢抓改革试点机遇，破解难点痛点问题，探索形成了"集体所有，赋权扩能"、"严格认定，保权退出"、"畅通资源，显化价值"等改革试点经验，对全国各地深化农村宅基地"三权分置"改革，促进农业高质高效、乡村宜居宜业、农民富裕富足，具有重要借鉴意义。成都师范学院杜伟等对农村宅基地"三权分置"改革的泸县经验进行了调研总结，分析了四川省宅基地"三权分置"改革的现实困境，提出了深化改革的建议。

一、学习借鉴农村宅基地"三权分置"改革的泸县经验

（一）落实宅基地所有权：集体所有，赋权扩能。一是强化管理权。通过成立村级土地管理委员会、议事会、股份合作社等来管理宅基地使用，建立宅基地村级自治、镇级监管、县级督导制度。二是强化收益分配权。宅基地所有权收益由村集体经济组织实现民主分配，分配方案由村民代表大会讨论决定。三是强化村庄规划权。由村集体经济组织提出方案，组织编制"多规合一"的村庄建设规划，确保土地利用、村庄建设、生态保护、产业发展。

（二）保障宅基地资格权：严格认定，保权退出。一是依法获取宅基地资格权。严格按照"一户一宅，核定面积"的原则分配宅基地，建立宅基地法定无偿、预置有偿、超占有偿、节约有奖制度。二是跨区配置宅基地资格权。建立宅基地县内统筹配置制度，允许宅基地资格权人跨镇（村）到相对宜居区域有偿取得宅基地，实现宅基地资格权人的居住选择权。三是保权退出宅基地农户资格权。

[①] 四川省人民政府参事室采用。

允许农民在保留宅基地资格权的情况下自愿退出宅基地，当农户重回集体申请宅基地时，通过审批后可有偿获取使用宅基地。

（三）放活宅基地使用权：畅通资源，显化价值。一是探索农房"共享共建"模式。推动农民、村集体经济组织、第三方有效合作，第三方建设住房并获取一定年限的使用权，有效解决农民建房资金不足问题。二是多元化放活宅基地使用权。通过宅基地使用权的转让、出租、抵押等方式，引导社会资本下乡，发展乡村旅游、休闲康养、文创产业等，促进当地经济发展。三是创新宅基地节余指标跨区域调配。利用宅基地腾退后形成的建设用地指标，在满足集体发展用地基础上，通过城乡建设用地增减挂钩政策，将节余指标跨市（州）进行调配。

二、深刻认识四川省宅基地"三权分置"改革的现实困境

（一）宅基地所有权落实受限。一是推动闲置宅基地入市动力不足。宅基地所有权权能模糊，集体经济组织缺乏推动宅基地入市的积极性。二是传统农区闲置宅基地入市较难。由于地理位置不同和资源禀赋不同，偏远乡村的闲置宅基地难以整合为成片土地，实现入市交易的难度较大。三是土地增值收益分配中利益平衡机制欠缺。农民处于弱势地位，权益容易受到损害，退出闲置宅基地的意愿不高。

（二）宅基地资格权退出有限。一是宅基地资格权界定难。由于长期宅基地无偿取得及继承原因，"一户多宅"、"超占多占"的情况普遍存在，这类宅基地农户资格权无法清晰界定。二是宅基地资格权退出难。进城农民在城市和农村同时拥有住房，不愿退出宅基地资格权。三是宅基地有偿使用费收取难。农民对超占宅基地的有偿使用费抱有抵触心理，加之缺乏法律依据，有偿使用费持续收取存在困难。

（三）宅基地使用权放活设限。一是宅基地使用权流转范围狭窄。村镇域范围常住人口有限，流转市场需求较小，很难发挥宅基地资源价值。二是宅基地使用权流转形成规模效应难。受限于地理位置和建设方式，城市远郊的宅基地社会资本参与度不高。三是宅基地使用权流转形成可持续产业难。试点地区通过放活宅基地和房屋使用权，着力发展文旅业、加工业等，但同质化严重，特色不足，可持续发展困难。

三、持续深化农村宅基地"三权分置"改革的对策建议

（一）突显宅基地所有权"主责"。一是确定农村宅基地所有权的主体地位。明晰农村集体经济组织的宅基地占有权、监督权、收回权、收益权等，充分发挥农村集体经济组织在保障农民宅基地权益、调整宅基地利用结构、实现宅基地价值利用等方面的职能。二是强化村民自主管理作用。完善宅基地管理议事机构，建立矛盾纠纷化解机制，强化村集体的监督职能，优化民主管理体系。

（二）兼顾宅基地资格权"差异"。一是明确宅基地资格权分配标准。严格执行"一户一宅，核定面积"的资格权分配方式，兼顾特殊群体的资格权获取。二是建立宅基地资格权保权退出机制。完善宅基地退出前置条件，退出宅基地可保留宅基地资格权，重回集体时通过审批后可有偿使用宅基地。三是探索农民住房保障的多种实现形式。允许退出资格权的农民申请公租房、廉租房、经济适用房等，保障宅基地资格权人的多种居住选择。

（三）激活宅基地使用权"动力"。一是建立宅基地使用权流转平台。整合农村产权交易平台，增设宅基地使用权流转模块，优化交易机制，营造良好环境，形成"公开透明+自主交易"体系。二是扩大宅基地使用权流转范围。在符合规划和用途管制的前提下，允许流转范围从村镇扩大到市（州），开展跨市（州）区域节余指标交易。三是促进宅基地使用权多元化利用。通过放活宅基地使用权，借助区域资源禀赋，重点发展乡村民宿、康养产业、文化产业、旅游产业等，带动新产业新业态发展，推动产业融合。

（四）补齐改革配套制度"短板"。一是健全宅基地有偿使用制度。明确宅基地有偿使用的实施主体，规定适用范围，规范收费标准。二是健全宅基地自愿有偿退出制度。鼓励有条件的农民自愿退出宅基地，规范退出程序，明确补偿标准，多元化保障退出农民的利益。三是建立宅基地资格权登记制度。将宅基地农户资格权纳入不动产登记，明晰宅基地资格权人颁证范围。

（五）促进农村多项改革"耦合"。一是推进宅基地"三权分置"改革与户籍、财税、社保、金融等相关制度改革联动。统筹"政府管治+集体治理+市场配置""乡村振兴+城市发展""福利保障+资产盘活"等多元关系，兼顾"公平+效率""保障+发展"等多维目标，加强配套改革与协同联动，确保宅基地"三权分置"改革矛盾最小化、成本最低化、效益最大化。二是推进宅基地"三权分置"改革与农地征收、集体经营性建设用地入市改革联动。细化"三块地"改革联动实施方案，推进农地制度各项改革在政策取向上相互配合、在实现过程中相互促进、在实践成效上相得益彰。

建议报告六：深化农村宅基地"三权分置"改革需加强风险防范[①]

党的十九届五中全会强调，"统筹传统安全和非传统安全，把安全发展贯穿国家发展各领域和全过程，防范和化解影响我国现代化进程的各种风险，筑牢国家安全屏障"。农村宅基地"三权分置"改革有助于优化宅基地管理体制，为优化乡村治理、畅通城乡经济循环、实现高质量发展提供农地制度保障，全面推进

[①] 四川省乡村振兴局采用。

乡村振兴；但由于改革时间较短，试点范围较窄，各方面的认识不统一、举措不配套，农村宅基地"三权分置"改革目前存在五大风险隐患。成都师范学院杜伟等经过系统调研提出，必须统筹发展和安全的关系，加强宅基地"三权分置"潜在风险研判与防范，健全"三大体系"，着力"四个重点"，夯实"五项根基"，筑牢农村安全屏障，服务更高质量、更可持续、更为安全的农业农村发展。

一、精准识别农村宅基地"三权分置"改革的五大风险

（一）改革政策供给不足的风险。一是权能内涵模糊。宅基地所有权主体"虚化"，宅基地资格权主体"弱化"，宅基地和房屋使用权放活"受限"。二是配套政策不足。试点地区改革政策各有差异，政策需求未能有效表达、供给"受阻"。

（二）耕地保护红线突破的风险。一是闲置浪费耕地。国家自然资源督察耕地保护报告显示，一些地方弄虚作假和处置不实，存在宅基地侵占耕地现象。二是违法违规占用耕地。放活宅基地使用权促使社会资本下乡，资本趋利性导致违规占用耕地变为非农建设用地。

（三）乡村建设规划滞后的风险。一是村镇规划编制引领性欠缺。改革试点村镇规划尚未发生本质变化，未能充分发挥引领作用。二是村镇规划编制操作性欠缺。限于自身动力不足、当地经济水平和经费限制等，部分村镇规划编制的可行性和操作性存在局限。

（四）农民利益未能保障的风险。一是利益分配机制未健全。宅基地退出入市增值收益在政府、企业、村集体、农民各主体分配比例不完善，农民处于弱势位置。二是农村切实利益受损。宅基地使用权流转不规范，交易机制有缺陷，资本侵入农房和宅基地，变向炒作，侵害农民切身利益。

（五）影响农村社会稳定的风险。一是宅基地失去稳定社会功能。农民退出资格权虽然短时间可获取利益，但财产耗尽就面临流离失所，成为社会不稳定人群。二是诱发社会冲突事件。宅基地使用权放活过程中的各种利益纠纷，诱发社会冲突。

二、健全宅基地"三权分置"改革风险防范的"三大体系"

（一）建立风险防范管理组织体系。一是搭建组织体系。建立"权责分明，信息畅通、运行有效"的组织体系，科学施策，统筹风险防控。二是明确体系职责。明确各级组织职能，分工协同配合，夯实基层基础。

（二）建立风险防范管理评价体系。一是优化指标体系。制定宅基地"三权分置"改革风险防范的具体目标和评价重点，优化风险评价指标体系。二是实施风险评价。建宅基地综合信息数据库，动态监控各项数据，定期深入调研和系统研

判，综合评估改革风险，建立风险反馈机制。

（三）建立风险防范管理预警体系。一是明确预警流程。确立风险预警区间，收集风险预警信息，优化风险预警流程。二是制定应急预案。建立风险报告机制，完善风险管理应急预案，提升风险处置效率。

三、着力宅基地"三权分置"改革风险防范的"四个重点"

（一）以合理公平分配利益为切入点，防范农民利益受侵害的风险。一是完善使用权流转市场。明确宅基地使用权流转的合法性，完善流转交易规则，健全流转监管机制。二是拓宽使用权流转范围。允许宅基地使用权不仅在县域农村户籍内部流转，可试点开展跨市（州）区域节余指标交易。三是保障农民切实利益。参照土地税费制度改革探索合理的增值收益测算模型，平衡政府、企业、村集体、农民之间的收益分配。

（二）以加强宅基地管理为结合点，防范耕地保护红线突破的风险。一是防范滥占侵占耕地。建立农房违法占地的执法适用办法，定期测绘耕地和宅基地面积，形成"测绘调节，管控有效"格局。二是细化宅基地管理制度。优化宅基地审批管理制度，完善宅基地登记制度。三是完善宅基地监管机制。严格用地监管，运用数字化、规范化和空间可视化巡查执法"一张图"，实现统一上图入库，优化管护监督机制。

（三）以科学优化空间布局为着力点，防范乡村建设规划不足的风险。一是严格执行"一户一宅"。实行"法定无偿、跨区有偿、节约有奖"的宅基地分配制度。二是集约利用宅基地资源。优化调整基本农田布局，严格宅基地用途管制，实现节地模式。三是合理规划村庄科学布局。遵循"保护优先，高效利用"原则制定村庄规划，统筹安排村域生产、生活、生态空间。

（四）以建立风险保障机制为根本点，防范影响农村社会稳定的风险。一是建立风险预警机制。形成一整套"识别+度量+模拟+应对"的风险防控模式，建立风险指标体系进行监测和评估。二是构建纠纷问题化解机制。组建农村宅基地使用权流转纠纷问题化解工作组，拓宽农民在宅基地使用权流转的话语权。三是健全宅基地改革司法救助机制。建立司法救助机制，向农民提供法律援助，保障其所属权益，促使形成政府、市场与集体组织三方联动的风险防范网。

四、筑牢宅基地"三权分置"改革风险防范的"五项根基"

（一）健全宅基地有偿使用制度。明确宅基地有偿使用实施主体、适用范围、收费标准、收取方式，强化资金管理。

(二)健全宅基地有偿退出制度。鼓励农民自愿退出闲置宅基地,规范退出程序,明确补偿标准,实施多元化补偿。

(三)建立宅基地资格权登记制度。厘清资格权的内涵属性、保障举措,明确其认证标准、登记程序及监管机制。

(四)完善宅基地使用权流转制度。探索放活使用权的"稳中求进"实现路径,放宽流转范围,健全流转市场,优化流转形式,完善流转机制。

(五)完善农村社会保障制度。完善农村养老保障制度、医疗保障制度、劳动力就业制度等,筑牢城乡安全屏障。

建议报告七:推进新型城镇化建设中土地优化利用的建议[①]

四川省人地矛盾突出,土地资源约束趋紧,推进新型城镇化建设,必须进一步优化新型城镇化与土地优化利用的联动互补机制。成都师范学院杜伟、四川师范大学黄敏在国家社科基金项目阶段性研究成果中提出如下观点。

一、树立新型城镇化建设与土地优化利用的一体化目标

2016年12月20日《四川省人民政府关于深入推进新型城镇化建设的实施意见》(川府发〔2016〕59号)的正式颁布,标志着四川省城镇化建设迈入快速发展时期,更处于质量提升的关键时期。四川省人地矛盾突出,土地资源约束趋紧,深入推进新型城镇化建设,必须进一步优化新型城镇化与土地优化利用的联动互补机制,形成新型城镇化与土地资源优化利用相互促进的一体化格局。一方面,以形态适宜、产城融合、城乡一体、集约高效的新型城镇化建设为契机,坚持联动推进,全面引领城乡土地资源优化利用机制的优化升级;另一方面,以城乡土地集约高效利用为抓手,深化土地管理制度改革,提高土地利用效率,保障城镇化建设用地需求,确保城镇化布局和形态更加优化,城镇化质量和水平明显提升。

二、坚持新型城镇化建设中土地优化利用的两大原则

(一)严控增量,坚守底线

在新型城镇化建设深入推进的同时,四川省人多地少的基本省情没有改变,土地粗放利用的现实状况依然存在,土地集约利用的基本任务十分艰巨。深入推

---

① 四川省社会科学界联合会《重要成果专报》录用刊发。

进新型城镇化建设，必须审时度势、顺势而为，以严控增量、提高质量为关键，规范推进城乡建设用地增减挂钩，始终坚持绿色发展理念，始终坚持"十分珍惜、合理利用土地和切实保护耕地"的基本国策，始终坚持实行最严格的耕地保护制度，坚决守住耕地保护红线和粮食安全底线，坚决保证实有耕地数量和质量基本稳定，坚决制止以城镇化建设侵蚀优质耕地资源的短视行为。

(二)盘活存量，调整结构

城镇用地规模扩张、空间利用分散、投资开发乏力是过去四川省城镇化进程中土地粗放利用的关键因素。深入推进新型城镇化建设，必须树立土地优化利用的全局意识，周密考虑土地利用与城镇化建设的复杂关联性，坚定不移地贯彻落实集约用地理念，优化土地利用结构，建立城镇低效用地再开发激励机制，推进低丘缓坡地和地下空间开发试点，加快盘活城镇存量用地，创新农村土地经营权和宅基地使用权退出与流转机制，为形成"一轴三带、四群一区"的城镇化发展格局腾出用地空间。

三、着力新型城镇化建设中土地优化利用的三个关键

(一)增加生态用地比例

生态用地被生产用地挤占、布局散乱孤立是过去四川省城镇化用地结构不合理的重要表现之一。新型城镇化强调始终把人的需求放在首位，应该为目标，通过合理的用地安排，增加生态用地比例，加快建设美丽城镇、生态城镇，实现经济发展和人口资源环境相协调。

一是加大各类基础性生态用地的保护力度。加快建设大型城市绿廊，连接城镇组团和各类生态系统；因地制宜地建设大型集中连片的绿色开敞空间，建设区域和城镇大型氧源绿地和生态支柱，提高城镇生态区的服务能力；深入实施自然生态修复工程，有计划、有步骤地修复被破坏的山体、河流、湿地、植被，优化城市空间形态。

二是加大城镇内部生态空间的建设力度。加强城镇公共绿地、庭园绿地、附属绿地、生产防护绿地、立体绿地等各类绿地建设，加快建设海绵型绿地；严格落实"蓝线"管理规定，有效保护城镇内部现有河流、湖泊、湿地、坑塘、沟渠等自然水体，全面提升城镇内在品质。

(二)深挖城镇存量用地内涵

一是创新集约用地衡量指标和评价办法。借鉴"亩产论英雄、集约促转型"的发展理念，激发城镇建设用地、工业用地潜能，以亩均投资强度、亩均产值、亩均税收等指标衡量土地资源投入产出水平，配合以财政、税收、信贷等相关政

策和改革举措、联动推进，形成合力，全面促进节约集约用地，促进城镇用地高效化。

二是创新城镇低效用地再开发利用机制。鼓励各用地主体对布局散乱、利用粗放、用途不合理的存量建设用地进行改造利用，完善城镇存量土地再开发过程中的供应方式，涉及原划拨土地使用权转让需补办出让手续的，经依法批准，可采取规定方式办理并按市场价缴纳土地出让价款，研究制订政府、改造者、土地权利人之间合理分配"三旧"（旧城镇、旧村庄、旧厂房）改造的土地收益分配机制。

三是鼓励城镇用地企业加强内部挖潜。在符合规划、不改变土地用途的前提下，鼓励现有工业、仓储用地企业经批准实施拆建、改扩建、加层改造、利用地下空间等，提高容积率或建设配套停车楼（库），不增收土地价款，免缴增加面积的城建配套费，并对容积率超过省工业项目建设用地控制指标的企业给予一定奖励或补助。

四是稳步推进低丘缓坡地和地下空间开发试点。在确保生态安全、切实做好地质灾害防治的前提下，在资源环境承载力适宜地区稳步开展低丘缓坡地开发试点，通过创新规划计划管理、开展整体整治、土地分批供应等政策措施，合理确定低丘缓坡地开发用途、规模、布局和项目用地准入门槛；在确保城市安全，做好统一规划的前提下，稳步推进城市地下空间开发。

五是加快推进供而未用土地处置利用。对超过出让合同（或划拨决定书）约定时间尚未开工的土地，遵循依法依规、促进利用、保障权益、信息公开的原则，及时开展调查取证、认定告知、制定处置方案等工作，确保闲置土地依法处置到位。

(三)创新农村土地退出机制

农村土地权利退出主要是指农民承包地和宅基地的自愿有偿退出。目前，四川省农村土地权利退出的主要形式包括"批量退出"和"零散退出"。"批量退出"主要是依托增减挂钩、农村土地整治项目的具有一定规模的农地退出形式；"零散退出"主要是农民主动申请退出农地承包权和宅基地使用权，并获得相应补偿的退出模式。

一是规范推进城乡建设用地增减挂钩。继续优化城乡建设用地增减挂钩试点改革，完善项目规划管控，拓展项目资金筹集渠道，优化项目收益分配机制，盘活农村建设用地存量，高标准、高质量推进村庄整治，优化城乡建设用地布局；增减挂钩拆旧复垦腾出的建设用地，优先满足农民新居、农村基础设施和公益设施建设，并留足农村非农产业发展建设用地。

二是完善农村土地经营权和宅基地使用权退出机制。坚持将农村土地经营权和宅基地使用权退出与幸福美丽新村建设、生态环境保护相结合，将农村土地优化利用与农村新产业新业态培育、农村新型集体经济发展相结合，完善退出资格审查、补偿协商、补偿资金来源、退地储备等方面的具体实施细则，优化机制，做到"有法可依、有据可查"。

三是完善农村土地经营权和宅基地使用权流转机制。加快推进农村土地承包经营权确权登记颁证工作，2016年底基本完成确权登记。鼓励各地建立健全农村产权流转市场体系，探索农户对土地承包权、宅基地使用权的自愿有偿退出机制，支持引导其依法自愿有偿转让上述权益，防止闲置和浪费。

四、夯实新型城镇化建设中土地优化利用的四大保障

(一)加强统筹领导

新型城镇化建设中土地优化利用工作涉及面广、政策性强、工作量大，各级政府要高度重视，切实加强组织领导，加强政策统筹协调，建立健全工作议事协调机制，坚持联动推进、形成合力，及时解决推进过程中遇到的问题。

(二)发挥市场作用

按照"政府主导、市场运作、规范有序"的原则，规范引导社会资本依法、有序参与土地优化利用项目，共同促进资源集约。通过创新土地优化利用项目的管理流程、资金运作方式、利益分配机制，逐步消除制度外部性，提升新型城镇化建设用地规模效益。

(三)建立倒逼机制

全面开展城镇工业企业土地占用绩效评价工作，明确低效用地认定标准，以用地绩效为依据实行差别化土地使用税政策，形成低效存量用地退出倒逼机制。加快企业信用管理制度建设，将违约开竣工、土地闲置等失信行为纳入信息管理体系，倒逼企业依法依规用地。

(四)严格监督管理

强化地方政府主体责任，本着"于法有据、明确方向、守住底线、积极稳妥"的原则，对各地城镇化建设中土地利用情况进行动态跟踪监测和监督检查，建立节约集约用地动态监控数据库，落实用地状况动态报告制度，加大对城镇低效用地的清理处置挂牌督办力度，加强对相关配套政策实施效果的跟踪分析和总结评估。

建议报告八：进一步推进四川省农地流转的对策建议[①]

放活农村土地经营权，是四川省全面深化农村改革的突破口。四川师范大学黄敏等围绕所承担国家社科基金项目的研究任务，对四川省各地市州的农村土地流转与农业适度规模经营等情况进行了深入调研，结合四川省各地深入贯彻落实省第十一次党代会精神、系统推进农业供给侧结构性改革的任务，提出如下观点。

一、四川农地流转的现状与问题

四川省高度重视农业农村工作，2016年底农村土地确权工作已基本完成，农村土地流转市场日益活跃，农业适度规模经营基础不断夯实，但现阶段四川省农村土地流转与农业规模经营的发展程度与省内所具备的基础条件和内在潜力还尚不匹配。

一是从流转进度看，四川省农地流转进度增长迅速，但仍然低于全国平均水平。根据农业部与省农业厅发布的数据，2016年全省家庭承包耕地流转总面积达1970.3万亩，比上一年增长21.6%，耕地流转率增至33.8%，但农地流转实现程度仍然不高。与此相对应的是，截至2016年底，全国承包耕地流转面积已达4.6亿亩，占家庭承包耕地的35%，部分东部沿海地区的流转比例甚至超过50%。

二是从流转去向看，四川省农地主要流向农业经营散户，专业合作社、企业参与程度不高。农地流转的去向主要包括农户、涉农农业、专业合作社等。目前，全国土地流转的去向仍然主要以农户为主，占所有流转土地的46%，另有22%的土地流向涉农企业，有21%的土地流向专业合作社。与全国总体情况相比，四川省流向农户的土地占比为47%，但流向企业和专业合作社的比例偏低，全省仅有15%的土地流向企业，仅有14%的土地流向专业合作社。企业和专业合作社组织的参与率较低，意味着农业生产经营模式创新的发生概率相对不高，农业生产经营的市场竞争力相对不足。

三是从流转形式看，四川省农地流转形式单一，不利于形成适度的农业生产经营投资激励。农地流转的形式主要包括转包、转让、出租、合作和入股。现阶段全国土地流转主要以转让形式居多（占47%），其次是出租和转包形式（分别占31%和13%）。农地转让通常是将未到期的承包经营权一并转让的农地流转行为，期限较长，容易形成稳定的投资经营预期。目前，四川省农地流转80%以上由出租和转包的形式实现，其中，出租流转的比例达49.7%，转包流转的比例达

[①] 四川省社会科学界联合会《重要成果专报》录用刊发。

31.6%。出租和转包流转的时限较短，农地经营不稳定风险较大，不利于形成农业投资的适度激励。

四是从流转规模看，四川省农地流转规模不足现象仍然突显，不利于农业生产经营规模效益的显现。土地生产效率的提升是发展农业适度规模经营的基础，根据学术界关于我国农业生产的实证研究，我国土地经营的最优规模在100~200亩。目前，全国土地流转规模还未达到农业规模经营的最优值，全国100亩以下的土地流转规模占51%。四川省土地流转规模主要集中在100亩以下，其中，30亩以下的流转规模占39%，30~100亩占23%，100亩以上的仅占18%，远低于全国平均水平，省内农地流转规模提升空间尚存。

五是从经营主体看，四川省新型农业经营主体蓬勃发展，但对农业适度经营发展的服务效应有限。截至2016年底，四川省建立家庭农场3.4万家，同比增长16.5%；培育农民合作社7.4万个，同比增长27.6%，同比增长速度均大于全国平均水平，但实际参与农户数量比例却低于全国平均水平。2016年12月底，全国实有入社农户占全国农户总数的44.4%，四川省实有入社农户仅占全省农户总数的22.6%，部分地区甚至存在农民"被入社"的现象。另外，四川省工商局数据显示，2017年第一季度，全省各类新增市场主体出资总额4886.42亿元，同比增长84.80%，其中，农业市场主体出资总额1958.61亿元，增长26.37%，农业服务资金增速明显偏低，对农业适度经营发展的服务效应还未能体现。

二、深入推进四川省农地流转、积极发展适度规模经营的建议

（一）进一步强化农地流转的服务支持

一是强化农地流转的金融服务。对参与农村土地经营权流转业主强化金融支持。银行、农村信用社等金融部门应对开发、经营土地的业主在信贷上给予支持。业主可以用已经进行了大量投入的土地经营权、地上附着物、非永久性建筑物抵押或担保获得贷款。

二是强化农地流转的风险服务。保险部门要积极开展农地规模经营的有关保险业务，降低业主经营农业生产的自然风险，确保农地经营权流转健康有序发展。探索开展合作社内部信用合作、互助保险、土地股份合作等试点，注意防范风险。

三是强化农地流转的平台服务。整合各地各类农村产权交易所、服务平台、信息中心等服务资源，建立自上而下、网络状、多功能的农地流转中介服务体系，做好农地资源普查、农地流转供求信息收集发布、流转农地的定级估价，以及流转农地的建档备案等服务工作，强化对土地承包经营权流转、农村土地承包经营权证书的管理，促使农村承包地规范、高效流转。

(二)进一步强化农业经营创新的政策激励

一是强化标准化规模化经营激励。对获得流转土地，成片集中并从事农业开发，建立规模化、标准化生产基地的经营者，连续3年以上规模经营达到300亩以上的，除享受相关优惠政策外，政府应给予一定数量的农业基础设施建设补助资金，由相关部门组织验收后兑现。

二是强化产业化经营激励。依托现代农业示范市县、现代农业重点县和现代农业示范区，支持农业产业化龙头企业建设稳定的原料生产基地，参与农业产业化示范基地、农业科技园区和农业高新技术产业示范区建设。鼓励农民以承包土地经营权等入股农民合作社、农业龙头企业，让农民分享产业链增值收益。

三是强化长期基础投入激励。坚持"谁投资、谁受益"的原则，鼓励农业经营主体参与土壤改良、农业基础设施建设、农业科技研发等，并减免相应的手续、简化审批程序，政府可用以奖代补方式给予支持。同时，当合同到期后，原经营者应具有优先获得农地承包经营权流转的权利。

(三)进一步壮大新型农业经营主体

一是加强农民专业合作社建设。充分发挥合作社推动改革的引擎作用，对农民专业合作社进行规模经营和农业基础设施建设的，可优先纳入农业综合开发项目、农村"金土地"工程等给予支持。农产品可按农民自产、自销、自用对待，享受国家规定的对农业生产、加工、流通、服务和其他涉农经济活动相应的税收优惠。

二是加快农业职业经理人培养。积极响应农业职业经理人的培育行动，充分发挥农业职业经理人的"带头人"作用，支持其独立申报和自主实施财政支农项目，并逐步对其开放农业综合开发等涉农项目规模，促进新型农业经营主体的实体化、企业化和全产业链发展。

三是强化农村新型企业发展。引导工商企业到农村发展良种种苗繁育、高标准设施农业、规模化养殖等适合企业化经营的现代种养业。支持龙头企业采取订单农业、"企业+合作社"、"企业+农户"等模式，带动农户发展规模化生产。引导加工、流通领域龙头企业向产业园区集中，以产业基地(园区)为平台，提高产业集中度和企业集聚度。

建议报告九：完善农民经济权益保障的组织途径[①]

农民组织化程度的提高可以极大地改善农村社会的治理结构，有利于保持农村稳定和社会和谐。深入推进城乡统筹发展，应该对农民的组织权利给予充分的

---
① 四川省社会科学界联合会《重要成果专报》录用。

法律保障与规范管理，有效整合农村既有的传统组织资源，培育和发展新型农民合作组织，完善农民组织内部的民主治理模式，充分发挥政府的服务和管理职能。成都师范学院杜伟等在国家社科基金项目研究成果中提出了如下建议。

一、高度重视和不断提高农民的组织化程度

农民经济权益保障的缺失，根源在于传统二元结构背景下制度设计的偏差；同时，农民的低组织化状态也使其在各种利益博弈中处于劣势地位。由于缺乏顺畅的组织渠道，农民大多以非常态的方式进行利益表达，进而引发各种社会危机。

城乡统筹发展的过程本质是乡村秩序和治理结构再造的过程，因此农民组织化的实际意义远远超越农民自身的经济利益，它可以极大地改善农村社会的治理结构，提升农村社会自我整合的能力，有利于保持农村稳定和社会和谐。深入推进城乡统筹发展，必须高度重视和不断提高农民的组织化程度，有效化解农民自我动员蕴藏的政治危机。

一是对农民的组织权利给予充分的法律规范与保障，形成顺畅的农民利益表达和疏通的组织渠道，通过规范的农村社团活动保障农民的经济利益，同时也促使农民对自己的组织负起法律责任和政治责任。

二是将农会重建为代表农民利益的公共组织，通过政治引导和法律规范，加强内部建设，充分发挥其整合性、协商性、民间性和自治性功能，将农会建设成为整合农民利益、协调城乡利益冲突的良好载体。

三是基于农民主体地位的确立加快发展各类合作组织，分别在经济、政治、文化层面上加强农民组织化程度。具体而言，在经济层面上，推进农业家庭经营与合作制度结合，提高农民的市场博弈能力，降低农业生产成本，促进农民增收；在政治层面上，完善农民参与政治、经济决策的渠道，使农民组织成为保护农民权益和制约其他利益集团非理性行为的有效力量；在文化层面上，提高农民文化素养，增强公民权利意识，保障农民组织的可持续发展。

二、完善农民经济权益保障的组织途径

1. 整合农村既有的传统组织资源

一是利用和改造现有的供销合作社，以供销社为母体，加快培育多种形式的农村专业合作社，协助解决农产品销售等问题。

二是可以在经济实力较强的农村市郊地区，加快对农村信用合作社的股份制改革，帮助农民解决生产生活融资问题。

三是将农村集体经济组织从村委会的行政组织中解放出来，使其独立地发挥经济职能，服务社区农民，并在招商引资、内引外联、承包合同管理、农业基础

设施建设、农民教育等方面发挥重要功能。

2. 培育和发展新型的农民合作组织

一是培育农民专业合作社，由生产经营同类产品的农民、组织或其他相关人员自愿组织，在信息、技术、资金、加工、购销等诸多环节实行自我管理、自我服务、自我发展，帮助农民进入市场，促进农民增收。

二是发展行会组织，吸收具备一定条件的农户与涉农企业，在业务经营上利用行会资源向会员提供农业技术、产品营销、信贷、信息等方面的服务，同时也在市场准入、规范经营行为、价格协调、利益纠纷等方面发挥作用。

三是加快发展农民协会，将农民协会建设成为代表农民综合利益的农村公共组织，帮助农民解决各种问题，维护农民合法权益。

四是完善各级农民组织参政议政机制，建立政府与农民相互沟通的平台和渠道，实现政府与农民的平等对话；允许各级农民组织参与政府相应主管部门的议政活动，反映农民呼声，通过各种途径为各级政府提供具有针对性和操作性的建议。

3. 完善农民组织内部的民主治理结构

一是通过制定组织章程来规定会员的相关权利和义务，并根据现实需求的变更及时修订。

二是实行民主选取制度，通过投票选举或罢免会长、理事会成员、监事会成员，并在组织内部加强和完善相互制衡的会员代表大会、理事会、监事会，建立完善的内部民主治理机制。

三是实行财务公开制度，审议批准组织内部的年度经营报告、财务决算报告、收益分配方案和弥补亏损方案，决定合作社重大投资项目及其他重大事项。

4. 充分发挥政府的管理和服务职能

一是将村委会建设成为保障农民经济权益的农村基层行政组织，严格落实《中国共产党农村基层组织工作条例》和《村委会组织法》的有关规定，完善农村民主决策程序，严格执行村务公开制度，健全民主监督的激励约束机制。

二是加大培训力度，努力提高县、乡、村干部的行政服务意识，强化基层政府组织提供公共产品与社会服务的行政职能，认真处理推进城乡统筹发展与维护农村社会稳定的关系。

三是为农民组织提供政策服务，对农民组织的合法权益给予制度和法律保障，对其活动内容和宗旨等进行规范管理；为农民组织提供统计信息、市场调查、知识普及等服务型政策，从财政、信贷、税收等方面对予以支持和鼓励；对目前还处于起步阶段、自我发展能力非常脆弱的农民组织，积极发挥推动和扶持作用，同时规范其行为。

四是为农民组织提供教育和技术服务，通过正规教育和社会教育并举的办法，积极推广农业方面的教育科研工作，为农民组织建设培养科技、管理专业化人才，定期安排农民组织教育培训，帮助农民提高综合素质。

五是继续做好农村普法工作，采取高校法律社团组织与周边农村对接帮扶的模式，以视频播放、案例表演、专题讲座、法律咨询等方式开展普法工作，增强农民法治意识。

六是为农民组织提供监管服务，对农民组织统一实行严格的登记制度，及时跟进各农民组织的动态，加强农村各种民间组织的管理，有效杜绝各种非法组织产生。

建议报告十：优化农民经济权益保障的实现途径与建议[①]

在新形势下深入推进城乡统筹发展，应紧紧围绕农民经济权益保障这一中心，在尊重农民市场主体地位的前提下，高度重视农民在土地、资本、劳动三大基本生产要素方面的经济权益，进一步推进政府主导下的体制和机制创新，优化城乡一体的土地管理体制、财政金融体制和劳动就业体制，完善农民经济权益保障的法律途径和行政途径，从经济上发展农民，从制度上解放农民，让农民公平地分享公共服务、平等地拥有发展机会。成都师范学院杜伟等在国家社科基金项目研究成果中提出了如下建议。

一、加快观念转变，尊重和保障农民的市场主体地位

农民在统筹城乡发展中具有重要地位，加强农民经济权益保障是有效化解城乡统筹发展中各种矛盾的关键。在新形势下，要承认并尊重农民的市场主体地位，加强农民的土地、资本、劳动三大基本生产要素的权益保障，推进农民的生存权保障向发展权保障的转变，赋予农民平等分享要素资源的权利，保障农民分享工业化和城市化发展成就。

农民经济权益保障的缺失，根源在于传统二元结构背景下制度设计的偏差。加强农民经济权益保障，需要在政府主导下加快体制和机制创新，用倾斜性的权利配置让农民的经济权益由形式公平向实质公平转化，从经济上发展农民，从制度上解放农民。

[①] 四川省社会科学界联合会《重要成果专报》录用刊发。

二、推进制度创新，优化农民经济权益保障的体制和机制

（一）优化城乡一体的土地管理体制和机制，保障农民的土地权益

1. 在稳定农村土地承包经营权的基础上推动农用地规范流转

一是完善农村土地承包经营权权能体系，实施农民承包土地所具有的完整物权制度，树立尊重农民土地权益、依法管理土地的法治意识；二是加强农用地承包经营权流转管理和服务，建立健全农用地流转市场，搞好农用地确权、登记、颁证工作，通过建立农村产权交易所、农村"土地银行"等途径，为农用地流转搭建规范的市场平台。

2. 在统筹城乡地权安排的基础上推进集体建设用地有序流转

一是统筹安排城市国有建设用地和农村集体建设用地，允许农村集体建设用地入市自由交易；二是统筹城乡土地市场体系建设，国有建设用地和集体建设用地"统一市场"，"同地、同权、同价"，并在"同权"的基础上"同责"，享受相同权益，承担相同义务。

3. 在统筹农民生存与发展保障的基础上推进农村宅基地流转

一是完善农村宅基地制度，将农民静态的生存保障拓展为动态的生存与发展保障；二是引导和规范农村闲置宅基地合理流转，对符合规划的闲置宅基地，允许采用联建、转让、租赁、作价出资（入股）以及置换等形式进行规范流转；三是对"中心村"、"农民公寓"等集中居住项目建设应区别对待，不宜盲目全面推进；防止基层政府借"集中居住"名义腾退宅基地、规避建设用地指标审批和管理，切实保障宅基地腾退中农民的正当权益。

4. 在征地程序规范化和土地交易市场化的基础上保障农民土地权益

一是不断推进征地程序规范化，严格贯彻落实征地过程中的"告知、确认、听证"和"两公告一登记"程序，探索听证、座谈等多种形式，保障农民的知情权、参与权；二是不断推进征地补偿市场化，按照市场价值给予被征地农民补偿；根据补偿权和社会保障权区别对待的思路，完善被征地农民的社会保障安排。

（二）优化城乡一体的财政金融体制和机制，保障农民的投资权益

1. 完善以增产、增收、促就业为着力点的农村财政体制

一是按照财力与事权相匹配的原则，调整城乡财政利益格局，保障农民享有平等的财政权；以增产、增收、促就业为农村财政的着力点，保障农民的发展

权；二是优化人大预算和监督委员会人员组合，实现人大代表的职业化和专业化，以此保障农民在财政分配关系中的应得利益。

2. 大力发展以满足农民需求为导向的农业金融

一是正确认识农村金融的需求特征，通过放松涉农金融机构的经营管制、划拨贷款贴息资金、设立担保基金和支农风险基金、实施税收优惠制度等方式，鼓励"三农"金融供给；二是以保障农民金融合作权为中心，积极发展农村合作金融组织；三是进一步推进农用地承包经营权抵押的探索与实践，鼓励农村金融机构积极探索"公司＋农用地承包经营权抵押"、"基金担保＋农用地承包经营权抵押"等业务，解决农民从事农业生产经营的资金需求。

(三)优化城乡一体的劳动就业体制和机制，保障农民的劳动权益

1. 充分保障农民平等的劳动就业权

一是深入推进户籍制度改革和调整，推动统筹城乡综合改革试验区内的户籍人口自由迁徙，逐步建立起城乡一元户籍制度；二是逐步健全完善城乡统筹的就业普惠、就业扶持、就业援助制度，建立城乡一体的劳动力市场、就业技能培训、就业工作责任等体系，以及城乡统一的居民就业登记制度。

2. 多渠道开展农村人力资源开发

一是不断提高义务教育全覆盖的实施效果，大力发展农村职业教育和转移培训教育；二是与时俱进地改革教育培训内容，在重视文化知识和技术操作技能的同时，增加信息教育、组织教育、精神教育等现代化教育内容，全方位提高农民的就业素养。

3. 进一步加强城乡社保对接

一是本着因地制宜的原则，整合城乡社保资源，逐步实现城乡社保全覆盖；二是建立与经济增长水平相适应的城乡社保投入增长机制，适时"提标扩面"；三是加快城乡社保法治化过程，将农村社保工作纳入法治化轨道。

三、完善保障措施，优化农民经济权益保障的法律途径和行政途径

(一)优化农民经济权益保障的法律途径

1. 落实农民权益的宪法保障

有效贯彻"以人为本"和"公平至上"的宪法理念，加快社会公共资源的合理配置，保障农民获得平等的公民权利，促进农村经济社会的全面、协调、可持续发展。

2. 强化农民权益的行政法保障

一是严格依据法律规范开展行政活动，严格恪守法律规范的界限，禁止行政机构随意扩大或延伸行政职权，强化行政程序与政府行为评价，促进政府行为规范化、程序化、民主化与科学化；二是进一步完善信访制度，建议合并政府信访机构与监察机构，成立信访监察局，强化调查权与处访权；②建立信访综治中心，试点网络信访，畅通信访渠道；切实落实人大信访制度，进一步完善人大询问和质询制度，进一步完善人大特定问题调查制度；三是要厉行依法行政，树立司法权威，增强农民对司法的信任度，把社会纠纷从信访领域引向司法解决机制。

3. 强化农民权益的经济法保障

加快土地管理、财政金融和劳动就业等领域的专项立法，对现行法律法规进行修订和优化，加强经济执法，有效保障农民在土地、资本、劳动三大基本生产要素方面的经济权益。

(二)优化农民经济权益保障的行政途径

1. 优化行政机构行政管理制度

一是提高行政人员素质，建立以民为本的法治思维，促进行政机构内部各部门的协调合作；二是加强社会第三部门建设，与行政机构形成互动，强化政府能力；三是强化行政责任的制度控制，从行政权力配置、行政决策、行政执行等全过程进行责任控制。

2. 强化县级基层政府的行政服务职能

一是强化县级政府的发动职能，充分发掘广大农民群众的积极性，激发其创造才能；二是强化县级政府的平衡职能，通过建立合理的利益调节机制，切实解决好分配领域的问题，通过社会保障、社会救助、社会福利、慈善事业切实解决好失地农民、返乡民工的医疗和养老问题；三是强化县级政府的整合职能，把治国理政的视野拓展到经济、政治、文化、社会等各个方面，统筹各种社会资源，综合解决农村社会协调发展问题。

3. 完善基层农民行政参与机制

一是建立健全村委会、村代表制度，发挥表达农民意志的组织机构功能；二是建立乡镇政府与农民相互沟通的平台和渠道，实现政府与农民的平等对话；三是整合农村社会资源，加大农村民间组织的力量，让各项发展资源真正能为农民所利用；四是尊重农民首创精神，积极推进农村社会自治，引导农民选择符合本地实际的发展模式，建立完善的风险防范机制。